中華古籍保護計劃

ZHONG HUA GU JI BAO HU JI HUA CHENG GUO

·成 果·

海外中華古籍書志書目叢刊

# 美國芝加哥大學圖書館
# 藏中文古籍善本書志 集部

李文潔 著

國家圖書館出版社

圖書在版編目（CIP）數據

美國芝加哥大學圖書館藏中文古籍善本書志·集部 / 李文潔著 . — 北京：國家圖書館出版社 , 2019.6

（海外中華古籍書志書目叢刊）

ISBN 978-7-5013-6304-9

Ⅰ . ①美…　Ⅱ . ①李…　Ⅲ . 高等學校—中文—古籍—善本—圖書館目録—美國　Ⅳ . ① Z838

中國版本圖書館 CIP 數據核字（2017）第 299704 號

| 書　　名 | 美國芝加哥大學圖書館藏中文古籍善本書志·集部 |
| --- | --- |
| 著　　者 | 李文潔　著 |
| 責任編輯 | 張愛芳　靳　諾 |

| 出版發行 | 國家圖書館出版社（北京市西城區文津街 7 號　100034） |
| --- | --- |
| | （原書目文獻出版社 北京圖書館出版社） |
| | 010-66114536　63802249　nlcpress@nlc.cn（郵購） |
| 網　　址 | http://www.nlcpress.com |
| 排　　版 | 北京九章文化有限公司 |
| 印　　裝 | 北京科信印刷有限公司 |
| 版次印次 | 2019 年 6 月第 1 版　2019 年 6 月第 1 次印刷 |

| 開　　本 | 787 × 1092（毫米）　1/16 |
| --- | --- |
| 印　　張 | 27.25 |
| 字　　數 | 439 千字 |
| 書　　號 | ISBN 978-7-5013-6304-9 |
| 定　　價 | 180.00 圓 |

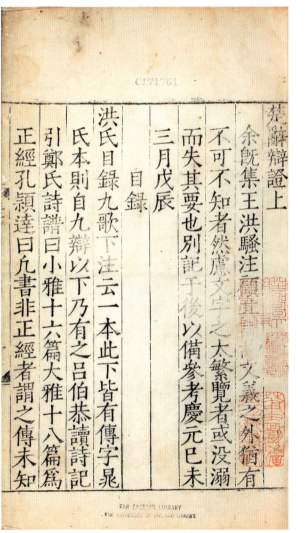

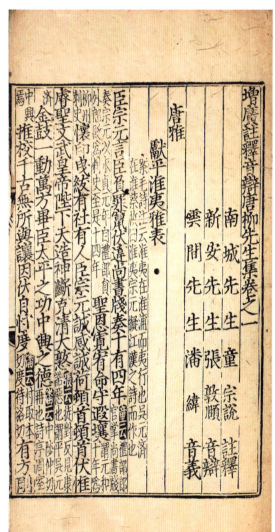

003　楚辭集註八卷辯證二卷後語六卷
反離騷一卷

明嘉靖十四年（1535）袁褧刻本

021　增廣註釋音辯唐柳先生集四十三卷
別集二卷外集二卷附錄一卷

明初刻本

笑鄉詩稿初集　始嘉慶癸酉迄庚辰

　　　　鐵嶺　張恒潤玉樵　撰

早春偶成

新綠

雪消白板扉鳥啼春睡足細雨人不聞開牗見

看山

看山不覺雲峰起隨風舒卷斜陽裏一峰去
掛青天真山焉得奇如此世人喜偽不喜真看
雲笑然看山人轉眼飛雲去無迹依舊高山向

澹遠如伴羅浮
駕湖景梅倩評

袁氏其擒龍子君
共短古正極其妙
鐵嶺玉雲帆評

**167　笑鄉詩稿初集一卷二集一卷**

稿本

**168　定盦文集三卷續集四卷補九卷**

清同治七年至八年（1868－1869）曹籀刻本

汪文升編

近光集

禮部頒行

是集選唐宋元明近體詩分門別類
以備館閣之用諸同人祭注

**188　近光集二十八卷**

清康熙五十八年（1719）汪士鋐刻本

沅湘耆舊集續編目錄

沅湘耆舊詩集續編卷第一

南村詩老鄧顯鶴七十六首

顯鶴字子立別字湘皋武岡人居州之南溪村學者稱為南村先生嘉慶甲子舉官寶慶鄉教諭南村篤內行束身以禮學極淹博於詩其詩沖和雅健得唐人正聲性情肺摯立言有足為後學於武遊蹤遍大下所至皆有題詠一時名公鉅卿望塵倒屣其獎藉後進揚扢風雅之誼頗似隨園所輯楚寶及沅湘耆舊詩集二書章微振幽數百年遺文軼行賴以不墜有功於桑梓文

226　沅湘耆舊詩集續編一百六十三卷沅湘耆舊集補二十一卷沅湘耆舊集前編補三卷目錄二卷

稿本

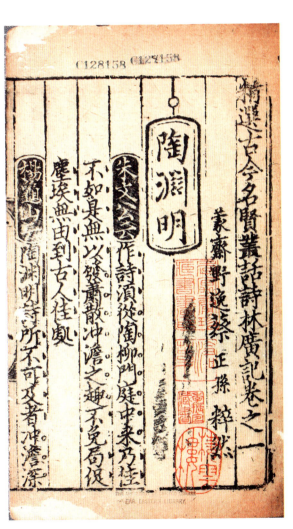

精選古今名賢叢話詩林廣記卷之一

蒙齋野逸孫正孫粹然父

陶淵明

朱文公曰　作詩須從陶柳門庭中來乃佳
不如具眼以發蕭散沖澹之趣不免局促
塵埃無由到古人佳處

楊誠齋曰　陶淵明詩所不可及者沖澹深

232　精選古今名賢叢話詩林廣記十卷
後集十卷

元刻本

吳文正公詩餘

臨江仙

臨川吳澄幼清

九日舟泊安慶城下晚憩臨江水驛
于時月明風清水共天碧情景佳甚
與徐道川方復齋況肩吾方清之驛
亭草酌子文京侍以殊鄉又逢秋晚
分韻得殊字賦臨江仙

239　吳文正公詩餘一卷

清毛氏汲古閣抄本

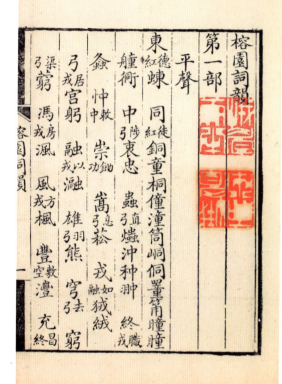

廿一史彈詞註卷之一

成都楊　慎用修編著

漢陽張三異禹木增定

男仲璜別麓註　　孫坦舍坤章

伯琮鶴湄訂　　　坦麟盡臣

叔琏鵠嚴粲　　　坦驥青御

　　　　　　　　坦熊男祥全校

第一段　總說　西江月

天上烏飛兔走人間古往今來沉吟屈指數英才多少

是非成敗　富貴歌樓舞榭凄涼廢塚荒臺萬般回首

化塵埃只有青山不改　詩曰

# 總　目

# 古籍回歸故里　功德澤被千秋（代序）

　　"史在他邦，文歸海外"，這是鄭振鐸先生面對中華古籍流失海外時的慨嘆。流傳海外的珍貴典籍，無論是文化交流、贈送、交換、販售，還是被掠奪、偷運，抑或是遭非法交易、走私等，都因其具備極高的文物價值和文獻價值，而爲海外所看重。因此，其中多珍善版本，甚而還有不少是孤本秘笈。據估算，海外中文古籍收藏數量超過三百萬册件，北美、歐洲、亞洲等許多大型圖書館、博物館和私人機構、寺廟等都收藏有中文古籍。甲骨、竹木簡、敦煌西域遺書、宋元明清善本、拓本輿圖和中國少數民族古籍等，在海外都有珍稀孤罕的藏品。

　　中華文化綿延五千年，是全世界唯一没有中斷的古老文明，其重要載體就是留存於世的浩瀚典籍。存藏於海外的典籍，同樣是中華燦爛輝煌文化的重要見證，是釐清中華文明發展脉絡不可或缺的組成部分。要促成中華民族最重要的智慧成果歸於完璧、傳承中華文化優秀成果，就必須高度重視海外古籍回歸工作。

　　一九四九年以來，黨中央、國務院始終高度重視海外中華古籍的回歸與保護工作。一九八一年中共中央在《關於整理我國古籍的指示》中，明確指出"通過各種辦法爭取弄回來，或者複製回來，同時要有系統地翻印一批珍本、善本"。二〇〇七年，國務院辦公廳頒布《關於進一步加强古籍保護工作的意見》，指出要"加强與國際文化組織和海外圖書館、博物館的合作，對海外收藏的中華古籍進行登記、建檔"。同年"中華古籍保護計劃"正式啓動，中國國家圖書館加挂"國家古籍保護中心"牌子，負責牽頭與海外藏書機構合作，制訂計劃，有步驟地開展海外古籍調查工作，摸清各國藏書情况，建立《國家珍貴古籍名録》（海外卷）。二〇一一年文化部頒布《關於進一步加强古籍保護工作的通知》，指出"要繼續積極開展國際合作，調查中華古籍在世界各地的存藏情况，促進海外中華古籍以數字化方式回歸"。

　　按照黨中央、國務院的要求，半個世紀以來，海外中華古籍的回歸工作一直在不斷推進，并取得了一系列的重要成果。一九五五年和一九六五年，在周恩來總理親切關懷和支持下，中國國家圖書館兩度從香港購藏陳清華舊藏珍籍；二〇〇四年，又實現了第三批陳清華海外遺珍的回歸。二〇一〇年，在國際學者和學術機構的幫助下，中國國家圖書館在館網上建立了海外中文古籍專題網站，發布了"哈佛燕京圖書館藏中文善本特藏資源庫"。二〇一三年，北京大學中國古文獻研究中心團隊所承擔的《日本宮內廳書陵部所藏宋元本漢籍叢刊》由上海古籍出版社出版；二〇一三年五月、二〇一四年七月，國家圖書館出版社分別影印出版了《哈佛燕京圖書館藏〈永樂大典〉》《普林斯頓大學東亞圖書館藏〈永樂大典〉》；二〇一四年日本大倉汲古館藏書整體入藏北京大學圖書館。這些不同形式的海外古籍回歸，均有利於學術研究，促進了中外文化交流。但總體説來，這些僅係海外古籍中的極少部分，絕大多數仍沉眠於海外藏書機構或藏家手中，國人無緣得見。

在海外中華古籍實物回歸、數字化回歸、影印出版等幾種方式中，採取以影印出版的方式永久保存承載華夏文明的中華古籍特藏，是古籍再生性保護的重要手段，是繼絕存真、保存典籍的有效方式，也是傳本揚學、惠及士林的最佳方式，它不僅有利於珍本文獻原件的保存和保護，更有利於文獻的利用和學術研究，而且也有效地解決了古籍保護與利用之間的矛盾。與實物回歸相比較，影印出版的方式更爲快捷，規模也更大。

爲進一步做好海外中華古籍的回歸工作，二〇一四年國家古籍保護中心（中國國家圖書館）彙集相關領域專家、國外出版機構、出版工作者等多方力量，在已有工作的基礎上，整合資源、有序推進，策劃啓動了"海外中華古籍書志書目叢刊""海外中華古籍珍本叢刊"兩大海外中華古籍回歸項目。"海外中華古籍書志書目叢刊"編纂出版海外圖書館、博物館、書店等單位或個人所藏中華古籍新編書目、歷史目録、專題書目、研究書志書目、藏書志、圖録等；"海外中華古籍珍本叢刊"則以影印的方式，按專題或收藏機構系統整理出版海外圖書館或個人存藏的善本文獻、書籍檔案，對具有典型性、文物性、資料性和藝術性的古籍則採用仿真影印的形式出版；希望通過"海外中華古籍書志書目叢刊""海外中華古籍珍本叢刊"的持續出版，促進海外古籍的影印回歸。

"海外中華古籍書志書目叢刊""海外中華古籍珍本叢刊"編纂出版項目作爲"中華古籍保護計劃"的一部分，它的實施對保存保護中華傳統典籍、推進海外散藏文獻爲學界利用、促進學術研究深入開展均具有重要意義，也必將極大促進中外文化交流的實質性拓展。

是爲序。

國家古籍保護中心（中國國家圖書館）

二〇一五年三月

# 序

　　美國芝加哥大學東亞圖書館始建於 1936 年。是年，芝加哥大學校長聘請青年學者顧立雅（Herrlee G. Creel）先生來芝加哥大學開設中國研究項目與課程，此爲東亞研究學科（時稱遠東研究）在芝大之發軔。顧先生到芝大教書的同年即創辦了遠東圖書館（今東亞圖書館）。

　　芝大東亞圖書館中文善本古籍的主要來源有四：一是建館之初的系統採購。顧立雅在 1938 年從洛克菲勒基金會申請到一筆五年的購書經費，通過有專門爲海外圖書館服務業務的北平大同書店，採購了大量中文圖書。1939—1940 年間，顧立雅到中國訪學。期間，經大同書店協助，一次性購買了近七千冊圖書。這些建館初期的採購包括大量綫裝古籍，特別是地方志。這其中就不乏明代和清初的善本。二是從芝加哥紐伯瑞圖書館（Newberry Library）收購的勞費爾二十世紀初在華考察（expedition）期間所購圖書。貝托爾德·勞費爾（Berthold Laufer）是在美國聲名卓著的第一代漢學家。1908—1934 年間曾在芝加哥菲爾德自然歷史博物館（Field Museum of Natural History）先後任亞洲民族學部的助理主任和亞洲人類學部的主任。勞費爾在 1908—1910 年間去中國考察三年，爲新組建的菲爾德博物館亞洲民族學部搜集購買藏品，同時亦受芝加哥兩所私立研究圖書館之托在中國搜求購買圖書。其中，勞費爾當年給紐伯瑞圖書館購得的一千多種兩萬多冊圖書中的大部在 1943—1944 年間轉售給了芝加哥大學遠東圖書館。這批含有中、日、藏、滿、蒙古五種語言圖書中的大部分爲中文古籍，包括許多善本。三是老館長錢存訓先生主持館務時期不斷採進的。錢先生是國際著名的中國圖書史、印刷史專家。1947 年受邀來芝大做中文編目。1949 年被聘爲遠東圖書館館長，主持館務一直到他 1978 年退休。據錢老回憶，二十世紀五十年代末及六十年代間，清刊本以平均每冊十餘美分，明刊本也不過以每冊二至四美元的價格即可從中國臺灣、香港，以及日本等地購入。四是二十世紀六十年代末收購的李宗侗先生的部分藏書。李宗侗是清末重臣李鴻藻之孫，曾任清室善後委員會顧問及故宮博物院秘書長。1948 年隨故宮文物遷臺，後爲臺

1

灣大學歷史系教授。錢老與李氏相識。所購李氏藏書除明清刻本外，還有一些清代稿抄本。

對館藏中文古籍的揭示，始於編目著錄。這項工作從 1947 年錢存訓先生受邀來館始，多年來都在進行着，各屆主持館務的前任和負責與參與中文編目的同仁們爲此貢獻良多。最初的著錄是記錄在一張張 3×5 英寸的標準卡片上的，上面的羅馬拼音或英文一般是由打字機打印的，而中文信息則常常是手工抄錄的。隨着技術的進步，二十世紀八十年代中期本館作爲研究圖書館組織（The Research Libraries Group，即 RLG）的成員，開始使用該組織創制的中、日、韓文終端、軟件與鍵盤進行中文編目，并在九十年代參加了由 RLG 主持的編製中文善本國際聯合目錄的項目。通過這個項目，不但實現了館藏中文善本的機讀編目，而且有效地提高了善本編目的質量。遵循該項目制定的善本機讀目錄編目規則，新的著錄除包括善本的書名、著者、卷數、年代、出版地等信息，還增添了對如行款、版框、版心和一些其它相關特徵的描述。

目錄之學在中國源遠流長。自西漢劉向、劉歆編撰《別錄》《七略》始，凡兩千餘年。而書志之體例雖較晚出，然其對所收之書描述較爲詳盡，又輔以審核考訂，故爲傳統目錄學的最高形制。由李文潔博士撰寫的《美國芝加哥大學圖書館藏中文古籍善本書志・集部》和《美國芝加哥大學圖書館藏中文古籍善本書志・叢部》是芝加哥大學圖書館中文善本書志這一項目的先期成果。前者收錄集部善本 248 部，後者收錄叢部善本 50 部。該兩書志以傳統分類法爲基礎，在集、叢兩部之下對所收善本依内容加以細分，再配以書名、著者、版本和館藏索書號索引，使之成爲揭示館藏集、叢兩部善本方便而可靠的工具書。雖然此前本館善本大多已收錄在芝大圖書館的機讀目錄中，但當有讀者想要瞭解館藏中文善本的全貌或某一類善本在本館之收藏時，却每每苦於難求直截了當又全面可靠的查找方法與答案。有了這兩本書志，不僅集部和叢部的善本盡括其中，而且便利檢索。同時，由於編者採傳統書志之制，又參照、汲取了近年來所出善本書志之成例，對每書均詳細描述版式及物理特徵，包括序跋、刻工及所見鈐印，又考訂作者及撰著、刊刻之緣由，版刻、印刷之年代，并對初印、後印、遞修、增補、翻刻等加以區分，以期向讀者提供詳盡的目錄資料。因此，它們也是有助於研究者詳細瞭解本館集部、叢部每一種善本的研究指南。兩本書志所揭示的雖然祇是本館善本的一部分，但其中也有一些世所罕見的孤本、珍本。如元刻本《精選古今名賢叢話詩林廣記》、明萬曆十二年初刻本《三渠先生集》、明萬曆間刻本《選余食其藁遺》及清雍正五年刻本《懷遠堂詩》，珍貴稿本《沅湘耆舊詩集續編》《耆舊集補》《耆舊集前編補》及《笑鄉詩稿初集》《松禪老人詩册》，稀見清抄本《東坡先生編年詩》以及曾經作爲《四庫全書》底本的《檀園集》和《杭雙溪先生詩集》。

芝大中文善本書志項目的開展與此兩書志的編製是有關各方通力合作的成果。這裏首先要感謝中國國家圖書館，特別是張志清副館長對此合作項目的大力支持。是張志清先生的提議和支持促成了李文潔女士於 2014 年與 2015 年兩度在芝大圖書館訪學共十四個月，逐一檢視、核查、鑒別與考訂了本館集部與叢部的善本，撰寫書志。更要感謝芝加哥大學東亞語言文明系資深教授夏含夷（Edward L. Shaughnessy）先生，是夏教授通過顧立雅中國古文字學中心（Creel Center for Chinese Paleography）所提供的資助玉成了李博士的訪學。没有芝大顧立雅中國古文字學中心和中國國家圖書館的全力支持，就不可能有此項目的開展和取得的階段性成果。我的同仁錢孝文先生爲兩書志精心拍攝了書影，國家圖書館出版社重大項目編輯室的張愛芳主任，靳諾、陳瑩瑩編輯爲書志的早日出版盡心竭力，在此一并申謝。

周原

2018 年 12 月於芝加哥

# 凡　例

一、本書志收録美國芝加哥大學東亞圖書館庋藏之中文善本古籍，以清乾隆六十年（1795）以前之刻本、活字印本、稿抄校本爲主，嘉慶元年（1796）以後具有特殊文獻價值、版刻特點之刻本及稿抄本等，亦酌予收録。

二、本書志分經、史、子、集、叢五部，各部之下再分小類。分類及排列次序，大體依據《中國古籍善本書目》。

三、各條目順序編號，以完整書名爲標題，并標明本館索書號。

四、每一條目分爲著録、考訂、存藏三部分。著録部分旨在反映原書面貌及特徵，包括書名、卷數、著者、版本、批校題跋者、存卷、册數、版框尺寸、行款，以及卷端著者、書名葉、牌記、原書序跋、凡例、目録等。考訂部分簡述著者仕履、成書情況，記録避諱字、刻工、紙廠印記等。存藏部分概述各地藏書機構收藏情況及鈐印。各項所述，根據實際情況酌予增損。

五、書名依據卷端著録。如別有所據，則予以説明。

六、版框、行款之描述，以半葉爲單位，以卷一首葉爲據，如有殘缺、抄配等情形，則順序擇取次卷首葉。版框量取外框尺寸，框寬量至版心折葉處。無版框者，不記尺寸。

七、凡魚尾爲黑色者，不再標示顏色。如爲白魚尾、花魚尾、綫魚尾等，則予以説明。

八、卷端之撰著編校者，若爲多人并列，概不分主次，由右至左依序著録。

九、書名葉信息完整反映，以資辨別版本。無書名葉者，不再注明。

十、原書序跋注明撰寫時間、撰者。有標題者，録於書名號中；無標題者，則統稱列於書前者爲序、書後者爲跋。無撰寫時間者，注明"未署年"。

十一、簡述著者仕履，并注明所據之史傳、方志等資料。同一著者再次出現時，標示爲參見某書，不再重述。

十二、刻工按出現先後排序。刻工名有全名、簡稱之異，如可判定爲一人，則在首次出現之姓名後括注其他名稱，如"柏（劉柏）"。

十三、卷端、書名葉、序跋、刻工等處如有異體字，儘量使用原書字形，以資考訂。殘字、未能釋讀之印文，以"□"標示。如原文有訛誤等情況，則隨文括注按語。

十四、紙廠印記有助於版本考訂，據書中所見酌加著錄。

十五、鈐印文字按由上至下、由右至左順序釋讀。可考印主之印章，按遞藏先後著錄；不可考之印章，按在書中出現順序排列。

十六、存藏情形據知見所及，依中國（大陸、臺、港），北美，歐洲，日本，韓國等順序，酌加概述。

十七、書末附書名拼音索引、著者拼音索引、版本索引、館藏索書號索引。

# 目　録

文寶山學署刻本

# 楚辭類

001

## 楚辭章句十七卷附錄一卷

T5240  1633C

《楚辭章句》十七卷，漢王逸撰；《附錄》一卷。明萬曆金陵益軒唐氏刻本。
四册。框高 21.2 厘米，寬 14.5 厘米。半葉九行十八字，小字雙行同，左右雙邊，
白口，無魚尾，書眉鎸小字評注。版心上鎸書名、卷次。

卷端題"漢劉向子政編集；王逸叔師章句；明後學武林馮紹祖繩武父校正"。
書名葉分三欄，右、左二欄題書名"新刻釐正離騷楚辭評林"，中題"萬曆著雍
赤奮歲"，欄上題"金陵益軒唐氏梓"。鈐"洪□繡谷"朱文圓形印（按：原書
殘缺一字）。"著雍赤奮歲"爲戊丑年。天干爲"戊"之干支紀年僅有戊子、戊戌、
戊申、戊午、戊辰、戊寅六種，無"戊丑"。萬曆十六年爲"戊子"、萬曆十七
年爲"己丑"，疑爲二者相混之誤。

書首有萬曆柔兆閹茂（丙戌，萬曆十四年，1586）黃汝亨《楚辭序》；次《觀
妙齋重校楚辭章句議例》五則；次《楚辭章句目錄》；次《附錄》一卷，包括《屈
原傳》《各家楚詞書目》《楚辭章句總評》。末有萬曆丙戌（十四年）馮紹祖《校
楚辭章句後序》。

王逸（約 89—158）字叔師，東漢南郡宜城（今屬湖北）人。安帝時爲校
書郎，順帝時官侍中。注釋屈原至漢代的楚辭作品爲《楚辭章句》，釐定章句，
多傳舊訓，并以小序揭示篇旨，爲《楚辭》最早的完整注本。

《楚辭》注釋以漢王逸及宋洪興祖、朱熹最具影響。據書前《議例》，馮紹
祖編輯是書以王逸章句爲主體，取洪興祖、朱熹二家之譯音，又彙集衆家評釋
而成。

萬曆十四年馮紹祖觀妙齋曾刻《楚辭章句》十七卷《附錄》一卷，版心下
鎸"杭州郁文瑞書"。此本乃金陵益軒唐氏據馮本翻刻。卷端著者仍署馮紹祖，
存馮氏後序；整體版式風貌近似；祇是書口已無寫工，而書名葉新題爲"金陵益
軒唐氏梓"。又有書名葉題爲"三樂齋"者，爲翻刻本後印。

《四庫全書總目》入集部楚辭類。《中國古籍善本書目》著錄南京圖書館、
浙江圖書館、武漢大學圖書館等收藏。知中國國家圖書館、美國柏克萊加州大

學圖書館收藏。

　　此爲勞費爾購書。

002

## 離騷辨不分卷

T5242　2918

　　《離騷辨》不分卷，清朱冀撰。清康熙綠筠堂刻本。二册。框高 18.8 厘米，寬 13.6 厘米。半葉七行十八字，小字雙行同，左右雙邊，白口，單魚尾。版心中鐫書名，下鐫"綠筠堂"。

　　卷端題"吳門朱冀悔廣氏論述"，"男一麟瑞書、佐周聲越、玉蛟雲友、孫莪念祖較"。書首有康熙丙戌（四十五年，1706）朱冀序（缺第一葉前半葉）、未署年朱冀《小引》；次朱冀《凡例》；次《管窺總論》《林西仲總評》《辨前賢論騷二則》。

　　朱冀（生卒年不詳）字天閑，號悔庵，清吳縣（今屬江蘇蘇州）人，康熙三十二年（1693）解元。生平可參《〔民國〕吳縣志》卷十四。

　　是書乃朱冀獨抒己見、辯解《離騷》之作，於朱熹《楚辭集註》、林雲銘《楚辭燈》多有反駁，書末附《山鬼》及《山鬼後題》一篇。書前《小引》叙撰述主旨云："非故爲吹毛索瘢而取罪前輩也，亦非務爲詭譎怪誕翻案求新而好與陳編作敵也。特以舊注之背謬，林子業已摘之於前，而林説之背謬不減於舊注者計有二端，予又焉能人云亦云而不辯證之於後乎？"《四庫全書總目》於林雲銘《楚辭燈》一書提要云："江寧朱冀嘗作《離騷辨》一卷，攻雲銘之説甚力，然二人均以時文之法解古書。"

　　是書自出新見者頗多，如《凡例》所言："予讀《騷》管見，與舊説同者十一，異者十九。其異同無關輕重者，舊説或節而録之，其謬説已經林子闞過者，時或存林而去舊，若予自抒己見，力反前人，則是非無中立之勢。語云：'人不能自見其睫。'況予不敏，雖不至自護其短，亦無由自覺其非。故必先詳載舊説，後附管窺，以俟就正有道云。"朱冀之《管窺總論》概言其對《離騷》之見解："余間嘗三復《離騷》之文，而深惟當日立言之意。竊以爲惟'守死善道'四字可作通篇骨子，可貫前後血脉，而卒章'與爲美政'四字則又文中之眼目，大夫項下之驪珠也。"朱冀又於《林西仲總評》《辨前賢論騷二則》二篇，以小注形式對林雲銘、朱熹、王世貞之見予以批駁；注解《離騷》時，則先引"集註""林注"，再以"愚按"加以闡發和批駁。書中運用多種圈點符號，與前人之説異同標示甚明。

此本爲康熙綠筠堂刻本，字體方整而儁秀，刻印俱精。

"眩""眩"等字缺筆。

《四庫全書總目》未收。《中國古籍善本書目》著錄中國國家圖書館、上海圖書館、福建師範大學圖書館等十七家收藏。知中國臺灣政治大學圖書館，美國哥倫比亞大學圖書館，日本東京大學東洋文化研究所、大阪大學圖書館收藏。

鈐"長平總局"朱文長方印。

003
## 楚辭集註八卷辯證二卷後語六卷反離騷一卷（存辯證二卷）

T5240　1629.1

《楚辭集註》八卷《辯證》二卷《後語》六卷，宋朱熹撰；《反離騷》一卷，漢揚雄撰。明嘉靖十四年（1535）袁褧刻本。存《辯證》二卷。二冊。框高19.2厘米，寬15.2厘米。半葉十行十八字，小字雙行同，左右雙邊，白口，雙魚尾。版心中鐫"卞正"及卷次。

卷端未題著者。

朱熹（1130—1200）字元晦，一字仲晦，號晦庵、晦翁，又別稱考亭、紫陽，祖籍婺源（今屬江西），生於南劍州尤溪（今屬福建），後徙居建陽（今屬福建）。紹興十八年（1148）進士，任泉州同安縣主簿，曾知南康軍、提舉浙東、提點江西刑獄，任秘閣修撰、焕章閣待制、漳州知州等職。集理學之大成，著述頗豐，遍注群經。《宋史》卷四百二十九有傳。

朱熹以王逸《章句》及洪興祖《補註》二書詳於訓詁而未得意旨，乃隱括舊編，定爲此本。其編次以屈原所著二十五篇爲《離騷》，宋玉以下十六篇爲《續離騷》。隨文詮釋，每章各繫以興、比、賦字。其訂正舊注之謬誤者，別爲《辯證》二卷。

朱熹《楚辭章句》流傳頗廣，宋以來多次刊板。此本爲明嘉靖十四年袁褧刻本，刻印俱佳，惜僅存《辯證》二卷。

《四庫全書總目》入集部楚辭類。《中國古籍善本書目》著錄中國國家圖書館、上海圖書館、山東省圖書館、浙江圖書館、中山圖書館等二十三家收藏。知中國臺北"國家圖書館"、臺北故宮博物院，美國普林斯頓大學圖書館，日本國會圖書館收藏。

鈐"莆田劉澹齋藏書記"朱文長方印，"李宗侗藏書"朱文長方印，曾先後爲清末劉尚文、近代李宗侗收藏。劉尚文（1845—1908）字澹齋，莆田（今屬福建）人，少時家貧，經商之餘自學詩文，嗜書畫、金石，曾收同邑陳秋河"清遠樓"燼餘之書，著《莆畫録》，編《莆陽金石編》。李宗侗（1895—1974）字玄伯，河北高陽人，爲清末李鴻藻之孫、張之萬外孫，畢業於法國巴黎大學，曾任北京大學、中法大學等院校教授，又任開灤礦務局督辦、故宮博物院秘書長等職，參與故宮文物南遷，後任臺灣大學教授，齋號"看雲憶弟居"，著《中國古代社會研究》《中國史學史》等。

# 漢魏六朝別集類

004

## 董仲舒集一卷

《董仲舒集》一卷，漢董仲舒撰。明刻漢魏六朝諸家文集本。一册。框高20.3厘米，寬14.3厘米。半葉九行二十字，左右雙邊，白口，單白魚尾。版心上鐫書名。

卷端題"漢廣川董仲舒著；明新安汪士賢校"。書首有未署年李東陽《董子書院記》；次《董仲舒傳》；次《董仲舒集目録》。

董仲舒（前179—前104）西漢廣川（今河北棗强）人。少治《春秋》，景帝時博士，武帝時獻"天人三策"，提出獨尊儒術。任江都王相、中大夫，後爲公孫弘所嫉，出爲膠西王相，藉病歸，著《春秋繁露》。《史記》卷一百二十一、《漢書》卷五十六有傳。

此爲明萬曆年間所輯《漢魏諸名家集》之零本。《中國古籍善本書目》著録之漢魏諸名家集有三種：《漢魏諸名家集》一百二十四卷附一種八卷，明萬曆十一年翁少麓刻本；《漢魏六朝二十一名家集》一百二十三卷，明汪士賢編，明萬曆天啓間新安汪氏刻本；《漢魏六朝諸家文集》一百二十九卷，明刻本。此外哈佛大學哈佛燕京圖書館還著録有明萬曆葛寅亮刻本。《中國古籍善本書目》著録之三種卷次不同：與新安汪氏刻一百二十三卷本相較，翁少麓刻一百二十四卷本多出《陶靖節集》之《總録》一卷、《海瓊玉蟾先生文集》八卷，明刻一百二十九卷本多出《陶靖節集》之《總録》一卷、《梁昭明太子文集》五卷。是否包含上述特定的子目，可以幫助判斷版本。但除此之外還需綜合書名葉、卷端校刻者、原書序跋等因素比勘諸本。

對比中國國家圖書館所藏明刻本、明萬曆十一年翁少麓刻本，以及《四庫全書存目叢書補編》影印之明萬曆天啓間新安汪氏刻本、哈佛燕京圖書館數字化之明萬曆葛寅亮刻本，發現有一些有助於辨別版本的特徵。以卷端校刻者而言，諸本大多數子集均題爲"明新安汪士賢校"，但其中《東方先生集》《潘黄門集》《任彦升集》題爲"明河東呂兆禧校"；國圖明刻本和《四庫存目》底本之《嵇中散集》《阮嗣宗集》《鮑明遠集》三種，卷端校者題"明新安程榮校"，國圖翁少麓本、哈佛藏本則爲"明新安汪士賢校"。以原書序跋而言，諸本子集多冠以舊序；而國圖翁少麓本、哈佛藏本之《司馬長卿集》《揚子雲集》《陸士龍集》《江文通文集》《庾開府集》五家之前有天啓丙寅（六年，1626）顧台垣或王元懋序。以書名葉而言，國圖翁少麓刻本最爲規整：書首總書名葉題名前冠以"合諸名家訂正"，後列子集名稱，末題"南城翁少麓梓行"；各子集前亦有書名葉，題名前有"××先生訂正"字樣，題名後有"南城翁少麓梓"。其他各本之書名葉則或有缺失，或僅題子集名稱。再審諸本之刻印，字形頗爲相近，但字畫往往稍有出入，有時某個子集之版框尺寸有較大差別。

綜合以上情況，可得出三點推論。一是卷端題"明河東呂兆禧校""明新安程榮校"的子集，有較其他子集明顯的裂板，當爲直接利用舊版刷印之故；而比較校者題"程榮校"與題"汪士賢校"的同一子集，後者之校刻者處有改刻痕跡，此改動當爲後來刊刻時與其他子集統一爲"汪士賢校"所致。二是據《司馬長卿集》等五種子集之天啓六年序，知國圖翁少麓本爲天啓時刷印；而翁少麓本之字畫多處歪斜生硬，頗有重刻之嫌；其子集書名葉之"××先生訂正""南城翁少麓梓"字樣，也應爲較晚刊刻時加以整齊之故。三是《中國古籍善本書目》所著錄三個版本字形相似卻往往不同，必有修版或重刻：其中國圖所藏明刻本似最早、《四庫存目》影印之明新安汪士賢刻本其次，翁少麓本最晚。而翁少麓刻本與哈佛所藏明萬曆葛寅亮刻本又疑爲同版，查中國國家圖書館翁少麓本，首有萬曆十一年（1583）焦竑《漢魏諸名家集序》、未署年武林葛寅亮《漢魏諸名家集序》，著錄爲"萬曆十一年翁少麓刻本"蓋據焦竑序及書名葉而來；而《美國哈佛大學哈佛燕京圖書館藏中文善本書志》謂哈佛藏本即《中國古籍善本書目》之明萬曆十一年翁少麓刻本；臺北"國家圖書館"藏本亦有葛寅亮序，但著錄爲明天啓六年武林葛寅亮重刻本。此處暫將翁少麓本著錄爲天啓重刻本，刊刻者仍需探討。

芝大所藏《董仲舒集》零本，與明新安汪士賢刻本、天啓重刻本字形均不同。細審之，《四庫存目》底本、哈佛藏本字畫均有刻意之處，已失原貌，哈佛本尤其明顯。此本筆畫規整、棱角清晰、墨色濃黑，爲此書較早刻印本。

《四庫全書總目》總集類存目著錄《漢魏名家》。此書存世尚多，部帙完整者如《中國古籍善本書目》著錄中國國家圖書館、上海圖書館等十六家收藏明萬曆十一年翁少麓刻《漢魏諸名家集》；北京大學圖書館、中國社會科學院文學研究所、天津圖書館三家收藏明萬曆天啓間新安汪氏刻《漢魏六朝二十一名家集》；中國國家圖書館、南京圖書館、浙江圖書館等八家收藏明刻《漢魏六朝諸家文集》。臺北"國家圖書館"、臺北"中央研究院"傅斯年圖書館著錄明萬曆新安汪氏刻本；美國國會圖書館、普林斯頓大學圖書館，日本東洋文庫、關西大學圖書館著録明萬曆刻本；中國臺北"國家圖書館"、美國哈佛大學哈佛燕京圖書館、日本公文書館和東洋文庫著録天啓刻本。

鈐"李宗侗藏書"朱文長方印、"風樹亭藏書記"朱文長方印、"易印漱平"白文方印，曾爲李宗侗夫婦收藏。又鈐"画荻堂藏書""畫荻堂藏書"二方朱文長方印。芝大又藏《司馬長卿集》《蔡中郎集》《顏延之集》三種子集，亦爲李宗侗舊藏。

005
## 司馬長卿集一卷

T5247　1777

《司馬長卿集》一卷，漢司馬相如撰。明刻漢魏六朝諸家文集本。一册。框高 19.9 厘米，寬 14.2 厘米。半葉九行二十字，左右雙邊，白口，單白魚尾。版心上鐫書名。

卷端題"漢成都司馬相如著；明新安汪士賢校"。書首有《司馬長卿集目録》。

司馬相如（約前 180—約前 117）字長卿，西漢蜀郡成都（今屬四川）人。少好讀書、擊劍，景帝時爲武騎常侍，曾從梁孝王游，長於辭賦，武帝賞其《子虛賦》《上林賦》，用爲郎官，曾出使巴蜀。《史記》卷一百一十七、《漢書》卷五十七有傳。

此《司馬長卿集》零本，與明刻本、《四庫存目》底本、翁少麓本均不同。此本字形與中國國家圖書館藏明刻本近似，墨釘情況相同，暫亦稱爲明刻本；《存目》底本、哈佛藏本應經修版或翻刻，字畫已失原貌。

鈐"風樹亭藏書記"朱文長方印、"易印漱平"白文方印，曾爲李宗侗夫婦收藏。又鈐"画荻堂藏書""畫荻堂藏書"二方朱文長方印。

006
## 東方先生集一卷

T5248　5908

《東方先生集》一卷，漢東方朔撰。明刻漢魏六朝諸家文集本。一册。框高 19.8 厘米，寬 13.9 厘米。半葉九行二十字，左右雙邊，白口，單白魚尾。版心上鐫書名。

卷端題"漢平原東方朔著；明河東呂兆禧校"。書首有未署年呂兆禧《東方先生集序》；次《東方先生集目録》。末有《東方朔傳》。

東方朔（前 154—前 93）字曼倩，西漢平原厭次（今屬山東濱州）人。武帝初，上書自薦，待詔金馬門，又任常侍郎、太中大夫。曾上書陳强國之計，終未得用，滑稽敏捷，善辭賦，武帝以俳優待之。《史記》卷一百二十六、《漢書》卷六十五有傳。

萬曆間，呂兆禧曾輯漢魏名家若干集。呂兆禧（生卒年不詳）字錫侯，海鹽（今屬浙江嘉興）人，主要活動於萬曆年間。生有異才，美姿容，十二能文章，買書萬餘卷，與友人姚士粦晝夜誦讀，年十八以沉溺文翰死。著筆記一卷，搜彙東方朔、潘岳、梁簡文帝、任昉諸集行世。生平可參《［天啟］海鹽縣圖經》卷十四。《東方先生集》前有呂兆禧《序》云："余自結髮器古，嚮往其人，因衷集選文，置諸座右，庶幾炙言論於千祀云。"《隋書經籍志考證》卷三十九記有《東方朔集》一卷、《司馬相如集》一卷、《潘岳集》六卷、《任昉集》六卷共四種；《四庫全書考證》卷九十四、九十五記有《東方朔集》《潘黃門集》兩種；此外，《［天啟］海鹽縣圖經》又提及《梁簡文帝集》。除去重複，呂兆禧所輯漢魏文集至少有五種。此爲其中一種，《漢魏六朝諸家文集》收入此集，保留卷前"呂兆禧校"字樣。此《東方先生集》零本，與中國國家圖書館藏明刻本字形、斷版、墨釘情況相同，而與哈佛藏本相異，爲明刻漢魏六朝諸家文集本。

007

## 蔡中郎集八卷（存五卷）

T5252　4953

《蔡中郎集》八卷，漢蔡邕撰。明天啟重刻漢魏諸名家集本。存五卷（一至三、七至八），卷八有缺葉。三册。框高 20.3 厘米，寬 14.2 厘米。半葉九行二十字，左右雙邊，白口，單白魚尾。版心上鐫書名，中鐫卷次。

卷端題"漢陳留蔡邕著；明新安汪士賢校"。書首有嘉靖二十七年（1548）喬世寧《蔡中郎集叙》、未署年吳文策《蔡中郎文集叙》；次范曄《蔡邕傳》；次《蔡中郎集目錄》。

蔡邕（132—192）字伯喈，東漢陳留圉（今屬河南杞縣）人。靈帝時辟爲司徒橋玄府掾，出任河平長，後拜郎中，校書東觀，遷議郎，因彈劾宦官而遭流放，後任董卓侍御史，官左中郎將，卓敗遂死。博學，好辭章，通音律，工書法，校定六經文字書於碑石，世稱熹平石經。《後漢書》卷六十有傳。汪士賢（生卒年不詳），徽州婺源（今屬江西上饒）人，自署新安（今屬安徽黃山）人，嘉靖間工部主事汪文輝之子。曾任鉛山縣主簿，著有《茶譜》《芝譜》《箘譜》等。事跡略見《［康熙］徽州府志》卷十一。

明嘉靖二十七年（1548）楊賢刻本《蔡中郎集》有喬世寧序，是書亦收，喬《序》言校刻事云："《中郎集》十五卷，今止傳十卷，中又多疑譌難信者，以是知逸亡益多也。……集舊無精本，頃與俞子汝成校理。汝成又稍稍增定，顧其籍散落既久，無從蒐逸補亡耳。"是書吳文策《叙》云："撿笥中，得中郎文集，檄陳留令徐子器校讎而雕之。徐令雅尚古作，興起斯文，力任並役，亦以爲邑之鄉先招也。"是集當本自嘉靖刻本。

芝大藏《蔡中郎集》之字形、斷版、墨釘等情況與哈佛藏天啓本完全相同。李宗侗舊藏《董仲舒集》《司馬長卿集》《蔡中郎集》《顔延之集》四種子集中，除《蔡中郎集》外的其餘三種紙張堅韌，用磁青紙書衣，三種均爲明刻；《蔡中郎集》爲竹紙，用駝色書衣，乃用明天啓重刻本配入。

鈐"李宗侗藏書"朱文長方印、"易印漱平"白文方印，曾爲李宗侗夫婦收藏。又鈐"画荻堂藏書""畫荻堂藏書"二方朱文長方印。

008
### 漢丞相諸葛忠武侯集二十一卷

T5253　0645

《漢丞相諸葛忠武侯集》二十一卷，三國蜀諸葛亮撰，明諸葛羲、諸葛倬輯。清嘉慶刻道藏輯要本。十二册。框高 22.3 厘米，寬 15.5 厘米。半葉十行二十四字，無直欄，四周雙邊，白口，單魚尾。版心上鐫"道藏輯要"，中鐫"忠武侯集"、類目，下鐫"星集"。

卷端題"道藏輯要""漢丞相諸葛忠武侯集"，"三十六世孫羲基編輯"。書首有崇禎壬申（五年，1632）諸葛羲《漢丞相諸葛忠武侯集叙》；次《忠武侯像》。

諸葛羲（生卒年不詳）字基畫，明晋江（今屬福建泉州）人，諸葛亮三十六世孫。崇禎元年（1628）進士，授户部四川司主事，歷浙江司員、浙江參議、山東副使等，謹漕運、禦海寇，造士惠民，卒於官，著《化石居新舊稿》等。生平可參《［乾隆］晋江縣志》卷十、《［乾隆］泉州府志》卷五十。諸葛倬（生卒年不詳）字士年，諸葛羲弟。諸生，隨兄之官，多所贊助，後依鄭成功於臺灣，篤學，工小楷。生平可參《［乾隆］晋江縣志》卷十二、《［乾隆］泉州府志》卷五十五。

《漢丞相諸葛忠武侯集》乃明崇禎間諸葛亮三十六世孫諸葛羲、諸葛倬編輯，明《道藏》未收。書中除諸葛亮遺文外，又收録後代評論、碑記等文章，以楊時偉《年譜》、陳壽《三國志》本傳冠於首。書前諸葛羲《叙》述編纂刊刻事云："兹集惟《年譜》仍楊之舊，餘依家本。傳用陳《志》，而節録諸傳附之；次遺文，次遺事、陣圖，次遺蹟，亡者既無從攷，存者亦不得遺。檗晋唐以下，詩、賦、論、贊、碑、頌，巨公文人之筆，異同之論，咸並載之。……弟倬曉夜搜討，紉攷羣書，精意較讐，庶無掃葉之嘆，而義於糠秕斗斛之暇，亦輒共編訂。遠聘吳中善手，付之剞劂，兢兢庶詳且慎焉。”

此爲《道藏輯要》零本。《道藏輯要》爲嘉慶年間蔣予蒲選録明正統《道藏》、萬曆《續道藏》精要，又搜集藏外道書八十多種而成，全書共二百八十多種，按二十八星宿字號編次。蔣予蒲（1755—1819）字南樵，一字元庭，睢州（今屬河南商丘）人。乾隆四十六年（1781）進士，庶吉士，纍遷至工部右侍郎，倉場侍郎。嘉慶刻本《道藏輯要》傳世稀少，光緒年間四川成都二仙庵重刻此書，又增入道經和道經書目四十種。

“校”易爲“較”，“弘”“玄”字缺筆，“琰”字變體，“淳”字不避。避明崇禎至清嘉慶帝諱。

《四庫全書總目》未收。《中國古籍善本書目》未著録。據學者調查，嘉慶刻本《道藏輯要》僅有約十四部存於中國大陸、臺灣，法國，日本等地。收藏機構有中國道教協會、美國柏克萊加州大學圖書館、巴黎法蘭西學院漢學研究所、日本京都大學人文科學研究所等。

鈐“太谷孫氏家藏”朱文方印，“衡陽道孫阜昌珍藏印”白文方印，兩函首冊書衣題簽鈐“大會德記圖書”朱文方印。此爲勞費爾購書。

009
### 諸葛丞相集四卷

T5253　0645C

《諸葛丞相集》四卷，三國蜀諸葛亮撰，清朱璘輯。清康熙三十七年（1698）萬卷堂刻本。六冊。框高 20.5 厘米，寬 14 厘米。半葉九行十九字，小字雙行同，四周雙邊，白口，單魚尾。版心上鐫書名，中鐫卷次，下鐫“萬卷堂藏板”。

卷端題“漢丞相諸葛亮著”，“古虞朱璘纂輯；男瑞圖、鵬圖校梓”。書名葉分三欄，右題“古虞朱青巖纂輯”，中題“諸葛丞相集”，左題“萬卷堂藏板”，欄上題“康熙戊寅年新鐫”。書首有康熙戊寅（三十七年）朱璘《序》；次《諸葛丞相集卷之一目録》，實爲分卷之總目録，題“古虞朱璘彙訂”。

朱璘（生卒年不詳）字青巖，清浙江上虞（今屬紹興）人。由貢監官武昌同知，康熙二十七年（1688）署湖北驛鹽道，後擢南陽知府。著《綱鑑輯略》《明紀全載》等。生平參《［嘉慶］湖北通志檢存稿》卷二。

晋陳壽曾輯《諸葛氏集》二十四篇，但宋代即有散佚，是書朱璘《序》謂之"僅存其目而闕其文"。明清時，王士騏、楊時偉、諸葛羲、張澍等人皆曾纂輯諸葛亮集。是書爲朱璘所輯，卷一爲諸葛亮遺文，卷二、三爲漢魏時人與諸葛亮書信及後人評論諸葛亮之詩文，卷四則爲朱璘及其子瑞圖所撰傳記、論説等文，實以與諸葛亮相關之論説、題記爲主。《四庫全書總目提要》謂是書有失考證、收録猥雜。

是書爲朱璘輯，其子瑞圖、鵬圖校梓。卷前朱璘《序》述是書之編輯云："余因彙其集而重訂之，非好爲標新立異也，特欲明侯之立言原足與德功並垂千古，又何必以載籍不博而致慨於陳壽所集二十四篇僅存其目而闕其文耶？竊猶恐徒視爲經濟之書而不知其爲理學之宗也，因撰論辨若干首，并附録於集後。"

此本與《四庫全書存目叢書》影印之北京大學藏本同版。是書卷四末二篇爲朱璘《書諸葛思遠傳後》、朱瑞圖《跋》，此本闕；北京大學藏本亦缺《跋》。《中國古籍善本書目》著録清康熙三十七年萬卷堂刻本另有《附録》一卷。

"玄"字缺筆。

《四庫全書總目》集部別集類存目。《四庫全書存目叢書》影印清康熙三十七年萬卷堂刻本。《中國古籍善本書目》著録華東師範大學、東北師範大學、浙江上虞縣圖書館、福建師範大學圖書館四家收藏。知美國哈佛大學哈佛燕京圖書館，澳大利亞國家圖書館，日本國會圖書館、內閣文庫、東京都立中央圖書館，韓國國立中央圖書館收藏萬卷堂刻本。

010

## 潘黃門集六卷

T5260  3647

《潘黃門集》六卷，晋潘岳撰。明刻漢魏六朝諸家文集本。二冊。框高 19.9 厘米，寬 14.3 厘米。半葉九行二十字，左右雙邊，白口，單白魚尾。版心上鑴書名，中鑴卷次，下偶鑴字數。

卷端題"晋東牟潘岳著；明河東呂兆禧校"。書首有《潘岳傳》；次《潘黃門集目録》。

潘岳（247—300）字安仁，魏晋時滎陽中牟（今屬河南）人。少有才穎，辟司空掾，曾爲河陽令、長安令，官至給事黃門侍郎。長於詩賦、誄文，與陸機并稱"潘陸"，然趨事權貴。《晋書》卷五十五有傳。

胡震亨曾爲呂兆禧所輯《潘黃門集》作序，《四庫全書存目叢書》底本、哈佛藏本俱存胡序，此本闕。胡震亨（1569—1645）序云："有晋黃門郎潘岳集，舊傳十卷，近稍亡逸，完衰罕覯。友人呂錫侯結契逷年，深相賞誦，凡散在四部者悉加聯綴，緝茲衆斑，用窺全豹，雖復卷殺其四，而體製略備，亦既斐然。時錫侯年甫二九，頗擅擲果之譽。余調之曰：'君是潘之後身，故應有此撰述，若白首有歸，幸勿見累耳。'未幾，疟發死。余赴唁之日，撫棺歎曰：'呂生呂生，何悟善謔乃竟驗邪？'……君死之五年，客有鋟是集於武林者，余傷其賦命蹇促，屈彼壯志，僅托驥德以存姓名，故聊因暇日援筆論之。"則呂兆禧所輯漢魏名家集，乃於其卒後五年刻於杭州。後又彙入《漢魏六朝諸家文集》。

呂兆禧所輯漢魏名家，見於諸書記載者有東方朔集、司馬相如集、潘岳集、任昉集、梁簡文帝集五種，此爲其中一種。《漢魏諸名家集》收入此集，保留卷前"呂兆禧校"字樣。此《潘黄門集》與中國國家圖書館所藏明刻本字形、斷版、墨釘情況相同，而與哈佛藏本相異，爲明刻漢魏六朝諸家文集本。

鈐"鄂中周氏寶藏"朱文方印，此書與《阮嗣宗集》均爲周貞亮舊藏，裝幀亦同。又鈐"烏鎮丁翰高墨林甫藏"朱文橢圓印、"鬻及借人爲不孝"一印。

011

## 顔延之集一卷

T5267　0182

《顔延之集》一卷，南朝宋顔延之撰。明刻漢魏六朝諸家文集本。一册。框高 20.1 厘米，寬 14.2 厘米。半葉九行二十字，左右雙邊，白口，單白魚尾。版心上鐫書名。

卷端題"宋琅邪顔延之著；明新安汪士賢校"。書首有《顔延年集目録》，次沈約《顔延年傳》。

顔延之（384—456）字延年，琅邪臨沂（今屬山東）人。東晋末曾任行參軍、主簿，南朝宋武帝時任太子中舍人，後爲始安太守、中書侍郎、步兵校尉、永嘉太守，官至金紫光禄大夫。爲人嗜酒狂放，篤信佛教，以文采知名，與謝靈運并稱"顔謝"。《宋書》卷七十三、《南史》卷三十四有傳。

芝大藏《顔延之集》與中國國家圖書館藏明刻本、《存目》底本、天啓刻本均不同，其字形、墨釘與中國國家圖書館藏明刻本最爲接近，但仍有異。以整體風貌而言，《存目》底本、哈佛藏本應經翻刻，字畫已失原貌；此本刻印較早，暫著録爲明刻《漢魏六朝諸家文集》本。

鈐"風樹亭藏書記"朱文長方印、"生齋臺灣行篋記"朱文方印、"易印漱平"白文方印，曾爲李宗侗夫婦收藏。又鈐"画荻堂藏書""畫荻堂藏書"二方朱文長方印。

012

## 阮嗣宗集二卷

T5256　7186

《阮嗣宗集》二卷，三國魏阮籍撰。明刻漢魏六朝諸家文集本。二册。框高19.8厘米，寬14.2厘米。半葉九行二十字，左右雙邊或四周單邊，白口，單白魚尾。版心上鎸書名，中鎸卷次。

卷端題"魏陳留阮籍著；明新安程榮校"。書首有嘉靖癸卯（二十二年，1543）陳德文《阮嗣宗集叙》；次載《晋書》之《阮籍傳》。

阮籍（210—263）字嗣宗，三國魏時陳留尉氏（今屬河南）人，阮瑀子。曾任大將軍從事郎中、散騎常侍、步兵校尉等職。縱酒談玄，口不臧否人物，以詩歌寄懷，爲竹林七賢之一。《三國志》卷二十一、《晋書》卷四十九有傳。

《阮嗣宗集》曾有明嘉靖二十二年（1543）范欽、陳德文刻本，後又有明程榮刻本，傅增湘謂程榮刻本由前者出。書前陳德文《叙》云："大梁舊刻籍詩，南來少傳。郡伯鄞范子取而刻之宜春。"此本亦存陳德文序，而卷端題程榮校，乃將程榮刻本匯入《漢魏六朝名家集》。芝大藏《阮嗣宗集》零本，與中國國家圖書館藏明刻本字形、斷版、墨釘情況相同，而與天啓重刻本相異，爲明刻《漢魏六朝諸家文集》本。

鈐"貞亮私印"朱文方印、"鄂中周氏寶藏"朱文方印，曾爲近代周貞亮收藏。周貞亮（1874—?）字子幹，湖北漢陽（今屬武漢）人，光緒三十年（1904）進士，畢業於日本法政大學，回國後任郵傳部主事、黑龍江高等檢察廳檢察長、北京政府國務院法制參事，南開大學及國立北平大學第一師範學院、武漢大學教授等，著《書目舉要》《文選學》等。又鈐"烏鎮丁翰高墨林甫藏"朱文橢圓印。

# 唐五代別集類

013

## 駱賓王集二卷

T5289　7631

《駱賓王集》二卷，唐駱賓王撰。明嘉靖十九年（1540）刻唐百家詩本。二册。卷上首葉補抄，卷下首葉框高 17.1 厘米，寬 13.1 厘米。半葉十行十八字，左右雙邊，白口，單白魚尾。版心中鐫書名、卷次。

卷端未題著者。

駱賓王（約 640—約 684）字觀光，唐婺州義烏（今屬浙江）人。七歲能詩賦，長於歌行及駢文，爲初唐四傑之一。初爲道王李元慶府屬，乾封二年（667）對策中式，授奉禮郎兼東臺詳正學士，曾隨軍出征邊塞，歷武功、長安主簿、侍御史，貶臨海丞，後爲徐敬業記室，作《討武曌檄》，敬業兵敗，賓王不知所終。《舊唐書》卷一百九十、《新唐書》卷二百一有傳。

駱賓王詩文多散佚，唐中宗時郗雲卿曾輯駱賓王詩文，亦不傳。明代多種唐人詩文集，如張燮《初唐四子集》、張遜業《十二家唐詩》、許自昌《前唐十二家詩》、朱警《唐百家詩》等皆收駱賓王集。

此爲明嘉靖十九年（1540）朱警刻《唐百家詩》零本。是書收錄初唐二十一家、盛唐十家、中唐二十七家、晚唐五代四十二家，共百家唐人詩，不錄李白、杜甫等已有專集之名家。《唐百家詩》之編輯始於朱警之父，朱警《後語》云：“先大人馳心唐藝，篤論詞華，乃雜取宋刻，裒爲百家。”書前冠以徐獻忠所編《唐詩品》一卷，品評各家。是書爲人所重，明胡震亨《唐音統籤》、清季振宜《唐詩》，多有採用。

《四庫全書總目》未收。《中國古籍善本書目》著錄中國國家圖書館、上海圖書館等十四家收藏明嘉靖十九年刻《唐百家詩》。又知中國臺北“國家圖書館”、臺北故宮博物院、臺北“中央研究院”傅斯年圖書館、臺灣大學圖書館、日本公文書館、宮內廳書陵部等處收藏。

鈐“易印漱平”白文方印，“風樹亭藏書記”朱文長方印、“李宗侗藏書”朱文長方印，曾爲李宗侗夫婦收藏。

014

## 集千家註杜工部詩集二十卷文集二卷附錄一卷

T5299　2923

《集千家註杜工部詩集》二十卷《文集》二卷，唐杜甫撰、宋黃鶴補注、宋劉辰翁評點；《附錄》一卷。明嘉靖十五年（1536）玉几山人刻本。佚名批校。十二册。框高 22.1 厘米，寬 14.1 厘米。半葉八行十七字，小字雙行同，四周雙邊，白口，雙白魚尾。版心中鐫"杜集"、卷次，下鐫刻工。

卷端題"大明嘉靖丙申玉几山人校刻"。書首有寶元二年（1039）王洙《杜工部詩史舊集序》、皇祐壬辰（四年，1052）王安石《杜工部詩後集序》、元祐庚午（五年，1090）胡宗愈《成都草堂詩碑序》、嘉泰甲子（四年，1204）蔡夢弼《杜工部草堂詩箋跋》；次《集千家註杜工部詩集目錄》。《文集》首有《集千家註杜工部文集目錄》。《附錄》收元稹《唐杜工部墓誌銘》及《新唐書》所載杜甫本傳。

黃鶴（生卒年不詳）字叔似，號牧隱，南宋江西宜黃（今屬撫州）人。承其父黃希遺志，歷三十年於嘉定九年（1216）輯成《黃氏補千家註紀年杜工部詩史》，又著有《北窗寓言集》。事跡略見《［光緒］江西通志》卷一百七。劉辰翁（1232—1297）字會孟，號須溪，南宋吉州廬陵（今江西吉安）人。景定三年（1262）進士，性耿直，因忤賈似道，置丙等，曾任濂溪書院山長、臨安府學教授等職，宋亡後隱居不出。長於詩詞，曾評點孟浩然、杜甫、陸游等人詩集，著《須溪集》《班馬異同評》等。《宋元學案》卷八十八、《宋史翼》卷三十五有傳。

杜甫之詩在宋代極受推崇，編年、箋注之作甚多，號爲"千家注杜"。影響較大的有郭知達《九家集註杜詩》、蔡夢弼《杜工部草堂詩箋》、黃鶴《黃氏補千家註紀年杜工部詩史》、劉辰翁《集千家註批點杜工部集》等集注本。劉辰翁批點本乃其門人高崇蘭删次各家之注而附以劉辰翁評點，注釋取自多家而以王洙、蔡夢弼、黃鶴爲多，又添宋人筆記、詩話中的相關材料。劉氏批點本有元刻存世，明代據以再刻流傳的有朱邦薴、玉几山人、許自昌、黃陞等刻本，而均不載元本中劉將孫序，亦不標明劉辰翁評語。《四庫全書總目提要》說明評注所自云："不著編輯人名氏。前載王洙、王安石、胡宗愈、蔡夢弼四序……其句下篇末諸評，悉劉辰翁之語。"

嘉靖十五年玉几山人刻本詩篇編次順序、注文內容，均與元刊劉辰翁批點本相同，較元本缺劉將孫序、劉辰翁《總論》及《杜工部年譜》，而多出《文集》二卷、《附錄》一卷。玉几山人刻本後又經剜改，有卷端次行全空無字者，有挖去"大明嘉靖丙申"六字者，有挖改"玉几山人"易爲"明易山人"者。此本

卷端題 "大明嘉靖丙申玉几山人校刻"，全書字畫清晰、墨色勻黑，用白棉紙刊印，爲嘉靖十五年玉几山人刻本的較早印本。

刻工有宗、仲、思、啓（啓明）、仁（子仁）、劉、袁（袞）、信、云（沈、沈云）、匆（忽、恩）、李、鳳（李鳳）、東、美、周、昂、李燿、澄、何、曾、王、潘、林甫（甫）、恩、日、齊、濟、吳、佩、正、中、田、雇、張濼（濼）、宗澄、顧、朝用、安、廷、陽、子、馬、章、下（夏）、通。

《四庫全書總目》入集部別集類。是書存世較多，《中國古籍善本書目》著錄中國國家圖書館、上海圖書館、南京圖書館等四十五家收藏。知中國臺北 "國家圖書館"、臺北故宮博物院、香港大學圖書館，美國普林斯頓大學圖書館，日本公文書館，韓國國會圖書館玉山書院收藏。

015
### 杜工部集二十卷年譜一卷諸家詩話一卷唱酬題詠附錄一卷

T5299　8508

《杜工部集》二十卷，唐杜甫撰、清錢謙益箋注；《年譜》一卷《諸家詩話》一卷《唱酬題詠附錄》一卷。清康熙六年（1667）季氏靜思堂刻本。十八册。框高 17.8 厘米，寬 13.7 厘米。半葉十一行二十字，小字雙行三十字，四周雙邊，黑口，雙黑魚尾。版心中鐫 "杜集"、卷次。

卷端題 "虞山蒙叟錢謙益箋註"。書首有錢謙益《草堂詩箋元本序》、康熙六年季振宜《序》；次附《諸家詩話》《唱酬題詠附錄》《注杜詩畧例》《杜工部集附錄》《少陵先生年譜》；次《杜工部集目錄》。卷末鐫校者，各卷不同，有季振宜、錢遵王、陸貽典、毛扆等人。

錢謙益（1582—1664）字受之，號牧齋，晚號蒙叟、東澗老人等，明末清初常熟人。明萬曆三十八年（1610）進士，南明時官禮部尚書，降清，任禮部侍郎半年告歸。博學工詩，與吳偉業、龔鼎孳并稱江左三大家，喜藏書，藏書處名 "絳雲樓" "紅豆山莊"，惜毀於火。著《初學集》《有學集》，輯《列朝詩集》等。《清史稿》卷四百八十四有傳。

錢謙益自四十五歲箋注杜詩，崇禎年間撰成《讀杜小箋》《讀杜二箋》，崇禎十六年（1643）曾刻入《初學集》。後以朱鶴齡點校蔡夢弼《草堂詩箋》與己見相近，將箋本及所藏元本予之以助，并爲朱氏之書作序。然錢氏觀朱氏之書後，又以旨趣實不相同，二人反目，錢氏遂補纂己書，各自流傳。書前錢謙益序述此事原委并云："離之則雙美，合之則兩傷，此千古通人之論也。"

錢氏歿後，錢曾又續綴其書，并由季振宜刊刻。季振宜《序》云："（錢曾謂予曰）'此我牧翁箋注杜詩也，年四十五即隨筆記錄，極年八十書始成。得疾著床，我朝夕守之，中少間輒轉喉作聲，曰杜詩某章某句尚有疑義，口占析之以屬我，我執筆登焉，成書而後，又有千百條。'……牧齋先生仕宦垂五十年，生平精力構古書百萬卷，作樓登而藏之，名曰絳雲。一旦弗戒於火，皆爲祝融取去，拔劍擊闔，文武之道頓盡。而杜詩箋注巍然獨存於焦頭爛額之餘，杜曲浣花，拂水紅豆，千載而遥，精氣相感，默相呵護，有如是乎？丁未（康熙六年）夏，予延遵王渡江商量雕刻，日長志苦，遵王又矻矻數月，而後托梓人以傳焉。"是書遭清廷禁燬。現存是書或存書名葉題"静思堂藏板"，静思堂乃季振宜堂號。此本爲康熙六年季氏静思堂刻本，字畫清晰，然略有斷版。

"玄"字缺筆。

《四庫全書總目》未收，《四庫禁燬書叢刊》影印清康熙六年季氏静思堂刻本。是書多見，《中國古籍善本書目》著録中國國家圖書館、上海圖書館、浙江圖書館等三十二家收藏名家校跋本。知中國臺北"國家圖書館"、臺北故宮博物院、臺灣大學圖書館、臺北"中央研究院"文哲所圖書館、香港中文大學圖書館、澳門大學圖書館、美國哈佛大學哈佛燕京圖書館、柏克萊加州大學圖書館、哥倫比亞大學圖書館、華盛頓大學圖書館、明尼蘇達大學圖書館，日本公文書館、東洋文庫等處收藏。

鈐"北垞"朱文方印。

016
### 杜詩詳註二十五卷首一卷附編二卷（缺附編下卷）

T5299　2135

《杜詩詳註》二十五卷，唐杜甫撰、清仇兆鰲輯註；《首》一卷《附編》二卷。清康熙刻本。存二十七卷（缺《附編》下卷）。十四册。框高 20.2 厘米，寬 14.6 厘米。半葉十行二十二字，小字雙行同，左右雙邊，下黑口，單魚尾。版心上鐫書名，中鐫卷次。

卷端題"翰林院編修臣仇兆鰲輯註"。書名葉分二欄，右題"史官仇兆鰲誦習"，左題"杜少陵集詳註"，欄上鈐"進呈本新鐫"，左下角鈐"本文較正無訛，名注搜羅悉備""武林藏板"。首卷爲康熙三十二年（1693）仇兆鰲進書表、康熙三十二年仇兆鰲序；次《舊唐書》本傳；次《杜氏世系》，庚辰（康熙三十九年，1700）《杜工部年譜》；次《杜詩凡例》二十則；次《杜詩詳註目録》，其中目録卷二十六下鐫"嗣刻"，列"諸家論杜""諸家傲杜"，實無正文。

杜甫（712—770）字子美，唐鞏縣（今河南鞏義）人，因郡望京兆杜陵（今屬西安），自稱"杜陵布衣"，六世祖遷居湖北襄陽，故稱"襄陽人"，居於長安城南少陵原，遂號"少陵野老"。舉進士不第，困頓長安十年，唐玄宗時獻《三大禮賦》待制集賢院。安史之亂時，至鳳翔任肅宗左拾遺，旋即貶官，後棄官居蜀，依劍南節度使嚴武，任檢校工部員外郎。其詩多涉時事，詩風沉鬱，有詩史之稱。《舊唐書》卷一百九十、《新唐書》卷二百一有傳。

　　是書乃仇兆鰲彙集各家杜詩注解，幾經增補而成。前二十三卷注詩，第二十四卷注賦，第二十五卷注文。詩之編年以朱鶴齡《年譜》爲據，注詩則分章釋義，并引各家評論。仇兆鰲（1638—1717）字滄柱，一字知幾，號章溪老叟，浙江鄞縣（今屬寧波）人。康熙四十八年（1709）進士，選庶吉士，授編修，歷官侍講、内閣學士、禮部侍郎、吏部侍郎。爲黃宗羲弟子，以理學自任，著《杜詩詳注》《方輿程考》等。生平可參《〔雍正〕浙江通志》卷一百五十九。卷首進書表、仇兆鰲《序》述編撰大旨云："從前註解不下百家，近日疏箋亦將十種，或分類或編年，今昔互有異同，於分章於解句，紛紜尚少指歸。……臣於是集矻矻窮年，先挈領提綱以疏其脉絡，復廣搜博徵以討其典故，故汰舊注之榷釀叢脞，辯新説之穿鑿支離。夫亦據孔孟之論詩者以解杜，而非敢憑臆見爲揣測也。"《四庫全書總目提要》評價云："摭拾類書，小有舛誤……然援據繁富，而無千家諸注僞撰故實之陋習。核其大局，可資考證者爲多。"

　　康熙三十二年仇兆鰲纂成是書并進呈御覽，四十二年（1703）刊刻，此後又屢經增補。中華書局整理本所據底本卷二十三末有仇兆鰲識詳述增補經過云："注杜始於己巳歲（康熙二十八年，1689），迨乙亥（康熙三十四年，1695）還鄉，數經考訂。癸未（康熙四十二年）春日，刊本告竣。甲申（康熙四十三年，1704）冬，仍上金臺，復得數家新注，如前輩吳志伊、閻百史、年友張石虹、同鄉張爾可，各有發明。辛卯（康熙五十年，1711）致政南歸，舟次輯成，聊補前書之疏略，時年七十有四矣。"《諸家論杜附錄》末又云："諸家評論，已載各章之末，其統論綱領及連釋字句者，又附紀此編，庶廣前編所未備耳。癸巳（康熙五十二年，1713）歲，兆鰲記。"則是書編纂及增補前後歷二十餘年，康熙三十二年編成進呈，四十二年初次刊刻，最後定本於五十二年。而在初刻至定本之十年間有數次增訂，其中卷二十三、二十五末葉均增刻文字。《柏克萊加州大學東亞圖書館中文古籍善本書志》辨析是書增訂始末甚詳。

　　是書進書表、仇氏《序》均題康熙三十二年撰，《杜工部年譜》末則題"庚辰歲（康熙三十九年，1700）重陽月考定"。所附《諸家詠杜》卷上首有《少陵逸詩小序》，末記"壬午（康熙四十一年）春日仇兆鰲識"。卷二十五末《杜律重實辯》後有"嘗癸未歲康熙四十二年春王正月，甬江後學仇兆鰲附記"等文字。而《諸家詠杜》卷上末又記刊刻事云："故友左君湘南……學使歸里時，克捐餘資，以佐剞劂之不逮。此書告成，甫寓目而旋逝世。……甲申（四十三年，1704）菊月兆鰲附記。"據最末一則附記，可明此本爲康熙四十三年以後刊刻。此本闕附録下卷，無法查考是否原有相關年月的記録。然此本并無卷二十三、二十五增刻之内容，而其書名葉特徵仍與初刻本相同，此本或是康熙四十三年仇兆鰲"復得數家新注"後不久之刻本。

"玄"字缺筆。

《四庫全書總目》別集類著録。《中國古籍善本書目》著録上海圖書館、天津圖書館、遼寧省圖書館等三十家收藏康熙刻本。知中國香港大學馮平山圖書館、香港中文大學圖書館，美國哈佛大學哈佛燕京圖書館、柏克萊加州大學圖書館、哥倫比亞大學圖書館，加拿大阿爾伯塔大學圖書館，日本靜嘉堂文庫、東京都立中央圖書館等處，及韓國奎章閣著録康熙刻本。

017
### 唐陸宣公集二十二卷

T4462.4　7148C

《唐陸宣公集》二十二卷，唐陸贄撰。明萬曆吳繼武光裕堂刻本。十二册。框高 21.5 厘米，寬 14.6 厘米。半葉十行二十字，白口，四周單邊，單白魚尾。版心上鐫"陸宣公奏議"，中鐫卷次，下鐫"光裕堂梓"。

卷一、十一、十七、二十二卷首鐫"明繡谷肖川吳繼武校刊"。書名葉分三欄，中鐫"陸宣公奏議"，右鐫"唐權德輿先生原本"，左鐫"製錦堂吳□"（吳字下墨筆添"宣"字），鈐朱文大方印"本衙藏板"。首有未署年唐權德輿《唐陸宣公集叙》；次《宋朝名臣進奏議劄子》；次明永樂十四年（1416）齊政《唐陸宣公集後叙》、次萬曆丙午（三十四年，1606）陸基忠《重梓宣公奏議跋》、次萬曆九年李懋檜重刻陸宣公奏議跋、次未署年劉垓《重刻陸宣公奏議跋》；次《淳熙講筵劄子》、次宋紹興二年（1132）《進唐陸宣公奏議表》；次宣德三年（1428）金寔《陸宣公奏議叙》、次天順元年（1457）項忠《陸宣公奏議叙》、次弘治十五年（1502）錢福《陸宣公制册奏議集叙》、次嘉靖丁酉（十六年，1537）沈伯咸《陸宣公文集叙》、次萬曆九年（1581）葉逢春《陸宣公奏議叙》、次未署年王世貞《讀宣公奏議説》。次目録。

是書爲二十二卷系統本之一，與宋趙希弁《郡齋讀書志·附志》所著録之卷次合。卷一至十爲"制誥"，卷十一至十六爲"奏草"，卷十七至二十二爲"中書奏議"。卷一、十一、十七卷首題"唐陸宣公集"，次卷以下分別題"唐陸宣公制誥卷第幾”“唐陸宣公奏草卷第幾”“唐陸宣公奏議卷第幾”。與陸基忠刻本比對，“制誥”各篇順序相同，“奏草”“奏議”之分卷、編次頗不同。有若干異文，例如：卷一《奉天改元大赦制》，此本標題下有小注云“平朱泚後改建平五年爲興元元年”，“可大赦天下”，此本“赦”字爲墨釘；卷六《册蜀王妃文》“樂善是用使某官”，此本“用使”二字爲墨釘；卷十一《論兩河及淮西利害狀》，此本“奉宣進止”，陸基忠本“止”作“旨”；卷十二《奉天論奏當今所切務狀》，此本“猶未收成”，陸基忠本“成”作“城”。

吳繼武，武陵人，除《唐陸宣公集》外，還刻過來知德《周易集註》十六卷、陳組綬《詩經副墨》不分卷、胡安國《春秋胡傳》三十卷、葛寅亮《四書醒人語》十四卷等，經營光裕堂，以刻書精良著稱。哈佛大學哈佛燕京圖書館藏本與此同版，書名葉已改換，鐫“映旭齋藏板”“致和堂梓行”，版面模糊，顯係光裕堂書版流傳至後世重印者。

《中國古籍善本書目》著録國家圖書館、北京大學圖書館、中國人民大學圖書館等十一家圖書館收藏。又知日本東京大學東方文化研究所、宮城教育大學、東北大學等處亦有收藏。

鈐“易印漱平”白文方印、“李宗侗藏書”朱文長方印，爲李宗侗舊藏。

018
### 唐陸宣公翰苑集二十四卷

T5307　6032B

《唐陸宣公翰苑集》二十四卷，唐陸贄撰。明萬曆三十五年（1607）陸基忠刻本。十二册。框高 20.7 厘米，寬 13.9 厘米。半葉九行十八字，四周雙邊，白口，單魚尾。版心上鐫“宣公翰苑集”，中鐫文類及卷次，下偶鐫寫工、刻工。

書名據版心。首卷爲《唐陸宣公制誥》，未題著者。書首有明萬曆三十五年吳道南《唐陸宣公奏議序》、未署年唐權德興《唐陸宣公翰苑集叙》；次《宋朝名臣進奏議劄子》《淳熙講筵劄子》、宋紹興二年（1132）郎曄《進唐陸宣公奏議表》；次明宣德三年（1428）金㙝《陸宣公奏議序》、天順元年（1457）項忠《陸宣公奏議序》、弘治十五年（1502）錢福《陸宣公制册奏議集序》、嘉靖丁酉（十六年，1537）沈伯咸《陸宣公文集序》、萬曆九年（1581）葉逢春《陸宣公奏議叙》、未署年王世貞《讀宣公奏議説》；次《唐陸宣公翰苑集目録》。末有萬曆丙午（三十四年，1606）二十七世孫陸基忠《重梓宣公奏議跋》。各卷末鐫“二十七世孫基忠校梓”。

陸贄（754—805）字敬興，唐蘇州嘉興（今屬浙江）人。大曆八年（773）進士，以博學鴻詞科登第，授鄭縣尉，後補渭南主簿，遷監察御史。德宗即位，詔爲翰林學士，建中四年（783）朱泚謀反，陸贄從駕避奉天，參決機謀，詔書多出其手，時號“內相”，還京，爲中書舍人、中書侍郎平章事，因直言進諫貶中州別駕十年，卒贈兵部尚書，諡宣。善屬文，長於奏議，著《玄宗編遺録》《備舉文言》等，有《翰苑集》傳世。《舊唐書》卷一百三十九、《新唐書》卷一百五十七有傳。

陸贄奏議在唐宋即爲世所重，言涉經綸、制度、典章、文物，於古今政治得失，深切著明，足爲治亂之龜鑒。歷代刻版亦多，大體可分爲四個系統：一是二十四卷本，初爲唐權德輿編次，包括《翰苑集》十卷、奏草七卷、奏議七卷，明嘉靖二十七年（1548）沈伯咸西清書舍刻本、明萬曆三十五年（1607）陸基忠刻本、明崇禎元年（1628）湯賓尹評本，皆祖於此；二是二十二卷本，初爲唐韋處厚編輯，包括《翰苑集》十卷、奏草六卷、奏議六卷，宋大字本、宋小字本、元至大四年（1311）刻本、明宣德三年（1428）胡元節刻本、明天順元年（1457）延詳刻本、明弘治十五年（1502）于鳳喈刻本、明萬曆九年（1581）葉逢春刻本，均屬此系統；三是奏議單行本，又分爲十二卷本、十五卷本、十八卷本、二十卷本四類；四是詔令單行本，主要爲十卷本。

此本爲萬曆三十五年陸贄二十七世孫陸基忠所刻，書末陸氏《跋》云：“是用舊板校正重梓廣傳，庶或有補于百官之承式，而仰有裨于萬幾之鴻休也，詎直揚先世之懿範、爲一家之燕翼而已哉。”

版心下鐫寫工“秣陵楊應時”。刻工有陶国臣、梅朝、戴國衡、葉明。

《四庫全書總目》集部別集類著録《翰苑集》二十二卷。《中國古籍善本書目》著録上海圖書館、遼寧省圖書館、南京圖書館等二十五家收藏是刻。知中國臺北“國家圖書館”、臺北故宮博物院，美國普林斯頓大學圖書館，日本立命館大學圖書館收藏。

鈐“揚州阮氏琅嬛僊館藏書印”朱文方印；“李宗侗藏書”朱文長方印、“看雲憶弟居珍藏善本書籍印”朱文方印。曾爲清代阮元、近世李宗侗收藏。又有“清河郡圖書印”朱文方印，疑屬阮元之子阮常生。阮常生（生卒年不詳）字彬甫、壽昌，號小雲，嘉慶初恩旨得二品蔭生，後陞雲南司郎中，擢清河道，官至直隸按察使，習經術、工書法。

019

## 昌黎先生集四十卷外集十卷遺文一卷朱子校昌黎先生集傳一卷

T5308　6622

《昌黎先生集》四十卷《外集》十卷《遺文》一卷，唐韓愈撰、宋廖瑩中校正；《朱子校昌黎先生集傳》一卷。明徐氏東雅堂刻清乾隆十一年（1746）王金增重修本。十六册。框高20.5厘米，寬13.5厘米。半葉九行十七字，小字雙行同，四周雙邊，白口，單魚尾。版心中鐫“昌黎”、卷次，下鐫“東雅堂”。補版行字同，下綫黑口，雙黑魚尾；版心上鐫字數、下偶鐫刻工。

卷端未題著者。《序》《叙説》《凡例》《目録》後，以及大部分卷帙末鐫“古吳徐氏刻梓家塾”之篆、隸、楷三體牌記。書首有未署年李漢《昌黎先生集序》；次《昌黎集叙説》；次《重校昌黎集凡例》；次《昌黎先生集目録》。《外集》首有《昌黎先生外集目録》。《集傳》首有《朱子編昌黎先生傳目録》。《遺文》首有《昌黎先生遺文目録》。

韓愈（768—824）字退之，唐河内河陽（今河南孟縣）人，郡望昌黎（今屬河北秦皇島）。貞元八年（792）進士，初爲推官，歷監察御史、國子博士、中書舍人、刑部侍郎等，曾貶潮州刺史，官至吏部侍郎、國子祭酒，卒諡文。學通六經，提倡道統，推崇散體文，文筆雄健，爲唐代古文運動領袖。《舊唐書》卷一百六十、《新唐書》卷一百七十六有傳。

韓愈文集乃卒後由門人李漢輯爲四十卷，宋人又屢加補輯注釋，如洪興祖辨證、樊汝霖譜注、韓醇訓詁、祝充音注、蔡元定補注等，又有方崧卿《韓集舉正》、朱熹《韓文考異》爲之校勘。彙集衆家注釋之韓集則有魏仲舉輯注之《新刊五百家註音辯昌黎先生文集》、王伯大音釋之《朱文公校昌黎先生文集》、廖瑩中校正之《昌黎先生集》。廖瑩中世綵堂本在朱熹《考異》基礎上，删取魏仲舉《五百家註》中諸家要語，附注其下。世綵堂本字體秀美、刻印極精，明徐氏東雅堂又據廖氏世綵堂本覆刻，剞劂精良，款識古雅，流傳頗廣。

徐氏東雅堂本覆刻時，削去廖瑩中姓名、刊版年月，又將版心之“世綵堂”換爲“東雅堂”、卷末之“世綵廖氏刻梓家塾”換爲“古吳徐氏刻梓家塾”。關於徐氏東雅堂，清陳景雲在以東雅堂本爲底本考訂韓集後跋云：“堂主人徐時泰，萬曆中進士，歷官工部郎中。”後世以此著録此書版本爲明萬曆徐時泰東雅堂刻本。近據學者考證，陳氏所云徐時泰仕履有誤，而書中刻工均主要活動於正德、嘉靖間。《美國哈佛大學哈佛燕京圖書館藏中文善本書志》謂美國普林斯頓大學圖書館所藏徐氏東雅堂本鈐有“隆慶壬申夏提學副使邵明理書籍關防”，亦可證東雅堂本刻於隆慶六年（1572）之前，非晚至萬曆。東雅堂本後又有明崇禎十一年（1638）徐元儁重修本、清初冠山堂重修本。

芝大藏本明顯有補修。其未修補部分多處斷版；字形與東雅堂原刻相同，但字畫較粗、字跡漫漶；卷末牌記或有空缺；改東雅堂原刻之雙對黑魚尾爲單魚尾，版心亦無原刻之字數、刻工，蓋因年久版壞而剷去。後修部分字形稍疏闊，字畫清晰淩屬；版心雙魚尾，鐫字數、刻工，此部分乃爲據東雅堂原本翻刻。
此本特徵與臺北"國家圖書館"所藏修補本相同，臺灣藏本著録爲"明萬曆間
東吳徐氏東雅堂刊清乾隆十一年洞庭東山王金增修補本"，修補時間乃據書首乾
隆十一年王金增序。王序云："近歲流傳善本，首稱東雅堂徐氏刻，其板久不印
行，間有缺失，其完者亦多滅裂漫漶。余近得之同里席凝輝，爰遵照原本補殘
訂譌，復還舊觀。"綜合前人研究成果，芝大藏本當著録爲明徐氏東雅堂刻清乾
隆十一年王金增重修本。

刻工有仁、信、宅、何、李潮、成、戊、青、敫、准、受。

《四庫全書總目》集部别集類著録"東雅堂韓昌黎集註四十卷外集十卷"。
《中國古籍善本書目》著録中國國家圖書館、上海圖書館、遼寧省圖書館、南京
圖書館等六十二家收藏明徐氏東雅堂刻本。徐氏東雅堂本知中國臺北"國家圖
書館"、臺北故宮博物院、香港大學馮平山圖書館，美國國會圖書館、哈佛大學
哈佛燕京圖書館、普林斯頓大學圖書館、印第安納大學圖書館，加拿大英屬哥
倫比亞大學圖書館，日本國會圖書館、静嘉堂文庫、公文書館等處收藏。又知
中國臺北"國家圖書館"、日本東京大學東洋文化研究所收藏乾隆十一年重修本。

鈐"李宗侗藏書"朱文長方印、"風樹亭藏書記"朱文長方印，曾爲李宗侗
收藏。又鈐"車公氏臧書印"朱文長方印。


020

## 昌黎先生詩集注十一卷年譜一卷

T5308　3860

《昌黎先生詩集注》十一卷，清顧嗣立删補；《年譜》一卷。清康熙三十八
年（1699）顧氏秀野草堂刻後印本。六册。框高 19.4 厘米，寬 15.1 厘米。半葉
十一行二十字，小字雙行三十字，左右雙邊，白口，單魚尾。版心上記字數，
中鐫書名、卷次，下鐫"秀野艸堂"、刻工。

卷端題"長洲顧嗣立俠君删補"。書名葉題"秀野草堂藏版"，上鈐龍鳳紋
"進呈御覽"圓印，下鈐"别裁僞體親風雅"。《凡例》末行鐫刊刻條記"吳郡鄧
明璣初驤開雕"。書首有康熙三十八年顧嗣立序；次《凡例》；次《舊唐書本傳》
《昌黎先生年譜》；次目録。

顧嗣立（1665—1722）字俠君，號間丘，清江蘇長洲（今蘇州）人。康熙
五十一年（1712）特賜進士，改翰林院庶吉士，以疾歸。博學洽聞，尤工於詩，
常集四方名士，觴詠於秀野草堂，風流文雅，照映一時。曾與修《皇輿全覽》、
宋金元明四朝詩、《佩文韻府》，著有《昌黎先生詩集註》《温飛卿詩集校註》《詩

林韶濩》《秀野草堂詩集》《閻丘集》等。《清史列傳》卷七十一有傳。

是書卷一至七爲古詩，卷八爲聯句，卷九至十爲律詩，卷十一爲外集詩。韓愈有"文起八代之衰"之譽，其詩却褒貶不一。書前顧嗣立序述編纂緣起云："論先生詩者，或有以文爲詩誚，至直斥爲不工。……余覃精既久，欲奉其詩集單行于世，以埽除異論。而考諸箋注諸家，或詳略失宜，且多所舛誤。夫考核之不審，又烏從抉其用意所存而討論其源流。不揣固陋，妄加校定。更閱數歲，至今春廼獲成書，遂刻家塾，以質諸世之君子。"《凡例》又述顧氏所作删補云："余是刻採擇諸家箋注，復參以臆見所得，其時事則考諸新、舊二《唐書》。舊本存者約計十之四五云。"

此本爲康熙三十八年刻版。初印本《凡例》後并無刊刻條記，乃後印時所加。

刻工有曾唯聖、繆際生、鄧子佩、顧有恒、鄧玉宣、鄧芘生、張公化、唐元吉、卬明。

"玄"字缺笔。

《四庫全書》未收。《中國古籍善本書目》著録中國國家圖書館、上海圖書館、山東省圖書館、福建省圖書館等三十七家收藏。知中國臺北故宫博物院、香港中文大學圖書館，美國柏克萊加州大學圖書館、哥倫比亞大學圖書館，日本東京大學綜合圖書館等處，以及韓國東國大學校中央圖書館收藏。

鈐"欒城張世堯印""莫學博士"印。

021
### 增廣註釋音辯唐柳先生集四十三卷別集二卷外集二卷附録一卷

T5309　0130B

《增廣註釋音辯唐柳先生集》四十三卷《別集》二卷《外集》二卷，唐柳宗元撰、宋童宗説註釋、宋張敦頤音辯、宋潘緯音義；《附録》一卷。明初刻本。十二册。框高 20.2 厘米，寬 12.7 厘米。半葉十三行二十三字，小字雙行同，四周雙邊，黑口，雙順黑魚尾。版心中鐫"柳文"、卷次。

卷端題"增廣註釋音辯唐柳先生集"，"南城先生童宗説註釋；新安先生張敦頤音辯；雲間先生潘緯音義"。書首有乾道三年（1167）陸之淵《柳文音義序》、未署年劉禹錫《唐柳先生文集序》。《正集》前有《增廣註釋音辯唐柳先生集目録》；《別集》《外集》《附録》前目録亦題爲"增廣註釋音辯唐柳先生集目録"。

柳宗元（773—819）字子厚，祖籍河東（今山西永濟），世稱"柳河東"。唐貞元九年（793）進士，十二年（796）中博學鴻詞科，授集賢殿正字，歷藍田尉、監察御史、禮部員外郎，積極參與永貞革新，貶永州司馬十年，又爲柳州刺史。與韓愈共倡古文，并稱"韓柳"。《舊唐書》卷一百六十、《新唐書》卷一百六十八有傳。童宗説（生卒年不詳）字夢弼，南宋初南城（今屬江西撫州）人，紹興二十一年（1151）進士，任袁州教授，纂《盱江志》，生平可參《［同治］建昌府志》卷八。張敦頤（生卒年不詳）字養正，南北宋之際婺源（今屬江西）人，紹興八年（1138）進士，任南劍州教授、宣城通判，知舒州、衡州，著《六朝事跡類編》，生平可參《［康熙］徽州府志》卷十四。潘緯（生卒年不詳）字仲寶，一字景緯，南宋初雲間（今上海松江）人，紹興十五年（1145）進士，恬於進取，乾道中教安慶軍，生平可參《［正德］松江府志》卷三十。

柳宗元詩文最初由劉禹錫輯爲三十卷，宋初穆修重加校訂，釐爲四十五卷。兩宋時期，爲柳集作注者頗多，如孫汝聽注解、文讜補注、童宗説音釋、張敦頤音辯、嚴有翼切正、潘緯音義、韓醇詁訓、葛嶠音釋、王儔補注等等。而後又有綜合諸家注釋的集注本，如魏仲舉五百家注本、廖瑩中校刻本，此後單注本漸廢。

《增廣註釋音辯唐柳先生集》乃彙集童宗説、張敦頤、潘緯三家注而成，分爲《正集》四十三卷、《別集》二卷、《外集》二卷、《附錄》一卷。是書首有《增廣註釋音辯唐柳先生集諸賢姓氏》，列劉禹錫、穆修、蘇軾、沈晦、童宗説、張敦頤、汪藻、張唐英、潘緯九人，無孝宗以後注家，爲柳集的較早集注本。陸之淵序以三家注爲潘緯"會稡所長，成一家之言"，而《四庫全書總目》謂爲坊賈合編而成，提要云："書中所註，各以童云、張云、潘云別之，亦不似緯自撰之體例。蓋宗説之註釋、敦頤之音辯，本各自爲書，坊賈合緯之音義刊爲一編，故書首不以《柳文音義》標目，而別題曰《增廣註釋音辯唐柳先生集》也。"又評價是書云："其音釋雖隨文詮解，無大考證。而於僻音難字，一一疏通，以云詳博則不足，以云簡明易曉，以省檢閱篇韻之煩，則於讀柳文者亦不爲無益矣。"

芝大所藏《增廣註釋音辯唐柳先生集》本與中國國家圖書館之涵芬樓舊藏本（《四部叢刊》影印）同版。此《增廣註釋音辯唐柳先生集》乃與《朱文公校昌黎先生集》同時刊印。《韓集》李漢序後有王宗玉刊刻牌記云："韓柳二先生文集，行世久矣。唐季歷代以來，儒人文士莫不宗之，以爲文章之模範，序記之矜式。惜乎舊板漫滅，續集遺闕，讀者憾焉。本堂廣求，訪到善本，卷集全備，宗玉喜不自勝，命工鼎新繡梓，以廣其傳，使四方文學君子得覯二先生之全文，不致湮沒，豈不偉歟？幸鑑。歲舍戊辰十月吉旦書林王宗玉謹識。"《涵芬樓燼餘書録》以"戊辰"爲元天曆元年（1328），著録是書爲"元天曆刊本"。

《中國古籍善目書目》則將涵芬樓舊藏本著録爲正統十三年王宗玉刻本。在確定版本時，發現國圖藏《韓集》的王宗玉識語有挖改，而浙江省里安縣圖書館藏本保留原貌，王宗玉識語中"唐季歷代以來"實爲"唐季歷宋以來"、"歲舍戊辰"前實有"大明正統"四字，則王宗玉題識作於明正統戊辰（十三年，1448）。王宗玉牌記在現存諸本中多被裁去，以充元本。考證詳見韓錫鐸《四部叢刊本〈朱文公校昌黎先生文集〉版本考》一文（《圖書館學刊》1982年2期）。中國國家圖書館藏八種《柳集》，經過仔細比對，可辨別出與"王宗玉"本相近但不同的還有其他兩種版本，當爲修版或覆刻；而"王宗玉"本亦有早晚："王宗玉"識語實爲後加，較早印本中并無王宗玉刊刻識語，但刻版亦當在明初。故涵芬樓舊藏本以及芝大藏本之版本以《北京圖書館古籍善本書目》所著錄之"明初刻本"爲確。

《四庫全書總目》入集部別集類。《中國古籍善本書目》著錄中國國家圖書館、上海圖書館、南京圖書館等二十八家收藏明初刻本。經對比，臺北"國家圖書館"藏明初刻本四部（著錄爲"明正統十三年覆元刊本"）、臺北故宮博物院藏兩部（著錄爲"元建陽刻本"）。知美國哈佛大學哈佛燕京圖書館藏明正統十三年善敬堂刻本，柏克萊加州大學圖書館、勞倫斯伯克利國家實驗室藏明刻本（有配補），韓國高麗大學圖書館、成均館大學圖書館，日本國會圖書館、公文書館著錄明正統善敬堂刻本。

鈐"葛鼒私印"朱文長方印，"定丞過眼"朱文長方印、"江陵鄧氏"白文方印、"承渭私印"白文方印、"定丞鑑賞"朱文方印。曾爲明清之際葛鼒、清鄧承渭收藏。葛鼒（生卒年不詳）字靖調，江南崑山人，葛錫璠（1579—1634）三子、葛鼏（1612—？）兄，著《戰國策考正》，與葛鼏評輯《古文正集》，事跡略見《［同治］蘇州府志》卷九十五。鄧承渭（生卒年不詳）字定丞，清末湖北江陵人，諸生，以知府官江西，工書畫、篆刻，喜收金石、書畫，事跡略見《寒松閣談藝瑣錄》卷四。此爲勞費爾購書。

022

### 元氏長慶集六十卷補遺六卷附錄一卷（存元氏長慶集六十卷）

T5315　6032B

《元氏長慶集》六十卷《補遺》六卷，唐元稹撰；《附錄》一卷。明萬曆三十二年（1604）馬元調刻元白《長慶集》本。存六十卷（《元氏長慶集》卷一至六十）。八冊。框高20.8厘米，寬14.6厘米。半葉十行二十一字，小字雙行同，左右雙邊，白口，單魚尾。版心上鐫"元集"，中鐫卷次，下鐫字數。

卷端題"唐河南元稹微之著；明松江馬元調巽甫校"。末有乾道四年（1168）洪适《後跋》（據版心）。

元稹（779—831）字微之，郡望河南洛陽，生於西京萬年（今屬陝西西安）。

唐貞元九年（793）以明經擢進士第，後舉書判拔萃科、中才識兼茂明於體用科第一，拜左拾遺，歷監察御史、中書舍人、工部侍郎等，長慶二年（822）進同中書門下平章事，後罷相，官終於武昌軍節度使。與白居易共倡新樂府詩。《舊唐書》卷一百六十六、《新唐書》卷一百七十四有傳。

白居易爲元稹所作墓誌銘稱其詩文一百卷，然宋代書目均著錄爲六十卷。存世宋本僅爲殘帙一部；明代刻本主要有明華堅蘭雪堂銅活字本、明嘉靖三十一年（1552）董氏茭門別墅刻本和明萬曆三十二年馬元調刻本。馬元調於萬曆年間先後刻印元稹、白居易《長慶集》。《元氏長慶集》原有婁堅萬曆甲辰（三十二年）序（此本闕），婁序謂元、白二集"惜其傳之久，而不無漫漶以爲譌也。馬巽甫從予遊，未冠即好古文辭，嘗欲募工合刻以行於世。而尤以微之之文，世人知愛之者尤少，乃刻自元始。"

《四庫全書總目》入集部別集類。《中國古籍善本書目》著錄中國國家圖書館、蘇州市圖書館等五家收藏名家校跋本。知中國臺北"國家圖書館"、臺北故宮博物院、臺灣大學圖書館，美國國會圖書館、柏克萊加州大學圖書館、普林斯頓大學圖書館，加拿大多倫多大學圖書館，日本公文書館、東洋文庫、靜嘉堂文庫等處，韓國奎章閣、藏書閣、成均館大學圖書館收藏。

鈐"秀水王景曾所藏金石書籍印"朱文方印，"易印漱平"白文方印、"李宗侗藏書"朱文長方印，曾爲清王景曾、近代李宗侗夫婦收藏。王景曾（生卒年不詳）字復葊，號夢仙，秀水（今屬浙江嘉興）人，同治六年（1867）舉人，善詩文、書法。又鈐"卓然收"白文方印。

023
### 孟東野詩集十卷聯句一卷

T5311　1560B

《孟東野詩集》十卷，唐孟郊撰；《聯句》一卷。明嘉靖三十五年（1556）秦禾刻本。清繆荃孫批注。四册。框高 18.3 厘米，寬 13.6 厘米。半葉九行十八字，小字雙行同，四周單邊，白口，無魚尾。版心上鐫書名、卷次。

卷端題"唐山南西道節度參謀試大理評事武康孟郊著；明進士文林郎知武康縣事無錫秦禾重刻；曾孫秦伯欽鋟藏板"。書名葉分三欄，右題"宋刻精鐫"，中題"東野集"，左題"本衙藏版"；鈐"翻刻必究"白文大方印。書首有景定壬戌（三年，1262）國材《孟東野詩集序》、景定壬戌舒岳祥序、嘉靖丙辰（三十五年，1556）秦禾《刻孟東野詩集叙》、未署年宋敏求《孟東野詩集序》；次《孟東野詩集目錄》。

孟郊（751—814）字東野，唐湖州武康（今浙江德清）人，郡望平昌（今山東安邱）。少隱嵩山，早年屢試不第，貞元十二年（796）登進士第，後調溧陽尉，終日苦吟，吏事多廢，詩風質樸而寒苦。《舊唐書》卷一百六十、《新唐書》卷一百七十六有傳。

宋代宋敏求搜集多種孟郊詩集，釐定爲十卷本，成爲後世再刻孟郊集之祖本。書前宋敏求《序》述編訂事云："東野詩，世傳汴吳鏤本五卷一百二十四篇，周安惠本十卷三百三十一篇，別本五卷三百四十篇，蜀人蹇濬用退之贈郊句纂《咸池集》二卷一百八十篇，自餘不爲編秩，雜録之，家家自異。今總括遺逸，摘去重複若體制不類者，得五百一十一篇，釐別樂府、感興、詠懷、游適、居處、行役、紀贈、懷寄、酬答、送別、詠物、雜題、哀傷、聯句十四種，又以讀書二絲于後，合十卷。嗣有所得，當次第益諸。十聯句見昌黎集，章章於時，此不著云。"宋景定時，武康令國材用宋敏求本刻梓，明嘉靖秦禾又得國材舊本，出資刻印，秦禾《叙》云："諸家編秩，去取互有異同，改竄復多臆見。宋學士敏求總括遺逸，摘去重複，彙爲十卷。……宋景定間，武康令國成德氏用宋本刻之。曩得其集於都氏玄敬所，私識以印，蓋因其宋刻而寶之也。歷世已久，中多闕文訛字，予珍藏之舊矣。癸丑（嘉靖三十二年，1553）冬，承乏令武康。……爰畀杭士趙顯伯正其訛舛，捐俸而重鋟諸梓。"

此本即明嘉靖三十五年武康縣令秦禾所刻，行款字形仍保留宋本舊貌。秦禾（生卒年不詳）字子實，嘉靖三十二年進士，知武康縣，歷南京戶部郎中，出知金華府，調永昌。此本書衣墨筆題"明嘉靖本孟東野集。繆小珊批"，書中有繆荃孫批語，頗可寶貴。

《四庫全書總目》入集部別集類。《中國古籍善本書目》著録中國國家圖書館、上海圖書館、南京圖書館等十五家收藏。知中國臺北"國家圖書館"、美國國會圖書館收藏。

鈐"藝風堂"朱文長方印、"荃孫"朱文長方印、"雲輪閣"朱文長方印；"李宗侗藏書"朱文長方印，曾爲繆荃孫、李宗侗收藏。繆荃孫（1844—1919）字炎之，號筱珊，一作小山，又號藝風，江蘇江陰人，光緒二年（1876）進士，授編修，充國史館纂修、總纂，曾主講南菁、濼源、鍾山等書院，創辦江南圖書館，任清史館總纂，長金石、版本之學，兼工書法，著《藝風堂文集》《藝風堂藏書記》《續碑傳集》《遼文存》《常州詞録》等。

024

## 白氏長慶集七十一卷目録二卷附録一卷（缺卷四十六至四十九）

T5314　6032B

《白氏長慶集》七十一卷《目録》二卷，唐白居易撰；《附録》一卷。明萬曆三十四年（1606）馬元調刻元白長慶集本。缺四卷（《白氏長慶集》卷四十六至四十九），有缺葉。十四册。框高 20.4 厘米，寬 14.3 厘米。半葉十行二十一字，小字雙行同，左右雙邊，白口，單魚尾。版心上鐫"白集"，中鐫卷次。

卷端題"唐太子少傅刑部尚書致仕贈尚書右僕射太原白居易樂天著；明後學松江馬元調巽甫校"。《目録》末鐫"魚樂軒"。書首有萬曆丙午（三十四年）婁堅《重刻白氏長慶集序》（缺首葉及第三葉末行"吳郡婁堅子柔"）；次《白氏長慶集附録》，包括宋祁《新唐書本傳》、李商隱《唐刑部尚書致仕贈尚書右僕射太原白公墓碑銘》、陶穀《龍門重修白樂天影堂記》；次《白氏長慶集目録》。

白居易（772—846）字樂天，晚號香山居士、醉吟先生，祖籍太原，徙居下邽（今陝西渭南），生於新鄭（今屬河南）。貞元十六年（800）進士，後又登書判拔萃科，歷官左拾遺、翰林學士、江州司馬、中書舍人、杭州刺史等，官至刑部尚書。詩重諷喻，與元稹共倡新樂府，有《白氏長慶集》傳世。《舊唐書》卷一百六十六、《新唐書》卷一百十九有傳。

白氏詩文集最初於長慶四年（824）白居易自杭州刺史召還時，由元稹編爲五十卷。後白居易又手自編訂，增寶曆以後詩文爲《後集》《續後集》，成七十五卷。至宋代，各家著録爲七十卷或七十一卷，卷帙已非舊貌，《四庫全書總目提要》述之甚詳。明代有正德華堅蘭雪堂銅活字本、正德十四年（1519）郭勛刻本、嘉靖十七年（1538）伍忠光龍池草堂刻本、萬曆三十四年馬元調刻本，其中後二者脫誤較多。

此爲馬元調刻本。萬曆三十二年（1604）馬元調刻《元氏長慶集》，兩年後又刻《白氏長慶集》。馬元調（生卒年不詳）字巽父，晚號簡堂居士，嘉定（今屬上海）人，曾於萬曆中後期至崇禎初年刊元、白《長慶集》，《容齋隨筆》《夢溪筆談》等。

《四庫全書總目》入集部別集類。是書多見，《中國古籍善本書目》著録中國國家圖書館、上海圖書館、山東省圖書館等五家收藏名家校跋本。知中國臺北"國家圖書館"、臺北故宮博物院、臺北"中央研究院"傅斯年圖書館中國香港大學馮平山圖書館，美國國會圖書館、柏克萊加州大學圖書館、普林斯頓大學圖書館、勞倫斯伯克利國家實驗室，加拿大多倫多大學圖書館、英屬哥倫比亞大學圖書館，日本公文書館、静嘉堂文庫、東洋文庫等處，以及韓國奎章閣、潤松文庫、成均館大學圖書館、忠南大學圖書館、藏書閣收藏。

鈐"李宗侗藏書"朱文長方印。

025

## 白香山詩長慶集二十卷後集十七卷別集一卷補遺二卷年譜一卷年譜舊本一卷

T5314　3102

《白香山詩長慶集》二十卷《後集》十七卷《別集》一卷《補遺》二卷，唐白居易撰；《年譜》一卷，清汪立名撰；《年譜舊本》一卷，宋陳振孫撰。清康熙四十一年至四十二年（1702—1703）汪立名一隅草堂刻本。二十冊。框高 18.6 厘米，寬 15 厘米。半葉十二行二十一字，小字雙行三十一至三十二字，左右雙邊，白口，單魚尾。版心上鐫字數，中鐫書名、卷次，下鐫"一隅草堂"。

卷端題"古歙汪立名西亭編訂"。書名葉分二欄，右題"古歙汪西亭編訂""白香山詩集"，左題"長慶集、後集、別集、白集補遺""一隅草堂藏板"。右下角鈐"三代大學士之家"朱文方印。書首有康熙癸未（四十二年）宋犖序、康熙四十二年朱彝尊序、康熙壬午（四十一年）汪立名序；次《凡例》；次《舊唐書本傳》；次汪立名《白香山年譜》（後有汪立名識語）、陳振孫《白香山年譜舊本》（前有康熙癸未汪立名記，後有陳振孫跋、端平元年（1234）趙善《白文公年譜跋》）；次會昌五年（845）白居易《白氏文集自記》；次《白香山詩集目錄》。《長慶集》首有長慶四年（824）元稹《白氏長慶集序》。《後集》首有開成五年（840）白居易《白氏後集自序》。

白居易（772—846），參見《白氏長慶集》（024，T5314　6032B）。汪立名（生卒年不詳）號西亭，清婺源（今屬江西）人，主要活動於康熙年間。由内閣中書陞郎中，出守順寧、辰州，以振興風雅爲務。通六書，著《鐘鼎字源》《今韻箋略》，又輯《唐四家詩》。生平可參《［道光］歙縣志》卷八。

《白氏長慶集》詩文各半，汪立名參校諸本專輯白居易之詩成此書。依胡震亨《唐音丁籤》分前、後集，《白香山詩長慶集》二十卷分諷喻、閒適、感傷、律詩四類，《後集》十七卷僅分格律，又採摭諸書成《補遺》二卷，并新撰《年譜》一卷。汪立名所撰年譜乃訂正何友諒本《年譜》、補以傳志并將詩歌繫年而成，又并刊陳振孫所撰《年譜》。朱彝尊序述是書并刊汪立名、陳振孫二人所撰年譜緣由云："公集自宋李伯珍刊之吳郡、何友諒刊之忠州，二本均有年譜。其後坊刻雜出，漸失其舊，或以譜非其要置而不錄，迄於今紕繆轉甚。余友汪君西亭氏患之，既定其卷次，正其惩譌，因彷國史表補撰《年譜》一卷。書成既鏤板以行，余聞常熟毛氏藏有陳伯玉氏《白文公譜》，假而觀之，則君所編悉與陳氏合，而《海圖屏風》一篇，君力辯非討淮蔡時事，驗之陳《譜》，亦同於是，人皆服君之考證。余乃勸均并刊陳《譜》，示諸學者。"

書前《凡例》言是書分卷、編次順序、年譜編纂、文字依據、箋注等甚詳，并言是書編刊事云："是集緣起本以案頭俗本訛誤，偶有考正，日注行間，漸采小史、詩話、筆記，一二積之，窮年不覺盈卷。北還杜門，重加編訂。時家姪交泰來讀書小園，相與晨夕，謬謂此本能洗俗刻蕪穢，從更剞劂，因爲予讐校字畫。"是書重在輯錄與校讎文字，《四庫全書總目提要》謂之："考證編排，特爲精密。其所箋釋，雖不能篇篇皆備，而引據典核，亦勝於注書諸家漫衍支離，徒溷耳目。"

汪立名於康熙四十年（1701）開始編刻是書，四十一年五月刻成，四十二年又得陳振孫所撰《年譜》而增刻之。《白香山年譜舊本》首有汪立名附記云："歲在玄黓敦牂（壬午，康熙四十一年）四月，余方編刻《白香山詩》，購宋槧《年譜》未得，乃妄爲考據，撰次《年譜》一卷。明年五月，剞劂既竣，復從朱檢討竹垞先生所，得琴川汲古閣毛氏故所藏香山宋譜，即直齋陳氏譔本。……竹垞先生以爲二譜一縱一橫，體格本異，且互有詳略，不嫌並存。又因其得諸既刻之後，遂附次新譜，非敢進今而退古也。"此本即爲已增刻之汪氏一隅草堂刻本，字體儁秀，刻印俱精。

"玄"字缺筆。

《四庫全書總目》入集部別集類，著錄爲"白香山詩集四十卷"。《中國古籍善本書目》著錄中國國家圖書館、上海圖書館、遼寧省圖書館、福建省圖書館等五十四家收藏。知中國臺北"國家圖書館"、臺北故宮博物院中國香港中文大學圖書館、香港大學馮平山圖書館，美國普林斯頓大學圖書館，加拿大多倫多大學圖書館，澳大利亞國立大學圖書館，日本有東京大學綜合圖書館、愛知大學圖書館等處，韓國國立中央圖書館、成均館大學校中央圖書館收藏。

鈐"陽湖陶氏涉園所有書籍之記"朱文長方印，曾爲陶湘收藏。陶湘（1871—1940）字蘭泉，號涉園，江蘇武進人。清末曾任道員，宣統後於紡織、金融等行業經營實業，好藏書刻書，收藏明清精刻本，以毛氏汲古閣本、凌閔套印和清代殿版爲特色，著《清代殿本書始末記》《清代殿版書目》等。又鈐"曼珠佛依□氏"朱文方印、"文□之印"白文方印、"小琴如意"朱文橢圓印、"珊瑚架筆玳瑁裝書"朱文長方印。

026

**李文饒文集二十卷別集十卷外集四卷（存文集十卷、外集四卷）**

T5316　4423C

《李文饒文集》二十卷《別集》十卷《外集》四卷，唐李德裕撰、明韓敬評點。明天啓四年（1624）茅元禎刻本。存十四卷（《文集》卷十一至二十、《外集》卷一至四）。五冊。《文集》卷十一首葉框高20.9厘米，寬14.4厘米；《外集》框高21厘米，寬14.6厘米。半葉九行十九字，小字雙行同，無直欄，四周單邊，白口，無魚尾，書眉鐫評點。版心上鐫"李衛公文集"，中鐫卷次。

《文集》各卷首葉書名卷次下題"會昌一品制集"，《外集》各卷首葉書名卷次下題"窮愁志"，著者均題"吳興韓敬求仲甫評點；同郡茅兆河巨源甫詮定"。

李德裕（787—849）初名緘，更名德裕，字文饒，唐趙郡（今河北趙縣）人。以父李吉甫之蔭補校書郎，擢翰林學士，穆宗初詔誥多由其屬草，屢遷至御史中丞，出爲浙西觀察使、義成節度使、西川節度使，曾於宣宗、武宗朝兩度拜相，先後共七年，主張削藩鎮、破朋黨，爲牛李黨爭時李黨首領，終因黨爭遭貶。《舊唐書》卷一百七十四、《新唐書》卷一百八十有傳。韓敬（生卒年不詳）字簡與，一字求仲，號止修，明歸安（今屬浙江湖州）人，主要活動於萬曆年間。萬曆三十八年（1610）進士，授翰林院修撰，有文名，萬曆中朝野文士結爲東林黨、宣黨、昆黨等朋黨，宣黨湯賓尹典會試時越房取韓敬，二人俱遭彈劾，韓敬歸里以著書自娛。事跡略見《〔光緒〕歸安縣志》卷三十六。

李德裕詩文在唐代即彙編成集，《新唐書·藝文志》著錄《會昌一品集》二十卷。傳世僅有宋刻殘帙，餘爲明清刻本或抄本，書名作《李文饒文集》或《李衛公文集》。是書之《文集》二十卷即《會昌一品制集》，專收制誥；《別集》十卷收詩賦雜文；《外集》四卷即《窮愁志》，收貶謫以後史論。明代陳子龍、韓敬均曾評點。

此爲韓敬評點本，茅兆河曾欲刊而未成，後由茅元禎刊於天啓四年。美國國會圖書館藏本存天啓甲子（四年）韓敬《李文饒集序》，此本闕。韓《序》述刻書事云："《會昌集》向無善本，余偶鈔錄，手爲評騭。亡友茅巨源愛而欲刻之，未竟斯志。尊人師山先生，好古特甚，遂壽諸梓。"茅兆河（生卒年不詳）字巨源，號梁渠，萬曆三十一年（1603）舉人，事跡略見《〔光緒〕歸安縣志》卷三十二。茅元禎（1558—？）字師山，茅坤孫，歸安人，貢生，以明經任中書舍人，天啓四年晉工部員外郎。茅坤曾作《長孫元禎年四十遇，始生日，作誡詞以貽之》詩云："人有恒言翁恤孫，況我年已八十六，汝少而孤我尤憐，今且四十拜光祿"，以此可推知元禎生年。此外，茅元禎曾於萬曆七年（1579）刻《玉臺新詠》。

《四庫全書總目》入集部別集類。《中國古籍善本書目》著錄中國國家圖書館、上海圖書館、四川省圖書館等十一家收藏明天啓四年茅師山刻本。知美國國會圖書館、普林斯頓大學圖書館、日本國會圖書館、尊經閣文庫收藏。

鈐"李宗侗藏書"朱文長方印，曾爲李宗侗收藏。

027
## 李義山文集十卷

T5318　2932B

《李義山文集》十卷，唐李商隱撰，清徐樹穀箋、清徐炯注。清康熙四十七（1708）年徐氏花谿草堂刻本。六册。框高 19.3 厘米，寬 14.6 厘米。半葉十行二十一字，小字雙行三十一至三十二字，左右雙邊，白口，單魚尾。版心上鐫字數，中鐫書名、卷次，下鐫刻工。

卷端題"崑山徐樹穀藝初箋；徐炯章仲註"。書名葉分二欄，右題"崑山徐自强著"，左題"李義山文集箋註""花谿草堂藏板"。書首有康熙戊子（四十七年）徐炯序、康熙戊子徐樹穀序；次徐炯《箋注李義山文集凡例》；次《李義山文集目錄》。

李商隱（約 813—約 858）字義山，號玉谿生、樊南生，唐懷州河内（今河南沁陽）人。天平軍節度使令狐楚辟爲巡官，開成二年（837）登進士第，授校書郎，調補弘農尉，大中時曾任判官、太學博士、推官等職。因娶李黨涇源節度使王茂元之女，爲牛黨令狐綯（令狐楚之子）以爲背恩，遂加排抵，終不得志。擅駢文與各體詩，好用典，與杜牧并稱"小李杜"，與温庭筠并稱"温李"，詩文輯爲《樊南集》《玉谿生詩》。《舊唐書》卷一百九十、《新唐書》卷二百三、《唐才子傳》卷七有傳。徐樹穀（生卒年不詳）字藝初，清崑山（今屬江蘇）人，徐乾學長子，康熙二十四年（1685）進士，曾任山東道監察御史。徐炯（生卒年不詳）字章仲，徐乾學次子，康熙二十一年（1682）進士，授行人，擢工部主事，晋刑部郎中，出爲山東提學僉事，葺李攀龍白雪樓爲書院，遷直隸訓導，後罷歸，曾於郡城花谿築春暉堂迎母居之。徐氏兄弟生平可參《［同治］蘇州府志》卷九十五、九十六。

是書乃徐樹穀、徐炯兄弟二人據閩中所得善本箋注而成。此前朱鶴齡亦曾輯刻李義山文集，然缺"狀"一體，注釋亦不盡完備，故徐氏兄弟採摭《文苑英華》所載諸狀，又補入《重陽亭銘》一篇。《凡例》云："閩本缺訛差少，頗藉以校正。"又云："其（朱鶴齡）所謂考證時事略爲詮釋者，亦未詳備，而典故所出則概乎未之及也。伯兄侍御因爲箋以補其時事之所遺，而余則博稽典故以爲之註。元元本本，索隱鉤深，始知義山之文，無一字無來歷也。"此後又有馮浩注本，對徐注疏漏再作補正。

書前徐炯序述是書編刊云："歲庚午（康熙二十九年，1690），余典試閩中，得善本以歸。伯兄侍御見而悦之，因爲箋其指要，而以注屬余。余竊不自揆，蒐討羣籍，句疏而字釋之，而以伯兄之箋分見於其下，釐爲十卷，藏諸篋衍，以備遺忘。其間可疑者，尚有二十餘條，事稍僻隱，未能悉考。友人以其適於時用也，請亟行之。余不獲已，遂以授剞劂。"據書前書名葉及徐炯序末所署"書於花谿別墅"，此本爲徐氏花谿草堂刊刻。

"玄""弦"等字缺筆。刻工有卭卜、卭玉、子玉、仁心、氷沾（氷占）、彙成、子昇、晋占、芃生、玉章、倫采、大年、子千、公一、奕曾、元、奕成、于玉、上珍、卭采。

《四庫全書總目》入集部別集類。《中國古籍善本書目》著録中國國家圖書館、上海圖書館、浙江圖書館、福建圖書館等四十七家收藏。知中國臺北"國家圖書館"、臺北故宮博物院、臺灣大學圖書館、香港大學圖書館，美國國會圖書館、哈佛大學哈佛燕京圖書館、印第安納大學圖書館、阿爾伯塔大學圖書館，日本東洋文庫、静嘉堂文庫等處，以及韓國高麗大學校中央圖書館收藏。

清裔孫　仕伽　詒霞甫
　　　　　廷魁　經五甫　校梓

賦

士伸知己賦

古有云賤而達已者道必有裕貴而得士者禮必與

鈞意關榮以高世竭游名於大人威鳳下而覽德微
食一作飡

蠖屈而求伸謂周公多才揮沐吐飡而延白屋

顏子具聖砥名礪行而附青雲故我浩氣氣浩一作集義

遊於天真默守節而無悶動會時而益振彬文薄乎

# 陳同甫集卷之一

## 書疏

### 上孝宗皇帝第一書

臣竊惟中國天地之正氣也天命之所鍾也人心之所
會也衣冠禮樂之所萃也百代帝王之所以相承也豈
天地之外夷狄邪氣之所可奸哉不幸而奸之至於挈
中國衣冠禮樂而寓之偏方雖天命人心猶有所繫然
豈以是為可久安而無事也使其君臣上下苟一朝之
安而息心於一隅凡其志慮之經營一切置中國於度
外如元氣偏注一肢其他肢體往往萎枯而不自覺矣

# 宋別集類

**安陽集五十卷別錄三卷遺事一卷家傳十卷**

T5344　4412.1

　　《安陽集》五十卷，宋韓琦撰；《別錄》三卷，宋王巖叟撰；《遺事》一卷，宋強至撰；《家傳》十卷。清乾隆畫錦堂刻三十五年（1770）黃邦寧重修本。八冊。框高 17.8 厘米，寬 14.6 厘米。半葉十行二十一字，小字雙行，左右雙邊，綫黑口，雙魚尾。版心中鐫書名、類目、卷次。

　　《安陽集》卷端題"宋魏王韓琦著；大清河南彰德府知府同安後學黃邦寧重修"；《家傳》《別錄》未題著者；《遺事》首題"羣牧判官朝奉郎尚書職方員外郎上騎都尉強至編次"。書名葉分三欄，右題"同安黃邦寧遠亭氏重修"，中題"忠獻韓魏王安陽集"，左題"畫錦堂藏板"。書首有朱印《御製論》《御製贊》《諭祭文》；次乾隆三十五年沈鳳來《序》、乾隆三十五年黃邦寧《重修安陽集序》；次《例言》（存葉一、二）；次《宋司徒太師上柱國魏國公贈尚書令魏郡王忠獻韓公遺像》《宋神宗御製兩朝顧命定策元勳之碑》《宋史本傳》；次乾隆壬辰（三十七年，1772）譚尚忠《重刻安陽集序》、乾隆四年（1739）陳錫輅《舊序》、萬曆丁亥（十五年，1587）郭朴謹《舊序》；次《安陽集總目》。《別錄》前有乙卯（熙寧八年，1075）王巖叟《忠獻韓魏王別錄序》。末有乾隆庚寅（三十五年）李林《重修安陽集跋》，又附錄《歐陽修畫錦堂記》《蘇軾醉白堂記》。

　　韓琦（1008—1075）字稚圭，自號贛叟，北宋相州安陽（今屬河南）人。天聖五年（1027）進士，授將作監丞，通判淄州，入直集賢院，纍遷右司諫，曾一次奏罷宰相、參政四人，寶元初爲陝西安撫使，與范仲淹共同支持新政，新政失敗後出知揚州等地，嘉祐初入爲樞密使，同中書門下平章事，英宗時進右僕射、封魏國公，神宗時因與王安石政見不合，出判相州、大名府，卒諡忠獻，其文典重，詩有理趣。《宋史》卷三百十二有傳。王巖叟（1044—1094）字彥霖，北宋大名清平（今屬山東臨清）人。嘉祐六年（1061）進士，調欒城主簿，熙寧中韓琦留守北京時辟爲屬官，劉摯薦爲監察御史、侍御史，曾定邊西夏，遷中書舍人、權知開封府等，後出知鄭州、河陽，著《春秋撰》

等。《宋史》卷三百四十二有傳。強至（1022—1076）字幾聖，北宋錢塘（今浙江杭州）人。慶曆六年（1046）進士，除泗州司理參軍，歷浦江、東陽、元城令，曾佐宰相韓琦幕府，官至三司戶部判官。生平可參《[咸淳]臨安志》卷六十六。

韓琦詩文曾有宋刻，《郡齋讀書志》《直齋書錄解題》《宋史・藝文志》均著錄五十卷。韓琦集又於明正德、明萬曆、清乾隆四年三次刊刻，乾隆三十五年彰德太守黄邦寧修版重刊。《例言》述校刊事云："前明安陽張侍御刻置河東書院。至萬曆間鄭司理張公再加校錄，刻置晝錦堂中，是謂舊本。國朝乾隆四年安陽令陳錫輅據舊本重訂之，是謂新本。三十年來板漸漶漫，兹特爲之校讎。集中殘缺處不可枚舉，間有新本所闕而舊本完好者，已補葺無遺；至舊、新兩本俱爲缺文，無從校正，敬守闕疑之戒。"此本多處墨釘，當即闕疑者。

是刻重編卷次，并增刻御製序等內容，按天干分爲十集，甲集爲《御製論》《贊》《例言》《本傳》等及《家傳》卷一至三，乙集爲《家傳》卷四至九，丙集爲《家傳》卷十及《別錄》三卷、《遺事》一卷、《文集》目錄，丁集至癸集爲《文集》五十卷。沈鳳來、黄邦寧《序》及《例言》均言及改編事，黄《序》云："逮今歲庚寅（乾隆三十五年），然後取是書整頓之。所增刻於卷首者，今天子之綸音也，公之遺像及宋孝宗所撰贊也，神宗所製《兩朝顧命定策元勳之碑》也，史之本傳也。所增刻於簡末者，歐蘇二公之晝錦堂、醉白堂記也。所易置者，舊刻《遺事》《家傳》十餘卷隸於集後，今改而序諸本傳之下也。綜爲十卷，頓改舊觀，剞劂既成，余夙心於是乎一慰也。"

此本沈鳳來、黄邦寧、李林序跋皆作於乾隆三十五年，均謂剞劂既成。然書中又有乾隆三十七年秋河南按察使譚尚忠《重刻安陽集序》，譚序應爲後來補入。此本有斷版及漫漶處，當爲其中舊版刷印。書名葉"晝錦堂藏板"首字誤作"畫"，但明書版仍藏於韓氏。

"玄""絃"等字缺筆，"曆"易爲"歷"。

《四庫全書總目》集部別集類著錄《安陽集》五十卷，史部著錄《韓魏公家傳》二卷、《韓魏公別錄》三卷、《韓忠獻遺事》一卷。《中國古籍善本書目》著錄北京大學圖書館、湖北省圖書館等十家收藏清乾隆晝錦堂刻本。知中國臺灣東海大學圖書館，美國普林斯頓大學圖書館藏乾隆三十五年刻本；又知中國臺北"國家圖書館"，美國國會圖書館、哈佛大學哈佛燕京圖書館，日本東京大學圖書館、東京大學東洋文化研究所、大阪大學圖書館著錄乾隆三十七年刊本。

029

## 安陽集五十卷別録三卷遺事一卷家傳十卷

T5344　4412.1（2）

《安陽集》五十卷，宋韓琦撰；《別録》三卷，宋王巖叟撰；《遺事》一卷，宋強至撰；《家傳》十卷。清乾隆晝錦堂刻三十五年（1770）黃邦寧重修本。十册。

與上部書同版，二者墨釘、版裂處均同。此本書首序言順序與上部不同，但此本《例言》完整，且紙墨俱佳。

030

## 宋端明殿學士蔡忠惠公文集三十六卷別紀補遺二卷

T5344　4903

《宋端明殿學士蔡忠惠公文集》三十六卷，宋蔡襄撰；《別紀補遺》二卷，明徐𤊹輯，明宋珏增輯。清雍正十二年至乾隆五年（1734—1740）蔡氏遜敏齋刻本。八册。框高21.2厘米，寬13.9厘米。半葉九行二十字，小字雙行同，四周單邊，白口，單魚尾。版心上鐫“忠惠公集”，中鐫卷次、類目，下鐫“遜敏齋”。

《文集》卷端題“清裔孫仕舢詒霞甫、廷魁經五甫校梓”。首有未署年孫嘉淦《序》、雍正十二年（1734）裔孫蔡廷魁《序》、乾隆四年（1739）雷鋐《序》、乾隆庚申（五年，1740）吳日炎《蔡忠惠公集序》；次《忠惠蔡公遺像》，及趙鼎、朱熹、陳休齋、黃常、柯潛、林道昭、鄒應龍贊；次《蔡忠惠公舊序》，包括五年（按：應爲乾道五年，1169）王十朋序、萬曆四十四年（1616）蔡善繼序、萬曆丙辰（四十四年）史繼偕序、未署年黃國鼎序、萬曆丙辰何喬遠序；次《蔡忠惠公本傳》；次《宋端明殿學士蔡忠惠公文集目録》，後附徐居敬題記。《別紀補遺》卷端題“明晉安徐𤊹興公初編；莆陽宋珏比玉增補；清裔孫仕舢詒霞甫、廷魁經五甫校梓”。首有《別紀補遺序》，包括萬曆己酉（三十七年，1609）徐𤊹序、萬曆己酉馬歘序、萬曆庚戌（三十八年，1610）謝肇淛序、萬曆庚戌陳鳴鶴序、未署年蔣孟育序；次《別紀補遺目録》，後附徐居敬題記。各卷末均鐫“晉江黃國儀懷一、徐居敬簡之校字；晉江裔孫恩煦佑琛甫校補”。

蔡襄（1012—1067）字君謨，北宋興化仙遊（今屬福建）人。天聖八年（1030）進士，爲西京留守推官館閣校勘，知諫院，歷福建路轉運使、知制誥、知開封府，知福州、泉州、杭州，官至端明殿學士，卒謚忠惠。爲官持正，支持慶曆新政，工書法。《宋史》卷三百二十有傳。徐𤊹（1563—1639）字惟起，又字興公，號三山老叟、天竿山人、筆耕惰農、筠雪道人、綠玉齋主人、鼇峰居士等，明閩縣（今福州）人。棄科舉，博學多識，詩書畫皆擅，好藏書，萬曆中與曹學佺主閩中文壇，號爲“興公詩派”。著《鼇峰集》《閩南唐雅》等。《明詩紀事・庚籤》卷三有傳。宋玨（1576—1632）字比玉，號荔枝生，明末莆田（今屬福建）人。國子監生，寓居武林、金陵等地，好游山水，工書法篆刻，善畫山水。生平可參《明詩紀事・庚籤》卷七上。

　　蔡襄文集見於《宋史・藝文志》《直齋書錄解題》著錄，然在宋即流傳不廣，王十朋序謂出知泉州時“求其遺聞，則郡與學皆無之，可謂缺典矣。於是移書興化守鍾離君松、傅君自得，訪於故家，而得其善本。教授蔣君雝與公同邑，而深慕其爲人，手校正之，鋟板於郡庠”。今仍存宋刻三十六卷。明萬曆年間，又有陳一元、蔡繼善雙甕齋二種刻本，皆根據盧廷選所得豫章喻氏抄本刊刻；同時還有宋玨編校本，然未能全部刻梓，即如蔣孟育序所云：“近盧觀察鉉卿忽得抄本于豫章喻氏，歲錯雜無首尾，如千年神劍，一旦出獄即土花繡澀，光芒動世。鉉卿授其本於敝門人宋玨，令讐較分緝，將梓之于莆。未幾，而陳四游刻於南昌，蔡五嶽刻於温陵，皆依喻氏本，任其錯雜不遑參訂也。宋生抱善本入金陵，將依向歲歐陽四門黃侍御二集故事而摶沙作塔，竟不能成。遂請先刻《詩集》全編及《別紀補遺》二册，以公海內同好。”

　　此爲雍正十二年至乾隆五年據陳一元、蔡繼善刻本并宋玨《別紀補遺》重刻，主持其事者爲蔡襄裔孫蔡廷魁，負責校訂者爲徐居敬。蔡廷魁序云：“扵是自粵而閩，博求者又數年，乃得萬曆間陳四游南昌刻，未幾又得天啟間泉守蔡五嶽刻，及宋比玉所訂《詩集》《別紀補遺》二編。……是以魁得從蠹殘螙蝕中羅而有之，向之求一二僅存而不得者，今且得全集數刻，快何如也？用是不敢自私，將重剞劂以公世。前馳札京師，商扵家梁邨宗伯，兄復書盛相從，即與家大令念齋、中翰虛谷，僉院藐邨兄，及邃園、尚乾、質亭、倬雲視，俟次明亦飛諸姪相議梓行，爰請一二博古之士詳加校訂，同異互參，魯魚畢辨。稿成選工雕鐫，庶幾播於四方，垂之奕世。”目錄後兩則徐居敬題記言編校事云：“近見陳四游刻本，訂爲四十卷。文皆分類，詩無辨體。今從宋比玉所校《詩集》五言、七言、古風、律、絶，各從其類，又採諸家和詩附焉。……數易藁，始付剞劂，仍彙爲三十六卷。雖未得宋代元本，一洗魚豕之訛，聊以存泉刻舊目云。”又云：“迨後集出，莆陽宋比玉乃取興公《別紀》參訪稽訂，不遺餘力，扵集之既有删之，所缺補之，去本傳而載逸編，以《荔品》《茶錄》分爲二卷，額曰《別紀補遺》，較徐本更精矣。余藏是集十餘年，比乃遇藐邨、鶴邨，蔡二先生同心同好，購忠惠集善本，經營授梓，遂於集後刻《別紀補遺》附焉。”吳日炎謂“是刻旁蒐博採，備極苦心，選工剞劂，勞費不惜”，此本行字疏朗、紙白質靭，書內副葉印書名并署“裔孫恩煦敬題”，的確刻印精良。

"弘"字缺筆、"曆"易爲"歷"。

《四庫全書總目》入集部別集類。《中國古籍善本書目》著録福建省圖書館、華南師範大學圖書館等四家收藏。知中國香港大學馮平山圖書館，美國哈佛大學哈佛燕京圖書館、柏克萊加州大學圖書館，日本東京大學東洋文化研究所收藏。

031

**文恭集四十卷**

T5336　4236

《文恭集》四十卷，宋胡宿撰。清乾隆福建翻刻武英殿活字印聚珍版書道光遞修本。十二册。框高 19.1 厘米，寬 12.4 厘米。半葉九行二十一字，小字雙行同，四周雙邊，白口，單魚尾。版心上鎸書名，中鎸卷次，下鎸分校官姓名。

卷端題"宋胡宿撰"。書首有乾隆乙未（四十年，1775）乾隆帝《御製題胡宿文恭集》；次《文恭集目録》；次乾隆四十年進呈四庫提要及纂修官銜名。

胡宿（996—1067）字武平，北宋常州晉陵（今江蘇常州）人。天聖二年（1024）進士，授揚子尉，纍遷知湖州、兩浙轉運使、知制誥，由翰林學士拜樞密副使，以太子少師致仕，卒贈太子太傅，謚文恭，長於律詩、駢文。《宋史》卷三百十八有傳。

陳振孫《直齋書録解題》著録胡宿集七十卷，金元間胡集已爲罕見。四庫館臣從《永樂大典》輯出詩文一千五百餘首，釐爲五十卷；《永樂大典》失採而見於他書者，別爲《補遺》一卷。然文淵閣《四庫全書》及清乾隆武英殿聚珍版書實無《補遺》。

乾隆三十八年（1773），乾隆帝命四庫館臣校輯《永樂大典》中的散簡零篇和傳世稀少的宋元善本，先行刊印流傳。試刻四種書籍之後，主持刻印事的四庫館副總裁金簡即於當年十月奏請採用木活字擺印，前後共印一百三十四種書籍，此即《武英殿聚珍版叢書》。每書卷前均有統一刻版印製的《御製題武英殿聚珍版十韻》并序，目録後有四庫館臣所撰提要并纂修官銜名，目録或提要首行下題"武英殿聚珍版"六字，版心下鎸分校官姓名。

乾隆四十二年（1777），大學士董誥奏請頒發武英殿聚珍版書予東南五省各一份，聽其翻版通行。五省翻刻之書，被稱爲"外聚珍"以別於內府活字本，然其翻刻實爲雕版。福建、廣東、浙江、江蘇、江西五省先後刊刻，數量、風貌不一。其中福建於乾隆四十二年開始刊刻，經道光、同治年間遞修，光緒二十年（1894）增刻，共刻一百四十九種；廣東廣雅書局於光緒二十五年再據福建本刻一百四十九種。福建布政使司影刻、江西書局仿刻，最接近殿本，文字相同、版式相近，版心分校官姓名亦照武英殿原本刻入；然翻刻本無御製詩，若有修補，則在版心或卷末鐫修版年月。

是書福建、廣東、浙江、江西曾翻刻武英殿聚珍版書。此爲福建翻刻本，道光二十七年（1847）修版。書首無乾隆御製詩；目錄首行下鐫“武英殿聚珍版”；版心下鐫分校官姓名，是書分校官有彭紹觀、劉躍雲、繆晋、項家達、谷際岐；有斷版、斷字。此本卷七、八、三十一有修版葉，版心鐫“道光二十七年修”，下無分校官姓名。

《四庫全書總目》分別著錄各書武英殿活字印本。《中國古籍善本書目》著錄中國國家圖書館、上海圖書館、遼寧省圖書館等九家收藏清乾隆武英殿活字印本《武英殿聚珍版書》；福建翻刻本存世較多。知美國哈佛大學哈佛燕京圖書館藏清乾隆武英殿活字印本；中國臺北“國家圖書館”、日本東京大學東洋文化研究所藏福建翻刻遞修本。此《文恭集》，《四庫全書總目》集部別集類著錄《永樂大典》輯出本。《中國古籍善本書目》除清乾隆武英殿活字印聚珍版書本外，又著錄清抄本一部。

032

## 祠部集三十五卷

T5344　1311

《祠部集》三十五卷，宋強至撰。清乾隆福建翻刻乾隆武英殿活字印聚珍版書道光遞修本。八冊。框高 18.6 厘米，寬 12.7 厘米。半葉九行二十一字，小字雙行同，四周雙邊，白口，單魚尾。版心上鐫書名，中鐫卷次。

卷端題“宋強至撰”。書首有元豐三年（1080）曾鞏《祠部集原序》；次四庫提要；次《祠部集目錄》。

強至（1022—1076），參見《安陽集》（028，T5344　4412.1）。

強至專力六經，以著作自命，詩文懇摯，氣格頗高。其《祠部集》四十卷，《宋史・藝文志》《文淵閣書目》著錄，後不傳，四庫館臣從《永樂大典》中輯出強至詩文數百篇，分類排纂。《四庫全書總目》著錄三十六卷，然文淵閣《四庫全書》《武英殿聚珍版書》實收三十五卷。

是書福建、廣東曾翻刻武英殿聚珍版書。此爲福建翻刻本，道光二十七年（1847）修版。書首無乾隆御製詩；提要首行書名下鐫“武英殿聚珍版”；每卷卷末有分校官姓名，是書分校官有謝墉、吳玉綸、汪滋畹、蔡共武、錢開仕、倪思淳；有斷版、斷字；卷三十四末葉版心鐫“道光二十七年修”，此葉末行仍按原書鐫“臣錢開仕恭校”。

"曆"易爲"歷"。

《四庫全書總目》集部別集類著録《永樂大典》輯出本。《中國古籍善本書目》著録中國國家圖書館、上海圖書館、遼寧省圖書館等九家收藏清乾隆刻本《武英殿聚珍版書》。

033

**華陽集四十卷**

T5344　1111

《華陽集》四十卷，宋王珪撰。清乾隆福建翻刻乾隆武英殿活字印聚珍版書道光遞修本。十册。框高 19.1 厘米，寬 12.5 厘米。半葉九行二十一字，小字雙行同，四周雙邊，白口，單魚尾。版心上鐫書名，中鐫卷次，下鐫分校官姓名。

卷端題"宋王珪撰"。書首有《華陽集目録》；次乾隆四十六年（1781）四庫提要及纂修官姓名。

王珪（1019—1085）字禹玉，北宋華陽（今屬四川成都）人，徙舒縣（今屬安徽巢湖）。慶曆二年（1042）進士，通判揚州，歷大理評事、知制誥、翰林學士、參知政事、同中書門下平章事、尚書左僕射，封歧國公，仕英宗、神宗、哲宗三朝，以文章顯通，掌文誥近二十年，卒贈太師，諡文恭。《宋史》卷三百十二有傳。

王珪詩文原有一百卷，自明以來湮沒不聞。四庫館臣從《永樂大典》輯出詩文及內外制誥，依類編爲六十卷；又別爲《附録》十卷，載遺聞逸事與後人評論。刻入武英殿聚珍版時，四庫館臣删削其集爲四十卷，文津閣本提要云："其中青詞、密詞、默詞、醮詞、齋文、道場文、功德疏及教坊致語之類，均非文章正軌，謹稟承聖訓亟加删削，重編爲四十卷。用聚珍版摹印，以廣其傳焉。"

是書福建、廣東曾翻刻武英殿聚珍版書。此爲福建布政使司翻刻，經道光八年（1828）、十年（1830）修版。書首無御製詩；目録首行下鐫"武英殿聚珍版"；版心下鐫分校官姓名，是書分校官有彭紹觀、王朝梧、蔡共武、俞廷掄、曾燠、吳舒帷、吳鼎雯、朱攸；卷十、三十末鐫"道光八年五月福建布政使南海吳榮光重修"，卷十二葉二十一至二十二、卷四十若干葉版心中鐫"道光十年脩"；修版葉版心校官易爲宋炳垣，字體與他葉完全不同；書中又有斷版兼及斷字，及版面漫漶之處，知此本爲整版刊刻且爲後印。

"曆"易爲"歷"。

《四庫全書總目》集部別集類著録《永樂大典》輯出本。《中國古籍善本書目》著録中國國家圖書館、上海圖書館、遼寧省圖書館等九家收藏清乾隆刻本《武英殿聚珍版書》。

034
## 司馬温公文集八十二卷（存卷三至八十二）

《司馬温公文集》八十二卷，宋司馬光撰。明崇禎元年（1628）吳時亮刻本，有配補葉。存八十卷（卷三至八十二）。二十二册。框高 21.9 厘米，寬 15.2 厘米。半葉九行二十字，小字雙行，四周雙邊，白口，單魚尾。版心上鐫"温公文集"、卷次，中鐫文類，下鐫刻工。

卷三首葉題"山右督學使吳時亮元亮甫發刻；平陽府知府劉餘祐、平陽府推官白楹、夏縣知縣王彦葵全發刻；洪洞縣教諭許台儁全訂"，各卷訂者不同。書首有《司馬温公集目録》。

司馬光（1019—1086）字君實，號迂叟，北宋陝州夏縣涑水鄉（今屬山西運城）人，世稱涑水先生。寶元二年（1039）進士，授奉禮郎，歷官知諫院、龍圖閣學士、翰林學士，因反對王安石變法，出知永州軍、西京御史臺等，居洛陽十餘年編修《資治通鑑》，書成遷資政殿學士，哲宗即位召爲尚書左僕射，主持朝政，盡罷新法，卒贈太師、温國公，謚文正。通經史、音律，又著《稽古録》《涑水紀聞》《温國文正公文集》等。《宋史》卷三百三十六有傳。

司馬光爲理學名臣，歷事四朝，以平生所學陳五規六事，生前手自編訂文稿，因屬舊黨遭禁。文稿後歸晁以道，再授謝克家，紹興二年（1132）劉嶠刻之閩中，此《温國文正公文集》八十卷今存。另有淳熙間司馬伋所刻《司馬太師温國文正公傳家集》八十卷，嘉定間光州刻一百卷本，皆不傳。明崇禎時吳時亮重刻《傳家集》本，清康熙間蔣起龍又據吳本校補印行。

此爲崇禎元年（1628）吳時亮刻本。吳本原有萬曆十五年（1587）潘晟序、天啓丁卯（七年，1627）吳時亮序、崇禎元年（1628）劉餘祐序，此本皆闕。據吳時亮序，此本乃吳氏得之司馬氏後裔而刻梓："廼余督學晉中，公固晉之夏縣人，過其里，想見其人，因蒐得其《傳家》八十卷。雖舊有刻本，而亥豕多訛，乃命博士弟子員分較而詮次之，以付殺青。"

刻工有中、十、世、守、梁、志、惠、思、升、李、剛、肖、河、江、上、科、方、戊、進。

《四庫全書總目》集部別集類著録《傳家集》八十卷。《中國古籍善本書目》著録上海圖書館、湖南省圖書館等十八家收藏。知中國香港大學馮平山圖書館，美國國會圖書館，日本東京大學東洋文化研究所，韓國澗松文庫收藏。

鈐"風樹亭藏書記"朱文長方印、"李宗侗藏書"朱文長方印，曾爲李宗侗
收藏。

035
**趙清獻公集十卷目錄二卷**

《趙清獻公集》十卷《目錄》二卷，宋趙抃撰。明萬曆十六年（1588）詹思
謙刻本。四册。框高 20.7 厘米，寬 14.5 厘米。半葉九行二十字，小字雙行同，
四周單邊，白口，單白魚尾。版心上鐫"清獻公集"，中鐫卷次。

卷端未題著者。書名葉欄内題"南陽趙氏清獻公文集""裔孫用棟藏板"。
書首有未署年未署名《趙清獻公集序》、景定元年（1260）陳仁玉序、至治元年
（1321）鈞元卿《趙清獻公文集序》、成化七年（1471）閻鐸《重編趙清獻公文
集序》、嘉靖壬戌（四十一年，1562）楊準《重刻清獻公文集序》、嘉靖元年（1522）
林有年《趙清獻公文集後序》；次《趙清獻公文集目錄》。

趙抃（1008—1084）字閱道，自號知非子，北宋衢州西安（今屬浙江）人。
景祐元年（1034）進士，除武安君節度推官，歷官侍御史、益州路轉運使，神
宗時擢參知政事，因與王安石政見不合出知成都，以太子少保致仕，卒諡清獻。
爲人長厚清修，然彈劾不避權貴，詩風諧婉。《宋史》卷三百十六有傳。

趙抃文集宋代曾刊十六卷本，景定元年（1260）陳仁玉序謂"訪得章貢所
刊集者"，則景定本已爲重刊，今有宋刻元明遞修本存世。明成化七年閻鐸重編
爲十卷，此後嘉靖元年、嘉靖四十一年，是書又多次編刻，事詳成化七年閻鐸序、
嘉靖元年林有年序、嘉靖四十一年楊準序。

此本爲萬曆十六年成都知府詹思謙刻本，書前未署名序述刊刻事云："歲
戊子（萬曆十六年）九月，余從川闈撤棘歸，成都守詹君牧甫送於江滸。……
（牧甫）昨從簿書填委中得檢前守趙清獻公集刻之，且問序。……牧甫且以（閱
道）先生支語無所不司世教，用梓以傳。"又云"余又聞之，先生太末（今屬
浙江衢州）人也，與牧甫同梓里。牧甫以宦轍視先生，則蜀舊守也，以里居視
先生，則鄉先進也。"此處牧甫乃詹思謙，詹思謙（生卒年不詳）字牧甫，號
洞源，萬曆二年（1574）進士，工部起補刑部，知成都府，陞河南副使，調潼關、
密雲、永平，官至遼東參政（生平可參《［天啓］衢州府志》卷九）。其籍貫、
仕履與此序吻合。

《四庫全書總目》入集部別集類。《中國古籍善本書目》著錄福建省圖書館、
湖南省圖書館等四家收藏萬曆十六年詹思謙刻本。又知美國哥倫比亞大學圖書

館、耶魯大學圖書館，日本愛知大學圖書館收藏。

鈐"謝興宗印"白文方印、"慎獨齋印"朱文方印，及"興""宗"朱白間文方形聯珠印，書首及卷十首葉題"道光甲申冬季蘭軒置"，爲謝興宗藏印及題識。謝興宗（生卒年不詳）字蘭軒，湖南湘鄉人，道光二年（1822）進士，歷義烏、蕭山、金華知縣。又鈐"生齋臺灣行篋記"朱文方印，後爲李宗侗收藏。

036
## 公是集五十四卷

T5344　7294A

《公是集》五十四卷，宋劉敞撰。清乾隆福建翻刻乾隆武英殿活字印聚珍版書道光遞修本。十册。框高 19.2 厘米，寬 12.5 厘米。半葉九行二十一字，小字雙行同，四周雙邊，白口，單魚尾。版心上鐫書名，中鐫卷次，下鐫分校官姓名。

卷端題"宋劉敞撰"。書首有未署年劉頒《公是集原序》、丁亥（乾道三年，1167）員興宗《公是集原跋》；次《公是集目録》；次爲乾隆四十六年（1781）四庫提要及纂修官姓名。

劉敞（1019—1068）字原父，號公是，北宋臨江新喻（今江西新餘）人。慶曆六年（1046）進士，通判蔡州，直集賢院、知制誥，出使契丹，又知揚州、鄆州，歷翰林侍讀學士、集賢院學士、南京御史臺等。學問淵博，佛老、天文、地誌、卜筮、方藥皆知大略，長於《春秋》，爲文瞻敏，著《春秋權衡》《春秋傳》等。《宋史》卷三百十九有傳。

劉敞文章湛深經術，文辭古雅，爲當時所重。原有集七十五卷，《文獻通考》著録。四庫館臣從《永樂大典》輯出，釐爲五十四卷。

是書福建、廣東曾翻刻武英殿聚珍版書。此爲福建翻刻本，曾於道光八年（1828）、二十七年（1847）兩次修版。此本書首無乾隆御製詩；目録首行書名下鐫"武英殿聚珍版"；版心下鐫分校官姓名，是書分校官爲吳舒帷；有斷版、斷字。道光八年修版在卷末標明：卷四、四十六末鐫"南海吳榮光重修"，卷八、三十三、三十四、三十六、三十九、四十、五十二末鐫"道光八年五月福建布政使南海吳榮光重修"，版心仍鐫"吳舒帷校"；道光二十七年修版葉見於卷九、十、四十八，當葉版心中鐫"道光二十七年修"，版心下無分校官姓名。

"玄""眩""弦"等缺筆，"曆"易爲"歷"。

《四庫全書總目》集部別集類著録《永樂大典》輯出本。《中國古籍善本書目》除清乾隆武英殿活字印聚珍版書本外，又著録五十四卷清抄本兩種。

鈐"瞻汸山房"朱文長方印，書衣鈐"敏事慎言"朱文橢圓印。

037

## 彭城集四十卷

T5344　7284A

《彭城集》四十卷，宋劉攽撰。清乾隆福建翻刻乾隆武英殿活字印聚珍版書道光遞修本。八冊。框高 19.1 厘米，寬 12.6 厘米。半葉九行二十一字，小字雙行同，四周雙邊，白口，單魚尾。版心上鑴書名，中鑴卷次，下鑴分校官姓名。

卷端題"宋劉攽撰"。書首有《彭城集目録》；次爲四庫提要。

劉攽（1023—1089）字貢父，又作戇父、贛父，號公非，北宋臨江新喻（今江西新餘）人。與兄劉敞同登慶曆六年（1046）進士，仕州縣二十年，入爲國子監直講，知太常禮院，因反對王安石新法，出知曹州，元祐時起爲中書舍人。博覽群書，精於史學，與司馬光同修《資治通鑒》，著《東漢刊誤》《漢官儀》，與兄敞、侄奉世合撰《漢書標註》等。《宋史》卷三百十九有傳。

劉攽學文博洽，詞章奧雅，然著述多佚。《宋史·藝文志》《文獻通考》著録文集六十卷，四庫館臣從《永樂大典》輯出四十卷。

是書福建、廣東曾翻刻武英殿聚珍版書。此本爲福建翻刻本，曾於道光十年（1830）、二十七年（1847）兩次修版。書首無乾隆御製詩；目録首行下鑴"武英殿聚珍版"；版心下鑴分校官姓名，是書分校官爲王朝梧、吳舒帷。道光十年修版在當葉版心鑴"道光十年修"，版心校官易爲"宋炳垣校"；道光二十七年修版在當葉版心中鑴"道光二十七年修"，版心下無校官姓名。道光十年修版葉見於目録、卷三、四、六、七、八、十、十二、十五、十六、十八、十九、二十一、三十一、三十四；道光二十七年修版葉見於卷十、四十。另，此本提要葉二、卷十六葉十九均空白無字。

"玄""眩"等字缺筆，"曆"易爲"歷"。

《四庫全書總目》集部別集類著録《永樂大典》輯出本。《中國古籍善本書目》除清乾隆武英殿活字印聚珍版書本外，又著録清抄本三種。

038

## 歐陽文忠公全集一百五十三卷附録五卷

T5338　4469

《歐陽文忠公全集》一百五十三卷，宋歐陽修撰，《附録》五卷。清乾隆十一年（1746）孝思堂刻乾隆二十四年（1759）增修本。二十四冊。框高 21.9 厘米，寬 16.8 厘米。半葉九行二十字，小字雙行同，左右雙邊，白口，單魚尾。版心上鑴"歐陽文忠公全集"，中鑴卷次。

書名據版心。卷一題"居士集"，未題著者。書名葉分三欄，右題"唐書并五代史另刊"（按：原本"刊"字殘缺），中題"廬陵歐陽文忠公全集"，左題"孝思堂藏板"，欄上題"乾隆丙寅重梓"，丙寅為乾隆十一年。書首有朱印乾隆二十四年《欽奉御製歐陽修小像詩并序》，金姓、歐陽安世和聖韻詩，宋文忠公小影及蘇軾、李端叔、晁悦之、歐陽玄像贊；次元祐六年（1091）蘇軾《居士集序》、未署年周必大序；次《累代校刊姓名》；次《集古錄目序》《濮議序》《內制集序》；次《四朝國史本傳》《廬陵歐陽文忠公年譜》；次《歐陽文忠公全集總目》。《附錄》前有乾隆十一年歐陽安世《重刊文忠公全集跋尾》。

歐陽修（1007—1072）字永叔，號醉翁，晚號六一居士，北宋廬陵（今江西吉安）人。天聖八年（1030）進士，授推官，歷官知制誥、河北都轉運使、樞密副使，參知政事，以太子少師致仕，謚文忠。力倡古文，為唐宋八大家之一，曾纂修《新唐書》《新五代史》。《宋史》卷三百十九有傳。

歐陽修文集在兩宋時期即有多種編集，一方面因其為詩文大家為世所重，另一方面也因歐陽修經常修訂文稿，致各本流傳而文字互異。至南宋紹熙、慶元間，周必大搜輯舊本，互為參校，定為《歐陽文忠公集》一百五十三卷，及《附錄》五卷、《年譜》一卷，因其收錄全、校刻精，在宋代即頗具影響，明清時屢經翻刻，遂行成歐集諸本中占主導地位的一百五十三卷本系統。其他重要版本有源自歐陽修孫歐陽恕校定之《居士集》五十卷，明清兩代重加編校的《歐陽文忠公全集》一百三十五卷、《歐陽文忠公集》一百三十卷、《歐陽文忠公集》一百五卷等。

周必大校刻之一百五十三卷本刻成於宋慶元二年（1196）。明代有天順六年（1462）程宗刻本，後弘治五年（1492）重修，正德、嘉靖又曾遞修；正德七年（1512）劉喬刻本，後嘉靖十六年（1537）季本、詹治重修，嘉靖三十九年又經何遷遞修；隆慶五年（1571）邵廉刻本；明刻本。入清則有乾隆十一年（1746）歐陽安世孝思堂刻本，此本於乾隆五十七年（1792）由惇叙堂重刻；嘉慶二十四年（1819）歐陽衡重加編次刊行，光緒十九年（1893）澹雅書局、光緒二十八年（1902）周氏慕濂山房均曾翻刻。

歐陽安世於乾隆十年冬至十一年夏重刊歐集於公祠，歐陽氏跋云："乾隆乙丑（十年，1745）之春重葺吉州刺史公祠，越冬祭日告成。……於是鳩工聚棐，就祠舉事。仍謀宗族首祠事者各出藏本，互相校訂，自冬十一月至明年六月集成是集也。向之訛者以正，而疑者闕焉，不敢妄增損一字，存其真也。板貳千六百餘面，并藏於吉州刺史公祠。"是版包括《居士集》五十卷、《外集》二十五卷、《易童子問》三卷、《外制集》三卷、《內制集》八卷、《表奏書啓四六集》七卷、《奏議集》十八卷、雜著述十九卷、《集古録跋尾》十卷、書簡十卷、《附録》五卷。

是書乾隆十一年刊刻後，又曾稍事修補再印。北京大學藏有一部歐集，多出乾隆十二年（1747）彭家屏序，書中《累代校勘姓名》亦與乾隆十一年印本不盡相同。芝大藏本《累代校勘姓名》第二葉重出，其中的一份與北大藏本相同；另一份較十一年印本和北大本，於"乾隆丙寅"刊刻諸人有所增加、順序亦作調整。此處第二葉之重出，乃因此葉文字增改却未撤换原紙之故。此本書名葉爲"乾隆丙寅重梓"、"孝思堂藏板"，書前有乾隆二十四年"御製歐陽修小像詩并序"，書名葉、《御製序》的裝幀、紙張與全書一致，非後來替换或加入，由此推知此本仍用乾隆十一年版略事修補，乾隆二十四年後增補再印。

"玄""絃"字或有缺筆，"弘"字或有變體。

《四庫全書總目》入集部別集類。《中國古籍善本書目》著録清華大學圖書館、東北師大圖書館等四家收藏乾隆十一年孝思堂刻本。知中國香港中文大學圖書館，美國哈佛大學哈佛燕京圖書館、耶魯大學圖書館，日本大阪大學圖書館收藏乾隆十一年刻本；加拿大多倫多大學圖書館、東京都立中央圖書館藏乾隆十二年序刊本；美國哈佛大學哈佛燕京圖書館、澳大利亞國立大學圖書館、韓國奎章閣藏乾隆二十四年增補印本。

此爲勞費爾購書。

039

## 東坡先生詩集註三十二卷

T5345　1132

《東坡先生詩集註》三十二卷，宋蘇軾撰，題宋王十朋纂集。明萬曆茅維刻崇禎間王永積印本。十册。框高 20.3 厘米，寬 14.9 厘米。半葉十行二十一字，小字雙行同，左右雙邊，白口，無魚尾。版心上鐫"東坡詩集註"、卷次，下鐫類目。

卷端題"宋眉山蘇軾子瞻著；永嘉王十朋龜齡纂；明梁谿王永積崇嚴閱"。書名葉分二欄，題"東坡先生詩集註"。書首有《東坡先生詩集註目録》。

蘇軾（1037—1101）字子瞻，一字和仲，號東坡居士，北宋眉州眉山（今屬四川）人。嘉祐二年（1057）進士，復舉制科，授鳳翔府簽書判官，入直史館、開封府推官，因反對王安石變法，通判杭州，徙知密、徐、湖三州，謫黄州、汝州，哲宗起爲中書舍人，官至翰林學士承旨、禮部尚書，坐黨籍謫惠州、儋州。詩文書畫兼善，爲唐宋八大家之一。《宋史》卷三百三十八有傳。王十朋

（1112—1171）字龜齡，號梅溪，南宋樂清（今屬浙江温州）人。紹興二十七年（1157）進士第一，授紹興府簽判，歷校書郎、著作郎、國史院編修、起居舍人，知饒州、夔州、湖州、泉州。力主抗金，詩文剛健，有《梅溪集》。《宋史》卷三百八十七有傳。

蘇軾文集在宋代已有所謂四家注、五家注、八家注、十家注本流傳。南宋中葉以來，舊題王十朋纂集之《王狀元集百家註分類東坡先生詩》"搜索諸家之釋，裒而一之，刬繁剔冗"，廣爲流傳。關於纂集者，清代以來聚訟不休，《四庫全書總目提要》謂"殆必一時書肆所爲，借十朋之名以行耳"。是書自宋以來，屢經刊雕，至今仍有多種宋元舊刻存世。

明萬曆間，茅維重纂王十朋集注本，改七十八類爲三十門，析二十五卷爲三十二卷，增收"和陶詩"等。茅刻大量删削舊注，又更改注家姓氏，頗失王十朋百家注本舊貌。而茅維版片又轉易多家，剜改卷端校閱者重印。如哈佛大學哈佛燕京圖書館藏本將卷端"宋永嘉王十朋龜齡纂集"改爲"永嘉王十朋龜齡纂"，將"明吳興茅維孝若芟閲"改爲"明後學項煜仲昭閲"；而芝大藏本及加州柏克萊大學圖書館藏本，又將後者改爲"明梁谿王永積崇嚴閲"。書中僅此處可見剜改痕跡，其餘各處仍用茅維舊版，且未改諱字。王永積（生卒年不詳）字崇嚴，一字稺實，無錫（今屬江蘇）人，崇禎七年（1634）進士，知武定州，三築城而民不擾，著《錫山景物略》等。生平可參《［康熙］常州府志》卷二十四、《［咸豐］武定縣志》卷十九。

《四庫全書總目》集部別集類著録《東坡詩集註》三十二卷。《中國古籍善本書目》著録中國國家圖書館、上海圖書館、山東省圖書館、南京圖書館等二十三家收藏明末王永積刻本。王永積重印本知中國臺北"國家圖書館"，美國國會圖書館、柏克萊加州大學圖書館、勞倫斯伯克利國家實驗室、日本静嘉堂文庫、東京大學綜合圖書館、東北大學圖書館、山梨縣圖書館、韓國奎章閣、藏書閣、高麗大學圖書館、忠南大學圖書館、雅丹文庫收藏。

此爲勞費爾購書。

040

### 東坡先生編年詩五十卷（存卷四至五十）

T5345　4192

《東坡先生編年詩》五十卷，宋蘇軾撰，清查慎行補注。清乾隆抄本。存四十七卷（卷四至五十）。十三册。半葉十行二十一字，小字雙行不等，無欄格。

卷四首題"後學海寧查慎行補註"。首有乾道九年（1173）蘇嶠《宋孝宗御製蘇文忠公集贊并序》；次《補註東坡先生編年詩目録》。

蘇軾（1037—1101），參見《東坡先生詩集註》（039，T5345 1132）。查慎行（1650—1727）字悔餘，號初白，清海寧（今屬浙江）人。康熙三十二年（1693）舉人，以薦入直南書房，四十二年（1703）進士，授編修，供奉七年，以疾告歸。性穎異，從黃宗羲學，深於經學，著《周易玩辭集解》《經史正偽》《敬業堂集》等。生平參《〔乾隆〕杭州府志》卷九十四。

是書乃查慎行駁正、補輯蘇軾詩集舊注，按創作時間重新編次。是書刻本存《例略》，述編纂緣起云：“余於蘇詩，性有篤好。向不滿於王氏註（按：指王十朋），爲之駁正瑕纇，零丁見繫，收弃篋中，積久漸成卷帙。後讀《渭南集》，乃知有《施註蘇詩》，舊本苦不易購。庚辰（康熙三十九年，1700）春，與商丘宋山言並客輦下，忽出新刻本見貽，檢閱終卷，於鄙懷頗有未愜者。因復補輯舊聞，自忘蕪陋，將出以問世。”《四庫全書總目提要》云：“初宋犖刻《施註蘇詩》，急遽成書，頗傷潦草。又舊本徽黯，字跡多難辨識。邵長蘅等憚於尋繹，往往臆改其文，或竟删除以滅跡，并存者亦失其真。慎行是編，凡長蘅等所竄亂者，并勘驗原書，一一釐正。又於施註所未及者，悉蒐採諸書以補之。其間編年錯亂，及以他詩溷入者，悉考訂重編。凡爲正集四十五卷，又補録帖子詞、致語、口號一卷，遺詩補編二卷，他集互見詩二卷，別以年譜冠前，而以同時倡和散附各詩之後。”提要評價云：“雖卷帙浩博，不免牴牾……然考核地理，訂正年月，引據時事，元元本本，無不具有條理。非惟邵注新本所不及，即施註原本亦出其下。現行蘇詩之註，以此本居最。”

是書草於康熙十二年（1673），四十一年（1702）始成書。刻本《例略》後有康熙四十一年查慎行識語曰：“補註之役權輿於癸丑（康熙十二年），迨己未（康熙十八年）、庚申（康熙十九年）後，往還黔楚，每以一編自隨。……追維始事，迄今蓋三十年矣。”有學者據識語末所云“顧視世之開局於五月，蕆事於臘月，半年勒限，草促成書，淺深得失，必有能辨之者”，以爲是書以半年時間刻於康熙四十年，實未解“顧視世之開局”乃指當時刻書求快之現象而言。是書直至乾隆二十六年（1761），才由查慎行之侄查開刊刻，查開序云：“今將開雕於廣陵客舍，適武林杭堇溥太史來主講席，重煩勘定，體益加潔，例益加嚴。”

此本避康熙、乾隆帝諱，未避嘉慶帝諱，而此書的最早收藏者王芑孫卒於嘉慶二十二年（1817），故可判定此本爲清乾隆時抄寫。《四庫全書》所收“通行本”當指乾隆二十六年查開刻本，此本與文淵閣四庫本文字略有差異。此本抄寫較爲嚴整，并用墨筆、朱筆、校箋三者校勘。墨筆在字上、行間，主要校正抄寫訛誤；朱筆在行間隨文校正，異寫字亦注出，需説明者則書於書眉；又有橘黄色校箋貼於行間及書眉，多謂"一本""別本"，乃用多種蘇詩版本參校。其中朱筆校改爲小楷，清秀工整，明顯不同於正文和其他兩種校勘文字。惜此本缺卷一至三。

"玄""弘"或缺筆，"琰"字不避。

《四庫全書總目》集部別集類著録《補註東坡編年詩》。《中國古籍善本書目》著録遼寧省圖書館、福建省圖書館、湖北省圖書館等二十五家收藏清乾隆二十六年查開香雨齋刻本，又著録中國國家圖書館、上海圖書館等五家收藏名家校跋清抄本。乾隆二十六年香雨齋刻本，知中國香港馮平山大學圖書館中國臺北"國家圖書館"、臺灣大學圖書館，美國國會圖書館、哈佛大學哈佛燕京圖書館、普林斯頓大學圖書館，日本内閣文庫、静嘉堂文庫、東洋文庫等處，及韓國藏書閣收藏。海外未見著録清抄本。

此本自清乾嘉年間起，先後由王芑孫、鄭灝若、丁晏及李宗侗收藏。王芑孫藏印有朱文方印"蘇州淵雅堂王氏圖書"及"淵雅堂藏書記"。王芑孫（1755—1817）字念豐，又字鷗波，號惕甫，一作鐵夫，又號云房、楞伽山人，清江蘇長洲（今屬蘇州）人，乾隆五十三年（1788）舉人，官華亭教諭，館於董誥、梁詩正、劉墉、彭元瑞等顯宦，爲諸人代筆屬草朝廷典章，工詩善書，通金石之學，著《淵雅堂集》，輯《碑版廣例》等，《清史列傳》卷七十二有傳。鄭灝若藏印爲白文方印"薇坪鑑藏"、白文小方印"鄭印灝若"。鄭灝若（生卒年不詳）字薇坪，番禹（今屬廣東廣州）人，嘉慶十八年（1813）拔貢生，學問淹雅，與侯康、周以清等同輯《四書文話》，工詩及駢文，著《嶺南文鈔》等，生平參《［宣統］番禹續志》卷十九。又有朱文方印"山陽丁晏藏書"。丁晏（1794—1875）字儉卿，號柘堂，山陽（今江蘇淮安）人，道光元年（1821）舉人，咸豐間由内閣中書加三品銜，治經學、善校勘，著《毛鄭詩釋》《三禮釋注》《頤志齋集》等。李宗侗印爲"生齋臺灣行篋記"朱文方印。又鈐"竹陰館"朱文方印。

041

## 坡仙集十六卷

《坡仙集》十六卷，宋蘇軾撰，明李贄評輯。明萬曆二十八年（1600）陳氏繼志齋刻本。六册。框高23.3厘米，寬15厘米。半葉九行二十字，四周單邊，白口，單魚尾。版心上鐫書名，中鐫卷次。

卷端未題著者。書首有明萬曆庚子（二十八年，1600）焦竑《引》（缺首半葉）；次《坡仙集總目》，後鐫牌記"萬曆庚子歲録梓於繼志齋中"。

李贄（1527—1602）原姓林，名載贄，號卓吾，又號宏甫、篤吾、温陵居士等，明晋江（今屬福建）人。嘉靖三十一年（1552）舉人，任河南輝縣教諭、南京刑部員外郎、雲南姚安知府。後棄官，寓居湖北黄安、龍湖等地，著書講學，習王守仁心學，反對宋明理學，被視爲異端，後下獄自刭死。著《藏書》《焚書》等，評點詩文、小說多種。生平可參《［乾隆］泉州府志》卷五十四。

是書乃李贄摘選東坡詩文，并加評點而成。卷前焦竑《引》述此書編刊事云："卓吾先生乃詮擇什一，並爲點定，見者忻然，傳誦争先，得之爲幸。……向余於中秘見蘇集不減十餘種，欲手自排續爲一編，未成而以罪廢。頃王太史宇泰，取見行《全集》與《外集》類次之以傳，而以書屬余曰：'子其以卓翁本先付之梓人。'"另據《明代版刻綜録》，牌記中之繼志齋爲明萬曆金陵陳大來書坊，刊刻多種小說戲曲。

《四庫全書總目》未收。《中國古籍善本書目》著録中國國家圖書館、山東省圖書館、南京圖書館等三十家收藏。知中國臺北故宮博物院、臺灣大學圖書館、東海大學圖書館，美國國會圖書館、哈佛大學哈佛燕京圖書館，日本東京大學東洋文化研究所收藏。

鈐"風樹亭藏書記"朱文長方印，爲李宗侗舊藏。

042

## 楊龜山先生集四十二卷首一卷

T1217　4222

《楊龜山先生集》四十二卷，宋楊時撰；《首》一卷。清康熙四十六年（1707）楊氏刻本。十二册。框高 20 厘米，寬 13.5 厘米。半葉九行二十字，左右雙邊，白口，單魚尾。版心上鎸書名，中鎸卷次。

卷端未題著者。書名葉分二欄，右題"宋文靖龜山楊先生全集"，左題"本祠藏板"。書首有康熙四十六年張伯行《楊龜山先生全集序》、康熙丁亥（四十六年）章培基《重刻楊龜山先生文集序》、未署年余瀗《重刊龜山楊先生文集序》，康熙丁亥楊篤生《宋龜山楊文靖先生文集序》、康熙戊子（四十七年，1708）陳延統《楊文靖公文集序》、康熙強圉大淵獻（丁亥，四十六年）朱任弘序、未署年廖騰煃序；次《文靖龜山楊先生文集序》，包括未署年程敏政、李熙、耿定力諸舊序，又揭翰續《重刊龜山先生文集序》、蕭正模序、丘晟序、廖長齡序，趙炳、余作霖、吳有智共撰序，皆未署作序時間；次未署年程大任序。再次校刊姓氏，共四十一人；次像贊；次《楊龜山先生集目次》，卷四十二後題"卷末嗣刻"。

楊時（1053—1135）字中立，晚年隱居龜山，世稱龜山先生，南宋南劍州將樂（今屬福建三明）人。熙寧九年（1077）進士，歷知瀏陽、余杭、蕭山三縣，召爲秘書郎，任國子祭酒，高宗時官至工部侍郎、龍圖閣直學士，致仕，卒諡文靖。從程顥、程頤學，與游酢、呂大臨、謝良佐并稱程門四大弟子，二程之學經楊時、羅從彦、李侗傳於朱熹，開閩中道學之脉。著有《二程粹言》，詩文輯爲《龜山集》。《宋史》卷四百二十八有傳。

是書收文三十七卷、詩五卷，前者按文體分卷，收上書、奏狀、辨、書、序、題跋、雜著、志銘等。首一卷爲楊時譜傳，包括《宋史本傳》《墓誌銘》《行狀略》《年譜》。《四庫全書總目提要》評價云："本不以文章見重，而篤實質樸，要不失爲儒者之言。"

南宋陳振孫《直齋書録解題》著録《龜山集》二十八卷，《宋史・藝文志》亦著録有《龜山集》三十五卷，然罕見流傳。明初，程敏政從館閣抄出部分，輯爲十六卷，有弘治十五年（1502）李熙、金瓚刻本。是書《文靖龜山楊先生文集序》中程敏政識云："《龜山先生文集》三十五卷不傳於世久矣。館閣有本，關請閱之，力不足以盡鈔也，鈔其有得於心者，重加彙次爲十六卷如右。"《四庫全書總目提要》記此後刊刻諸本云："後常州東林書院刊本，分爲三十六卷。宜興刊本，又併爲三十五卷。萬曆辛卯（十九年，1591），將樂知縣林熙春重刊，定爲四十二卷。此本爲順治庚寅（七年，1650）時裔孫令聞所刊，其卷帙一仍熙春之舊云。"是書揭翰續《重刊龜山先生文集序》亦述歷次刊刻梗概云："先生集向未有傳，始刻於明弘治壬戌（十五年，1502），僅十有六卷，蓋邑侯李公熙受於學士靳公貴，靳得之皇墩程公敏政，程從館閣宋本抄録之者也。萬曆壬子（四十年，1612，按：此處紀年應誤）邑侯海洋林公熙春閱之，以爲太簡，欲求全集傳世，而鄉先達官公賢諸生蕭燦、林鈿因取常州大中丞沈公暉抄本以進。林公分彙增補共成四十二卷，鳩邑人士捐資成板，貯之公所，而先生刻集始有全書。"

此本爲康熙四十六年楊氏後人繩祖所刻，由揭翰續出資助其刊刻。揭翰續序述其書板存藏及刊刻始末云："鼎革後，先生嫡裔祠生紹程公無嗣，其胞姪應箕父子伶仃孑立，頓爲同邑異宗者篡祀，旋竊先生集板於家私藏焉，邑人憤之。康熙丁巳（十六年，1677）督學孫公期昌抵邑，宿柏司時，孝廉許君文兹、廖君椿、廖君騰煌、楊君州鶴、庠士廖君標、林君文英、楊君敏功，仝績等三十餘人詣公，請正其祀。公毅然以應箕之子思賢爲嫡裔，襲之衣頂，又搜求先生集板，而彼因前叙源流改換，遂堅匿焉，歷今三十年，先生之集罕有存者。……邑侯余公適下車謁先生祠，輒以先生之文集無傳爲憾，而思賢之子繩祖貧，莫能舉其事。績惘悵久之，謂繩祖曰：'……汝力雖不及，顧不當刻苦拮据以圖付梓耶？'續於是量力贊成，俾先生全集復歸之嫡裔以行於世，而可永杜將來昌宗者覬覦之漸焉。故詳述諸名公編輯之由及其後匿板之故，使讀先生集者知始末云。"是書康熙四十六年刻本傳世不多，而以光緒年間楊氏後裔的補板重印本多見。

《四庫全書總目》入集部別集類。《中國古籍善本書目》著録北京大學圖書館、廈門市圖書館、莆田縣圖書館、湖南省圖書館四家收藏此康熙四十六年刻本。又知中國臺北"中央研究院"傅斯年圖書館，日本内閣文庫、東京大學綜合圖書館、東京大學東洋文化研究所、東京都立中央圖書館、岡山大學圖書館收藏。

043
## 文定集二十四卷

T5351.9　　3107

《文定集》二十四卷，宋汪應辰撰。清乾隆福建翻刻乾隆武英殿活字印聚珍版書道光遞修本。六册。框高 18.9 厘米，寬 12.6 厘米。半葉九行二十一字，小字雙行同，四周雙邊，白口，單魚尾。版心上鎸書名，中鎸卷次，下鎸分校官姓名。

卷端題"宋汪應辰撰"。書首有《文定集目録》；次乾隆四十五年（1780）四庫提要及纂修官銜名。

汪應辰（1119—1176）初名洋，及第後更名，字聖錫，南宋信州玉山（今屬江西）人。紹興五年（1135）進士第一，授鎮東軍僉判，召爲秘書省正字，因忤秦檜，出通判建州，秦檜死始還朝，歷吏部郎官、吏部尚書、知成都府，因剛直遭貶抑，遂致仕，卒謚文定。與吕祖謙、張栻相善，精於義理，著《石林燕語辨》等。《宋史》卷三百八十七有傳。

《宋史·藝文志》著録汪應辰集五十卷，明初已罕傳，程敏政據内閣本選録十三卷，後世所行皆本於此。四庫館臣從《永樂大典》輯出汪氏詩文，除去與程本重複者，釐爲二十四卷。

是書福建、廣東曾翻刻武英殿聚珍版書。此爲福建翻刻本，曾於道光十年（1830）修版。書首無乾隆御製詩；目録首行下鎸"武英殿聚珍版"；版心下鎸分校官姓名，是書分校官有彭紹觀、曾燠、王朝梧、吳舒帷、吳鼎雯、陳嗣龍、蔡共武、阿林；有斷版、斷字。卷九葉二十爲道光十年修版，版心鎸"道光十年修"，版心校官易爲宋炳垣。

"玄"字或有缺筆，"曆"易爲"歷"。

《四庫全書總目》集部別集類著録《永樂大典》輯出本。《中國古籍善本書目》

除清乾隆武英殿活字印聚珍版書本外，又著録明嘉靖、明萬曆兩種刻本及清抄本兩種，皆爲十三卷。

044

## 雪山集十六卷

T5352.9　1178

《雪山集》十六卷，宋王質撰。清乾隆福建翻刻乾隆武英殿活字印聚珍版書道光遞修本。四册。框高 18.9 厘米，寬 12.6 厘米。半葉九行二十一字，小字雙行同，四周雙邊，白口，單魚尾。版心上鐫書名，中鐫卷次，下鐫分校官姓名。

卷端題"宋王質撰"。書首有慶元四年（1198）王阮《雪山集原序》；次乾隆四十年（1775）十一月六日上諭；次《雪山集目録》；次乾隆四十四年（1779）四庫提要及纂修官銜名。

王質（1127—1189）字景文，號雪山，其先鄆州（今屬山東泰安）人，後徙興國（今湖北陽新）。南宋紹興三十年（1160）進士，先後入汪澈荆襄、張浚江淮幕，入爲太學正、敕令所删定官、樞密院編修官，因直言論事出爲通判，不就官。精研《詩經》，著《詩總聞》《紹陶録》。《宋史》卷三百九十五有傳。

據書前王阮序，是集乃王阮得王質遺稿，蒐羅删次爲四十卷。《四庫全書總目提要》謂《宋史·藝文志》著録《王景文集》四十卷，而别出《雪山集》三卷，乃質初有小集三卷，自題"雪山"之名，迨王阮删定遺稿，而其名如故，故三卷之本與四十卷之本諸書互見。四庫館臣從《永樂大典》輯出十六卷，并附考證於題下。

是書福建、廣東曾翻刻武英殿聚珍版書。此爲福建翻刻本。書首無乾隆御製詩；目録首行下鐫"武英殿聚珍版"；版心下鐫分校官姓名，是書分校官有劉躍雲、彭紹觀、谷際岐、費振勳、丁履謙、繆晉、徐秉文、項家達、王元照、錢致純。此本卷末及版心未注明修版，據其避諱字，非光緒年間福建重刻本；書中多處文字漫漶，亦非殿版，而爲乾隆福建刻版後印者。

"玄"字缺筆，"曆"易爲"歷"，"寧""淳"不避。

《四庫全書總目》集部别集類著録《永樂大典》輯出本。《中國古籍善本書目》除清乾隆武英殿活字印聚珍版書本外，又著録十二卷清抄本三種。

鈐"筱珊藏書"白文方印，曾爲繆荃孫收藏。

045
## 王梅溪先生會稽三賦四卷

T5352　8621

《王梅溪先生會稽三賦》四卷，宋王十朋撰，明南逢吉注，清周炳曾增注。清康熙五十九年（1720）刻本。一冊。框高18.2厘米，寬13.3厘米。半葉九行二十字，小字雙行同，四周雙邊，白口，單魚尾。版心上鐫書名，中鐫卷次、篇名。

卷端題"渭南南逢吉註；山陰周炳曾增註；會稽王佺齡訂定"。書首有未署年周炳曾序；次《王梅溪先生會稽三賦目録》；次《本史王龜齡傳略》；次圖説。

王十朋（1112—1171）字龜齡，號梅溪，南宋樂清（今屬浙江温州）人。紹興二十七年（1157）進士第一，授紹興府簽判，歷校書郎、國史院編修、起居舍人，知饒州、夔州、湖州、泉州。力主抗金，詩文剛健，有《梅溪集》，《宋史》卷三百八十七有傳。南逢吉（生卒年不詳）字元真，號姜泉，陝西渭南人。與兄大吉師事王陽明，嘉靖十七年（1538）進士，授禮部主事，知保寧，擢雁門兵備道，後因言事犯忌罷官，生平參《［雍正］陝西通志》卷五十七。周炳曾（生卒年不詳）字子固，山陰（今屬浙江紹興）人，主要活動於清康熙年間，善詩文書畫。

王十朋曾於紹興年間官越州添差簽判，作《會稽三賦》叙會稽風物、人事，包括《會稽風俗賦》《民事堂賦》《蓬萊閣賦》三篇，傳誦甚廣。南宋周世則注《風俗賦》，史鑄爲之增注并補注後二篇，乃爲當時之人注當時之作，頗爲詳贍。明南逢吉又爲注釋，有尹壇、周炳曾兩種增注本。

是書由周炳曾增注刊刻，用於離官時贈送友朋。卷前周炳曾序云："庚子秋，余將出臺關，行李蕭然，預謀所以爲之交相見之貽。刻拙草《南嬉集》既成，因與王子介山取《三賦註解》四卷增訂付梓，半月畢工，蓋舊本零落，坊刻流傳舛謬，改正宜急急也。……他日載書以行，介山必笑余曰：'子歸裝曷頓富，持千山萬壑以贈人可乎？'"此本僅避康熙帝諱；用康熙時方體字，清秀疏朗。以此度之，序中"庚子"應爲康熙五十九年（1720）。中國人民大學圖書館、暨南大學圖書館藏本有書名葉鐫"尺木齋梓行"，此本與二者同版，但無書名葉。《中國古籍善本書目》著録清華大學圖書館藏明尺木堂刻本，近年出版之《清華大學圖書館藏善本書目》已修正爲清初尺木堂刻本。

"玄"字缺筆。

《四庫全書總目》史部地理類收三卷本。《中國古籍善本書目》著録清華大學圖書館收藏。又知中國國家圖書館、中國人民大學圖書館、暨南大學圖書館收藏。

鈐"西雲"朱文方印。

046

## 攻媿集一百十二卷

T5558　4482A

《攻媿集》一百十二卷，宋樓鑰撰。清乾隆福建翻刻乾隆武英殿活字印聚珍版書道光遞修本。四十冊。框高 18.7 厘米，寬 12.6 厘米。半葉九行二十一字，小字雙行同，四周雙邊，白口，單魚尾。版心上鐫書名，中鐫卷次，下鐫分校官姓名。

卷端題"宋樓鑰撰"。書首有未署年真德秀《攻媿集原序》；次爲《攻媿集目録》；次乾隆四十五年（1780）四庫提要及纂修官銜名。

樓鑰（1137—1213）字大防，號攻媿主人，南宋明州鄞縣（今屬浙江寧波）人。隆興元年（1163）進士，調溫州教授，乾道間以書狀官從汪大猷使金，擢起居郎，因與韓侂胄不合奪職，韓侂胄被誅後，起爲翰林學士，官至參知政事，卒贈少師，諡宣獻。通小學，擅啓札，著《攻媿集》。《宋史》卷三百九十五有傳。

樓鑰集最初爲樓氏家刻一百二十卷，《宋史・藝文志》《直齋書録解題》著録。世傳抄本多有佚脫，四庫底本爲兩淮鹽政採進，原闕三卷。刻入武英殿聚珍版書時，四庫館臣又刪削青詞、齋文等，重編爲一百十二卷。

是書福建、廣東曾翻刻武英殿聚珍版書。此爲福建翻刻本，道光十年（1830）修版。書前無乾隆御製詩；目録首行下鐫"武英殿聚珍版"；版心下鐫分校官姓名，是書分校官有陸伯焜、彭紹觀、谷際岐、繆晋、五泰、劉躍雲、靖本誼、丁履謙、項家達、費振勳、王元照、錢致純、徐秉文、何循、吳鼎雯、朱攸、吳樹萱；有斷版、斷字。此本卷十三、十四、一百有道光修補葉，版心鐫"道光十年修"，校官易爲宋炳垣。

"玄"字缺筆，"曆"易爲"歷"；道光十年修補葉中"丘"字缺筆，"寧"易爲"寧"。

《四庫全書總目》入集部別集類。《中國古籍善本書目》除清乾隆武英殿活字印聚珍版書本外，又著録宋刻本一部及多種明清抄本，多非完帙。

047

## 陳同甫集三十卷

T5358.9　7752

《陳同甫集》三十卷，宋陳亮撰。清道光咸豐間壽經堂活字印本。八冊。框高 23.8 厘米，寬 15.9 厘米。半葉十行二十一字，四周雙邊，白口，單魚尾。版心上鐫書名、卷次。

卷端未題著者。書首有《陳同甫集目録》。

陳亮（1143—1194）初名汝能，後改名亮，又改同，字同甫，世稱龍川先生，宋婺州永康（今屬浙江）人。少好論兵事，屢次上書，力主抗金，紹熙四年（1193）進士第一，授僉書建康府判官公事，未行而卒。政論縱橫犀利，詩詞亦豪放，著作輯爲《龍川文集》。《宋史》卷四百三十六有傳。

此本與中國國家圖書館所藏清壽經堂活字印本同版，然闕書名葉。國圖藏本書名葉左下鐫“嶺南壽經堂版”，右下鈐“粤東擺字校正無訛”朱記，“擺字”明其爲活字印本；書中版框具有拼合痕跡，同一文字具有相同的字形，亦是活字印刷的特點。壽經堂活字乃廣東鄧氏所鑄，張秀民《中國印刷史》引美國衛三畏（S. Wells Williams，1812—1884）報告謂廣東佛山鄧氏曾鑄造二十餘萬枚錫活字，用於印製彩票和《文獻通考》等書籍，活字製成於道光三十年（1850），不久後損毀。因道光朝共三十年，故鄧氏活字主要使用於道光末、咸豐初。艾俊川《錫活字印本〈陳同甫集〉與歷史上的錫活字版印刷》一文述之甚詳。此本避康熙至道光帝諱，無同治帝諱，爲清道光、咸豐間廣東鄧氏壽經堂錫活字印本。

“玄”字缺筆，“曆”易爲“歷”，“琰”易爲“玫”，“寧”易爲“寧”，“淳”字不避。

《四庫全書總目》集部別集類著録《龍川集》三十卷。《中國古籍善本書目》著録浙江圖書館、復旦大學圖書館、華東師範大學圖書館三家收藏清壽經堂活字印本，知中國國家圖書館、中國人民大學圖書館亦藏。又知美國普林斯頓大學圖書館，日本東京大學東洋文化研究所收藏。

鈐“金祓”朱文方印，“瑩□記号”朱文橢圓印等。

048

**蒙齋集二十卷**

T5364　4352

《蒙齋集》二十卷，宋袁甫撰。清乾隆福建翻刻乾隆武英殿活字印聚珍版書道光遞修本。十冊。框高 18.8 厘米，寬 12.4 厘米。半葉九行二十一字，小字雙行同，四周雙邊，白口，單魚尾。版心上鐫書名，中鐫卷次，下鐫分校官姓名。

卷端題“宋袁甫撰”。書首有《蒙齋集目録》；次乾隆四十一年（1776）四庫提要及纂修官銜名。

袁甫（1180—？）字廣微，號蒙齋，南宋鄞縣（今屬浙江寧波）人。嘉定七年（1214）進士第一，簽書建康軍節度判官廳公事，授秘書省正字，歷校書郎、通判湖州、著作佐郎、知徽州、吏部侍郎，官至兵部尚書兼禮部尚書，卒謚正肅。《宋史》卷四百五有傳。

是書焦竑《國史經籍志》著録四十卷，明以來傳本甚稀。《四庫全書總目》謂是書乃從《永樂大典》輯出，釐爲十八卷。然文淵閣《四庫全書》及武英殿聚珍版書實爲二十卷。

是書福建、廣東、江西曾翻刻武英殿聚珍版。此爲福建翻刻本，道光十年（1830）修版。書首無乾隆御製詩；目録首行下鐫"武英殿聚珍版"；版心下鐫分校官姓名，是書分校官有彭紹觀、劉躍雲、谷際岐、繆晋、項家達；有斷版、斷字。此本卷三葉十七版心鐫"道光十年修"，校官易爲宋炳垣。

"玄"字缺筆，"曆"易爲"歷"。

《四庫全書總目》集部別集類著録《永樂大典》輯出本。《中國古籍善本書目》僅著録清乾隆武英殿活字印聚珍版。

鈐"瞻汸山房"朱文長方印、"敏事慎言"朱文橢圓印。

049

## 海瓊玉蟾先生文集六卷續集二卷

T5364　4270

《海瓊玉蟾先生文集》六卷《續集》二卷，宋葛長庚撰。明刻本。七冊。框高 19.8 厘米，寬 14.4 厘米。半葉九行二十字，左右雙邊，白口，單白魚尾。版心上鐫"白玉蟾集"，中鐫卷次。

卷端題"南極老人臞仙重編；山陰何繼高、新安汪乩行、劉懋賢全校"。《續集》卷端題"海瓊玉蟾先生續文集"，"南極老人臞仙續編"，校者同。書首有正統壬戌（七年，1442）朱權《重編海瓊玉蟾先生文集序》、端平丙申（三年，1236）潘坊《海瓊玉蟾先生文集序》、嘉熙元年（1237）彭耜《海瓊玉蟾先生事實》；次《海瓊玉蟾先生文集目録》。

葛長庚（1194—1229）繼爲白氏子名玉蟾，字如晦，一字白叟，號海蟾、海瓊子，南宋閩清（今屬福建福州）人，生於瓊州（今海南海口）。十二歲舉童子科，後因任俠殺人，入武夷山修道，設道教南宗，兩次爲宋寧宗建醮。詩文高逸，工書畫，著《海瓊集》《羅浮山志》等。生平可參《［萬曆］瓊州府志》卷十二。

葛長庚乃道教宗師，明初王室猜忌征伐，朱權乃以戲曲、仙道自保。是書爲朱權重新編輯，書前朱序云：“去歲夏，忽又復遇先生於豫章，自稱王詹，乃知即玉蟾之隱名也。與余相對，馨欬一咲，人莫知識。自是別後，莫知所往。秋乃淂是書，皆先生平昔所作之詩文，數十萬言。昔先生囑其徒賀林緝之，行扵世久矣，歲月湮沒，而世無所傳。今偶得是書，如親覯師面，誦之再三，油然心與紗融，恍然置身扵太清之境，苟非大羅之霞客，曷能語扵是哉？盖原本篇叙不一，《上清》《玉隆》《武夷》三集内未入者皆收之。今重新校正，定爲八卷。附録一册，乃霞侣奉酹之玄簡，仍綴諸卷末。摹寫成集而壽諸梓，以永其傳焉。”朱權（1378—1448）號臒仙、涵虚子、丹丘先生，明太祖朱元璋第十七子，封寧王。晚年遠避政事，撰述刊書，諸子、釋老、卜筮、仙道、戲曲皆涉。著《漢唐秘史》《異域志》《瓊林雅韻》及雜劇十餘種。《明史》卷一百十七有傳。

萬曆年間，何繼高等人又重新校刊是書。何繼高（生卒年不詳）號泰寧，萬曆十一年（1583）進士，任南刑部郎，官至江西參政，博學強識，通星曆、兵法，《［嘉慶］山陰縣志》卷十四有傳。何氏校刊本又曾經翻刻，傳世本字形往往稍異，又或有版心下鐫刻工者，仍需辨別。此本爲明刻本後印，有斷版。

《四庫全書總目》未收。《中國古籍善本書目》著録浙江圖書館等六家收藏明桂芳堂刻本，另有北京大學圖書館、清華大學圖書館等三家收藏明刻本。知中國臺北“國家圖書館”，美國國會圖書館、哈佛大學哈佛燕京圖書館，日本公文書館、静嘉堂文庫等處收藏明刻本。

鈐“風樹亭藏書記”朱文長方印、“生齋臺灣行篋記”朱文方印，曾爲李宗侗收藏。

050

## 宋丞相文山先生全集二十卷

T5365　6030

《宋丞相文山先生全集》二十卷，宋文天祥撰。清康熙十二年（1673）曾弘焉文堂刻本。八册。框高 19.6 厘米，寬 13.1 厘米。半葉十行二十字，小字雙行同，四周雙邊，白口，單魚尾。版心上鐫“文山全集”，中鐫卷次，下鐫字數。

卷端題“吉水後學曾弘重梓”。書名葉分二欄，右題“宋文丞相文山先生全集”，左題“焉文堂重梓”。書首有康熙十二年王雅《重刻文丞相全集序》、未署年黎元寬《重刻文山先生集序》、嘉靖三十九年（1560）羅洪先《原序》；次《宋丞相文山先生全集目録》；次《宋丞相信國文公遺像》。

文天祥（1236—1283）初名雲孫，字天祥，後改名天祥，字宋瑞，又字履善，號文山，南宋吉州廬陵（今屬江西吉安）人。寶祐四年（1256）進士第一，除簽書寧海軍節度判官廳公事，因忤賈似道被劾罷，後爲湖南提刑、知贛州。德祐元年（1275）元軍南侵，組織義軍勤王，次年奉命與元軍談判。端宗即位福州，進右丞相，加封少保、信國公，在福建、廣東一帶抗元，兵敗囚居大都四年，終不屈。其詩文雄贍慷慨。《宋史》卷四百十八有傳。

文天祥生平有《文山隨筆》數十冊，遭難後盡失。元初，其鄉人搜訪遺文，編爲《前集》三十二卷、《後集》七卷，世稱道體堂刻本。明初其本散佚，尹鳳岐從內閣得之，重編爲十七卷，有景泰六年（1455）陳价刻本、正德九年（1514）張祥刻本，皆附《指南前錄》一卷、《後錄》二卷。《四庫全書總目》著錄《文山集》，提要言歷代編纂文天祥文集事甚詳。

是書乃康熙十二年曾弘重刻，卷前王雅、黎元寬序皆述曾弘刻書事，王《序》云："迄今丞相祠堂半天下，而公之全豹狼籍人間。旅菴曾先生於壬子歲（康熙十一年，1672）重鎪歐陽公集，癸丑（康熙十二年）重鎪公集。耄耋好學，校讎綜覈，風雨不弛，匝歲而工告成，梨棗劃然，文章煥然。"曾弘重刻所據當爲嘉靖三十九年張元諭刻本，書前載嘉靖三十九年《原序》，序謂吉安郡守張元諭"手自編緝，釐數剔訛，出羨帑，選良梓"以刻《文山先生集》。

《四庫全書總目》集部別集類著錄《文山集》二十一卷。《中國古籍善本書目》未著錄此本。知中國國家圖書館、清華大學圖書館、山東大學圖書館收藏。又知美國耶魯大學圖書館，日本公文書館、東京大學東洋文化研究所等處收藏。

鈐"郭恩孚印"白文方印、"蓉汀"朱文方印、"果園"朱文長方印，曾爲清郭恩孚收藏。郭恩孚（生卒年不詳）字伯尹，號蓉汀，濰縣（今屬山東濰坊）人，著有《果園詩鈔》，事跡略見《晚晴簃詩匯》卷一百九十四。此爲勞費爾購書。

051

## 劉須溪先生記鈔八卷

T5367　7278

《劉須溪先生記鈔》八卷，宋劉辰翁撰。明天啓楊讖西刻合刻宋劉須溪點校書九種本。四冊。框高 20.7 厘米，寬 14.4 厘米。半葉九行二十字，四周單邊，白口，單白魚尾。版心上鎪"劉須溪記鈔"，中鎪卷次。

卷端題"宋劉辰翁會孟著"。書首有天啓癸亥（三年，1623）韓敬《劉須溪先生記鈔引》、嘉靖五年（1526）張寰《叙刻須溪記鈔》；次《劉須溪先生記鈔目錄》。

劉辰翁（1232—1297）字會孟，號須溪，南宋吉州廬陵（今屬江西吉安）人。

景定三年（1262）應進士舉，因廷試忤賈似道置丙等，自請爲濂溪書院山長，任臨安府學教授，宋亡隱居不仕。爲人耿直，詩詞文章亦見重於世，曾評點杜甫、李賀等人詩集。《宋史翼》卷三十五有傳。

劉辰翁著述宏富，然多散佚，《千頃堂書目》著録"劉辰翁須溪集一百卷又四景集四卷又須溪記鈔八卷"，《四庫全書總目提要》謂其集一百卷已不傳，獨存記七十篇。《須溪記鈔》以嘉靖五年王朝用刻本爲早，張寰序謂《須溪全集》世所罕傳，求之纍年，僅得其記鈔總若干篇，後由邑令王朝用捐俸鋟梓。

此爲天啓楊讖西所刻《合刻宋劉須溪點校書九種附一種》之零本，其書爲《老子道德經》二卷、《莊子南華真經》三卷、《列子沖虛真經》二卷、《班馬異同》三十五卷、《世説新語》三卷、《王摩詰詩集》六卷、《杜子美詩集》二十卷、《李長吉詩歌》四卷《外卷》一卷、《蘇東坡詩集》二十五卷，又附《劉須溪先生記鈔》八卷。其中《劉須溪先生記鈔》據嘉靖五年本重刻，書前存嘉靖五年張寰序；韓敬《引》述刻書事云："余偶於故篋中得記稿一帙，瑰奇磊落，想見其人，每讀數過，輒恐易盡，真枕珍帳秘也。……友人楊讖西氏篤志好古，淂先生所評詩文，刻爲善本。"

《四庫全書總目》集部別集類存目著録《須溪記鈔》八卷。《四庫存目叢書》影印明天啓三年楊讖西刻本。《中國古籍善本書目》叢部著録中國國家圖書館、福建省圖書館等四家收藏《合刻宋劉須溪點校書九種附一種》，又知日本公文書館、尊經閣文庫收藏。此《劉須溪先生記鈔》零種，知上海圖書館、南京圖書館、臺北"國家圖書館"，美國哈佛大學哈佛燕京圖書館、普林斯頓大學圖書館，加拿大英屬哥倫比亞大學圖書館，日本大阪府立中之島圖書館，韓國澗松文庫收藏。

鈐"黎印經誥"朱文方印、"覺人賞心書籍"朱文方印、"□樓所藏"白文方印，"生齋臺灣行篋記"朱文方印，曾爲晚清黎經誥、近代李宗侗收藏。黎經誥（生卒年不詳）字覺人，晚號覺翁，德化（今屬江西九江）人，主要活動於光緒年間，著《許學考》《六朝文絜箋注》等。又鈐"詠春臧書"白文方印、"潤州唐氏珍藏"朱文方印。

# 元别集類

052

**趙文敏公松雪齋全集十卷外集一卷續集一卷附錄一卷**

T5386　6032B

《趙文敏公松雪齋全集》十卷《外集》一卷《續集》一卷，元趙孟頫撰；《附錄》一卷。清康熙五十二年（1713）曹培廉城書室刻光緒八年（1882）楊氏重修本。六册。框高 16.8 厘米，寬 13.6 厘米。半葉十行十九字，左右雙邊，白口，單魚尾。版心中鐫"松雪齋全集"、卷次，下鐫"城書室"。

卷端題"海上後學曹培廉敬三校"。書名葉分三欄，右題"海上曹敬三重訂"，中題"趙文敏公松雪齋全集"，左題"城書室藏板"。書首有大德戊戌（二年，1298）戴表元《松雪齋全集原序》（據書口）；次《趙文敏公松雪齋全集目録》；次康熙癸巳（五十二年）曹培廉《重刊松雪齋集小引》（據書口）；次《元史本傳》。卷十末有至元後己卯（後至元五年，1339）沈璜跋。《外集》後附録至治二年（1322）楊載《大元故翰林學士承旨榮禄大夫知制誥兼修國史趙公行狀》《謚文》、至順三年（1332）《封贈宣命》。末有至元後己卯（後至元五年）何貞立《松雪齋全集後序》。

趙孟頫（1254—1322）字子昂，號松雪道人、水晶宫道人，元吳興（今屬浙江湖州）人，宋宗室。以父蔭補官，授兵部郎中，遷集賢侍講學士，任江浙等地儒學提舉，拜翰林學士承旨，仕元世祖、成宗、武宗、仁宗及英宗五朝，卒謚文敏，封魏國公。善詩文，書畫有盛名。《元史》卷一百七十二有傳。

趙孟頫文集爲其子編次，初由元至元間沈伯玉刊爲《文集》十卷《外集》一卷，傳世元本存六卷。清康熙末，曹培廉據元本校正并補《續集》刊行。卷前曹氏《小引》述之甚詳："元趙文敏公《松雪齋集》十卷，公子仲穆所編次，至元間刊於花溪沈氏，《外集》一卷亦沈氏家塾所刊也。家大人舊有抄本，近從長洲友人家獲借先朝文博士壽承所藏原刻本，校正其譌缺，復裒他書及石刻所載，合之家藏墨跡，爲《續集》一卷。其行狀、謚文仍列卷末，而弁《元史》本傳於集首以備參考云。……今世松雪翁帖家置一本，而是集未獲流布，深爲藝林憾事，因鳩工重鋟，以廣其傳。其他碑板文字爲集中未載者多有，不敢輒爲增入以失當時決擇之意。獨詩與題跋，雖公不經意處，皆可玩味，別加編輯，以續於後。"

此本爲康熙五十二年曹培廉城書室刻清光緒八年重修本。書名葉爲清代晚期常用的茜紅色;書中"玄""弘","寧""寧"等字缺筆,"淳"易爲"湻",避諱至同治。其字形風貌與康熙原刻稍有不同。

《四庫全書總目》集部別集類著録《松雪齋集》十卷《外集》一卷。《中國古籍善本書目》著録中國國家圖書館藏光緒八年重修本之名家校跋本。知中國臺灣東海大學圖書館,美國哈佛大學哈佛燕京圖書館、耶魯大學圖書館,韓國奎章閣,日本國會圖書館、東洋文庫等處收藏。

053
**金淵集六卷**

T5393　2133

《金淵集》六卷,元仇遠撰。清乾隆四十五年(1780)浙江重刻乾隆武英殿活字印聚珍版書本。二册。框高 12.7 厘米,寬 9.8 厘米。半葉九行二十一字,小字雙行同,左右雙邊,白口,單魚尾。版心上鐫書名,中鐫卷次。

卷端題"元仇遠撰"。書名葉題"金淵集"。書首有乾隆乙未(四十年,1775)《御製題仇遠金淵集》;次爲《金淵集目録》;次四庫提要及纂修官銜名。書末有庚子(乾隆四十五年)浙省刊刻記,後署浙省主持校刊者汪汝瑮、孫仰曾、汪庚、鮑士恭銜名。

仇遠(1247—?)字仁近,一字仁父,號近村、山村民,宋元之際錢塘(今浙江杭州)人。元初隱居,後爲溧陽州學教授、杭州知事。善詩詞、工書法,南宋咸淳間其詩與白珽并稱"仇白",與趙孟頫、方回、鮮于樞等名士唱和,晚年優游湖山。《新元史》卷二百三十七有傳。

仇遠詩文曾在元代結集,然至明代已佚,傳世《興觀集》《山村遺稿》乃據其墨跡搜聚。清項夢昶採摭諸書,補輯爲《山村遺集》一卷。四庫館臣從《永樂大典》中輯出數百首,釐爲六卷,謂所遺無幾。

是書福建、浙江、江西、廣東均曾重刻武英殿聚珍版書。此爲浙江重刻本,版式袖珍;書前無乾隆御製詩;目録首行下鐫"武英殿聚珍版原本";版心無分校官姓名;書中清康熙諱字將"玄"易爲"元"。書末刊刻記云:"用是請於大吏,就所已發者,凡三單計書三十九種,敬仿內府袖珍板式,取便篋衍,釀賫校刊。庚子(乾隆四十五年)之春,工竣,欣遇翠華五巡浙省,陳設行在,恭呈乙覽,流布書林。臣等悉心校對,例得挂名簡末,以志千載一時之榮幸云。"

"玄"易爲"元","曆"易爲"歷"。

《四庫全書總目》集部別集類著録《永樂大典》輯出本。《中國古籍善本書目》著録清乾隆武英殿活字印聚珍版書本名家題跋零本兩部。浙江重刻武英殿聚珍版書知中國國家圖書館、北京大學圖書館、清華大學圖書館，美國哥倫比亞大學圖書館，日本國會圖書館、公文書館、東京大學東洋文化研究所等處收藏。

鈐"六郎"白文方印。

054

## 許文正公遺書十二卷首一卷末二卷

T5382　1790

《許文正公遺書》十二卷，元許衡撰；《首》一卷《末》二卷。清乾隆五十五年（1790）刻本。八册。框高 19.6 厘米，寬 13.6 厘米。半葉九行二十二字，小字雙行同，無直欄，四周單邊，白口，單魚尾。版心上鎸書名，中鎸卷次、篇名。卷《末》分爲前、後二卷。

卷端未題著者。書名葉分三欄，右題"大中丞穆大人鑒定"，中題"許文正公遺書"，左題"家藏繡板"，欄上鎸"乾隆五十五年鎸"。書首有龍紋朱印《聖祖仁皇帝贊》、朱印康熙五十六年（1717）《御論理學源流》、朱印乾隆十五年（1750）乾隆帝遣使致祭文、朱印乾隆己卯（二十四年，1759）《御製古槐重榮詩并序》、朱印乾隆三十二年（1767）《御製批鑑闡要》；次乾隆五十三年（1788）懷慶知府布顏《重刻許文正公遺書序》；次《舊序》，包括大德九年（1305）楊學文序、成化甲午（十年，1474）倪顓序、正德戊寅（十三年，1518）何瑭序、嘉靖乙酉（四年，1525）蕭鳴鳳序、萬曆二十四年（1596）張泰徵序、萬曆二十四年江學詩序、萬曆二十四年怡愉序、康熙四十七年（1708）張伯行序、康熙四十七年陳正朔序；次《許文正公遺書目録》。首一卷收《許文正公燕居像》附贊、元朝詔誥、續考歲畧；末二卷載碑傳等。

許衡（1209—1281）字仲平，號魯齋，元懷州河內（今河南沁陽）人。穎悟好學，習程朱理學，曾受命議事中書省，後拜集賢大學士兼國子祭酒，教授蒙古弟子，領太史院事，與郭守敬等編定《授時曆》，卒謚文正，封魏國公。《元史》卷一百五十八有傳。

許衡詩文曾於元大德年間刊刻，今不傳。明代曾多次由懷慶知府主持刊刻，如明成化十年倪顓刻本、明正德十三年高傑刻本、明嘉靖四年蕭鳴鳳刻本、明萬曆二十四年怡愉、江學詩刻本。

是書亦爲許氏裔孫請懷慶知府布顏刊刻，卷前布顏序云："甲辰之歲（乾隆四十九年，1784），恭膺寵命，來守覃懷。視事之始，瞻拜公祠，見其頹圮，飭而新之，而公之裔孫天禕等復進請校勘公書。……近年開四庫館，儒臣採輯全書，條其篇目，我皇上悉加欽定，而文正遺書遂得抄寫進呈，恭蒙御覽，藏諸王府，弆在琅函。……然而公之遺書行於民間者，訛誤特甚，讀者難之，因爲合勘諸本，咸爲是正，更爲博稽記載，集成專書。”是刻重加校勘、編次，較萬曆二十四年本多出清代御製詩文，及《授時曆經》一卷等。據書名葉，此本於乾隆五十五年刻梓，書板藏於許氏家祠。

“玄”易爲“元”，“弘”易爲“宏”、“曆”易爲“歷”。

《四庫全書總目》集部別集類著録《魯齋遺書》八卷《附録》二卷。《中國古籍善本書目》著録明刻及清抄若干種，未著録此本。此乾隆五十五年刻本知中國國家圖書館、北京大學圖書館、天津圖書館，日本静嘉堂文庫、東洋文庫等處收藏。

055

**霞外詩集十卷**

T5393　7219

《霞外詩集》十卷，元馬臻撰。明崇禎十一年（1638）毛氏汲古閣刻元人集十種本。四册。框高 19.1 厘米，寬 14.3 厘米。半葉九行十九字，左右雙邊，白口，無魚尾。版心上鎸書名，中鎸卷次，下鎸“汲古閣”。

卷端題“虛中馬臻志道”。書首有大德六年（1302）龔開《霞外詩集序》、大德六年仇遠《序》、未署年黃石翁《序》；次《霞外詩集目録》。卷末鎸毛晉識語。

馬臻（1254—？）字志道，號虛中，宋元之際錢塘（今屬浙江杭州）人。宋亡後學道，大德五年（1301）隨天師張與材至燕京行內醮，不受道秩，辭歸。雅好詩文、長於書畫，交游甚廣。事跡可參《元詩選》卷六十五。

明人重唐詩，元人詩集至明末散佚頗多。毛晉搜集善本，合刊金元九位詩人的十種詩集，包括元好問《遺山先生詩集》二十卷，薩都剌《薩天錫詩集》三卷，迺賢《金臺集》二卷，顧瑛《玉山草堂集》二卷，宋无《翠寒集》一卷、《嘯噎集》一卷，倪瓚《倪雲林先生詩集》六卷《附録》一卷，陶宗儀《南邨詩集》四卷，張雨《句曲外史集》三卷《附録》一卷，馬臻《霞外詩集》十卷。是編初刻於崇禎十一年（1638），清初又增補《薩天錫集外詩》一卷、《玉山草堂集外詩》一卷、《倪雲林先生集外詩》一卷、《句曲外史集外詩》一卷《補遺》三卷再印。是編首有崇禎戊寅（十一年）徐燉序述編刊事：“海虞友人毛君子晉，博雅鏡古，凡人間所未見之書，殫精搜索，雲間眉道人擬之縋海鑿山以求寶藏，誠然哉。向於宋人詞調及金人選詩，咸付殺青，近又取元人十種，手自讐訂，布諸宇内。"

此本爲汲古閣刊《元人集十種》零本。此本字畫凌晰、墨色濃黑，應爲明崇禎十一年汲古閣刻本。

《四庫全書總目》入集部別集類。《中國古籍善本書目》著録中國國家圖書館、天津圖書館等十一家收藏。知中國臺北"國家圖書館"，美國密歇安大學圖書館，日本公文書館、東洋文庫、宮内廳書陵部、東京大學人文研究所藏《元人集十種》全帙；日本國會圖書館、静嘉堂文庫、尊經閣文庫藏此書零本。

鈐"生齋臺灣行篋記"朱文方印，"易印漱平"白文方印，曾爲李宗侗夫婦收藏。

056
## 范德機詩集七卷

T5391　4124

《范德機詩集》七卷，元范梈撰。明崇禎毛晉汲古閣刻元詩四大家本。四册。框高 18.8 厘米，寬 14.2 厘米。半葉九行十九字，左右雙邊，白口，無魚尾。版心上鐫"德機詩"，中鐫卷次，下鐫"汲古閣"。

卷端題"虞山毛晉子晉訂"。書首有未署年揭僎斯《范德機詩序》（按：撰者應爲揭傒斯）；次《范德機詩目録》。卷末有毛晉識語。

范梈（1272—1330）字亨父，一字德機，世稱文白先生，元清江（今江西樟樹）人。大德十一年（1307），以薦爲左衛教授，遷翰林院編修，後歷官海南海北道廉訪司照磨、翰林供奉、閩海道知事、湖南嶺北道廉訪司經歷，以养親辭，以母喪哀卒。工詩文，與虞集、揭傒斯、楊載并稱爲元代四大家。《元史》卷一百八十一有傳。

范梈詩豪宕清遒，以歌行見長。《四庫全書總目提要》謂范德機"所著有《燕然稿》《東方稿》《豫章稿》《侯官稿》《江夏稿》《百丈稿》凡十二卷。此本七卷，不知何人所并。"七卷本按詩體編次，卷一、二爲五言古詩，卷三爲五言律、絶，卷四、五爲七言古詩，卷六爲七言絶句，卷七爲七言律詩。

范梈詩今有元後至元六年（1340）益友書堂刻本存世，明、清有抄本多種，而明、清時期刻本，僅有毛晉汲古閣刻《元詩四大家》本。是刻《范德機詩》卷末鐫毛晉識語述刻書事云："是集與揭曼碩集，皆芙蓉江州仲榮見貽者。……辛巳（崇禎十四年，1641）春，余擁爐仲榮草堂中，評詩論畫，日夜不輟，不知户外深三尺矣。因論及盧鴻艸堂，拈范德機《詠盧鴻》一篇共賞，更喜曼碩多題畫詩，勸予合梓元四大家詩集。九閱月而書成。"則是書約刻成於崇禎十四年末。

《四庫全書總目》入集部別集類。《中國古籍善本書目》著録上海圖書館、遼寧省圖書館、南京圖書館等二十家收藏汲古閣刻《元詩四大家》。《元詩四大家》全帙，知中國臺北"國家圖書館"、臺北"中央研究院"傅斯年圖書館、香港中文大學，美國普林斯頓大學圖書館，日本静嘉堂文庫、京都大學人文科學研究所收藏。此《范德機詩》零本，知加拿大英屬哥倫比亞大學圖書館，日本東京大學綜合圖書館、東京都立中央圖書館收藏。

鈐"李宗侗藏書"朱文長方印，曾爲李宗侗收藏。又有"淡荈"朱文長方印，"及瑞"白文長方印。

057

## 揭文安公文集九卷詩集三卷續集二卷

T5392　5038

《揭文安公文集》九卷《詩集》三卷《續集》二卷，元揭傒斯撰。清末洪魯軒抄本。六册。半葉十一行二十一字，小字雙行同，無欄格，書眉有墨筆批校。

《文集》卷端題"揭曼碩傒斯著"，首有洪魯軒過録宋賓王雍正五年（1727）跋。《詩集》卷端題"門生前進士爕理溥化校録"，末有洪魯軒過録甲寅（乾隆五十九年，1794）楊復吉跋。

揭傒斯（1274—1344）字曼碩，元富州（今江西豐城）人。延祐初薦爲翰林國史院編修，文宗時擢爲奎章閣授經郎，與修《經世大典》，纍遷翰林侍講學士，與修遼、金、元三史，卒謚文安。饒富文才，朝廷典册多出其手，爲元代四大家之一。《元史》卷一百八十一有傳。

《四庫全書總目》著録《文安集》十四卷，謂乃其門人爕理溥化所編，"雖不足盡傒斯之著作，然師弟相傳，得諸親授，終較他本爲善。"然言卷次"凡詩四卷，又《續集》二卷，制、表、書、序、記、碑誌、雜文八卷"，有誤，實爲詩及續集共五卷、文九卷，又補遺一卷。揭傒斯詩集今存元後至元六年（1340）日新堂刻本，文集存明正德十五年（1520）揭富文刻本，傳世抄本多種。

清雍正時，宋賓王得顧氏秀野草堂藏揭傒斯詩文全集十四卷校之。此本爲晚清洪魯軒據楊復吉所抄宋賓王校本再次抄寫。此本祖自宋賓王校本：《文集》前過録宋賓王跋；《詩集》末過録之楊復吉跋云："《揭文安公文集》九卷《詩集》五卷，宋賓王手校本。前有賓王題識六行，云得自吳郡顧民。按《元百家詩選》俱據汲古閣刊本，其《飲張氏別墅》以下詩四十首云從各選本録出者，自《憶昨》（按：共四首）、《陪遊麻原第三谷》《題西壁山水圖》《重餞李時毅》《題雙龍圖》

八首外，皆此本所不載，則未是其果爲秀野草堂藏本也。"此本爲洪魯軒據楊復吉抄本再抄：書末過錄楊復吉跋；一仍楊復吉抄本諱字，避康熙至嘉慶帝諱，與楊復吉生卒年代相當；全書正文、批校、識語及過錄題跋出於一人之手；《詩續集》末校記後鈐洪魯軒印章二方，則抄校者當即洪魯軒；另外，此本鈐有洪氏印章五種六方，當爲洪氏本人抄藏印記。

宋賓王（生卒年不詳）字蔚如，清江蘇婁縣（今屬上海）人，通小學，好藏書，與金檀、王聞遠、錢枚等人互爲借抄，校勘精審，生平可參《［嘉慶］直隸太倉州志》卷三十二。楊復吉（1747—1820）字列歐，一字列侯，號夢蘭，清吳江（今屬江蘇）人，乾隆三十七年（1772）進士，家富藏書，著《夢蘭瑣筆》《史餘備考》《辽史拾遺補》《元文選》等，耗四十年續編《昭代叢書》，生平略參《［光緒］吳江縣續志》卷二十一。洪立樸（生卒年不詳）字子彬，號魯軒，與晚清汪士鐸（1804—1889），莫友芝（1811—1871）、莫繩孫（1844—？）父子交游，《莫友芝年譜長編》中同治四年（1865）、光緒二十七年（1901）有關於洪魯軒之記載，其前後跨三十六年，此亦應爲洪氏的主要活動時期。

"玄""弘"字缺筆，"曆"易爲"歷"，"琰"易爲"琰"，"寧"字不避，避康熙至嘉慶帝諱。

《四庫全書總目》集部別集類著錄《文安集》十四卷。《中國古籍善本書目》著錄上海圖書館藏宋賓王校本，又著錄清抄本多部。又知日本東洋文庫藏誦芬室抄本、静嘉堂文庫藏抄本。

鈐"洪魯軒圖書記"朱文長方印、龍虎紋飾"洪子彬"白文方印、"魯軒"白文方印、"子彬印信"白文方印、"洪氏伯子"朱文方印，"易印漱平"白文方印，曾爲晚清洪魯軒、近代易漱平收藏。

058

**鐵崖先生古樂府十卷補六卷復古詩集六卷麗則遺音四卷附錄一卷（存鐵崖先生古樂府卷一至三）**

T5397　8522

《鐵崖先生古樂府》十卷《補》六卷《復古詩集》六卷《麗則遺音》四卷，元楊維楨撰；《附錄》一卷。明末毛氏汲古閣刻本。存三卷（《鐵崖先生古樂府》卷一至三）。一册。框高18.9厘米，寬13.7厘米。半葉八行十九字，小字雙行同，左右雙邊，白口，無魚尾。版心上鐫"鐵崖樂府"，中鐫卷次，下鐫"汲古閣"。書眉有墨筆批校。

卷端題"門人富春吳復類編"。書首有至正六年（1346）吳復《輯錄鐵崖先生古樂府叙》、至正丙戌（六年）張天雨叙（缺首半葉）。現存各卷有分卷目録，後皆附吳復識語。

楊維楨（1296—1370）字廉夫，號鐵崖，又號東維子、鐵笛道人，元會稽（今屬浙江紹興）人。泰定四年（1327）進士，署天台尹，狷直忤物，十年不調，後轉建德路總管府推官，擢江西儒學提舉，逢兵亂，避於富春山，入明不仕。作詩反對模擬，自成一家，以古樂府稱名。《明史》卷二百八十五有傳。

《鐵崖先生古樂府》有明成化五年（1469）劉劢刻十六卷本存世，前十卷爲吳復所編；後六卷爲章珫所編，題作《鐵崖先生復古詩集》。汲古閣刻本將章珫所編六卷析出，單獨標目，《四庫全書總目》著録與之相同。《鐵崖古樂府》十卷《樂府補》六卷，爲楊維楨門人吳復所編楊氏樂府全帙，該書提要稱讚云："元之季年，多效温庭筠體，柔媚旖旎，全類小詞。維楨以橫絶一世之才，乘其弊而力矯之，根柢於青蓮、昌谷，縱橫排奡，自闢町畦。"《復古詩集》六卷，乃門人章珫所編，載琴操、宮詞、冶春、遊仙、香奩等作，以其體皆時俗所置而不爲，故以"復古"爲名。《麗則遺音》四卷，爲門人陳存禮所編，收楊維楨應舉時私擬程試之賦作，漸佚不傳，提要謂："明末常熟毛晋偶得元乙亥科湖廣鄉試《荆山璞賦》一册，而是集實附卷末，始爲重刻以行。"此本爲明末毛晋汲古閣所刻，存《鐵崖先生古樂府》前三卷。

《四庫全書總目》分別著録《鐵崖古樂府》十卷《樂府補》六卷、《復古詩集》六卷、《麗則遺音》四卷。《中國古籍善本書目》著録中國國家圖書館、上海圖書館、遼寧省圖書館等十六家收藏汲古閣刻本。知中國臺北"國家圖書館"，美國普林斯頓大學圖書館，日本東京都立中央圖書館收藏。

鈐"曾在葉启勳處"白文方印、"拾經廔藏書記"朱文長方印，"葉启發藏"白文方印、"東明宷定"朱文方印，"葉启藩藏"白文方印，曾爲葉德輝侄葉启勳、启發、启藩收藏。葉启勳（1900—?）字定侯，改字更生，號南陽轂人，葉德輝三弟德炯次子，承家學，藏書處名拾經樓。葉启發（生卒年不詳）字東明，启勳弟，藏書處名華鄂堂。葉启藩（生卒年不詳）亦爲葉德輝侄。又鈐"李宗侗藏書"朱文長方印、"易印漱平"白文方印，曾爲李宗侗夫婦收藏。

新刊宋學士全集卷之一

賜進士第文林郎浦江縣知縣高淳韓叔陽彙集　　舉人張元中編次

奉政大夫處州府同知蕪湖縣事即墨周目爍修補　　庠生張孟昂校正

　　　　　　　　　　　　　　　　　　　　　　庠生張應廣重訂

表牋四車

　　進　大明律表

臣聞天生烝民莫不有欲欲動情勝詭僞日滋強暴縱其侵陵

茫儒無以自立故聖人者出因時制治設刑憲以爲之防欲使

惡者知懼而善者獲寧傳所謂獄者萬民之命所以禁暴止邪

養育群生者也譬諸禾黍必刈稂莠而後苗始茂方枚曰藥必

夫沙藥而後食可淩苟槐化敗俗之徒不有以誅之雖堯舜不

059　新刊宋學士全集三十三卷

明嘉靖三十年（1551）韓叔陽刻萬曆、崇禎、清順治遞修本（修版）

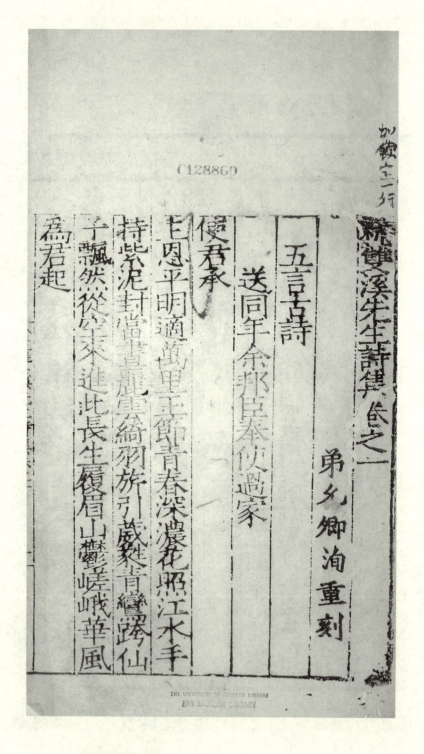

**068　杭雙溪先生詩集八卷**

明嘉靖杭淘刻本［四庫底本］

四言古詩

孝廟歌章六首

迎神

於爍

孝皇齊聖廣淵九疇咸序七德攸宣功化若神覆幬
如天纂承孝典恭事惟專禮嚴　寢廟樂備宮縣
神其来思鑒山精廡

初獻

選辰肇禋禮容咸舉萬舞陳列百司　昭序芳醴盈

**076　三渠先生集十五卷**

明萬曆十二年（1584）馮顯刻本

馮元成選集卷之一

吳郡馮時可元成甫著

忘

釋迦牟尼佛志

自無始來。有無量劫。每劫有佛出世教化眾生。

自初劫至釋迦七佛矣。釋迦佛天竺國刹利王

子也。天竺一云迦維衛國在葱嶺西。可三萬餘

里。有五天竺。偏中天竺臨禪連河。刹利王姓瞿

曇氏世有其國不相篡弒我佛初於無數劫修

086　馮元成選集□□卷

明刻本

錦帆集卷之一

公安袁宏道中郎著

太倉曹子念以新校

詩

出燕別大哥三哥

長安二月時陽緩北風厲霜刀割地皮古木領
寒氣紛紛驟馬塵曉起如雲砰置酒上南岡別
戒好兄弟一母生三人頂踵皆相類發頭窮無
生百劫相砥礪言前識鋒機先裏尋關振居身

**088　錦帆集四卷**

明萬曆年間刻袁使君集本

檀園集卷之一

嘉定李流芳長蘅甫著

後學陸廷燦狀照重訂

孫聖芝玠孫興重校

五言古詩九七十二首

冬夜書懷

懷人不能寐　起行忻天末　風高夜氣爽　空庭貯
寒月　落木何蕭疎　縱橫影交冽　萬籟久逾靜　中
懷歟不滅　憶我心所歡　生平矢相結　嬿婉能幾

089　檀園集十二卷

明崇禎刻清康熙二十八年（1689）陸廷燦補刻重修嘉定四先生集本

[四庫底本]

# 明別集類

059

## 新刊宋學士全集三十三卷（缺卷十一）

T5402　3974

《新刊宋學士全集》三十三卷，明宋濂撰。明嘉靖三十年（1551）韓叔陽刻萬曆、崇禎、清順治遞修本。存三十二卷（卷一至十、十二至三十三）。二十九冊。框高 19.8 厘米，寬 14.1 厘米。半葉十一行二十四字，左右雙邊，白口，單白魚尾。版心上鐫“宋學士全集”、卷次，下鐫字數。

卷端題“賜進士第文林郎浦江縣知縣高淳韓叔陽彙集；舉人張元中編次；庠生張孟昂校正；奉政大夫處州府同知兼攝縣事即墨周日燦修補；庠生張應廣重訂”。書名葉分三欄，右題“宇內諸名家合訂”，中題“宋學士全集”，左題“公諱濂字景濂諡文憲”“本衙藏板”。書首有嘉靖庚戌（二十九年，1550）雷禮《刊宋學士全集序》、嘉靖三十年陳元珂序；次《新刊宋學士全集凡例》；次周日燦《宋文憲公像贊》，後附張應廣重刊識語；次《新刊宋學士全集目錄》。

宋濂（1310—1381）字景濂，號潛溪、玄真子，元末明初浦江（今屬浙江金華）人。元至正間薦授翰林院編修，辭不就，明初應詔任江南儒學提舉，改起居注，充《元史》總裁官，書成陞翰林學士，纍遷至學士承旨知制誥，後因長孫坐胡惟庸案，舉家謫茂州（今四川茂縣），卒於途中，正德中追諡文憲。學問淵通且有根柢，爲明初文壇之宗。《明史》卷一百二十八有傳。

宋濂從元末聞人夢吉習五經，又從文章大家吳萊、柳貫、黃溍學，爲明開國文臣之首，朝廷詔誥等大製作多出其手，聲名遠播。宋濂文集曾有多種，嘉靖年間韓叔陽搜羅各集結爲全集。卷前雷禮《序》云：“先生舊有《朝京稿》《凝道記》《潛溪》《翰苑》《鑾坡》《芝園》《龍門子》《浦陽人物記》，然各集出一時故舊以己見集者。今知浦江事韓叔陽萃爲一編，共三十六卷九百六十七篇，題曰《宋學士全集》梓行之。”《凡例》言是書卷帙爲“共記三十三卷一千三百五十篇”，篇什增加而卷數減少，應刊刻時重經釐定。《四庫全書總目》著錄爲三十六卷，然實收三十二卷，蓋因襲雷禮之説著錄。卷前陳元珂序詳列是書編校者：“韓尹叔陽及舉人張元中，庠生張孟昂、董彰明、陳時雍、張孟纓等”。

　　是書嘉靖三十年刊刻後，又曾多次修補。此本《像贊》後有識語述重修事云："自韓公諱叔陽始刻宋集，板模，吳公諱良悌者修之。繼災，吳公諱應台者修之。今又災，周公諱日燦者重修之，且謂承襲既久，失不一端，因命廣併校殘缺、破壞、朽蠹、模糊、訛謬，以成懿本。今校得燬者五十六張，亡者七張，朽蠹者二十八張，模者五十張，誤刻者二篇，新增者三篇，遺像一幅，贊識二通，字通用者八十零，闕疑者一千零，改正者一千五百零，蓋三閱月而始復其舊焉。若文有未盡收者，姑俟後之學者云。□□□□□□□□（按：原殘缺八字）上浣之吉邑庠張應廣識。"韓叔陽（生卒年不詳）字泰昇，號進甫，明高淳（今屬江蘇南京）人，嘉靖二十六年（1547）進士，授浦江令，歷戶部，擢湖廣副使，生平可參《［嘉慶］重刊江寧府志》卷三十八。吳良悌（生卒年不詳）字居敬，南昌人，舉人，萬曆三十七年（1609）任浦江知縣。吳應台（生卒年不詳）字伯能，號紫蓋，湖廣湘陰人，崇禎七年（1634）進士，八年任浦江縣尹，振興學校。二人生平俱見《［光緒］浦江縣志》卷七。周日燦（生卒年不詳）字天近，以恩貢選順德推官，順治九年（1652）任浦江知縣，仕至廣東僉事，生平可參《［同治］即墨縣志》卷九、《［光緒］浦江縣志》卷七。張應廣，事跡無考。據此，是書曾於明萬曆、崇禎、清順治三次補修，其中順治朝除修版外又有所校正。

　　此本《凡例》末鐫"原刊序目雷三陳三，修補叙目王七趙七周四張四像一，修補拔（按："拔"爲"跋"之誤）方一"字樣，乃是指書中各序跋的撰者及葉數，如原刊雷禮、陳元珂序各爲三葉，修補像贊一葉；則是刻還應有王、趙、周、張、方等人序跋。韓國奎章閣藏本著録有順治九年（1652）王崇銘、趙霖吉、周日燦、張以邁重刻序及方亨咸跋，正與此段文字所述相符。另外，此本順治修版部分之卷首葉著者均增題"奉政大夫處州府同知兼攝縣事即墨周日燦修補；庠生張應廣重訂"；像贊末署周日燦，後附張應廣識語；書末有"……辰年夏望日邑庠生張應廣訂竣書"字樣（按：順治九年爲壬辰歲）等，都可證此本爲順治年間周、張二人重修。而書中撤去順治九年諸序、撕去張應廣識語之年月，或欲泯滅此書重修時間以充明刻。

　　此本經多次補版，歷次修補之版框尺寸稍有不同，字體亦有明顯差異：翻刻嘉靖版者仍類原版字形之闊大，又有字形較小、筆畫較細之方體字，又有略帶手寫體風格但略扁之字。此遞修本書版用時過久，嘉靖原版葉多已漫漶磨滅，若干萬曆、崇禎補刻葉亦有斷版。

　　《四庫全書總目》集部總集類著録《宋學士全集》三十六卷，實收《文憲集》三十二卷。《中國古籍善本書目》著録遼寧省圖書館、河南省圖書館等三家收藏明嘉靖三十年韓叔陽刻崇禎、清順治遞修本。知中國臺北"國家圖書館"、臺北"中央研究院"傅斯年圖書館，美國國會圖書館、哈佛大學哈佛燕京圖書館，日本內閣文庫、靜嘉堂文庫等處藏明嘉靖韓叔陽刻本。又知浙江大學圖書館，美國普林斯頓大學圖書館，德國巴伐利亞邦立圖書館，日本靜嘉堂文庫，韓國奎章閣藏順治遞修本。

鈐"李宗侗藏書"朱文方印，曾爲李宗侗收藏。

060
### 太師誠意伯劉文成公集二十卷首一卷

T5403　6032B

《太師誠意伯劉文成公集》二十卷，明劉基撰；《首》一卷。清康熙四十六年（1707）劉標、劉元奇刻雍正八年（1730）萬里補刻本。十冊。框高 19.6 厘米，寬 13.9 厘米。半葉十行二十三字，小字雙行同，左右雙邊，白口，單魚尾。版心上鎸"誠意伯文集"，中鎸卷次。

卷端題"東嘉裔孫歲貢生標孤嶼元奇重梓"，卷十一至十八各卷首葉題"芝田令新陽後學萬里續梓；裔孫標男宗燦編"。書名葉分三欄，右題"公諱基字伯溫栝蒼青田人"，中題"太師劉文成公集"，左題"永嘉派藍橋露香園藏板"，欄上題"南陽彭直上先生鑒定"。書首有雍正八年萬里《補刻明太師誠意伯劉文成公集序》、隆慶壬申（六年，1572）謝廷傑《誠意伯劉文成公文集序》、洪武十三年（1380）葉蕃《寫情集序》、未署年吳從善《郁離子序》、永樂二年（1404）王景《翊運録序》、宣德五年（1430）羅汝敬《覆瓿集序》、宣德五年李時勉《犁眉公集序》、正德己卯（十四年，1519）林富《重鋟誠意伯劉公文集序》、嘉靖丙辰（三十五年，1556）李本《重編誠意伯文集序》、隆慶六年陳烈《重刻誠意伯劉公文集後序》、隆慶六年何鎧《重刻誠意伯劉公文集序原序》；次《重編太師誠意伯劉文成先生文集目録》；次《太師誠意伯劉文成公像》及贊（按：應屬卷首）；次重鎸誠意伯劉文成先生文集校訂者銜名；次嘉靖三十五年樊獻科《刻誠意伯文集引》、劉標《引言》；次《凡例》；次雍正庚戌（八年）續訂劉文成先生文集銜名。卷首爲行狀、祠記碑銘祭文、參政敕誥祭文銘辭等。

劉基（1311—1375）字伯溫，晚號犁眉公，元末明初青田（今屬浙江麗水）人。元統元年（1333）進士，任高安縣丞、江浙儒學副提舉等，後棄官隱居。至正二十年（1360）爲朱元璋謀士，參與帷幄，明建國，授御史中丞、弘文館學士，封誠意伯，洪武四年（1371）賜還鄉，爲胡惟庸譖害致死，正德九年（1514）追贈太師，諡文成。博通經史，詩文雄放。《明史》卷一百二十八有傳。

是書劉標《引言》述明代以來諸本刊刻情況甚詳："家文成公著作等身，若《翊運録》《郁離子》《覆瓿集》《寫情集》《犁眉公集》《春秋明經》諸篇次爲全集，明初梓行鄉塾。成化六年（1470）御史戴公録善本而重鐫之。正德己卯（十四年）郡守莆陽林公刻置里第。嘉靖丙辰（三十五年）縉雲樊公來按畿南，以是編製作雜陳，難以類別，少易舊次，重刻於真定，傳日益盛。隆慶壬申（六年）侍御豫章謝公按部栝蒼，得里第本，迺檄郡守建安陳公依真定本翻摹授梓，麗水何公，縷析條分，校訂獨詳。梓行至今，迺世變滄桑，不特鋟板無存，即成帙亦乏全璧。自祖賜郡永嘉，衍余派於郡之新河里，家藏一部，世奉手澤，有志重刊，苦於無力。嘗攜兒宗燝讀書孤嶼，相與撫卷太息者久之。方丈月川，派姪也，聞而躍然捐資倡始。因與同志張子紉菴、谷子艾園輩暨諸族分再加校訂，命男董理，仍復元編，統爲二十卷，裒成全集，付之梓以公世，不敢秘爲一家之私。"另據《美國哈佛大學哈佛燕京圖書館藏中文善本書志》，哈佛燕京圖書館藏乾隆十一年（1746）剜板印本中有高居寧《序》述及月川出資刊刻等事云："至康熙丁亥（四十六年），有甌郡江心寺僧名月川者，公之嫡裔也。……囊有素蓄，慨然搜刻是集，極力覓尋，幸獲郡伯林公原本，依其卷次而釐訂之。"將劉標《引言》與高居寧《序》互參，知劉標據家藏正德十四年林富本再刻於康熙四十六年；是刻像贊有此年彭始搏《誠意伯劉公贊》，亦可爲康熙四十六年刊刻之佐證。然《引言》誤謂隆慶六年謝廷傑、陳烈依嘉靖三十五年樊獻科真定本翻刻，樊本十八卷、謝本二十卷，二者編次不同，非翻刻。

雍正八年，芝田縣令萬里補刻卷十一至十八，補刻卷首葉均增題"芝田令新陽後學萬里續梓"字樣。萬里《序》述補刻事云："索公全集讀之。集重鋟於公裔之居甌江者，簡新矣，然尚有恨者，自十一卷至十八卷俱闕如。……詢之耆師宿儒，云甌江有藏皮鈔本，甚珍之。今年春，以公事赴甌，借而録之，以呈觀察芮公、太守曹公，咸躍然喜，謂余'盍補鋟之，以成完璧？'余唯唯承命，遂出一歲俸，仍以授甌江賢裔，俾付梓人，督成之。凡閱五月，計卷八、頁二百有餘，或他雜著尚有缺者，而公之詩文已無遺憾矣。"

"玄""弦"等字缺筆，"弘"字不避。

《四庫全書總目》集部別集類著録《誠意伯文集》二十卷。《中國古籍善本書目》未著録是刻。知美國哈佛大學哈佛燕京圖書館、耶魯大學圖書館，日本新潟大學圖書館收藏。

鈐"夜雨亭所藏記"朱文長方印、"靜觀亭圖書記"白文長方印。

061

## 高季迪先生大全集十八卷

T5404　2902B

《高季迪先生大全集》十八卷，明高啓撰。清康熙竹素園刻本。清鄒福批點。六册。框高 19.6 厘米，寬 14.7 厘米。半葉十行二十字，左右雙邊，白口，單魚尾。版心中鎸 "大全集"、卷次。

卷端未題著者。書名葉分三欄，右題 "重訂原本"，中題 "高季迪先生大全集"，左題 "竹素園藏板"。書首有景泰元年（1450）吳劉昌《大全集序》; 次洪武乙卯（八年，1375）李志光《高太史傳》; 次《高季迪先生大全集總目》，後附未署年竹素園主人識語。

高啓（1336—1374）字季迪，號槎軒、青丘子，元末明初長洲（今屬江蘇蘇州）人。洪武初，召修《元史》，授翰林院編修，擢户部侍郎，乞歸，授書自給，後因爲蘇州知府改建府治所作上樑文中有 "龍盤虎踞" 之語，犯忌腰斬。善詩文，與楊基、徐賁、張羽合稱明初四傑。《明史》卷二百八十五有傳。

高啓善於摹古，《四庫全書總目提要》謂 "凡古人之所長，無不兼之，振元末纖穠縟麗之習而返之於古，啓實爲有力。然行世太早，殞折太速，未能鎔鑄變化，自爲一家。" 高啓詩文初由其佽於明永樂元年（1403）鏤板，景泰初徐庸合各集爲一編，清康熙年間竹素園主人據景泰本校讎刊行。是書目録後附竹素園主人題識云："青丘高先生所著詩甚夥，當時行世者有《吹臺集》《缶鳴集》《江館集》《鳳臺集》《婁江吟稿》《姑蘇雜詠》等編。明景泰間，徐用理先生彙而刻之，共得樂府、近體詩一千七百七十餘首，名曰《大全集》，凡使後之賞音者無遺珠之歎云爾。自後簡編銷蝕，傳者絶少，獨《缶鳴》一集已刊行於世，較之兹刻，詩僅十之五六，而《姑蘇雜詠》不與焉。今板已漫滅，頗多舛譌，披覽之下，不無遺憾。乙亥春，購得兹本，因而重加校讎，其間序次悉遵原板，間有闕文一二，亦故仍之而未敢遽改。" 是刻避康熙帝諱，則竹素園主人題識所言 "乙亥" 當爲康熙三十四年（1695）。或有以竹素園主人爲清許廷鑅者，應誤。據《[同治] 蘇州府志》卷八十八，許廷鑅字子遜，康熙五十九年（1720）舉人，官福建武平知縣，論史慷慨，詩才綺麗，與沈德潛等往來，著《竹素園詩抄》; 又據《竹汀居士年譜》，乾隆十四年（1749）錢大昕在紫陽書院，與吳中老宿李果（1679—1751）、趙虹（生卒年不詳）、惠棟（1697—1758）、沈彤（乾隆元年應博學鴻詞科）、許廷鑅、顧詒禄（1699—1768）等引爲忘年交; 許氏之詩與沈起元（1685—1763）齊名，號爲 "許沈"，其年齡不應相差太多; 即以乾隆十四年時許廷鑅爲七十歲，其在康熙三十四年亦未弱冠，幾無刻書可能。

此本行間有朱、綠、藍三色圈點，書眉有墨、朱、綠、藍四色批語。其中墨、朱、綠出自一人手筆，藍色出於另一人：卷十二書眉有綠色批語云"如此等題，何得詩篇？儘可不作"，字旁有藍色劃綫并批"何以見得"，可知藍色批語爲後來之人所作。朱、綠兩色除批點外又有多條識語記錄何日讀至某卷，朱筆識語見於卷六、十三、十八末，時間爲丁丑十月至十一月；綠色識語見於卷二、四、六、十八，時間爲戊寅季秋至十一月，作於相繼之兩年。各條題識署名作箬溪漁子福、半苫子、鄒福、西神山人福，當即爲此本鈐印所屬之琴川鄒氏，其人生平待考。

"玄"字缺筆，"曆"字不避。

《四庫全書總目》入集部別集類。《中國古籍善本書目》著録上海圖書館、中山圖書館等二十六家收藏。知中國臺灣大學圖書館，美國哈佛大學哈佛燕京圖書館，日本東京大學綜合圖書館、東北大學圖書館、關西大學圖書館、新潟大學圖書館，韓國奎章閣收藏。

鈐"生齋臺灣行篋記"朱文方印，"易印漱平"白文方印，曾爲李宗侗夫婦收藏。又鈐"琴川鄒氏酣古書屋秘玩圖記"朱文長方印。


062
## 巽隱程先生詩集二卷文集二卷

T5409　2150

《巽隱程先生詩集》二卷《文集》二卷，明程本立撰。清康熙五十八年（1719）金檀燕翼堂刻本。佚名墨筆批注。四冊。框高 17.9 厘米，寬 13.5 厘米。半葉十一行二十一字，小字雙行，左右雙邊，白口，單魚尾。版心中鎸"巽隱文集"或"巽隱詩集"、卷次、類目，下鎸"燕翼堂"。書眉有佚名墨筆批注。

卷端題"後學金檀星軺編輯；姪弘勳元功校"。書首有康熙己亥（五十八年）唐孫華序、康熙己亥金檀序；次《巽隱程先生事狀略》；次《巽隱程先生文集目録》《巽隱程先生詩集目録》。

程本立（？—1402）字原道，號巽隱，明初崇德（今浙江桐鄉）人，原籍洛陽，宋大儒程頤之後。洪武中舉明經秀才，任秦府引禮舍人，進長史，坐事謫雲南九年，平定邊夷叛亂，建文初徵入翰林，遷右僉都御史、江西按察使，未行，朱棣兵入南京，自縊死。詩文樸健，《明史》卷一百四十三有傳。

程本立詩文在其歿後多年始刊行，《四庫全書總目提要》述其版刻云："是集詩二卷、文二卷，爲其曾孫山所編。弘治乙丑（十八年，1505），桐鄉知縣莆田李廷梧序之。嘉靖初，南溪吳氏爲刊版，西虞范氏又重刊之，歲久皆散佚。

此本乃萬曆乙丑（按：萬曆年間無“乙丑”，據現存萬曆元年濮陽棐刻本，疑爲萬曆元年“癸酉”，1573）桐鄉知縣濮陽棐得遺稿於其裔孫九澤，而屬訓導李詩校刊者也。”現存明嘉靖吳昂刻本、萬曆元年濮陽棐刻本，及此康熙五十八年金檀刻本。

金檀以是書爲鄉邦文獻購而刻之，序云：“顧予購是集，因先君子留意邑中文獻，余小子頃刻不敢忘。今越十年而始遂初志，并以遂先君子之志，亦不可不謂之難矣。刻將竣，因以識其端焉。”金檀（1660—1730）字星軺，桐鄉（今屬浙江）人，遷居婁東（今江蘇太倉），晚年再遷吳縣（今屬江蘇蘇州），諸生，嗜古好書，藏書處名文瑞樓，著《文瑞樓集》《消暑偶録》。是刻又有乾隆年間汪亘重修本。此本爲康熙原刻，字體圓潤雋秀，刻印精良。

“玄”字缺筆。

《四庫全書總目》入集部別集類。《中國古籍善本書目》著録遼寧省圖書館、南京圖書館等十五家收藏。知日本静嘉堂文庫、東洋文庫、京都大學人文科學研究所收藏。又知復旦大學圖書館、美國哈佛大學哈佛燕京圖書館藏乾隆重修本。

## 063
## 文清公薛先生文集二十四卷

T5409　4411

《文清公薛先生文集》二十四卷，明薛瑄撰。清雍正十二年（1734）薛氏家刻本。十二册。框高 19.9 厘米，寬 13.6 厘米。半葉十行二十字，四周雙邊，白口，單魚尾。版心上鎸“文集”及卷次。

卷端題“門人關西張鼎校正編輯”。書首有弘治己酉（二年，1489）張鼎《文清薛先生文集序》；次《薛文清公像》；次萬曆甲寅（四十二年，1614）重刊薛文清公文集姓氏；次萬曆甲寅薛士弘《重刻薛文清公文集跋後》；次《文清公薛先生文集目録》。

薛瑄（1389 或 1392—1464）字德温，號敬軒，明河津（今屬山西）人。永樂十九年（1421）進士，擢監察御史，因忤怒權宦王振下獄，後起爲大理寺丞，拜禮部右侍郎兼翰林院學士，入閣預機務，見石亨、曹吉祥擅權，辭官，卒諡文清。習程朱理學，以復性爲宗，著《讀書録》《道論》等。《明史》卷二百八十二有傳。

《四庫全書總目提要》贊譽薛瑄云：“明代醇儒，瑄爲第一。而其文章雅正，具有典型，絕不以俚詞破格。……蓋有德有言，瑄足當之。”卷前張鼎《序》述薛瑄文集編刊事云：“惟文集，則先生孫前刑部員外郎禔曾托前常州同知謝庭桂板刊，未就。今年夏四月，前監察御史暢亨先生同鄉謫官陝右道，過鎮陽，予因訪前集，暢曰某於毘陵朱氏得之矣。予喜而閱之，但舛訛非原本矣。因訪（按：應爲"仿"）唐《昌黎集》校正編輯，總千七百篇，分爲二十四卷，凡三易藁始克成。"謝廷桂曾於明成化五年（1469）刻薛瑄之《河汾詩集》，然《文集》刊板未就。弘治二年張鼎重新編輯校刻。現存最早版本爲明弘治十六年（1503）李越刻遞修本。萬曆四十二年薛瑄八世孫士弘重刻是書於真寧知縣任上，卷前薛《跋》云："于是復捐俸貲重刻兹集于省職堂。自春迄夏，凡五閱月而工始竣。"雍正甲寅（十二年）薛氏族人再次重刊，乾隆十一年（1746）薛氏族人再刊增《讀書錄》《行實錄》。

此本爲雍正重刻本，書中未見避諱字，薛文清公像後鐫"雍正甲寅之秋合族重刊"字樣，并羅列首事人、刻工姓名如下："薛敦儉、薛長發、薛必仕、薛翽、薛乃寶、薛敦貴、薛乃遜、薛秉易、薛永遂、薛晼、薛天章、薛埥、薛弸、薛天力、薛天玉、薛帝丞。稷山縣刊字匠葛振基、葛振臧。"此本字體前後不一，有萬曆、清初兩種風格，曾重刻部分新板。

"玄""弘"皆未避。

《四庫全書總目》集部總集類著錄《薛文清集》。《中國古籍善本書目》著錄中國人民大學圖書館、暨南大學圖書館等六家收藏清雍正十二年薛氏家刻乾隆印本。知美國哈佛大學哈佛燕京圖書館、普林斯頓大學圖書館，日本國會圖書館、東洋文庫、京都大學人文科學研究所，韓國高麗大學圖書館收藏。

鈐"劉偉强"朱文方印。

064

## 馬東田漫稿六卷（卷一至四殘損）

T5413　7258

《馬東田漫稿》六卷，明馬中錫撰，明孫緒評。明嘉靖十七年（1538）文三畏刻本。卷一至四殘損。八冊。框高17.9厘米，寬13.5厘米。半葉十行十七字，四周雙邊，白口，無魚尾。版心上鐫"東田漫稿"，中鐫卷次。

卷端題"東田馬中錫著；沙溪孫緒評；筆山文三畏校"。書首有嘉靖丙戌（五年，1526）孫緒《馬東田漫稿序》（缺葉一）、明嘉靖十七年王崇慶《序馬東田漫稿》；次《馬東田漫稿目錄》。末有馬師言《刻詩成告墓文》、嘉靖戊戌（十七年）文三畏《東田漫稿後序》、嘉靖戊戌許來學《東田漫稿後》。

馬中錫（1446—1512）字天祿，號東田，明河間故城（今屬河北衡水）人。成化十一年（1475）進士，授刑科給事中，歷大理寺右少卿、巡撫宣府、右都御史等，爲官剛正，兩劾萬貴妃之弟，奉命鎮壓劉六起義，因主張招撫受責，次年卒於獄中。詩近中晚唐，《中山狼傳》傳誦至今，詩文輯爲《東田集》。《明史》卷一百八十七有傳。

是書由馬中錫子師言托孫緒作評、由文三畏出資於嘉靖十七年刊成。卷前孫緒《序》云：“遺稿十喪七八，公子監生師言得詩賦、歌詞、樂府若干於蟲鼠之餘，屬緒爲評論者。”王崇慶《序》述刊刻事云：“公之子監生師言是年秋七月自故城來乞言，且托郡大夫筆山文侯校而梓行，蓋筆山乃翁松齋司馬，實先生同年云。於是筆山命匠惟謹，而又謀及郡博四峯許子相與訂之，可謂不遺故舊矣。……書凡三月而後出全刻，復以畀公之子使歸而告諸墓。”書末馬師言《刻詩成告墓文》言及刊刻事云：“（澶淵文太守思敬）謂五品俸人可以辦楮墨之資，數邑民人可以備匠氏之傭。”

此本與《四庫全書存目叢書》影印底本同版，尚較之多出書末馬師言《刻詩成告墓文》、文三畏《東田漫稿後序》。此本蟲蛀、鼠嚙嚴重，卷一至四缺葉過半，僅目錄、卷五、卷六全。

《四庫全書總目》集部別集類存目。《四庫全書存目叢書》影印。《中國古籍善本書目》著錄南京圖書館、北京大學圖書館、上海圖書館、天津圖書館等十二家收藏。知中國臺北“中央研究院”傅斯年圖書館、臺灣大學圖書，美國國會圖書館、普林斯頓大學圖書館收藏。

鈐“南城李氏宜秋館藏”朱文長方印，曾爲清末民初李之鼎收藏。李之鼎（？—1928）字振堂，一作振唐，江西南城（今屬撫州）人。好藏書，藏書處名“宜秋館”“舒嘯軒”，撰《建炎以來繫年要錄所引書目》《宋人見於繫年要錄目》，輯刻《宋人集》《增訂叢書舉要》等。

065
### 文敬胡先生集三卷

T5413　4272

《文敬胡先生集》三卷，明胡居仁撰。清康熙吹萬山房刻本。二冊。框高19厘米，寬13.7厘米。半葉十行二十二字，左右雙邊，白口，單魚尾。版心上鐫“胡文敬公集”，中鐫卷次，下鐫“吹萬山房藏板”。

卷端題“武進後學楊榆青村氏校訂”。書名葉分三欄，右題“武進楊青邨重訂”，中題“胡文敬公集”，左題“吹萬山房藏板”。書首有弘治甲子（十七年，1504）余祐《胡文敬公集原序》；次《文敬胡先生集目錄》。

胡居仁（1434—1484）字叔心，又作淑心，號敬齋，明餘干（今屬江西上饒）人。從吳與弼游，絕意仕進。主白鹿書院，布衣終身，萬曆年間追諡文敬。詩文樸實，傳世不多，著《胡文敬集》《易象鈔》《居業録》等。《明史》卷二百八十二有傳。

胡居仁詩文乃歿後由其門人余祜搜羅成集。《文敬胡先生集》卷前余祜《序》云：“況詩文又非傳注之比，是以所作既少而所存尤少。載此集者，皆祜於先生即沒之後，訪之遠邇，收之散亡，間多少時之作，亦不忍删。”此本卷一倒數第十篇爲《寄張廷祥》，《文淵閣四庫全書》於此前之《辭祁大參鍾憲副》一文闕其半，亦闕此文；此本卷三詩第五首《夜感感懷》有目無文。除此二者外，其餘篇目及其順序皆與《文淵閣四庫全書》相同。據書中避諱及版刻風格，此本《文敬胡先生集》爲康熙刻本。

此《文敬胡先生集》與《居業録》同一書號。但二書版式字體全不相同，爲不同版本；而二者開本、裝幀相同，其裝訂綫較新，蓋爲書估合裝。

“玄”字缺筆。“弘”“曆”二字不避。

《四庫全書總目》入集部別集類。《中國古籍善本書目》著録胡居仁《敬齋集》明刻本。知日本內閣文庫藏康熙吹萬山房刻《文敬胡先生集》。

此爲勞費爾購書。

066

## 居業録八卷（存卷一至三）

T5413　4272

《居業録》八卷，明胡居仁撰。清康熙刻本。存三卷（卷一至三）。一册。框高 20.5 厘米，寬 14 厘米。半葉十行二十字，四周單邊，白口，單魚尾。版心上鐫書名，中鐫卷次。

卷端題“後學延陵張有譽編校；後學開化江南齡重訂”。《居業録》首有康熙甲子（二十三年，1684）呂瑋《序文敬胡先生居業録》、崇禎癸酉（六年，1633）張有譽《原刻居業録序》、未署年楊廉《原刻居業録序》、正德壬申（七年，1512）吳廷舉《原刻胡子粹言序》、弘治甲子（十七年）余祜《原刻居業録序》、萬曆壬辰（二十年，1592）李楨《原刻居業録序》、康熙壬子（十一年，1672）江南麟《居業録叙》；次《居業録詮次目》。

胡居仁（1434—1484），參見《文敬胡先生集》（065，T5413　4272）。

《居業録》爲胡居仁講學語録，凡八卷：心性淵源、學問工夫、聖賢德業、帝王事功、古今制度、天地化生、老佛歸宿、經傳旨趣。余祜《序》云：“《居業録》者，先生道明德立，理有契于中而無可告語，事有感于外而無可施行，故筆之於册。"

是書存世有明萬曆刻四卷本、清李禎刻十二卷本、清同治《正誼堂全書》八卷本。此《居業録》爲康熙十一年江南麟所刻，康熙二十三年之後刷印。江氏康熙十一年《叙》云："是書向吳廷舉刻於楚，張吉刻於粵，李禎刻於三輔，而惟王、嚴二生分門編次刻於饒署爲尤便於學者。歲久多漶漫散失，而先生之□（按：此字殘缺）諸孫思韶、思藻家藏尚存二三，出而葺之，訂其訛而補其缺，復爲全書，梓而廣布之。"此本又有康熙二十三年呂瑋《序》，《序》云："癸亥（康熙二十二年，1683）春，筮仕先生之鄉，從簿書暇校閱多士，首拔胡生之琛，詢之爲先生族孫。手一編相示，則先生《居業録》也。"揣其語意，呂瑋《序》爲是書已刊之後所增。此本各卷末鐫"某卷終"字樣，其卷三末誤爲"二卷終"；卷三首題名剷去，蓋編次、刷印時曾有改動。

"玄"字未避。此《居業録》與《文敬胡先生集》同一書號。二書不同版，但統一裝幀并合裝。

《四庫全書總目》入子部雜家類。《中國古籍善本書目》僅著録明刻本胡居仁《居業録要語》四卷。知加拿大多倫多大學圖書館藏康熙十一年江南麟刻《居業録》八卷。

067
**重刻渼陂王太史先生全集二十七卷（存渼陂集十六卷）**

《重刻渼陂王太史先生全集》二十七卷
　　《渼陂集》十六卷
　　《續集》三卷
　　《碧山樂府》四卷
　　《碧山詩餘》一卷
　　《南曲次韻》一卷
　　《杜子美沽酒游春記》一卷
　　《中山狼院本》一卷

明王九思撰。明嘉靖十二年（1533）王獻等刻嘉靖二十四年（1545）翁萬達增刻崇禎十三年（1640）張宗孟增修本。存十六卷（《渼陂集》十六卷）。八册。框高17.9厘米，寬13.4厘米。半葉十行二十一字，四周單邊，白口，單魚尾。版心中鐫"渼陂集"及卷次。

卷端未題著者。書首有嘉靖癸巳（十二年）王獻《跋渼陂先生集》、嘉靖十一年（1532）康海《渼陂先生集序》、嘉靖辛卯（十年，1531）王九思《渼陂集序》、崇禎庚辰（十三年）張宗孟《重刻渼陂王太史先生全集序》；次《重刻渼陂王太史先生全集目録》。

王九思（1468—1551）字敬夫，號渼陂，明陝西鄠縣（今户縣）人。弘治九年（1496）進士，選翰林院庶吉士，授檢討，遷吏部郎中，正德年間坐劉瑾黨人謫官壽州同知，尋勒令致仕。罷歸後，與康海往還，制樂度曲，與李東陽等人爲文壇“前七子”，有詩文、散曲、雜劇傳世。《明史》卷二百八十六有傳。

王九思晚年囑其子瀛彙集詩文舊稿成《渼陂集》十六卷，嘉靖十二年由監察御史王獻等刊於山西；嘉靖二十四年，撫臺翁萬達又刻《續集》三卷於鄠縣；崇禎十三年，鄠縣縣令張宗孟從王九思玄孫處得王氏諸書，遂彙而刻之。卷前王九思自序述編輯之事云：“予始爲翰林時，詩學靡麗、文體萎弱，其後德涵、獻吉導予易其習焉。獻吉改正予詩者，稿今尚在也，而文由德涵改正者尤多。……然又弗忍盡棄，暇日檢其差可觀者，蓋十四五，命子瀛彙次成帙，存之家乘，而因述二先生愛我之意甚至不能忘也。”王獻《跋》述《渼陂集》之刊刻云：“壬辰（嘉靖十一年）之歲，按使西晋，時分巡上谷張子濂見之，深用賞焉。爰謀葛守罩，命工梓刻之。”《渼陂續集》之刊刻見述於嘉靖二十四年刻本之張治道序：“其續集三卷，今撫臺東厓翁公又刻之鄠邑，將同前刻并傳焉。”

崇禎彙刻之事見於張宗孟序：“先生玄孫和、諸生旭矔、防守晫奉先生集併續集、樂府、傳奇諸書。……顧藏久板本磨滅，簡編脱逸，觀者苦之，遂命門人王子等彙集參訂，匯爲全帙，捐俸翻刻，兩月告竣。”張宗孟（生卒年不詳）字泗源，明末定襄（今屬山西忻州）人，崇禎元年（1628）進士，崇禎八年（1635）任鄠縣縣令，在任八年，後陞刑部主事，事跡略見《［乾隆］鄠縣新志》卷三。則是書之刻始於嘉靖十二年，嘉靖二十四年、崇禎十三年均新增卷帙而與前刻彙爲全帙，并對此前舊版磨滅處有所修補。此本《渼陂集》中存粗拙大字、細劃大字、長方小字三種字體，即爲歷次刻版之不同面貌。

《四庫全書總目》別集類存目著録《渼陂集》十六卷《續集》三卷；詞曲類存目著録《碧山樂府》五卷；但《四庫存目叢書》僅影印前者，版本與此本同；《續修四庫全書》影印同版《渼陂集》及《續集》，又影印明嘉靖刻本《碧山詩餘》、明崇禎刻本《碧山樂府》。《中國古籍善本書目》著録遼寧省圖書館、陝西省圖書館等十六家收藏。知中國臺北“國家圖書館”、臺北故宮博物院，美國國會圖書館、哈佛大學哈佛燕京圖書館，日本東北大學收藏。

068

## 杭雙溪先生詩集八卷

T5413　4131

《杭雙溪先生詩集》八卷，明杭淮撰。明嘉靖杭洵刻本［四庫底本］。清朱彝尊題識。有缺葉。四冊。框高 16.5 厘米，寬 13.8 厘米。半葉九行十八字，四周單邊，白口，單白魚尾。版心中鐫書名、卷次。

卷端題"弟允卿洵重刻"。書首有嘉靖乙未（十四年，1535）王慎中《雙溪杭公詩集序》。末有未署年林東海《雙溪詩後》。

杭淮（1462—1538）字東卿，號雙溪，明宜興（今屬江蘇無錫）人。弘治十二年（1499）進士，授刑部主事，遷員外郎，歷浙江按察僉事、湖廣按察使、河南、山東布政使，纍官至右副都御史。長於詩，與李夢陽等七子相唱和。生平參《［萬曆］杭州府志》卷六十二。

是書乃杭淮自輯。卷前王慎中《序》謂杭淮自述"故吾之於詩，少而習焉，久而專焉，老而篤焉，然足以爲樂而不能爲吾困也。因出其集若干卷示予曰：'君其爲我叙之。'"是書僅有此刻及另一行款之嘉靖刻本傳世。是書卷端所題"弟允卿洵重刻"一行，字形與正文明顯不同，曾經剜改，然無法判別杭洵之"重刻"爲據舊版修補抑或重新刻板。杭洵生平事跡亦不可考。

此爲四庫底本，即《四庫全書總目》所著錄之"朱彝尊家曝書亭藏本"。卷末有彝尊題識兩行："康熙辛巳（四十年，1701）九月十九日，竹垞老人讀一過，選入《詩綜》一十四首。"題識後鈐"竹垞"朱文橢圓印。《四庫全書總目提要》又謂："各詩內亦多圈點甲乙之處，蓋其輯《明詩綜》時所評騭。今《詩綜》本內所錄淮詩篇數，并與自記相同。中如《打牛坪詩》第三聯，原本作'碧嶂自雲生'，而彝尊改作'蔓草自春生'；《王思槐過訪詩》第三聯，原本作'野竹過墻初挺秀'，而彝尊改作'挺拔'；亦間有所點定，皆較原本爲善。"查《明詩綜》所收杭淮詩十四首，此本中皆用朱筆句讀，間或圈改文字。除《王思槐過訪詩》因此本殘缺未見外，《打牛坪詩》《送徐石東僉憲湖南分題得瀟湘》《鎮遠喜即舟》三首皆有改字，《明詩綜》即用已改之文字。在此十四首之外，書中又有幾首經朱筆圈點，蓋爲朱氏備選。

此本首葉上方正中鈐滿漢文"翰林院印"大方印，邊框 10.3 厘米見方，外廓寬約 0.95 厘米。書中又有多處纂修官墨筆圈改及校箋。校注直接書寫或粘貼校箋於書眉，可分爲提示書寫格式、校改文字兩類。其中前者全部爲文淵閣《四庫全書》所採用，如《四庫全書》卷端首行爲"欽定四庫全書"，與此本卷端書眉所云"加欽定一行"一致；各卷首葉著者此本原爲"弟允卿洵重刻"，依書眉校注改爲“明杭淮撰”；其他又如《四庫》本遇“明”“聖”等字不再空格或换行、詩題空格數目等皆依校注提示。然校箋校改之文字，《四庫》本大多未用。

另外，此本多處文字磨滅、間有缺葉。書中又有墨筆圈去某詩并批注云“此首不必寫”，《四庫》本大多補足，蓋據他本補益，如卷四補入《江上登天寧閣用長至韻二首》《送寮友趙介夫出守長沙二首》。但也有依原書保留空白者，如此本卷六缺第二十七葉，《四庫》本亦空一葉；或有文字磨滅處，《四庫》本在相應位置小字注“缺”等。此本卷末殘，現存最末二首爲《癸巳暮秋復至元敬園亭，惜不見主，悵然有作復用前韻》《春日周陳王氏園亭》；然文淵閣《四庫》本漏抄最末一首；而文津閣《四庫》本補《送張中丞繼升巡撫遼東》《王思槐過訪押韻》《徵明與胡祖貽夜宿雅歌堂，徵明作畫題詩爲別，祖貽持示請和》《兄弟約遊大頂禪院不果遣悶》四首，亦無《春日周陳王氏園亭》，則此本可稍作補益。

此本有纂修官陳元熙、盧遂姓名之箋條三紙，分別粘貼於卷二、卷四，然經核查非屬本書。箋條所校正文字與本書不符，乃是對朱樸《西村詩集》詩句之校改，并已在《四庫》本得到改正；箋條上端稍殘，乃是四庫館臣謄抄之後，從《西村詩集》撕下并粘貼至此書，或爲書賈所爲。

《四庫全書總目》集部別集類所著録此朱彝尊藏本。《中國古籍善本書目》著録首都圖書館、中國科學院文獻情報中心、南京博物館三家收藏杭洵刻本。知中國臺北“國家圖書館”、臺北故宮博物院，德國巴伐利亞邦立圖書館收藏。

鈐滿漢文“翰林院印”朱文大方印。此爲勞費爾購書（916）。

069

## 袁中郎先生批評唐伯虎彙集四卷唐六如先生畫譜三卷外集一卷紀事一卷傳贊一卷（缺唐六如先生畫譜三卷）

T5413　0638

《袁中郎先生批評唐伯虎彙集》四卷，明唐寅撰、明袁宏道評；《唐六如先生畫譜》三卷，明唐寅輯；《外集》一卷，明祝允明撰；《紀事》一卷《傳贊》一卷。明刻本。存七卷（缺《唐六如先生畫譜》三卷）。有抄補。三册。框高20.3厘米，寬14.1厘米。半葉九行二十字，小字雙行同，四周單邊，白口，單魚尾。版心上鎸“唐伯虎彙集”，中鎸卷次，書眉鎸評語。

《彙集》卷端題“吳趨唐寅著；公安袁宏道評”，《外集》卷端題“友人長洲祝允明撰”，《紀事》《傳贊》卷端未題著者。《袁中郎先生批評唐伯虎彙集目録》誤置於《紀事》後。

唐寅（1470—1523）字伯虎，一字子畏，號六如居士、桃花庵主等，明吳縣（今屬江蘇蘇州）人。弘治十一年（1498）鄉試第一，會試時因牽連程敏政科場舞弊案，罷黜爲吏，恥而不就，遂遠遊山川、縱情詩酒，以賣畫爲生，爲吳中四才子之一，曾爲寧王幕僚，察其有異謀佯狂以免，《明史》卷二百八十六有傳。袁宏道（1568—1610）字中郎，號石公，明公安（今屬湖北荊州）人。萬曆二十年（1592）進士，授吳縣知縣，改順天府教授，歷官國子助教、禮部主事、考功員外郎等，官至稽勳郎中。主張詩文創作獨抒性靈，反對摹古，推重小説戲曲，與兄弟宗道、中道合稱三袁，爲公安派領袖，著《狂言》《觴政》《廣莊》等，《明史》卷二百八十八有傳。祝允明（1460—1526）字希哲，因有六指，自號枝山、枝指生，明長洲（今屬江蘇蘇州）人。少聰慧能文，弘治五年（1492）舉人，進士屢試不第，補廣東興寧知縣，遷應天府通判，謝病歸里。工詩文，善書畫，玩世任誕，《明史》卷二百八十六有傳。

唐寅風流豪宕，詩文俊逸，爲東南領袖，而坎坷落魄，詩酒相狎，語不屬草而傷於俚淺，故散佚少傳。嘉靖間袁袠輯刻唐寅樂府、賦、雜文四十七首爲二卷，多爲其早年之作；後何之柱稍加補茸；萬曆四十年（1612）沈思復增至二十二種百五十餘篇，大多爲中年之作，由曹元亮刊爲《唐伯虎集》四卷《附錄》一卷；約略同時，何大成亦廣爲搜輯，刻成《唐伯虎先生集》二卷《外編》五卷《續刻》十二卷《畫譜》三卷，其中萬曆三十五年（1607）刻成其中一部分，《續刻》刊於萬曆四十二年（1614）。

是書爲袁宏道評注唐寅詩文，其中《彙集》詩文并收，《外集》爲祝允明撰《唐子畏墓誌銘》，《紀事》二十一條并附詩若干首，《傳贊》收閻秀卿、徐禎卿、顧璘、王世貞撰文四篇。此本所缺《畫譜》卷端原題“吳趨唐伯虎輯；吳郡何大成君立校”，以此推之袁宏道當參據何大成刊本重輯。此本稍殘，有補抄。另《紀事》末有墨筆補録《除夕歌》并過録唐寅識語云：“正德庚午（五年，1510）暘日既望，晉昌唐寅書於夢墨亭中。乾隆乙亥（二十年，1755）正月廿四日録。”

《四庫全書總目》未收。《中國古籍善本書目》著録中國國家圖書館、浙江圖書館等三十二家收藏。知美國國會圖書館、哈佛大學哈佛燕京圖書館，日本東北大學圖書館、東京都立大學圖書館收藏。

鈐“生齋臺灣行篋記”朱文方印，曾爲李宗侗收藏。

070

## 康對山先生文集十卷

T5413　0335

《康對山先生文集》十卷，明康海撰。清乾隆二十六年（1761）武功縣刻本。

有缺葉。十册。框高 21.5 厘米，寬 14.5 厘米。半葉十行二十字，四周雙邊，白口，單魚尾。版心上鐫 "對山文集"，中鐫卷次。

卷端題 "後學同邑孫景烈孟揚選次；長白瑪星阿景謙參閲；邑後學耿性直伯正校；王應槐兆三、張書紳公佩、何瑞雲卿分校"。書名葉欄内題 "康對山先生文集" "武功縣藏板"，欄上題 "乾隆辛巳孟秋選刻"，辛巳爲乾隆二十六年。書首有乾隆二十六年瑪星阿《刻康對山先生文集序》、乾隆二十六年孫景烈《選康對山先生文集序》、乾隆二十六年張洲《康對山先生文集後序》；次《對山集舊序》，包括嘉靖乙巳（二十四年，1545）王九思序、嘉靖乙巳劉儲秀序、嘉靖二十四年吳孟祺識、嘉靖丙午（二十五年，1546）趙時春序、萬曆九年（1581）朱孟震序、萬曆九年王世懋序（缺末葉）；次《康對山先生文集目次》；次附《諸家評語》、馬理《對山先生墓誌銘》。各卷末題 "邑後學張廷梅與松、孫爕午卿校字"。

康海（1475—1540）字德涵，號對山、沜東漁父、滸西山人等，明武功（今屬陝西西安）人。弘治十五年（1502）進士第一，授翰林院修撰。爲營救李夢陽拜謁權臣劉瑾，後因列名瑾黨落職，遂放浪自恣。詩文力矯臺閣，追摹秦漢，爲明 "前七子" 之一，罷官後寄情劇曲，著《沜東樂府》、雜劇《中山狼》等，又纂《武功縣志》。《明史》卷二百八十六有傳。

康海詩文多率意之作，故傳世之本多經删選。明嘉靖、萬曆時分别有張太微、王世懋删選本，搜羅互異，棄取不同；清康熙時馬方伯又彙爲全集，然傷蕪雜；乾隆時康海同邑孫景烈再爲删訂，《四庫全書總目提要》贊孫氏選本云："景烈此本雖晚出，而去取謹嚴，於詩汰之尤力，較諸本特爲完善，已足盡海所長矣。" 卷前孫景烈《序》亦言其取捨之意云："先生集已三刻。張太微、王麟洲二公選刻略異，獨吾邑方伯馬公刻者爲全集，皆世之所珍也。兹選視舊刻未及其半，即素膾炙人口者亦未盡録，則予之管窺不足重先生明矣。然學者取是刻而讀之，可得其槩，如欲由少以及多，則先生全集尚存，非難購者。"

孫景烈選訂康海文八卷、詩賦兩卷，其刊刻實賴武康縣令瑪星阿。瑪星阿序云："爰捐俸付之剞劂，即囑耿君董其事。" 孫景烈序詳述其選刊事云："予讀先生集數十年，於文未嘗妄爲甲乙，而於詩竊願選其易知者以明先生夙志所在，非敢謂詩遜於文也。張子萊峰又謂先生文頗富，宜與詩并選，以便讀者，予因從事於斯，每有録必與張子論其所以合於古作者之法共賞焉，而選未竟、刻亦無期。今年夏四月，明府敬齋瑪公聞而樂成之，專囑耿茂才伯正過予商選事，予乃得與同里諸君決擇各體，編爲十卷，又質之明府，明府加訂焉，即付之梓。" 瑪星阿（生卒年不詳）字景謙，清滿洲正黄旗人，乾隆二十三年（1758）任武功知縣，在任六年，寬政惠民，擴建書院，刊刻當地名賢文集。孫景烈（1706—1782）字酉峰，清武功縣人，乾隆四年（1739）進士，授檢討，散館歸里，主持關中、蘭山等書院，爲關中學者尊崇，著《四書講義》《西麓山房存稿》，修《郃陽縣志》《鄠縣新志》，注康海文集及《武功縣志》。

"玄"易爲"元"、"炫"等字缺筆，"真""貞"缺筆，"弘"字留白，避康熙至乾隆帝諱。

《四庫全書總目》集部總集類收孫景烈所删十卷本，存目著録張太微所編十九卷本。《中國古籍善本書目》著録遼寧省圖書館、華南師範大學圖書館等五家收藏此十卷本。又知美國哈佛大學哈佛燕京圖書館，加拿大多倫多大學圖書館收藏，丹麥國家聯合書目著録，日本東洋文庫、東北大學等處收藏。

此爲勞費爾購書。

071

## 何大復先生集三十八卷附録一卷

T5414　2242

《何大復先生集》三十八卷，明何景明撰；《附録》一卷。清乾隆十五年（1750）何輝少等刻本。八册。框高 18.5 厘米，寬 12.7 厘米。半葉九行二十字，四周雙邊，白口，單魚尾。版心上鐫"大復集"，中鐫卷次。

卷端題"五世姪孫源洙字魯存、六世姪孫維基字培菴同校訂；七世姪孫輝少字誦芬、男八世姪孫永謙字遜齋重梓"。書名葉欄内題"何大復先生全集""賜策堂藏板"，欄上題"乾隆庚午歲重鐫"，庚午爲乾隆十五年。書首有乾隆十四年（1749）任弘業《叙》、未署年崔琳《序》、乾隆己巳（十四年）張鉞《何大復先生遺集序》、康熙未署年施閏章《重刻何大復詩集序》、嘉靖戊午（三十七年，1558）王世貞《何大復集序》、嘉靖十年（1531）王廷相《大復集序》、嘉靖三年（1524）唐龍《大復集序》、嘉靖三年康海《大復集序》、萬曆丁丑（五年，1577）周子義題識；次《何大復先生集目録》。書末有乾隆庚午何輝少《重刻先學憲大復公集跋》。

何景明（1483—1521）字仲默，號大復，明信陽（今屬河南）人。弘治十五年（1502）進士，授中書舍人，性耿介、尚節義，因反對權臣劉瑾罷官，後復官進吏部員外郎，擢陝西提學副使，以勞卒。主張詩文復古，爲明"前七子"之一，著《雍大記》《大復論》等。《明史》卷二百八十六有傳。

是書凡賦三卷、詩二十六卷、文九卷，傳志、行狀等附録於後。正德、嘉靖間，何景明、李夢陽等同倡復古，但取法不同，《四庫全書總目提要》評價云：

"故集中與夢陽論詩諸書，反覆詰難，斷斷然兩不相下。平心而論，摹擬蹊徑，二人之所短略同，至夢陽雄邁之氣與景明諧雅之音亦各有所長。"

何景明文集明刻甚多。初有嘉靖義陽書院刻《何氏集》二十六卷；嘉靖三十四年（1555），何景明婿袁璨與景明子立增補重刻《大復集》三十七卷《附録》一卷；萬曆五年，何景明孫伯子薈萃編次，由陳唐、胡秉性刻爲《何大復先生集》三十八卷《附録》一卷。

此本爲乾隆十五年何景明七世孫何輝少等據三十八卷本重刻。書中任弘業、張鉞、何輝少序跋均言及重刊事，張鉞《序》云："何生輝少，其賢裔也。念此有年，託友扵吳中故家購獲原刻三十八卷，捧以示予。予喜不自勝，亟加選録增書中所未逮，復謀剞劂以廣其傳。輝少前揖曰：'遺集重光，此小子責也，而力難獨任，族有長者東山公仕扵許，其思紹前烈久矣。'東山公爲予同官，有幹濟才，歷著循聲，己巳（乾隆十四年）初夏分牧扵申，殆天作之緣也。下車伊始，首訪先澤，已付之梓矣，欣然以助其成，而先生之集由是復顯。"書末何輝少《跋》亦云："詩文諸集經當代名公卿選訂者，北潞南都，亦經數刻，播之四海矣。鼎革以來，鏤板寖軼。輝少居恒自愧無狀，不能奉揚先德，齪齪伏鄉園中。每一展捧先集，輒深徒讀之，感曩者竭力從事，《賜策堂集》已壽諸梓，而《學憲公集》更自皇皇以爲己任。兹幸觀察任公以中翰監莅斯土，與郡伯張公俱留心文獻，時爲詔勉，而族祖廣寧東山公適以許之參軍分攝州事，慨省清俸共勸厥成。迺于州志工竣之際，獲新梨棗焉。"

"玄"易爲"元"，"弘"缺筆或易爲"宏"，"絃""泓"等字缺筆，正文中"胡"等字改爲墨釘。

《四庫全書總目》入集部別集類。《中國古籍善本書目》未著録乾隆刻本。知美國哈佛大學哈佛燕京圖書館、柏克萊加州大學圖書館，日本東洋文庫、東京大學東洋文化研究所等處收藏。

此爲勞費爾購書。

072

**太史升菴文集八十一卷目録四卷**

T5417　4294

《太史升菴文集》八十一卷《目録》四卷，明楊慎撰。明刻本。有補抄葉。十冊。框高 21.6 厘米，寬 13.9 厘米。半葉十行二十字，四周單邊，白口，單白魚尾、偶見單黑魚尾。卷一葉一至十四、卷二葉一至十版心上鐫"楊升菴全集"，餘爲"楊升菴文集"，中鐫卷次。

卷端題“成都楊慎著；從子有仁編輯；後學趙開美校”。書首有未署年宋仕《訂刻太史升菴文集序》、未署年張士佩《訂刻太史升菴文集序》；次《太史升菴文集目録》。

楊慎（1488—1559）字用修，號升菴，明四川新都（今成都）人。正德六年（1511）進士，授翰林修撰，以諫大禮謫戍，寓居雲南三十餘年。博學多才，詩文之外雜著百餘種，有《春秋地名考》《丹鉛總録》《全蜀藝文志》《滇載記》等。《明史》卷一百九十二有傳。

楊慎文集在嘉靖年間以詩、文分别流傳爲主。萬曆十年（1582）四川巡撫張士佩等取楊慎文集及《丹鉛輯録》等書中篇章，以類編纂，成八十一卷。卷前宋仕《序》云：“余奉命按蜀，諮詢耆舊文獻，乃藩臬諸君咸稱升菴遺文宜爲表章，唯種裒猥繁，今已多散落，恐久而就湮没矣。于是謀之撫臺濾濱張公，檄藩司求之先生令姪大行益所君，抄録若干卷，凡先生閎言眇詞，徹于著述比興者，亦略具是。爰屬稍加釐定，删要歸正。道而論之，自一卷至四十卷爲賦、序記、論、書、誌、銘、祭文、跋、贊、詞、傳與各體詩，皆取之文集而以類編纂者，自四十一卷至八十一卷，皆訓釋整齊百家雜語，取諸《丹鉛輯録》《譚苑醍醐》《卮言》等書而以類編纂者，總名之曰《太史升菴文集》。……此外諸所較刻古文、裌録、拾遺、補藝，尚多有之，以非先生所著書，故集中不載。”

是書之主持編輯者應爲四川布政使蔡汝賢、巡撫張士佩、監察御史宋仕三人，卷前宋仕序言及“謀之撫臺濾濱張公”，“刻成，蔡君以序爲請。”蔡汝賢跋（此本闕）云：“萬曆乙亥（三年，1575），余之出守西川也，時與沔陽陳玉叔謀刻升菴楊太史文集，已而弗果。歲辛巳（萬曆九年，1581），余再入蜀，承撫臺濾濱張公、侍御可泉宋公，檄購先生從子益所公，得家本數種，與未梓者若干篇。不揣寡昧，删重複，萃菁英，稍加品列。肇壬午（萬曆十年）之春，歷三時而竣于仲秋。”蔡跋後并鐫“四川布政使司監梓吏袁九思”等人銜名，亦可由此明是書之主持者當時應係之於布政使司蔡汝賢。或有著録是書爲“明萬曆十年張士佩等刻本”者。

此爲明刻本，卷端增題“趙開美校”，目録分爲四卷，版心無刻工，而仍保留萬曆十年刻本宋、張等人序跋，但將二序所署年月剗去。

《四庫全書總目》入集部别集類。《中國古籍善本書目》著録中國國家圖書館、上海圖書館、南京圖書館等十九家收藏。知中國臺北“國家圖書館”、臺北“中央研究院”傅斯年圖書館，美國哈佛大學哈佛燕京圖書館，日本國會圖書館、東京大學綜合圖書館、静嘉堂文庫、東京都立中央圖書館，韓國國立中央圖書館、高麗大學中央圖書館收藏。

鈐“易印漱平”白文方印、“李宗侗藏書”朱文長方印，曾爲李宗侗夫婦收藏。

073

### 太史升菴全集八十一卷目録二卷附年譜一卷

T9115　4298

《太史升菴全集》八十一卷《目録》二卷《年譜》一卷，明楊慎撰。清乾隆六十年（1795）周參元養拙山房刻本。十六冊。框高 20.3 厘米，寬 14.2 厘米。半葉九行十九行字，小字雙行同，四周雙邊，白口，單魚尾，書眉鑴音訓。版心上鑴“楊升菴”，中鑴卷次。

卷端題“成都楊慎著；從子有仁録；維揚陳大科校；新都周參元重刊”。書名葉分三欄，右題“乾隆乙卯年重鑴”，中題“升菴全集”，左題“養拙山房藏板”，“乙卯”爲乾隆六十年。書首有乾隆六十年周參元《重刻太史升菴全集序》、未署年陳大科《刻太史升菴全集叙》；次《升菴先生年譜》；次《太史升菴全集目録》二卷。

楊慎（1488—1559），參見《太史升菴文集》（072，T5417　4294）。

是書前四十卷爲詩文，皆取之文集而以類編纂者；後四十一卷，皆訓釋整齊百家雜語，取諸《丹鉛輯録》等書而以類編纂者。是書爲乾隆六十年周參元據陳大科刻本重新校刻，卷前周參元《序》云：“後薄宦黔中，時時遍訪，偶淂《太史升菴全集》一編，乃前明按蜀御史宋可泉先生偕蜀撫張公濂濱極力搜索淂之升菴之姪之手，而親加釐訂，創爲付梓。後又有御史陳公諱大科重爲較定剞劂者。……參因不揣譾陋，用將原書重爲較刻，公諸同好。”

“玄”“貞”“弘”字缺筆，“曆”易爲“厤”。

《四庫全書總目》集部別集類著録明萬曆十年張士佩等刻本。《中國古籍善本書目》未著録乾隆六十年刻本。知中國香港大學馮平山圖書館，美國哥倫比亞大學圖書館、華盛頓大學圖書館，加拿大多倫多大學圖書館，日本京都大學人文科學研究所、愛媛大學圖書館、大阪府立中之島圖書館收藏。

074

### 谿田文集十一卷補遺一卷

T5413　7211

《谿田文集》十一卷《補遺》一卷，明馬理撰。明萬曆十七年（1589）張泮刻清乾隆十七年（1752）補刻本。四冊。框高 20 厘米，寬 13.7 厘米。半葉八行十八字，小字雙行同，四周雙邊，白口，單魚尾。

卷端題 "關中谿田馬理著；後學涇波雒遵選；宜興安節吳達可閱；三原知縣張泮校"。書首有雒遵《谿田先生文集序》（缺第一葉），序後鐫 "萬曆十七年六月吉旦刊"；次《明史列傳》、馮從吾《關學編》；次《谿田文集目錄》。書末有未署年九世孫錫朋題識、《捐資補刻姓氏》及 "錄梓" 人姓氏，後鐫 "九世孫郡庠生輝甲、十世孫文童立夔較字，岦乾隆十七年歲次壬申八月中秋日"。各卷葉碼連屬。

馬理（1474—1556）字伯循，號谿田，明三原（今屬陝西咸陽）人。正德九年（1514）進士，授吏部稽勳主事，兩次因諫遭貶，官至南京通政參議，曾講學三原嵯峨精舍、商山書院，於嘉靖三十四年末關中大地震中遇難。學行篤淳，爲關中學者所推重，著《四書註疏》《周易贊義》，修《陝西通志》等。《明史》卷二百八十二有傳。

馬理文集初由三原知縣張泮校刊於萬曆十七年（1589）。雒遵序述萬曆刊刻事云："谿田先生文明赫著，厥惟舊哉。顧草牘散帙，久未鋟梓，景行者多遐思焉。惟時原令張君文溪，政成人和，暇綜文獻，彙集成集。直指安節吳先生督釐三省，博諏先明，雅意谿田先生，得是集也，喜命受梓。"張泮（？—1627）字有源，號文溪，明忻州（今屬山西）人，萬曆十年（1582）舉人、十四年（1586）進士，授陝西三原知縣，陞吏部主事，仕至光祿寺卿，生平可參《［道光］陽曲縣志》卷十五。乾隆時版片朽壞，三原鄉紳捐資補刻，除大量補版之外，增刻《補遺》一篇，篇題後注云："岦龍渚公云我谿夫子名播外夷者，此文是也。集中未載，今增補之。"書末九世孫馬錫朋題識叙補刻始末云："聞生平闡道之作，晚年手訂一十二冊，刳劂力艱，後悉散亡。萬曆中文溪張公宰治吾原，雅慕情切，旁搜遺文，刊爲是集。迄今百七十二年，棗栗之存，僅有其半，觀覽者每以鈔補爲苦。今歲，邑紳士先生相聚而言曰，谿田馬理先生者，後學之津梁也，惜全書不槩見，而斯集又破殘若是，我輩之責也，遂各輸金，照舊榻原本補刻其缺，不逾月而復成完璧矣。"

據《捐資補刻姓氏》後 "乾隆十七年" 校字等，知此爲乾隆修補刻本。補版葉字形稍小，"弘" 字缺筆。

《四庫全書總目》集部別集類存目。《四庫存目叢書》影印明萬曆十七年清乾隆十七年補修本。《中國古籍善本書目》著錄首都圖書館、上海圖書館等四家收藏。知中國臺北 "國家圖書館"、臺灣大學圖書館，美國普林斯頓大學圖書館收藏。

鈐 "定安氏" 朱文方印、"臣天保印" 白文方印，書衣鈐 "劉天保印" 朱文方印、"定菴" 白文方印、"弌窗明月半榻琴書" 朱文長方印。此爲勞費爾購書。

075

## 梓溪文鈔内集八卷外集十卷

《梓溪文鈔内集》八卷《外集》十卷，明舒芬撰。明萬曆四十八年（1620）舒瑮刻本。十二册。《外集》框高20.5厘米，寬14.5厘米；《内集》框高20.7厘米，寬14.5厘米。半葉九行十八字，小字雙行同，四周雙邊，白口，單魚尾。版心上鐫"梓溪内集"或"文鈔外集"，中鐫卷次。

《外集》卷端題"明舒芬國裳甫著""孫琛伯獻甫、瑮季琰甫輯；曾孫有章無文甫錄；裔孫忠讜魯直甫次；後學臨川吳攄謙汝則甫閲；進賢樊良樞尚默甫較；沔陽蕭上達進卿甫訂"；部分卷帙多出"後學西甌趙秉忠性植甫較"一行。《内集》卷端題"明舒芬國裳甫著""孫琛伯獻甫、瑮季琰甫輯；曾孫有章無文甫錄；裔孫忠讜魯直甫次；後學臨川吳攄謙汝則甫閲；進賢樊良樞尚默甫較"；部分卷帙無舒忠讜或吳攄謙。書首有嘉靖二年（1523）誥命、萬曆十六年（1588）誥命；次嘉靖三十年（1551）黃佐《舒梓溪先生文鈔序》、嘉靖辛亥（三十年）張鏊《舒梓溪先生文鈔序》、嘉靖三十二年（1553）萬虞愷《舒梓溪先生文鈔序》、萬曆庚申（四十八年）蕭上達《梓溪先生文鈔跋》、未署年漆彬《舒梓溪先生文鈔序》；次未署年崔桐《太極繹義論》、嘉靖丙戌（五年，1526）舒芬《周禮定本自序》、萬曆甲戌（二年，1574）趙秉忠《刻周禮定本序》、正德甲戌（九年，1514）梅鶚《易箋問引》；次薛應旂《修撰舒先生傳》、隆慶元年（1567）舒琛《先大父大史公行實》；次《舒梓溪文鈔目録》；次萬曆庚申（四十八年）舒瑮題識。《内集》卷四末有嘉靖癸未（二年）張文憲跋。

舒芬（1484—1527）字國裳，明進賢（今屬江西南昌）人。正德十二年（1517）進士，授翰林修撰，因諫阻武宗南巡，謫爲福建市舶司副提舉，世宗時復因諫遭廷杖，旋丁母憂歸，卒於家，萬曆中追諡文節。學貫諸經，尤精於《禮》，著《周禮定本》《太極繹義》等。《明史》卷一百七十九有傳。

舒芬詩文由其鄉人及裔孫多次刊刻。嘉靖三十年黃佐釐定《舒芬文集》五卷，由廣東布政使張鏊刊刻於廣東；嘉靖三十二年，萬虞愷刻於閩；萬曆四十八年，裔孫舒瑮再刻於鄭。卷前黃佐《序》述嘉靖三十年輯刻事云："吾廣方伯張公鏊、學憲張公希舉皆先生鄉人也，聞而欲刻之。……於是手自校選，定爲五卷。"萬虞愷嘉靖三十二年《序》則云："梓溪之文，世未多見，近方刻於廣省，宮端泰泉黃公、方伯蒙谿張公既各爲之序矣。顧尚多缺佚，先生門人文峰熊子杰裒輯數年，復參廣本，於是收録殆備。……乃攜入閩臬，借加商訂，謀諸學憲鎮山朱君衡，深以爲然，而大參南溪丁君以忠、憲副直軒汪君俅、僉憲忠池黎君澄、麓泉徐君光啓，皆誼在同鄉，均切景仰，樂捐俸而共成之。”

萬曆四十八年蕭上達《跋》叙歷次刊刻事云：“（舒太守公）又抑體文節公淑世之心，檢求帳中，出《梓溪文集》數帙，命鐫刻于黌宮，以式多士，種種嘉惠來學意甚盛。刻既成，不佞達受而讀之。……先是文節公有孫伯獻甫爲郡大夫，鏤其板於閩，未幾爲祖龍索去。今太守公亦文節公之孫，亦以郡大夫鏤板於政，光昭祖德者，後先相望，猗歟盛矣。”其中，蕭上達《跋》言及舒琛爲郡大夫時鏤板於閩，考舒琛爲嘉靖四十三年（1564）舉人，萬曆十九年（1591）知泉州（參《［同治］進賢縣志》卷十四、《［萬曆］泉州府志》卷九），以其生平仕履推斷，嘉靖三十二年之刊刻舒琛應未參與，而應如萬虞愷序所言乃由同鄉捐俸共成之。

是刻刊於萬曆四十八年，目錄先《外集》十卷、再《内集》八卷。《外集》收制策、奏疏、序記、家譜、墓誌、書跋、詩賦等；《内集》收《易箋問》《太極繹義》《通書繹義》《東觀論》《周禮定本》五種。刊刻者舒瑮題識云：“觀京師，謀之比部樊公，重加訂正而付之剞劂。是時也，遼餉高級，鄭土頻飢，議捐議賑之餘，月俸錢不足飽其孥。以故繕寫摹印逡巡停閣者久之，踰年而始竣事。”舒瑮亦爲舒芬孫，萬曆十九年（1591）舉人，曾知鄭州，仕履略見《［同治］進賢縣志》卷十四。舒瑮刻本又於乾隆七年（1742）經裔孫舒香重修，版面多有模糊不清處。此本字畫清晰，仍爲萬曆刻本。

《四庫全書總目》分別收錄《内集》中之五種。《中國古籍善本書目》著錄中國國家圖書館、上海圖書館、山東省圖書館等三十三家收藏。知中國臺北“國家圖書館”、臺灣大學圖書館、臺北“中央研究院”傅斯年圖書館，美國普林斯頓大學圖書館，澳大利亞國家圖書館，韓國奎章閣，日本靜嘉堂文庫、京都大學人文科學研究所著錄。

鈐“鄭思周記”朱文方印，“事齋”白文長方印，“舒菉伯”白文長方印。

076

### 三渠先生集十五卷

T5417　1173

《三渠先生集》十五卷，明王用賓撰。明萬曆十二年（1584）馮顯刻本。四册。框高 19.7 厘米，寬 13.9 厘米。半葉十行二十字，四周單邊，白口，雙白魚尾。版心上鐫卷次，下鐫刻工。

卷端未題著者。書首有萬曆甲申（十二年）王鶴《三渠先生集序》；次《三渠先生集仁集目錄》，義、禮、智、信四集亦各有目錄。書末有萬曆甲申馮顯《三渠先生集後序》。

王用賓（1501—1579）字允興，明咸寧（今屬陝西西安）人。正德十六年（1521）進士，授翰林院編修，歷清署三十餘年，爲世宗講官侍經筵，以忤嚴嵩置留京冢宰。生平參《［雍正］陝西通志》卷六十。

是書分仁（卷一至四）、義（卷五至七）、禮（卷八至十）、智（卷十一至十三）、信（卷十四至十五）五集。仁集收詩；義集收講章、頌、表、奏疏等文；禮集收記、書等；智集收墓誌、祭文；信集第十四卷爲家乘，十五卷附錄收行狀、志銘、鄉賢公移等。

王用賓曾自輯其集，然歿後文稿遺失，其婿馮顯搜集遺文編成是書。卷前王鶴《序》云：“公嘗自輯其集若干卷櫝之，語其婿郡丞馮君曰：‘此將以貽後人’。萬曆己卯（七年，1579）七月，公捐館舍，維時冢嗣都事君在京師，而兩孫俱幼，有妄意櫝中之藏者乘倉卒竊去。比都事歸，求之不可得矣。又明年，馮君至自河間，始捘之敗籍中及鄉士夫所藏，僅得此編，乃梓之，以應願知公者。”

是書凡經三刻，均由其後人搜輯刊成，在内容上遞相增補。初由王用賓婿馮顯刊於萬曆十二年，萬曆二十九年（1601）其孫紹貞增補刊刻，天啓二年（1622）王紹貞又增補重刊爲十六卷。馮顯、王紹貞生平俱無考，刊刻事見於書首諸序。萬曆二十九年本有周宇序云：“冢宰三渠王先生集，先是歲甲申（萬曆十二年）間，其倩馮別駕子純甫，業有刻傳世矣。蓋詩若文凡十三卷、家乘一卷，共十有四卷，然皆捘之散佚之餘，不免有什一千百之憾。粵今十有八載，而公仲孫氏光禄丞紹貞哀然興起，益能敬承而善繼之。……久之，積有馮刻遺詩若干首，序、記、志、銘若干篇。手澤之竄易焚錯者明辨之，繕鈔之魯魚根銀者訂校之，即馮刻中偶有譌誤，亦爲釐之正之，庶幾成一完書云。剞劂就緒，付余叙論。”天啓本又增李光輝序、崔爾進序、劉養性跋。

經校核，萬曆二十九年刻本增收詩五十九首、文十七篇，但較萬曆十二年刻本少收詩一篇、“書”五篇；天啓二年刻本則在萬曆二十九年刻本基礎上又增收詩七十二首、文八十六篇，并增收“書”至五十七篇，但未收此前二本均有之卷十三《孺人馮母盧氏墓誌銘》及附錄中《鄉賢公移》。三種刻本之分卷亦不相同，萬曆十二年本第十五卷爲《附錄》，版心上鐫“卷十五行狀”“卷十五志銘”“卷十五鄉賢”；萬曆二十九年本則將附錄區別開來，在卷十四末末行鐫“信集終”，附錄之版心上鐫“附錄”；天啓二年本則將“行狀”“書”兩類文章單獨列卷，增至十六卷，《附錄》附後。

天啓刻本增補篇目較多，故改易行款重新刊刻。而萬曆二十九年刻本則是在舊版上稍作修改并補版而成。萬曆二十九年刻本大部分增補文字位於各卷之末，乃補刻若干新板續於後；如有新增篇章插入卷中等情況，則調換若干文字至他處，儘量使該葉的其他文字仍可使用舊版，比如卷二首葉因將"龍""聖"等字換行頂格書寫，使得第一葉多出四行，於是萬曆二十九年本將第一、二葉間的"登望湖亭"一詩後挪，遂衹需重刻第一葉和第二葉之前二行；遇有部分文字改易之情況，萬曆二十九年本則或剜改、或重刻當葉；然後刻將版心刻工皆剜去。萬曆二十九年本之剜改、增刻部分與原刻字形風貌相近，字體雋秀、版面潔净、紙張白韌，知二刻皆頗爲精心且刷印不多。此爲萬曆十二年刻本。

刻工有顧占、沈訪、沈如、顧恩、沈勳、沈四科、顧方、沈儒、顧暘、沈荷、沈思科、沈河、沈芳、沈思恩、袁繼志、顧榮、沈思翠、顧陽、沈茹、袁守志。

《四庫全書總目》未收。是書存世寥寥，萬曆二十九年增補刻本知美國哈佛大學哈佛燕京圖書館收藏；《中國古籍善本書目》著録中國國家圖書館收藏天啓二年刻本，另知中國臺北"國家圖書館"、日本内閣文庫收藏。而萬曆十二年之初刻，僅知此本存世。

此爲勞費爾購書。

077

### 甫田集三十六卷

T5413　0426

《甫田集》三十六卷，明文徵明撰。明刻清修本。佚名校。八册。框高 19 厘米，寬 13.5 厘米。半葉十一行二十一字，小字雙行同，左右雙邊，白口，單魚尾。版心中鐫書名及卷次。

卷端題"前翰林院待詔將仕佐郎兼修國史長洲文徵明撰"。書名葉欄内題"文翰林甫田集"，并鈐"德馨堂珍賞"白文大方印。書首有未署年王世貞、文彭、文元發同撰《文先生傳》；次《甫田集目録》。

文徵明（1470—1559）原名璧，字徵明，以字行，改字徵仲，號衡山，明長洲（今屬江蘇蘇州）人。早年學文於吳寬，學書於李應禎，學畫於沈周，皆有成，然科場不利，正德末以薦授翰林待詔，曾與修《武宗實録》，後乞歸。詩文書畫皆工，與祝允明、唐寅、徐禎卿并稱吳中四才子，其畫又與沈周、唐寅、仇英并稱吳門四大家。《明史》卷二百八十七有傳。

是書收文徵明詩十五卷、文二十卷，附行略一卷。《四庫全書總目提要》評文徵明詩爲"雅飭之中，時饒逸韻"，又謂"朱彝尊《明詩綜》録徵明詩十五首，其《池上》一詩得諸墨跡，爲本集所不載，且稱其集外流傳者甚多，惜無廣搜爲續集者。然縑素流傳，半真半贋，與其如吳鎮、倪瓚諸集多收僞本，固不如據其家集，猶不失本來面目矣。"

是刻末卷爲文嘉所撰行略，卷前有王世貞、文彭、文元發共撰之《文先生傳》，傳後題"曾孫震孟謹錄，六世孫然重梓"，則是刻應出自文氏家集。據《行略》所載，文徵明卒時已有玄孫男女各二人，以此推之，六世孫文然約生活於明末清初。此本經多次修補，其字形至少有四種，主體爲闊大方正之字，又補以粗拙大字、方整小字、帶行楷筆意之小字，則文然之重刻實爲修版和補版。審其字形風貌，是刻應爲明刻清修。此本書眉粘貼校箋。

《四庫全書總目》入集部別集類。《中國古籍善本書目》著錄中國國家圖書館、上海圖書館、福建省圖書館等十九家收藏明刻清修本。知臺北"國家圖書館"，美國哈佛大學哈佛燕京圖書館收藏是書嘉靖刻本。又知臺北"國家圖書館"、臺北故宮博物院、臺灣大學圖書館，美國國會圖書館、哥倫比亞大學圖書館，日本國會圖書館、内閣文庫、東洋文庫等處收藏明刻清修本。

078
## 重刊校正唐荆川先生文集十二卷（存卷一至十）

T5416　0422

《重刊校正唐荆川先生文集》十二卷，明唐順之撰。明嘉靖三十二年（1553）葉氏寶山堂刻本。存十卷（卷一至十）。七册。框高 21.4 厘米，寬 14.4 厘米。半葉十行二十字，四周單邊，白口，單魚尾。版心中鎸"荆川文集"及卷次。

卷端未題著者。書首有嘉靖己酉（二十八年，1549）王慎中《重刊校正唐荆川文集序》，後鎸"嘉靖癸丑書林葉氏武進梓行"牌記二行，癸丑爲嘉靖三十二年；次《重刊校正唐荆川先生文集卷目錄》。

唐順之（1507—1560）字應德，一字義修，世稱荆川先生，明武進（今屬江蘇常州）人。嘉靖十八年（1539）進士，授庶吉士，調兵部主事，任翰林編修校歷朝實錄，因諫罷職，起任職方郎中，視師浙江，屢破倭寇，遷僉都御史，泛海巡行至南通病卒，追謚文襄。於學無所不精，善古文。《明史》卷二百五有傳。

唐順之學問淵博，留心經濟，自天文、地理、樂律、兵法以至勾股、壬奇之術，無不精研，欲以功名見於世，然終以文章傳。《四庫全書總目提要》謂其文章法度俱見《文編》一書，所錄上自秦漢以來，而大抵從唐宋門庭沿溯以入，故無描摹比擬之弊，屹然爲明中葉一大宗。

唐順之詩文在其生前即已編刊，初由無錫安如石刻於嘉靖二十八年，王慎中《序》云："無錫安君如石子介，慕君之學，得其所爲詩文彙而刻之，以與同好者共。安君之趣尚如此，豈凡人之所及哉？"此刻後不久又有嘉靖三十二年三衢葉氏寶山堂刻本、嘉靖三十四年（1555）金陵書林薛氏刻本、明萬曆天啓時金陵唐國達刻本，及萬曆元年（1573）純白齋刻本。除純白齋刻本重新釐定爲十七卷外，其餘均爲十二卷。諸本皆有王慎中序，蓋皆依據安如石刻本重加校刊，其中前三種十二卷本行款相同，字形相近，葉氏、薛氏刻本都有類似的刊刻牌記及告白，但正文仍爲各自刊板。葉氏寶山堂刻本於王慎中序後鐫“嘉靖癸丑書林葉氏武進梓行”；卷十二鐫“嘉靖癸丑仲冬浙江葉寶山堂”；目録後鐫告白：“是集因無錫板差訛太多，乃增削校正無差，謹告四方賢明士大夫君子，須認此板三衢葉寶山堂爲真，故稟”。薛氏刻本則將目録後牌記改爲“嘉靖乙卯書林□□□刊印行”；將目録後告白之“三衢”改爲“金陵”，之後文字全削去。

此本祇存前十卷，書估又將目録十卷以後文字裁去，再接以目録末葉之“重刊校正唐荊川先生文集目録終”，佯充完本。書中僅存王慎中序後牌記。

《四庫全書總目》入集部別集類。《中國古籍善本書目》著録中國國家圖書館、上海圖書館、山東省圖書館等十七家收藏。知中國臺北“國家圖書館”，美國國會圖書館、哈佛大學哈佛燕京圖書館、普林斯頓大學圖書館，日本内閣文庫、東京都立中央圖書館收藏。

鈐“風樹亭藏書記”朱文長方印、“生齋臺灣行篋記”朱文方印，曾爲李宗侗收藏。

079

### 重刊校正唐荊川先生文集十七卷外集三卷附録一卷（缺附録一卷）

T5416　4222

《重刊校正唐荊川先生文集》十七卷《外集》三卷，明唐順之撰；《附録》一卷。明萬曆元年（1573）純白齋刻本。存二十卷（《文集》十七卷、《外集》三卷）。十二册。框高 20.5 厘米，寬 14.5 厘米。半葉十行二十字，左右雙邊，白口，單魚尾。版心中鐫“荊川文集”及卷次。

卷端未題著者。書首有嘉靖己酉（二十八年，1549）王慎中《重刊校正唐荊川文集序》（缺葉一），序後鐫“萬曆元年孟春吉旦重刻於純白齋”一行；次《重刊荊川先生文集目録》。《外集》首有《新刊荊川先生外集目録》。

唐順之（1507—1560），參見《重刊校正唐荊川先生文集》（078，T5416 0422）。

據王慎中序後牌記，知此爲萬曆元年純白齋刻本。是書重新釐定唐順之詩文爲《文集》十七卷又《外集》三卷。原有唐順之外孫史慎行題識，此本闕。

《四庫全書總目》集部別集類收録嘉靖二十八年安如石刻本。《中國古籍善本書目》著録上海圖書館、南京圖書館、山東省圖書館等二十八家收藏是刻。知中國臺北"國家圖書館"、臺北"中央研究院"傅斯年圖書館、香港大學馮平山圖書館、香港中文大學圖書館，美國國會圖書館收藏。

鈐"黟山李氏藏書"朱文方印、"芸樓"朱文方印，"于氏天尺樓藏書之印"朱文方印。又鈐"風樹亭藏書記"朱文長方印、"李宗侗藏書"朱文方印，曾爲李宗侗收藏。

## 080
### 胡莊肅公文集八卷（存卷一至七）

T5417　4243

《胡莊肅公文集》八卷，明胡松撰。明萬曆十三年（1585）胡樞刻本。存七卷（卷一至七）。七册。框高20厘米，寬13.7厘米。半葉十行二十字，左右雙邊，白口，單魚尾。版心上鐫"胡莊肅公集"，中鐫卷次，下偶鐫字數、刻工。

卷端題"滁陽胡松著；南城縣儒學訓導錢時雨、新淦縣儒學訓導姚翼、新建縣儒學訓導黃約校正"。書首有隆慶六年（1572）徐栻《胡莊肅公文集序》（缺葉三）、未署年周弘祖《胡莊肅公文集序》、嘉靖庚申（三十九年，1560）薛應旂《胡氏集序》、嘉靖庚申李燧《刻胡氏集序》、嘉靖庚申徐九皋《胡莊肅公文集序》、嘉靖庚申唐樞《胡莊肅公家藏續集序》、嘉靖己未（三十八年，1559）趙時春《胡莊肅公東遊稿序》、嘉靖辛亥（三十年，1551）凌約言《胡莊肅公東遊稿序》、嘉靖辛丑（二十年，1541）鄔宗源《胡莊肅公南浮藁序》、嘉靖庚戌（二十九年，1550）趙大綱《重刻胡莊肅公南浮稿序》、嘉靖辛酉（四十年，1561）徐獻忠《胡莊肅公西征集序》、嘉靖四十年（1561）田汝成《胡莊肅公浙垣稿序》、嘉靖辛酉徐渭《胡莊肅公浙垣稿序》、隆慶三年（1569）霍與瑕《胡莊肅公遺稿序》；次《胡莊肅公文集目録》。

胡松（1503—1566）字汝茂，號柏泉，明滁州（今屬安徽）人。嘉靖八年（1529）進士，知東平，歷南京禮部郎中、山西提學副使，上書言邊務稱旨因進左參政，一度削職，以屢薦起爲江西巡撫，援閩破倭，陞兵部左侍郎，纍官至吏部尚書，卒謚莊肅。著《滁州志》《唐宋元名表》等。《明史》卷二百二有傳。

胡松詩文曾在其生前刊刻多種，是書彙集衆書，重新釐爲文六卷、詩二卷。據是刻卷前所保留此前刻本諸序，可知《東遊稿》曾於嘉靖三十八年（1559）刊刻，《南浮稿》曾於嘉靖二十年刊刻、嘉靖二十九年重刊，《西征集》《浙垣稿》曾於嘉靖四十年刊刻。隆慶三年王復齋彙總各集并胡氏家刻文集合刊，霍與瑕《序》述刊刻事云："公文集刻于家者曰《胡氏集》、曰《東游稿》，刻于楚者曰

《南浮集》，刻于秦晋者曰《西征集》、曰《愚忠疏草》，刻于江浙者曰《浙垣稿》、曰《督撫奏議》等書。迭出互見，未會大全，而其他散逸者尤多。王侍御復齋公按滁訪尋，得遺文古風近體詩三百六十九首、叙六十四首、記一十五首、雜著一十七、志銘表傳一十八、祭文六、書柬一百八十八，付李州守刊行。"隆慶六年江西巡撫徐栻再刻全集於省署，徐栻《序》云："遂謀諸按史雲門任公，取公門人少魯周學憲所詮次詩文若干，梓而行之，以學憲邵君亦公門下士也，屬之校讐，而余述其梗概云。"序中所言學憲邵君爲邵夢麟，作後序（此本闕）云："吾師莊肅公以著作名海内，其行於世者，若疏草、若奏議、若家藏、若《東遊》《西征》《南浮》《浙垣》諸稿皆有刻，未集厥成，覽者病焉。歲壬申（隆慶六年），會鳳竹徐公來撫江右……偶得侍御周少魯氏所編次公全集若干卷，復逌然以喜，謂可經世而詒遠也。乃協謀於代巡雲門任公，將梓以傳，命麟寔司校正之役。"

萬曆十三年（1585）胡氏後人胡楩再次重刊全集於家，并作後序（此本闕）云："先莊肅公文集，海内士大夫往往見索，顧篇帙散漫，未能歸一。時鳳竹徐公督撫江右，廼取少魯周公所編次者，刻之省署，凡前後遺稿，收拾近備。第道遠莫能多致，遂重梓之，藏於家，一以應不時之須，一以識弗忘之念。"胡楩（生卒年不詳）字汝嘉，胡松弟，以兄恩蔭除應天府，萬曆十年至十五年任寶慶知府，又陞廣西按察使，生平可參《［道光］寶慶府志》卷一百八。此爲萬曆十三年刻本，與臺北"國家圖書館"藏本相同，後者存有萬曆十三年胡楩序。卷端所題校正者皆爲江西縣學訓導，則是刻仍留隆慶六年徐栻刻本校正者姓氏。

刻工有元、唐、孔。

《四庫全書總目》存目著録《胡莊肅集》六卷、又《胡莊肅集》八卷。《四庫存目叢書》影印明萬曆十三年胡楩刻本《胡莊肅公文集》八卷。《中國古籍善本書目》著録北京大學圖書館、雲南省圖書館兩家收藏明萬曆十三年胡楩刻本。又知中國臺北"國家圖書館"，美國國會圖書館，日本内閣文庫、東京都立大學中央圖書館收藏。

鈐"潘氏所藏"白文方印。

081

**羅司勳文集八卷外集一卷**

T5417　6127

《羅司勳文集》八卷《外集》一卷，明羅虞臣撰。清乾隆刻本。三册。框高18.3厘米，寬14.2厘米。半葉十行二十一字，四周雙邊，白口，單魚尾。版心上鐫"司勳文集"或"司勳外集"，中鐫卷次。卷八分上、下。

卷端未題著者。書首有嘉靖辛丑（二十年，1541）冼桂奇《羅司勳集序》、未署年王漸逵《羅華原集序》、康熙己卯（三十八年，1699）馮國祥《羅司勳集序》；次《司勳羅原子傳》；次《羅司勳文集目錄》。末有未署年羅虞獻後跋、康熙辛卯（五十年，1711）羅應舉後跋、未署年羅國器後跋。

羅虞臣（1501—1545）字熙載，初號梧溪，又號華谷，復號華原，自稱原子，明順德（今屬廣東）人。嘉靖八年（1529）進士，補建昌推官，徵刑部主事改吏部，好剛疾惡，受誣被斥爲民，歸家纂述，與李開先等以文章氣節相高。生平參見《明史》卷二百十七、《［道光］廣東通志》卷二百七十九。

羅虞臣平生不屑爲詩，其文疏快有气，是書所收皆爲散體文章，卷六以下，則採錄家乘。虞臣早卒，其文先由其弟纂集刊刻，康熙年間又重修再刊。卷前王漸逵《序》謂："羅子沒後，其弟虞睿收其遺集，將梓以傳。"其弟羅虞獻跋云編輯刊刻事云："兄之文藁，掇拾讐校，彙爲八卷。家乘有《叙世》《年表》《譜塋》《祭田》諸篇，文多不載，第錄其傳及總論數首，宗儀篇無慮千百亦采其評斷補亡數章而已。有得自兄口授或拾於殘缺爲《外集》，野錄爲《別紀》，以嗣後梓。其餘集中不載者，舉論次其篇目，亦無忘兄之所著云爾。"清康熙三十九年（1700）羅氏後人羅秋芳曾重修是書，馮國祥《序》云康熙三十九年刊刻事云："偶門人羅子秋芳挾乃祖司勳公遺集問余爲序。余曰：'令祖公之集流傳已非一日，何至今子始問序耶？'羅子曰：'此重修也，祖集傳歷四世，幸而不磨，迄今猶爲聖朝所採覽，在當道亦多訪求。奈原版會癸卯寇燼，鮮得以應。嗟夫，先人之餘光幾沒于今日矣。爰是請命諸父兄召梓人刻之，因沐浴再拜，請吾夫子以序。'"

《四庫全書存目叢書》影印浙江圖書館藏清康熙五十年羅氏刊本，九行十八字，書末有羅應舉後跋。此本十行二十一字，增裔孫羅國器跋。據《［咸豐］順德縣志》卷二十五，羅國器與羅應舉爲同祖昆弟，皆大良（今屬廣東順德）人。國器字躍劍，號嶺南，雍正四年（1726）舉人；羅應舉字體遠，號榮岏，雍正二年（1724）舉人，各主講書院。則羅應舉、國器二人約略同時。再據書中避諱，是書乃乾隆時重刊，此本又爲修版後印。

"玄"易爲"元"、偶作缺筆，"弘"易爲"宏"、"曆"易爲"歷"，"寧"字不避。

《四庫全書總目》集部別集類存目。《中國古籍善本書目》著錄上海圖書館、浙江圖書館兩家收藏清刻本。知臺北"中央研究院"傅斯年圖書館收藏十行二十一字本；又知中國臺灣大學圖書館、美國華盛頓大學圖書館收藏康熙五十年序刊本，行款不詳。

082

## 滄溟先生集三十卷附録一卷

T5418　3632

《滄溟先生集》三十卷，明李攀龍撰；《附録》一卷。明刻本。十六册。框高22.3厘米，寬15厘米。半葉十行二十字，左右雙邊，白口，單魚尾。版心上鎸"滄溟集"，中鎸卷次，下鎸字數。

卷端題"濟南李攀龍于鱗撰"，奇數卷首校者題爲"晋陵張弘道成孺校"、偶數卷題"晋陵陳廷策元直校"。書首有隆慶壬申（六年，1572）張佳胤序；次《滄溟先生集目録》。

李攀龍（1514—1570）字于鱗，號滄溟，明歷城（今屬山東濟南）人。嘉靖二十三年（1544）進士，授刑部主事，歷官順德知府、陝西提學副使，浙江按察副使、河南按察使。倡導詩文復古，與王世貞爲明"後七子"領袖。著《滄溟集》，編《古今詩删》等。《明史》卷二百八十七有傳。

是集凡詩十四卷、文十六卷，墓誌銘、祭文、悼亡詩等爲《附録》一卷。明代文章，以前、後七子聲名最著，"後七子"以李攀龍爲冠。李攀龍殁後兩年，王世貞即爲之編輯刊刻文集，是爲隆慶六年（1572）刻本。李攀龍文集流傳頗廣，屢經刊刻，明刻即有十種，尤以萬曆年間爲多，各本内容亦略有不同。

此本經張弘道、陳廷策校，寫刻頗精。書末附録悼亡詩原至王伯稠，後補抄况叔棋詩四首。

《四庫全書總目》入集部別集類。《中國古籍善本書目》著録山東省圖書館、南京圖書館、四川省圖書館等十八家收藏。知中國臺北"國家圖書館"，美國哈佛大學哈佛燕京圖書館、普林斯頓大學圖書館，日本内閣文庫，韓國奎章閣收藏。

鈐"子貞"朱文方印、"何印紹基"朱文方印，曾爲清末何紹基收藏。何紹基（1799—1873）字子貞，號東洲居士、蝯叟、猨叟，清道州（今屬湖南永州）人，道光十六年（1836）進士，授編修，官四川學政，晚年主持蘇州、揚州書局，通經史、好金石、工書法，《清史稿》卷四百八十六有傳。又鈐"李宗侗藏書"朱文長方印、"易印漱平"白文方印，曾爲李宗侗夫婦收藏。


083

## 弇州山人續稿選三十八卷（存卷一至六）

T5420　8328

《弇州山人續稿選》三十八卷，明王世貞撰、明顧起元輯。明刻本。存六卷（卷一至六）。一册。框高21.4厘米，寬14.1厘米。半葉十行二十字，左右雙邊，白口，單魚尾。版心上鑴"續稿選"，中鑴卷次，下偶鑴刻工、字數。

卷端題"吳郡王世貞元美著；秣陵顧起元太初選；新都孫震卿百里校"。

王世貞（1526—1590）字元美，號鳳州、弇州山人，明太倉（今屬江蘇蘇州）人。嘉靖二十六年（1547）進士，授刑部主事，歷官河南按察副使、浙江右參政、山西按察使，官至南京刑部尚書。與李攀龍同爲"後七子"領袖，主張復古，晚年改倡博古通今。著述極富，有《弇州山人四部稿》《弇山堂別集》《藝苑卮言》等。《明史》卷二百八十七有傳。

王世貞詩文由其子搜輯刊刻於萬曆年間，成《弇州山人四部稿》《弇州山人續稿》二書，是書應爲後者之選集，刊刻時間定在其後。是刻原有三序（此本闕）：明王錫爵《弇州山人續稿選序》、劉鳳《王鳳洲先生弇州續稿選序》、焦竑《選弇州山人續稿叙》，前二者皆取自明萬曆吳郡王氏世經堂刻《弇州山人續稿》。其中王錫爵序云："公自司寇歸，病亟，哀所未刻，以付其少子駿。又沒，長子駕部君續其事，兩閱歲而集始成兌，是四部外又別集者出賈人手，稍增損駁亂其間，諸子乃戒諸同志，特就原槧訂疑刊謬，不欲以己意有所甲乙，於是尺蹏片牘、名山大川之藏畢登簡，而天下始覩公之大全。"

哈佛燕京圖書館藏本有書名葉鑴"顧太史發刻""新都孫氏梓"，與此本卷端題名互參，是刻應爲顧起元、孫震卿二人選刊。顧起元（1565—1628）名顧培，以字行，又字太初，號鄰初，明江寧（今屬江蘇南京）人。萬曆二十六年（1598）進士，授編修，纍官國子監祭酒、吏部左侍郎兼翰林院侍讀學士，卒諡文莊，博學多識，兼工詩文，著《説略》《客座贅語》《金陵古金石考》等。孫震卿生卒仕履不詳，據《［同治］饒州府志》卷十一僅知其爲明應天人，貢士。此本無序言、書名葉，有朱筆圈點批校。

刻工利。

《四庫全書總目》未收。《中國古籍善本書目》著録南京圖書館、浙江圖書館等十九家收藏。知中國臺北"國家圖書館"，美國哈佛大學哈佛燕京圖書館，加拿大英屬哥倫比亞大學圖書館，日本內閣文庫收藏。

鈐"精潭"朱文方印、"釋氏"白文方印、"此書一時藏在大師子吼林中"朱文方印。

084
## 徐文長文集三十卷四聲猿一卷（存文集三十卷）

T5422　2932

《徐文長文集》三十卷《四聲猿》一卷，明徐渭撰、明袁宏道評點。明萬曆四十二年（1614）鍾人傑刻本。有佚名朱筆批點。存《文集》三十卷。六冊。框高 20.9 厘米，寬 14.8 厘米。半葉九行二十字，四周單邊，白口，單白魚尾。版心上鐫書名，中鐫卷次。

卷端題"公安袁宏道中郎評點；門人閔德美子善校訂"。書首有未署年黃汝亨《徐文長集序》；次陶望齡《徐文長傳》、袁宏道《徐文長傳》；次《徐文長文集目錄》。書末附《補遺》一葉。

徐渭（1521—1593）字文清，更字文長，號青藤、天池，山陰（今屬浙江紹興）人。聰慧有才，而屢躓場屋，閩浙總督胡宗憲招爲幕僚，徐渭爲之抗倭出謀劃策，又作《獻白鹿表》，胡宗憲獲罪，徐渭佯狂自殺未遂，又因擊殺繼室下獄，出獄後縱情山水詩酒，潦倒以終。詩文書畫無所不能，自謂"書第一，詩次之，文次之，畫又次之"，其雜劇《四聲猿》、曲論《南詞叙錄》亦爲名作。《明史》卷二百八十八有傳。

是書收徐渭詩詞賦共十三卷、文十七卷。徐渭集原有《文長集》《闕篇》《櫻桃館集》三種，萬曆二十八年（1600）商濬合而刊爲《徐文長三集》二十九卷《四聲猿》一卷；萬曆四十二年鍾人傑刊刻袁宏道評點本《徐文長文集》三十卷《四聲猿》一卷，分卷、篇次與前者不同。

此本爲萬曆四十二年鍾人傑刻本，袁宏道評多附於篇題後，行間鐫圈點。卷前黃汝亨《序》云："鍾生瑞先嗜異人，常三復其集，因得中郎帳中本，遂喜而校刻之。"書末附《補遺》一葉，載詩三首：《寄登州蔡守備都使》《過許君草堂》《咏觀音蓮》。此本校刻者有閔德美、郝之璧、郝之璽、潘允宜、秦舜友、余允乾、章斐然、許爾京、鍾人傑九人，校者姓名分別題署於各卷首葉。袁宏道評點本又有另一明刻，未附《四聲猿》，將卷五至六校者郝之璧分別換爲閔德美、郝之璽，將卷十七至十八校者余允乾易爲秦舜友；虞淳熙序亦將作序時間"萬曆甲寅孟秋"一行剷去，較此本後刻。

《四庫全書總目》集部別集類存目。《四庫存目叢書》影印明萬曆四十二年鍾人傑刻本，《續修四庫全書》影印明刻本。《中國古籍善本書目》著錄中國國家圖書館、上海圖書館、浙江圖書館等四十一家收藏。又知中國臺北"國家圖書館"、臺北故宮博物院，美國普林斯頓大學圖書館，加拿大多倫多大學圖書館，日本內閣文庫、靜嘉堂文庫、東洋文庫等處收藏。此外，中國臺灣大學圖書館，美國國會圖書館、斯坦福大學圖書館、哥倫比亞大學圖書館、加州大學洛杉磯分校圖書館，德國巴伐利亞邦立圖書館著錄，但需再辨版本。

鈐"王璋之印"朱文方印。此爲勞費爾購書。

085

**徐文長文集三十卷四聲猿一卷（存文集三十卷）**

T5422　2932B

《徐文長文集》三十卷《四聲猿》一卷，明徐渭撰、明袁宏道評點。明萬曆四十二年（1614）鍾人傑刻本。存《文集》三十卷。八冊。框高 21 厘米，寬 14.8 厘米。半葉九行二十字，四周單邊，白口，單白魚尾。版心上鐫書名，中鐫卷次。

此本與 T5422　2932 同版。此本稍有漲版。較前本多出萬曆甲寅（四十二年）虞淳熙《徐文長集序》; 陶望齡、袁宏道《徐文長傳》移至書末。

鈐"古裏堂鑒藏印"朱文長方印，墨印"課虛責有"白文方印，"□門"朱文方印、"□瑞"白文方印。又鈐"李宗侗藏書"朱文長方印、"風樹亭藏書記"朱文長方印，曾爲李宗侗夫婦收藏。

086

**馮元成選集□□卷（存卷一至八）**

T5422　3261

《馮元成選集》□□卷，明馮時可撰。明刻本。存文八卷（卷一至八）。十八冊。框高 21.3 厘米，寬 14.3 厘米。半葉九行十八字，四周單邊，白口，間有單白魚尾、單黑魚尾。版心上鐫書名，中鐫類目，下鐫刻工。

卷端題"吳郡馮時可元成甫著"。書首有文集目錄。

馮時可（1546—約 1619）字元成，明華亭（今屬上海）人，馮恩之第八子。隆慶五年（1571）進士，授刑部主事，纍官浙江按察使。有文名，著《西征集》《北征集》《寶善編》《藝海泂酌》《五經諸解》等。生平參見《［嘉慶］松江府志》卷五十四。

馮時可集曾梓行於粵，因卷帙繁多又刊爲選集。《［乾隆］華亭縣志》卷十五著録《馮元成全集》，蓋即全本。《四庫禁燬書叢刊》影印上海圖書館所藏明刻本《馮元成選集》八十三卷，首有未署年蔡復一《馮元成先生文集序》、任弘道《馮元成先生選集序》（殘缺）。其中蔡《序》云："先生以爲知言，使爲文集序。"以文意推之，蔡序乃受馮氏之請爲文集所撰。據《［乾隆］福建通志》卷四十五，蔡復一（1576—1625）字敬夫，同安（今屬福建廈門）人，萬曆二十三年（1595）進士，授刑部主事，出爲湖廣參政，擢兵部侍郎，卒於平越軍中，諡清憲。以馮時可、蔡復一生卒年推之，馮集應刊於萬曆年間。後任弘道删選其文，任《序》云："馮元成集已梓於粵，卷帙太繁，不便兼兩。不佞特爲選其尤者，可五之一。内有文極工而出於應酬，其人不能當；或有觸時忌，董狐之筆太峻者，余皆置之，僅若干卷；其志、表、誄、祭、言等項，非學者所急，亦未錄。"任弘道，生平無考。上海圖書館藏本題爲"選集"，但仍收錄志、祭各一卷，表、誄若干篇，蓋略作保留。

此本與明刻八十三卷本《馮元成選集》收文數量及編次均不同。此本存馮時可文八卷，基本以文類分卷，卷一爲志，卷二爲序，卷三爲記，卷四爲論、說、贊，卷五爲書、啓，卷六至七爲傳，卷八爲《滇行紀聞》；每類所收篇章少於八十三卷本，如此本收六十八篇序，八十三卷本收序五卷一百八十一篇。二本字體相近、行款相同，但八十三卷本版心鐫卷次，此本版心鐫文類、無卷次；此本行間鐫圈點，八十三卷本無；二本之刻工亦不同，八十三卷本之承、字、蔡元、黃輝等人，此本皆未見。

美國普林斯頓大學圖書館亦藏是書，未標卷次，每一類目葉數自爲起訖，其類目爲：序、志、書、啓、記、論、說、贊、傳、賦、五言古、七言古、五言絶、七言絶、五言律、七言律，殿之以《滇行紀聞》，各文類順序與此本不同。然此本每卷首葉之卷數，有明顯補刻痕跡；卷前之總目錄，版框略小於正文，亦當爲補刻。此本應經過重新編次，并在每卷首葉增標卷數；而其版心仍保留文類名而不加卷次。其所據舊本或即是普林斯頓大學圖書館所藏之以文類編次、不標卷次之版本。據字形風貌等特徵推斷，此版仍爲明刻。普林斯頓大學藏本有蔡復一序，又收詩、賦，此本皆無。

馮時可集爲清代禁書，列入《全燬書目》。《清代禁書知見錄》所著錄"馮元成詩集七卷文集七卷""馮元成選集三十卷"，皆未見傳世。

刻工有衡州面、游光（光）、王、彭、晨（游晨）、舜（游舜）、思（游思）、辰（游辰）、宗（劉宗圣）、肖、俊、鼎、文（宋文、宋）、相、永、八、大、仕、才（志才）、劉、一（吉水羅一桂、羅一桂、一桂）、奎（易印奎）、惠、中（熊中）、十、大八、昌（劉昌）、游貴（貴）、郭八、鴻、浩、龙、云、厚、四、勝礼（勝、礼）、川、立、湘、重、熊中、淳、尚、玉、洪、郡、方、沖、熊文宗、芳、泮、智、二。

《四庫全書總目》未收，《四庫禁燬書叢刊》影印明刻八十三卷本。《中國古籍善本書目》著錄上海圖書館等六家收藏明刻八十三卷本，未著錄此版。海外僅知美國芝加哥大學圖書館、普林斯頓大學圖書館收藏是書。

鈐"詔平所藏"朱文方印。

087

**選余食其藁遺□卷（存卷一至二）**

T5422　8981

《選余食其藁遺》□卷，明余養元著。明萬曆刻本。存二卷（卷一至二），有缺葉。二冊。框高 20.1 厘米，寬 13.8 厘米。半葉九行十八字，小字雙行同，四周單邊，白口，單魚尾。版心上鐫“余食其藁遺”，中鐫卷次、文類。

卷端著者殘，卷二首葉題“新安余養元食其甫著”。

余養元（生卒年不詳）字食其，明婺源（今屬江西上饒）人，諸生，工古文詞，嘗與朱貞吉、李惟寅、屠緯真結詩社，與其弟羡元俱有文名，著《貨殖傳》《秣陵集》《今言》《詩文遺稿》。主要活動於嘉靖、萬曆年間，曾爲明萬曆十年（1582）婺源汪氏刻本《大明同文集舉要》、明萬曆十三年（1585）張光曜刻本《史記拔奇》作序。生平可參《〔民國〕重修婺源縣志》卷二十三。

余養元著述，僅《千頃堂書目》著錄《秣陵集》。是書當爲縣志所謂“詩文遺稿”，未見各書著錄。卷端正文前題“詩部”，則此書還應有“文部”；此本第一卷收五言古風、七言古風，第二卷收五言律詩、七言律詩、五言排律、五言絕句（首葉缺）、六言絕句、七言絕句，此二卷當已收全各體詩歌。據版刻風格及紙張，此應爲明萬曆刻本。

《四庫全書總目》未收。未見其他收藏機構著錄。

鈐“生齋臺灣行篋記”朱文方印，曾爲李宗侗收藏。

088

**錦帆集四卷**

T5425　8442

《錦帆集》四卷，明袁宏道撰。明萬曆年間刻袁使君集本。四冊。框高 20.1 厘米，寬 14 厘米。半葉九行十八字，左右雙邊，白口，單白魚尾。版心上鐫書名，中鐫卷次。

卷端題“公安袁宏道中郎著；太倉曹子念以新校”。書首有未署年江盈科《錦帆集序》，序末署“友人江盈科題；治民周善繼書”。書末有萬曆癸卯（三十一年，1603）錢希言《重刻袁使君錦帆諸集叙》（缺首葉），後鐫“吳郡章鏞鋟”（此本“鋟”字殘缺）。卷二末鐫“勾吳袁叔度無涯甫重校于法水院之清蔭堂”三行，下鐫墨色白文方印“袁叔度印”。

袁宏道（1568—1610）初字孺修，更字中郎，號石公，又號六休，明公安（今屬湖北荆州）人。萬曆二十年（1592）進士，二十三年（1595）選吳縣知縣，二十五年（1597）改順天府教授，遷國子監助教、禮部主事，官至稽勳郎中。反對當時模擬之風，主張獨抒性靈，與兄宗道、弟中道并稱"三袁"，爲公安派首領。著作輯爲《袁中郎全集》。《明史》卷二百八十八有傳。

是書收袁宏道任吳縣知縣二年間詩文，卷一爲詩，卷二爲叙述、雜著，卷三、四爲尺牘。卷前江盈科《序》云："乙未（萬曆二十三年）之歲，余友中郎袁君來宰吳（按，此本"吳"字殘缺），殫力圖民，昕夕拮据，憔悴之衆，賴以頓蘇。踰明年，君以過勞成疾，上書乞歸，凡七請乃得解政去。君性超悟，深於名理，才敏紗嫺，扵詞賦第一。行作吏都，成廢閣間，或觸景起興，感事攄辭，有所題咏撰著，越二年，亦遂成帙。其行也，友人方子公稍稍裒次，付諸梓，問題扵君，君自標曰《錦帆集》。"由江序可知，是集初由方子公約輯刊於萬曆二十五年；萬曆三十一年（1603）錢希言《叙》謂"竭其搜討於七年之後"再刻，由作序時間上推七年亦爲萬曆二十五年左右，可作旁證。

此後萬曆三十六年（1608）至三十八年（1610），袁氏書種堂陸續刊刻《瀟碧堂集》二十卷、《瓶花齋集》十卷、《錦帆集》四卷附《去吳七牘》一卷、《解脱集》四卷、《敝篋集》二卷、《廣莊》一卷，均爲寫刻，其中《錦帆集》刊刻於萬曆三十七年（1609）。另外，袁氏卒後又有全集若干種刊行。萬曆三十七年袁氏書種堂刻《錦帆集》特徵如下：寫刻；卷端題"石公袁宏道中郎撰；西陵陳以聞無異閲"；江盈科《序》在序題後署"桃源友弟江盈科進之撰"，序末署"萬曆己酉（三十七年）嘉平月朔門下士文謙光書"；目録後鐫"萬曆己酉秋匊吳袁氏書種堂校梓"二行、各卷末均鐫"門人袁叔度無涯校梓；吳士冠相如手書"。

袁氏書種堂所刻六種多署"陳以聞無異閲""吳士冠相如手書"字樣。陳以聞（生卒年不詳）字無異，麻城（今屬湖北）人，進士，萬曆三十六年至三十八年（1610）任吳縣縣令（《[崇禎]吳縣志》卷三十一）；吳士冠（生卒年不詳）字相如，蘇州人，山水墨花頗有別趣（《[民國]吳縣志》卷七十五上）。則袁氏所刻此六種乃冠以地方官姓名，延請書畫名家手書上版。明萬曆刻《袁中郎先生全集》二十三卷有萬曆四十七年（1619）袁中道序云："先是家有刻，不精。吳刻精而不備。"崇禎二年（1629）佩蘭居刻《袁中郎全集》四十卷有楊汝楫撰《新刻鍾伯敬增定袁中郎全集緣起》云："吳郡六集、嘉禾十集各爲繡梓，不相統一，購者憾焉。"萬曆三十六至三十八年袁氏書種堂所刻，當即上述二序所謂之"吳刻"精本、"吳郡六集"。

除萬曆三十七年刻本之外，《中國古籍善本書目》又著録河南省圖書館藏明刻本《錦帆集》、天一閣博物館藏明萬曆三十三年刻《袁使君集》十四種五十七卷。後者存十二種三十六卷，包括《錦帆集》四卷、《廣陵集》一卷、《桃源詠》一卷、《廣莊》一卷、《瓶花齋集》十卷、《解脫集》四卷、《華嵩游草》二卷、《觴政》一卷、《破研齋集》三卷、《瓶史》一卷、《敝篋集》二卷、《袁石公遺稿》六卷。河南省圖書館藏《錦帆集》，與天一閣藏《袁使君集》行款版式相同；錢希言《叙》版心上鎸 "袁使君集"、中鎸 "總序"，當即《袁使君集》零本。此外，又知美國國會圖書館藏明萬曆刻本《錦帆集》。

根據河南省圖書館藏本之著録信息、美國國會圖書館藏本之全文影像與芝大藏本比對，知三者爲相同版本，特徵如下：卷端均題 "太倉曹子念以新校"；卷二末鎸 "勾吳袁叔度無涯甫重校于法水院之清蔭堂"（河南省圖書館藏本未著録）、卷四末鎸 "勾吳袁叔度無涯甫重校于城南蘭若"（此本殘缺，其他二館藏本均有）；錢希言《叙》末鎸 "吳郡章鏞鋟"（此本殘缺 "鋟" 字，美國國會圖書館藏本缺錢序）；錢希言《叙》版心上鎸 "袁使君集"。芝大藏本錢希言《叙》僅存第二、三葉且版心殘缺，但與書中其他葉版心所鎸 "錦帆集" 比較，可辨出版心上方確爲四字。袁叔度（生卒年不詳）字無涯，明吳郡（今江蘇蘇州）人，事跡無考，據書中錢希言《叙》僅知其曾受學於袁宏道。

袁叔度彙集刊刻《袁使君集》當歷時多年。芝大藏本末萬曆三十一年錢希言《叙》云："余友袁無涯者，讀先民書，修居士行，里中佳公子也。昔稍受知使君門下，使君去，手其遺文不忍釋，既乃慨流傳之弗廣。……乃益鳩其所鋟諸編，一一校而新之。" 揣其文意，袁叔度此次校刻乃是其第一次彙刻。錢《叙》又謂："謂不肖獲奉使君周旋所嘗稱國士者，屬序《錦帆》一集以爲前茅……《錦帆》四卷，尺牘雜著寂佳，《解脫》四卷，樂府五言紗絶"，則此次袁叔度至少校刻《錦帆集》《解脫集》二種，而《錦帆集》爲諸本中首先付梓者。今確存相同版式之《解脫集》（中國科學院文獻情報中心、美國普林斯頓大學圖書館收藏，後者并附《瓶史》一卷），卷端題 "柞林袁宏道中郎撰；綠蘿江盈科進之校"；卷前有萬曆癸卯（三十一年）江盈科《序》；書末鎸 "勾吳袁叔度無涯甫重校于維室"，其作序時間、卷端署名方式、卷末校刊條記文字均與此本類似。而天一閣藏《袁使君集》中之《袁石公遺稿》，理應爲袁宏道卒後（萬曆三十八年，1610）收入，頗疑其著録爲 "萬曆三十三年" 刻本有誤。

此爲《袁使君集》零本。《錦帆集》卷二、四末均鎸 "勾吳袁叔度無涯甫重校" 字樣，當經袁叔度重校。此本之編次、文字亦與萬曆三十七年精刻本有所不同。首先，此本較萬曆三十七年本多出六篇：詩《題劉生》，文《荷花蕩》《歲時紀異》《題泗州寺疏文後》，書牘《家報》（天下奇人聚京師者）、《龔惟長先生》；而此本之《光福》《與友人論時文》兩篇實即《虎山橋》《諸大家時文序》。其次，二本文字互異頗多，其中卷一《出燕別大哥三哥》，萬曆本訛作"大哥二哥"，此詩乃袁宏道別兄弟所作，因袁宏道行二，此本之"三哥"應是。是刻之重校，當在萬曆三十七年精刻本之後。

綜合諸端，袁叔度蓋曾校刻兩套袁宏道集：萬曆三十六至三十八年袁氏書種堂刻本爲統一體式、請良工寫刻之精本；萬曆三十一年開始刊刻的《錦帆》諸集，乃陸續校刻而種數較多之全集，且在最後彙集刊成後又經校勘。此中推論諸端，如能獲見天一閣所藏《袁使君集》原書，或可釋疑。

《四庫全書總目》未收。《續修四庫全書》影印明萬曆三十七年袁叔度書種堂刻本。《中國古籍善本書目》著録河南省圖書館收藏明刻本，應即《袁使君集》十四種五十七卷零本；天一閣博物館收藏《袁使君集》（缺二種）。又知美國國會圖書館、日本內閣文庫藏此《錦帆集》零本。

鈐"碧玉州"朱文方印。又鈐"風樹亭藏書記"朱文長方，曾爲李宗侗收藏。

089

## 檀園集十二卷

T5427　4434

《檀園集》十二卷，明李流芳撰。明崇禎刻清康熙二十八年（1689）陸廷燦補刻重修嘉定四先生集本［四庫底本］。六冊。框高18.9厘米，寬12.8厘米。半葉九行十八字，小字雙行同，左右雙邊，綫黑口，無魚尾。版心中鐫書名、卷次、類目。

卷端題"嘉定李流芳長蘅甫著；孫聖芝、曾孫巽參重校；後學陸廷燦扶照重訂"。書首有康熙未署年徐秉義《重刻檀園集序》、崇禎二年（1629）謝三賓《檀園集原序》、崇禎二年李宜之《檀園集後序》。有分卷目録。

李流芳（1575—1629）字茂宰，一字長蘅，號滄庵、慎娛居士，明嘉定（今屬上海）人。萬曆三十四年（1606）舉人，因會試屢次不第，歸里築檀園讀書。善詩文，工書畫，與唐時升、婁堅、程嘉燧并稱"嘉定四先生"。《明史》卷二百八十八有傳。

明崇禎時，嘉定知縣謝三賓輯嘉定唐時升、婁堅、程嘉燧、李流芳四人集，刊爲《嘉定四先生集》，包括婁堅《吳歈小草》十卷、《學古緒言》二十五卷，程嘉燧《松園浪淘集》十八卷、《松園偈菴集》二卷，李流芳《檀園集》十二卷，唐時升《三易集》二十卷。其中《檀園集》爲李流芳生前手訂。是書卷前謝三賓《序》述崇禎刊刻事云："予爲嘉定之三年，始謀刻四家文集。於時長蘅已病卧檀園，予躬致藥餌，登床握手，長蘅爲强起，盡出所著作，手自芟纂，得詩

117

六卷、序記雜文四卷、畫册題跋二卷，合十二卷，題曰《檀園集》，授其姪宜之以應予之請，遂刻自《檀園集》始。明年正月長蘅沒，予哭其家，爲經紀其喪，唏噓不能去，已而刻成，因爲之序。"

康熙二十八年（1689），陸廷燦重刻《檀園集》，并陸續刊刻其餘三先生書。是書徐秉義《序》述康熙再刊事云："先生所著《檀園集》十二卷，崇禎二年己巳邑侯謝公彙刻四家集行世。四家者唐叔達、婁子柔、程孟陽及長蘅也。兵燹後，《檀園集》板已毁廢，今康熙二十八年己巳，陸生扶照重遵原本刻之。"又，康熙刻《嘉定四先生集》有康熙三十三年（1694）宋犖序、康熙三十四年（1695）陸廷璧跋，知四集最後刊成於康熙三十四年。哈佛大學哈佛燕京圖書館所藏康熙刻《檀園集》有佚名後序（此本闕）述四集次第刊刻云："乙酉（順治二年，1645）之亂，李氏被禍最酷。……檀園既成劫灰，梨棗亦無復孑遺矣。婁思修，兵死無後，其板析而爲薪，所存不能什二。唐、程二集幸無恙，金治、文渭師兄弟復爲程刻《耦耕堂集》以續之。唐遺稿尚多，惜無人爲之補刻。遠近來購四先生集者，久有缺逸之歎。吾宗開倩暨其伯子扶照，嗜古好學，慨然以復舊爲己任，因遂捐金。先校李集付諸梓，將次第及於婁之缺板、唐之續稿，以成大觀。"據此序知康熙二十八年所刻《檀園集》乃李氏後人及陸廷燦據崇禎本校後重梓，其餘三集則爲補刻重修。陸廷燦（生卒年不詳）字扶照，清嘉定（今屬上海）人，歲貢，康熙五十六年（1717）任崇安（今屬福建南平）縣令，著《續茶經》。

此爲四庫底本，首葉上方鈐滿漢文"翰林院印"，書中有四庫館臣校箋及批注，且刻印清晰、保存完好。館臣校注一是有關內容之擇取，如謝三賓《序》題下注"此序抄"，其餘二序皆注"不抄"；末篇《題畫册付兒子杭之》，書眉注"不必寫"，文淵閣四庫本皆依注抄録。二是文字之校正、補缺，如卷一《題畫再送王平仲》詩有"只尺不得濟"句，箋條注云"只應改作咫"，四庫本依箋注改；書中墨釘、缺字亦已補齊。三是提示某些文字應避諱，如卷七《徐陵如制義序》中"東靖□氛西平黔孽"一句前後用墨筆括出，四庫本改作"指揮貔貅建續疆場"。四是對抄寫版式的提示，如原書"朝"字前有空格，卷七箋條注云"朝字接寫不必空"；又如卷七葉十七在書眉小字寫"十六"，并於第五行"還"字旁著點，此字爲四庫本第十六葉末字，第七卷葉十七至二十六皆作此標記，表明此本曾與四庫本對校。然四庫本在補缺字、墨釘時，未全依此本，如卷一《南歸詩》（聞警）有三處墨釘，原文作"傳聞■渡河""一朝化■■"，四庫本改爲"傳聞多警急""一朝血沙場"，則四庫本補字時應曾參照他本。另外，卷九葉五《許母陸孺人行狀》中有"子永思孫男七人"句，此葉書眉粘一白色箋條寫"孫男當作六人”，然此箋條紙張、字跡與其他箋注不同，四庫本亦未改此處文字。

“玄”字或有缺筆。

《四庫全書總目》入集部別集類。《中國古籍善本書目》著録北京大學圖書館、上海圖書館、南京圖書館等五家收藏康熙刻《嘉定四先生集》全帙，另有六家藏殘本。又美國哈佛大學哈佛燕京圖書館、柏克萊加州大學圖書館著録康熙刻《嘉定四先生集》全帙；中國臺北“國家圖書館”，日本東洋文庫、大阪大學圖書館，韓國奎章閣收藏此康熙刻《檀園集》零本。

鈐滿漢文“翰林院印”朱文大方印。

090

**史忠正公集四卷首一卷末一卷**

T5429　5013B

《史忠正公集》四卷，明史可法撰；《首》一卷《末》一卷。清乾隆四十九年（1784）教忠堂活字印乾隆五十三年（1788）重印本。三册。框高 18.8 厘米，寬 13.3 厘米。半葉十行二十一字，小字雙行同，左右雙邊，白口，單魚尾。版心上鐫書名，中鐫卷次。

卷端題“曾孫山清敬輯；元孫開純、友慶恭校”；首一卷題“江南揚州府甘泉縣學生員臣史開純恭録”。書名葉欄内題“史忠正公集”“教忠堂藏板”。首一卷爲《賜謚諭旨》《欽定聖朝殉節諸臣録》等朝廷製作；末一卷附傳記、像贊、祭文等名人題詠。各卷有分卷目録。書末有甲辰（乾隆四十九年）史開純識語、乾隆五十三年（1788）顧光旭《史忠正公集後序》。

史可法（1601—1645）字憲之，一字道鄰，明祥符（今屬河南開封）人。崇禎元年（1628）進士，授西安推官，屢歷軍伍，南明弘光朝拜兵部尚書，督師淮陽抗清，城破遇難，謚忠靖，清乾隆時賜謚忠正。《明史》卷二百七十四有傳。

史可法在明末誓師勤王、抗清死節，清初未刊其集。乾隆四十年（1775），清帝嘉賞之，并賜謚忠正，其子孫遂編輯遺稿刊印。卷末有乾隆四十九年史可法玄孫開純識語云：“公之大節固不待文章傳，然亦散佚不可多得。謹就先府君所付遺稿分編列爲四卷，敬繕宸章冠諸卷首，而以史志、記贊、題辭附焉。編次既定，付之剞劂。”卷末乾隆五十三年（1788）顧光旭《後序》云：“戊申（乾隆五十三年）八月杪……（公之裔孫開純、友慶）明日復踵門來謁，出公全集，屬光旭爲序。”揣二序文意，是集於乾隆四十九年刊印，五十三年顧氏之序應爲後作，再印時補入。

《續修四庫全書》據復旦大學藏清乾隆四十九年史開純刻本影印，與此本不同。復旦大學藏本多出詩文共六篇：首一卷之《勅賜專諡文》，卷二之《致給諫倪某》《與雲間諸紳》，卷四之《送管誠齋少宗伯同年歸里》《偶成》詩二首及《爲天下得人者謂之仁》文一篇，多出的篇章除首一卷一篇之外，餘皆置於卷末或某文類之末。又卷二之《欽定勝朝殉節諸臣錄》篇，芝大藏本正文僅七行，而復旦大學藏本正文有二十五行。二本字體相似但不同，文中避諱字寫法亦不同，如芝大本"曆"易作"歷"、復旦大學本作"歷"，芝大本之"寧"字未避而復旦大學本均作"甯"。綜合內容及諱字情況，芝大藏本應爲乾隆五十三年印本；復旦大學藏本應爲後來增刻，重刻時間或已至咸豐年間。芝大藏本中文字多處有歪斜情況，爲活字印本。

"玄"易爲"元"、"弦"等字缺筆，"曆"易爲"歷"，避康熙、乾隆兩朝帝諱。

《四庫全書總目》未收。《續修四庫全書》影印本著錄爲清乾隆四十九年史開純刻本。《中國古籍善本書目》著錄包括復旦大學在內的五家收藏清乾隆四十九年教忠堂活字印本。又知中國臺北故宮博物院，美國柏克萊加州大學圖書館，日本內閣文庫、東京都立中央圖書館、東京大學東洋文化研究所，韓國成均館大學圖書館著錄。

鈐"海豐吳氏藏書"朱文方印，曾爲清末吳重憙收藏。吳重憙（1838—1918）字仲懌，號石蓮，吳式芬次子、陳介祺婿，清山東海豐（今屬濱州）人，清同治元年（1862）舉人，爲袁世凱受業師，歷官陳州知府、福建按察使、江寧布政使、直隸總督総督、河南巡撫等。好藏書，精鑒賞，著《吳氏文存》，輯《九金人集》等。又鈐"劉偉强"朱文方印。

091

### 陶菴文集七卷補遺一卷吾師錄一卷自監錄四卷詩集八卷補遺一卷首一卷末一卷

T5429　4839

《陶菴文集》七卷《補遺》一卷《吾師錄》一卷《自監錄》四卷《詩集》八卷《補遺》一卷，明黃淳耀撰；《首》一卷《末》一卷。清乾隆二十六年（1761）陶廣文寶山學署刻本。八冊。框高17.6厘米，寬13.8厘米。半葉十行二十二字，小字雙行同，左右雙邊，白口，單魚尾。版心上鐫"陶菴文集"或"陶菴詩集"，中鐫卷次及文類。

《文集》《詩集》卷端未題著者。《文集補遺》卷端題"溧水後學陶應鯤澹泉輯；寶山後學顧言行二嘉、張江霞耀川、沈秉鐸德宜、程芳銘新三同校"；《自監錄》卷端題"溧水後學陶應鯤澹泉編次；寶山後學華文源崑發、申玉言世則、施培元孟球、范文焕煇如同校";《詩集補遺》卷端題"溧水後學陶應鯤澹泉輯；寶山後學戴集南皋、范起鳳紫庭、林鼎銘寶箴、毛思正又葨同校"。書名葉分二欄，右題"黃陶菴先生全集"，左題"寶山學藏板"。首一卷收乾隆辛巳（二十六年）沈德潛《重刻黃陶菴先生全集序》、乾隆辛巳王鳴盛《黃陶菴先生重刻全集序》、《明史·儒林傳》黃淳耀傳、辛卯（順治八年，1651）侯元泓《行狀》、辛巳（乾隆二十六年）陶應鯤《陶菴記略》；次《陶菴全集總目》，《文集》《詩集》各有詳目，《文集》目錄後有《陶菴全集姓氏》，實應爲卷首内容。末一卷收侯玄洔、張懿實、侯榮三人分撰《原跋》，丙辰（康熙十五年，1676）男黃望、弟黃流耀、黃洪耀、姪黃瑩、甥趙撰共撰識，辛巳（乾隆二十六年）曾孫黃正儒、元孫黃謙吉、黃爨倫共撰識，後學汪嘉濟、陶應鯤、張江霞三人分撰《新跋》，又收《偉恭詩附》，并康熙癸未（四十二年，1703）後學侯開國《跋》，末爲《黃偉恭傳》。此書《文集補遺》原未分卷，但分爲書序雜著、論表策兩部分，各自於首葉題撰校者。

黃淳耀（1605—1645）初名金耀，字蘊生，號陶菴、水鏡居士，明末嘉定（今屬上海）人。崇禎十六年（1643）進士，不受官，南明弘光元年（1645）清兵圍城，與侯峒率民堅守，城陷後與其弟淵耀自縊死，門人私諡貞文。著《山左筆談》等。《明史》卷二百八十二有傳。

黃淳耀深湛經術，《四庫全書總目提要》謂"文章和平溫厚，矩矱先民；詩亦渾雅天成，絕無懦響"。其诗文最初由陸翼王、侯研德搜輯，張懿實刻於康熙十五年（1676）；康熙四十二年，陸廷燦增刻淳耀弟淵耀之《谷簾學吟》一卷；乾隆二十六年陶廣文重刊其集又增益《自監錄》四卷。末一卷黃望識述康熙十五年初刊事云："所賴翼王、研德同力搜輯，得文八十有二篇，詩三百八十篇，《史記評》一卷，《吾師錄》一卷，於是同邑諸世執暨門數君子相與謀付剞劂，翼王遂悉爲編次以出。不謂人事牴牾，未能卒業，垂二十年。今得記原趣，德符一舉而成之。"

此爲乾隆二十六年陶廣文寶山學署重刊本。書首沈德潛序、王鳴盛序、黃正儒識述乾隆重刻事，沈《序》云："先生遺集，綴輯於陸翼王、侯研德兩先生，兹因舊版漫漶且漏略尚多，陶廣文澹泉與寶山同學諸生廣爲搜討，補其未備，細加編次，并偉恭先生詩，鳩工重刊，以慰天下願見之思。"王《序》云："顧自先生沒後，全稿散佚，雖一刻於國初而未全。後及門陸翼王徵君、侯柜國掌亭、昆季張方瓢諸公蒐輯，校勘付梓，而板今藏於槎溪陸氏，未獲風行。會溧水澹泉陶君來司教寶山，深惜先生之集當公諸海内，使後學家有其書，非重付剞劂不可。於是邑之紳士欣然，竭數月之力，凡題跋劄記、隻字剩墨悉補緝無遺，更益以前集未刻之《自鑑錄》，鳩工開雕，將以不日而潰扵成。"黃正儒識云："曾王父是集，國初諸前輩裒輯付刻，海内願見者如饑渴言，而梨棗沉擱槎溪陸氏，無自風行。當正儒從事史官，都門諸大人徵問者不一而足。嗣得待罪楚郢，憲多徵此，俱未有以應。庚辰（乾隆二十五年，1760）秋以老病得許告歸，方矢志重刊，而澹泉陶師臺先於從弟兆龍索得原本，率先多士，再付梓人，并增入《自監錄》及詩、古文遺編，補刻前所未及，餘仍其舊。"則陶氏此刻較康熙四十二年刻本有所增輯。據《［光緒］寶山縣志》卷七，陶應鯤字澹泉，溧水（今屬江蘇南京）人，以廩貢生任寶山縣訓導，校刊《陶庵全集》并藏板於尊經閣。

此本目錄後有二份校刊姓氏。其中一份列"編輯"四人、"校閱"六人、"校訂"四十五人、"校對"八十五人；另一份列"編閱"四人、"校訂"四十九人、"校對"五十七人。二者人員大致相同，而略有調整。前者應爲經改易之名單定稿，而裝訂時未將舊葉撤去。

"玄""眩"，"弘""泓"等字缺筆，避康熙、乾隆帝諱。

《四庫全書總目》集部別集類收録《陶菴全集》二十二卷，實爲此刻未計《首》《末》卷。《中國古籍善本書目》未著録是刻，然知中國國家圖書館、北京師範大學圖書館、南京大學圖書館收藏。又知中國臺北"中央研究院"傅斯年圖書館、臺灣大學圖書館，美國哈佛大學哈佛燕京圖書館、俄亥俄州立大學圖書館，日本國會圖書館、静嘉堂文庫等處收藏。

鈐"桐陰館印"白文方印，曾爲清末秦祖永收藏。秦祖永（1825—1884）字逸芬，別號楞煙外史、鄰煙、稜煙、桐陰生，清金匱（無錫）人，諸生，官廣東碧甲場鹽大使，工詩文，善書畫，著《桐陰論畫》《畫學心印》《七家印跋》等。又鈐"李氏藏書"朱白間文方印，"勉齋主人"白文長方印，"静學齋藏書"朱文方印，"冬涵閱過"朱文方印，"秦振聲"白文方印。

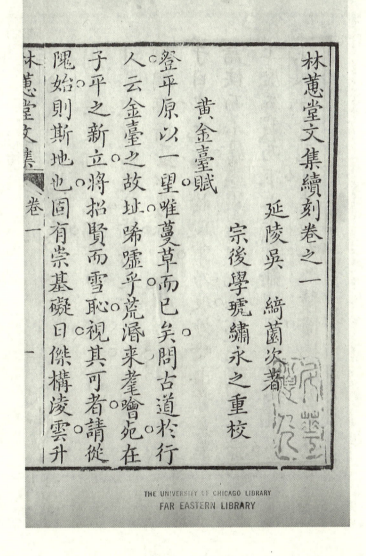

111　林蕙堂文集續刻六卷亭皋詩鈔四卷藝香詞鈔四卷

清乾隆四十一年（1776）衷白堂刻本

畫舫龍鱗見飛樓蜃市居雲濤君震盪雷雨任吹噓

別有張筵客相邀吳市墟王孫五花馬少婦六萌車

芳樹晴川外平沙夕照餘泉聲閒絲竹人影亂芙蕖

爲樂時將聽當歌恨不除閒成土俗天地感權輿

江表遺風在承平舊事虛吾生多涕淚高會輒欷歔

禹陵

伯禹延游處茅峰會計時隨山開木石掘地走蛟螭

相古洪流割惟王庶績熙寸陰輕尺璧昆命有元龜

自授庚辰籍寧論癸甲期清都留玉女

荒度功攸賴平成理自空江河趨四瀆日月合雙規

在陸草堂文集卷之一

宜興儲　欣同人著

後學　吳之彥碩夫編次

邢維信韓潮全編

男　芝五采校字

周公太公辯

相傳太公治齊尊賢而尚功·周公曰·後世必有篡弑之臣

周公治魯親親而尊賢太公曰·後寖弱矣·嗟乎此非周公

太公之言儒之陋者之言也·竊齊魯之末流而爲之說雖

然又非盡通齊魯事者也·魯豈無篡弑之臣而齊自桓公

**128　在陸草堂文集六卷**

清雍正元年（1723）吳之彥刻本

白田草堂存稿卷之一

寶應王懋竑予中甫著

雜著

易本義九圖論

易本義九圖非朱子之作也後之人以啟蒙依放為之又
雜以己意而盡失其本指者也朱子於易有本義有啟蒙
其見於文集語錄講論者甚詳而此九圖未嘗有一語及
之九圖之不合於本義啟蒙者多矣門人豈不見此九圖
者何以絕不致疑也朱子於本義叙畫卦約略大傳之文
故云自下而上再倍而三以成八卦三畫巳具八卦巳成
則又三倍其畫以成六畫而於八卦之上各加八卦以成
六十四卦而不敢參以邵子之說至啟蒙則一本邵子而

清乾隆十七年（1752）刻本

新城

盱黎涂　瑞詞巷著

考說　論

周正考上

歐陽子曰聖經之所不著者皆不足信若周正改時月與不改

時月二說考之於經皆有足據將何去而何從乎曰吾取其最

近者以斷之而已叟正建寅固獨善也前乎此者若堯典四仲

舜典正月上日皆用叟正後乎此者若伊訓元祀十有二月太

甲三祀十有二月亦合叟時於是三代異建而月數不改之說

紛然並起詩豳風七月流火九月授衣大東四月維夏六月徂

石壁山房初稿卷之一

含山王善檉令梴著　　男燨元校字

為俊

煇庭

161　石壁山房初稿十卷二集十卷

清乾隆刻本

辛丑四月余在山中一日緤
少村廣文叩門請見以家
藏名跡見示並奉其尊
人柳村先生遺象屬題
三十年前余与先生相識
於僅知為名醫而未知其

171　松禪老人詩册不分卷

稿本

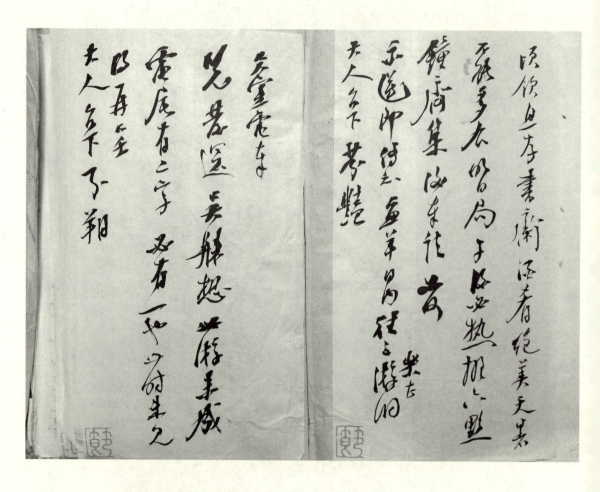

174 節庵先生電稿不分卷

稿本

# 清別集類

092

## 蒿菴集三卷附録一卷

T5439　1312

《蒿菴集》三卷，清張爾岐撰；《附録》一卷。清乾隆三十八年（1773）胡德琳刻後印本。三册。框高 17.8 厘米，寬 13.7 厘米。半葉十行二十一字，左右雙邊，白口，單魚尾。版心上鐫書名，中鐫卷次。

卷端題"濟陽張爾岐稷若"。書名葉鐫"乾隆三十八年梓""蒿菴集""濟陽縣衙藏版"。書首有未署年李焕章《舊序》、未署年劉孔懷舊序、乾隆三十八年胡德琳序。次《蒿菴集目録》，題"濟陽張爾岐著；秀水後學盛百二訂；桂林後學胡德琳編；歷城後學周永年較"。

張爾岐（1612—1677）字稷若，號蒿菴、汗漫，明末清初濟陽（今屬山東濟南）人。明末諸生，入清不仕，潛心經籍，學宗程朱，尤精於《禮》，以三十年之力著《儀禮鄭注句讀》，又著《周易説略》《詩説略》等。《清史稿》卷四百八十一有傳。

是書收張爾岐論、説、辨、書、序、跋、記、傳、墓誌、墓表、雜著等文。附録收《張蒿菴處士傳》《蒿菴遺事》《答汪苕文書》等。《四庫全書總目提要》謂之："大抵才鋒駿利，縱横曼衍，多似蘇軾，而持論不免駁雜。蓋爾岐之專門名家，究在鄭氏學也。"

張爾岐以窮經力學爲務，不求聞達，乾隆年間東昌知府胡德琳刊行其文集。胡德琳序述刊刻事云："（蒿菴先生）沒近百年，而手著諸書始次第出世，惟文集散漫，未經收拾。……因與一二同好，搜羅排編定爲三卷，付之剞劂氏，以公同好，庶不至子雲覆瓿之慮乎？噫！先生之沒，幾百年矣。余承乏濟陽凡五六年，求其集未得，由是而歷下而任城又六七年，無時不以先生之集爲念，蹉跎至今日始克成。"胡德琳（生卒年不詳）字書巢，廣西臨桂人，乾隆十七年（1752）進士，曾任濟陽、歷城縣令，陞任濟寧知州、擢東昌知府，乾隆三十七年（1772）時由東昌知府分守濟南道，加意治河、廉明惠愛，繕修濟陽、歷城、東昌縣志。生平參《［道光］濟南府志》卷三十八。

此本與《四庫全書存目叢書》影印之清乾隆三十八年胡德琳刻本同版，然

《附録》末篇爲乾隆四十一年（1776）丙申冬十一月陸燿《蒿菴書院碑文》，爲後印時增刻。據書名葉，是刻應爲知府胡德琳主持刊刻，并藏板於府衙。哈佛大學哈佛燕京圖書館藏本書名葉鐫"德泉齋藏板"，日本國士館大學圖書館、二松學舍大學圖書館皆爲"聽泉齋藏板"，"德"有誤；然三者皆應爲縣衙藏板轉出後再印。

《四庫全書總目》集部別集類存目。《四庫全書存目叢書》《清代詩文集彙編》影印清乾隆三十八年胡德琳刻本。《中國古籍善本書目》著録北京大學圖書館、復旦大學圖書館等六家收藏清乾隆三十八年刻本。又知臺灣大學圖書館收藏乾隆三十八年刻本；美國哈佛大學哈佛燕京圖書館，日本國士館大學圖書館、二松學舍大學圖書館收藏三十八年刻後印本。

093

### 了莾文集九卷（存卷一至七）

T5431　1122

《了莾文集》九卷，清王岱撰。清康熙刻本。存七卷（卷一至七）。四册。框高 19.7 厘米，寬 14.2 厘米。半葉十行二十字，左右雙邊，白口，單白魚尾。版心上鐫書名，中鐫篇名及卷次。

卷端題"潭州王岱山長著；宛陵施閏章愚山定；郎州彭之鳳横山校"，各卷編校者不同。書名葉分三欄，右題"魏貞莾、龔芝麓兩先生鑒定"，中題"了莾文集"，左題"海内名家共訂""本衙藏板"。書首有未署年魏介裔《序》、未署年施閏章《叙》、康熙乙巳（四年，1665）李道濟《序》、未署年趙巍《趙序》、未署年弘智《叙》、未署年釋大錯《西泠遊記序》；次《了莾文集目録》。

王岱（生卒年不詳）字山長，號了莾，明末清初湘潭（今屬湖南）人。崇禎十二年（1639）舉人，清初選安鄉教諭，遷隨州學正、順天府教授、澄海知縣。工詩善畫，著《且園近集》等。《國朝耆獻類徵》卷二百十五、《鶴徵録》卷五有傳。

是書爲王岱自輯并刊刻，卷前李道濟《序》云："會先生彙諸詩文付剞劂氏，工將告成，命濟爲序。"書中所收均爲雜文，《四庫全書總目提要》謂之殊失删汰，雅俗相參，而好爲訴詈之詞。乾隆十二年（1747），王岱曾孫王恪又將《了莾》《且園》《燕邸》《浮槎》四集重新編次校梓，刻爲《了菴詩文集》三十五卷。

是刻未避諱，蓋康熙初年避諱不嚴之故。是書原爲九卷，此本存前七卷，目録第七卷之後爲書賈裁去，以充完本。

《四庫全書總目》集部別集類存目。《四庫全書存目叢書》影印清康熙刻本。

《中國古籍善本書目》著録中國國家圖書館、上海圖書館等四家收藏。知日本國會圖書館收藏。

鈐"□翁"白文楕圓印、"□□生"朱文方印，二印疊壓難辨。此爲勞費爾購書。

094

**蜀中草一卷**

T5436　2964

《蜀中草》一卷，清朱昇撰。清康熙四十九年（1710）朱昌辰刻本。一册。框高 17.1 厘米，寬 13 厘米。半葉九行十八字，左右雙邊，黑口，雙魚尾。版心中鐫書名。

卷端題"海昌朱昇方菴"。書首有康熙十三年（1674）王庭《蜀中草序》。次《蜀中草目録》。次《海寧縣志・文苑傳》所載朱昇傳。卷末鐫"男洪先、奎謹編；孫昌辰、昌言、景辰謹校"。

朱昇（生卒年不詳）字方菴，明末清初海寧（今屬浙江）人。據書中所附《海寧縣志》記載，朱昇爲順治十六年（1659）進士，任東昌推官，平反大案有政績，除峨眉知縣，以疾歸。又，王庭爲是書作序應於朱昇卒後不久，序云"予交方菴垂四十年"，則知二人約崇禎七年（1634）時已交識。

是書爲朱昇歿後由其後人編輯，卷末所署編校者均爲其子孫。書中收朱昇詩二十一首、序八篇，卷前王庭《序》云："間嘗作詩古文都不省録，今檢其箧中蜀草，僅存此，豈足盡方菴之詩古文哉。"

康熙四十九年，朱昇孫朱昌辰刊刻先祖朱松、朱槔文集，同時將祖父《蜀中草》附後。哈佛燕京圖書館藏本爲三書合刻，有康熙四十九年朱昌辰後記云："先儒獻靖公《韋齋集》十二卷暨先逢年公《玉瀾集》一卷，一刻於淳熙辛丑（八年，1181），再刻於至元丁丑（十四年，1277），三刻於弘治癸亥（十六年，1503），板藏闕里先祠，歲久漫滅，於世罕行，而世亦罕有購得者。康熙庚寅（四十九年），昌辰求得舊本，急訂魯魚，付之剞劂。"哈佛本并有書名葉鐫"先儒獻靖公韋齋集，附玉瀾集、蜀中草"，則三書確曾合刻。哈佛本前二書卷末刻"廿世孫昌辰、景辰謹訂"，與此本卷末之編校者亦一致。朱昌辰（生卒年不詳）字雨人，梅會里（今屬浙江嘉興）人，主要活動於清康熙年間，有《梅花閣殘稿》，事跡略見《［光緒］嘉興縣志》卷二十四。此本僅爲合刻三書之一，鐫刻儁秀。

"泫"等字缺筆。

《四庫全書總目》所收爲《韋齋集》十二卷《玉瀾集》一卷，未及《蜀中草》。

《中國古籍善本書目》著録北京大學圖書館、上海圖書館等七家收藏康熙四十九年三書合刻本。知中國臺北"中央研究院"傅斯年圖書館、美國哈佛大學哈佛燕京圖書館、加拿大英屬哥倫比亞大學圖書館、日本京都大學人文科學研究所收藏三書合刻本。

鈐"汪印士鐘"白文方印、"閬源真賞"朱文方印，"生齋臺灣行篋記"朱文方印，曾爲汪士鐘、李宗侗收藏。汪士鐘（1786—？）字春霆，號閬源，清長洲（今江蘇蘇州）人，任觀察使、户部侍郎等職，好藏書，得黃丕烈等大家舊藏，藏書室名藝芸書舍。

095
## 兼濟堂文集選二十卷

T5441　2108

《兼濟堂文集選》二十卷，清魏裔介撰。清康熙五十年（1711）龍江書院刻本。十册。框高 19 厘米，寬 13.6 厘米。半葉九行二十字，左右雙邊，白口，單魚尾。版心上鐫書名，中鐫卷次，下鐫"龍江書院鐫"。

卷端題"栢鄉魏裔介貞菴著；男荔彤編輯"。書名葉分三欄，右題"栢鄉魏貞菴先生著"，中題"兼濟堂集"，左題"本衙藏版"。書首有戊申（康熙七年，1668）吳偉業《原刻兼濟堂文集序》、甲寅（康熙十三年，1674）魏裔介《兼濟堂諸刻自序》、甲寅（康熙十三年）魏裔介《兼濟堂林下集自序》、未署年曹禾《原刻兼濟堂文集序》、辛卯（康熙五十年）詹明章《兼濟堂文集序》。次《兼濟堂文集選卷次總目》，各卷有分卷目録。

魏裔介（1616—1686）字貞白，一字崑林，號石生、貞菴，明末清初直隸栢鄉（今屬河北邢臺）人。順治三年（1646），選庶吉士，授工科給事中，纍官太常寺少卿、左都御史，進吏部尚書、保和殿大學士，於朝政多有建言，乞病歸，進太子太傅，乾隆間追謚文毅。《清史稿》卷二百六十二、《清史列傳》卷五有傳。

魏裔介著述甚多，曾刊刻多種詩文集。魏裔介《自序》述其著作及刊刻情況云："余自入籍以後，未免效顰學爲文辭。丙午（康熙五年，1666）之歲，彭士報、吳伯其刻之於江南，有《兼濟堂文選》，共文二百餘篇。庚戌（康熙九年，1670）之歲，胡同升刻之於京師，有《崑林小品》，共文一百三十六篇。甲寅（康熙十三年）春日，余自刻《林下集》八十一篇，及秋杪，兒輩又刻辛亥（康熙十年，1671）以前未刻者，共文一百一十七道，已汗牛充棟矣。其諫垣總憲奏疏稿共一百一十七道，内閣奏疏十道，《嶼舫詩集》《近集》共詩一千三十六首，尺牘、四六四册，言理學則有《聖學知統合録》五册、小傳共四十八篇、小論共四十八篇，又《約言録》一册。其餘所著之書略無關係者，概不足述，而要者有《四書大全纂要》《孝經註義》《删補高士傳》《雅説集》《多識集》《巡城條約》《風憲禁約》《唐詩清覽集》《訓蒙故事》《千文註解》《勸學彙編》，以上已刻。《易經合訂正説》《論性書鑑語》《經世編》《通鑑論抄》《列女續傳》《九經衍義》《希賢録》《瓊琚佩語》《家訓彙抄批評》《河洛淵源録》《理學諸儒語録合抄》《吏治水鑑録》《陸放翁詩選》《古文欣賞集》《古詩遺音》《趙夢白詩文選》，以上未刻。此其大㮣也。"

是刻乃魏裔介子荔彤知漳郡時，命詹明章裒輯前刻諸本，選粹成編。書中收奏疏三卷、序六卷、書牘二卷、傳志二卷、祭文一卷、論一卷、雜著二卷，樂府及古今體詩三卷，末附年譜。詹明章序亦述歷次刊刻云："總計篇目，其刻之江南也，有《兼濟堂文集》一十四卷；其刻之荆南也，有《兼濟堂文集》二十四卷；其刻之京邸也，有《文選》二集上下二編、《崑林小品》上下二編、《崑林外集》一編、《奏疏》一百一十九首、《尺牘存餘》七卷；其刻之林下也，有《文選》十卷、《嶼舫近草》五卷、《詩集》七卷、《樗林三筆》五卷，又有《聖學知統録》上下二卷、《知統翼録》上下二卷、《致知格物解》二卷、《論性書》二卷、《約言録》二卷。簡袠浩繁，積架盈箱，郡侯慮學者無能徧觀，傳習爲難，乃命明章約取其尤粹者梓爲二十卷，以廣惠同仁。期月刊成，又命爲序以紀之。"魏荔彤（生卒年不詳）字念庭，魏裔介季子，以諸生循資入爲内閣中書，官鳳陽同知，康熙四十九年任漳州知府，六年後遷江南常鎮道，所至賑荒、設學、纂修郡志，因忤大吏意去官，杜門校書，著《大易通解》《傷寒論本義》等，《清史列傳》卷六十八有傳。詹明章（1628—1720）字羲士，號履園，人稱兼山先生，明末清初海澄（今屬福建漳州）人，學貫六經、諸史，終身不言功，晚年主講正誼書院、五經書院，工詩書，著《易經提要》《河洛通解》等二十餘種。

是書初由魏荔彤於知漳州任上由龍江書院刊刻。漳州府義學有丹霞、芝山兩書院，後者爲宋知州危積建，初名龍江書院，後燬於兵，康熙二十一年（1682）通判胡宮重建齋舍，康熙五十四年（1715）知府魏荔彤重修仰文書院，後合龍江、仰文兩書院爲一，乾隆二十一年知府奇靈阿集紳士再次重修。由詹明章《序》知是書在康熙五十年已刊成，此本即爲康熙五十年所刻，僅避康熙帝諱。此後又有乾隆時修版印本，增刻康熙六十年（1721）李光地等人進書刻印疏等文爲《首》卷；書中"貞""弘"缺筆。《四庫全書》抄録此書時，又於奏疏前增加篇題，與此本目録所列稍有不同。

"玄"字缺筆。

《四庫全書總目》集部別集類著録。《中國古籍善本書目》未著録。知中國國家圖書館、上海圖書館、北京大學圖書館、中山大學圖書館，日本静嘉堂文庫、東京大學東洋文化研究所著録龍江書院刻本；另外，北京師範大學圖書館、南京大學圖書館、武漢大學圖書館，美國哈佛大學哈佛燕京圖書館所藏龍江書院刻本明確著録爲增補本。

鈐“生齋臺灣行篋記”朱文方印，曾爲李宗侗收藏。又鈐“會稽魯氏貴讀樓藏書印”朱文長方印，“拙園”朱文方印，“薛印用銓”白文方印。

## 096
### 安雅堂文集二卷重刻安雅堂文集二卷

T5438　3190

《安雅堂文集》二卷《重刻安雅堂文集》二卷，清宋琬著。清康熙刻乾隆彙印本。四册。二書框高 16.9 厘米，寬 13.4 厘米。《安雅堂文集》半葉十行二十字，左右雙邊，綫黑口，單白魚尾；版心上鐫書名，中鐫卷次。《重刻安雅堂文集》半葉九行十九字，左右雙邊，白口，單魚尾；版心上鐫書名，中鐫卷次及小題。

卷端題“萊陽宋琬荔裳著”。書名葉欄内題“安雅堂文集”。《安雅堂文集》首有康熙丙午（五年，1666）金之俊《序》、趙昕《序》、黄與堅《序》、杜濬《序》。次目録。《重刻安雅堂文集》首有康熙己卯（三十八年，1699）周金然《重刻安雅堂集序》、康熙三十八年張重啓《重刻安雅堂集序》、康熙己卯王熙《重刻安雅堂詩文集序》、康熙己卯嚴虞惇序、康熙丙午尤侗《序》、康熙四年（1665）程康莊《序》、康熙五年實穎《序》。各卷有分卷目録。

宋琬（1614—1674）字玉叔，號荔裳，清萊陽（今屬山東）人。順治四年（1647）進士，授户部主事，順治十八年（1661）浙江按察使，曾被誣下獄，康熙十一年（1672）又任四川按察使。有詩名，與施閏章并稱南施北宋，又與嚴沆、丁澎等合稱燕臺七子，著《安雅堂集》等。《清史稿》卷四百八十四有傳。

《安雅堂文集》在康熙五年即已完稿，康熙五年金之俊《序》所言：“今年來吳門，出其所爲《安雅堂集》，問序于余。”然至七年（1668）冬，仍在延請名賢作序，黄與堅《序》云：“戊申（康熙七年）十一月余與宋荔裳先生遇於吳興，相與論古文之道，執手鄭重繼以歎息已，盡出其《安雅堂文集》示余，屬爲序。”

《重刻安雅堂文集》諸序均提到宋琬子思勃重刻之事。周金然《序》云：“幸嗣君思勃克念箕裘，以舊刻《安雅堂集》殘缺漫漶之餘，補輯重梓。”張重啓《序》云：“先生舊刻《安雅堂集》，文賦詩詞共若干卷，喪亂後板葉殘闕。其仲子思勃補輯訂正，復成完璧。”王熙《序》云：“今年春，先生子思勃重刻安雅堂詩文集各若干卷”。嚴虞惇序云：“先生歿二十餘年，子思勃哀輯遺集而刻之。”

　　宋琬詩文實爲多次結集、陸續輯印。根據各館現存書籍，知其集共有八種，結集、刊印情況如下：順治十七年（1660），刻《安雅堂詩》一卷；康熙五年（1666）成稿、七年冬以後付梓《安雅堂文集》二卷；康熙八年（1669），留松閣刻《國朝十五家詞》本《二鄉亭詞》三卷；康熙十年（1671），自刻《書啓》一卷；康熙十二年（1673），刻《祭皋陶》一卷；康熙三十八年，宋琬子思勃輯刻《重刻安雅堂文集》二卷；乾隆十一年（1746），宋琬孫梅亭刻《安雅堂拾遺集》；乾隆三十一年（1766），宋琬孫仁若增刻《安雅堂未刻稿》八卷、《入蜀集》二卷。

　　各集雖未同時編輯，然康熙三十八年、乾隆三十一年兩次刊刻，當均爲彙集已有諸書的大規模印行。《重刻安雅堂文集》康熙三十八年王熙《序》云：“先生子思勃重刻安雅堂詩文集各若干卷”，明此次所刊非僅《文集》。《安雅堂未刻稿》乾隆三十一年彭啓豐《序》云：“康熙間重刻一本，殘膏賸馥，迥非原書。今仁若於重刻之外，復加甄綜，都爲一集，頓還舊觀。”乾隆三十一年乃於康熙“重刻”書基礎上，又增刻二種——總成以上所述諸書中除乾隆十一年刻《拾遺集》之外的八種；現存《拾遺集》也確爲單獨刊行，未與其他諸集相摻。諸家著錄宋琬集，以《販書偶記》著錄最全、版本核定較當：“《安雅堂文集》二卷《書啓》一卷《重刻文集》二卷《詩》無卷數《二鄉亭詞》三卷《祭皋陶》一卷《未刻稿》八卷《入蜀集》二卷”，版本定爲“順治庚子（十七年，1660）至康熙己卯（三十八年，1699）乾隆丙戌（三十一年，1766）陸續刊”。

　　本館所藏二書爲不同時間刻版，行款字體不同；二書均有斷版、漫漶之處，已非康熙三十八年宋思勃補輯時所印，當爲乾隆時彙印。

　　《四庫全書總目》別集類存目著錄《安雅堂詩》不分卷、《安雅堂拾遺詩》不分卷、《安雅堂拾遺文》二卷附《二鄉亭詞》四卷。《四庫全書存目叢書》未影印，《續修四庫全書》影印清康熙五年刻《安雅堂文集》、清康熙三十八年宋思勃刻《重刻安雅堂文集》。《中國古籍善本書目》僅著錄山東省博物館收藏清順治十七年刻本《安雅堂詩不分卷》題跋本。《中国叢書綜録》著錄《安雅堂詩》一卷、《未刻稿》五卷、《入蜀集》一卷。

　　因宋琬諸集多次編刊，刊印情況較爲凌亂，各大圖書館所存亦多寡不一。凡含《未刻稿》《入蜀集》二種者均爲乾隆三十一年彙印本：美國哈佛大學哈佛燕京圖書館藏一部八種全、一部七種，洛杉磯加州大學圖書館藏七種，另有加州大學芭芭拉分校、哥倫比亞大學藏四種，加拿大多倫多大學藏五種，日本東洋文庫藏八種全，另有静嘉堂文庫、京都大學各藏一部七種。而哈佛大學、中國香港中文大學又有藏本無乾隆增刻二種，需再辨是否爲康熙彙印。

097
**屺思堂文集八卷詩集不分卷（存文集八卷）**

T5436　7212

《屺思堂文集》八卷《詩集》不分卷，清劉子壯撰。清康熙刻本。存《文集》八卷。二册。框高 18.1 厘米，寬 12.4 厘米。半葉八行二十字，四周雙邊，白口，單魚尾。版心上鎸書名，中鎸卷次及類目。

卷端題“黃岡稚川劉子壯著；男孫茂質盧纂輯；同郡金德嘉會公較閱”；每卷較閱者不同。書名葉分三欄，右題“楚黃劉稚川先生著”，中題“屺思堂文集”，左題“本衙藏板”。書首有康熙癸巳（五十二年，1713）王茂勳《叙》、康熙丙寅（二十五年，1686）姚淳燾序、未署年金德嘉《屺思堂文集序》。次康熙辛酉（二十年，1681）金德嘉《劉太史公傳》。次未署年蔣永脩《序》、未署年張希良《太史稚川劉公文集序》。次《屺思堂文集目錄》。

劉子壯（1609—1652）字克猷，號稚川，黃岡（今屬湖北）人。順治六年（1649）進士第一，授國史館修撰，八年充會試同考官，九年卒。博綜群籍，精制舉文。《清史列傳》卷七十有傳。

劉子壯集初由其門人陸繡聞刻於吳中，康熙二十年金德嘉徵其詩文刊刻，康熙五十二年再刊。康熙二十五年（1686）姚淳燾序云：“門人陸繡聞爲刻百篇於吳中，今坊間所傳者是也。余視楚學抵西陽，先生令子廣文以重刻陸選爲請，金太史會公復徵刻先生屺思堂古文詩詞。”康熙五十二年王茂勳《叙》云：“猶子恒齋倒敝麓搜篇什，纂輯成帙，作序於端、編譜於後，然僅百十首耳。”劉子壯以制藝聞名，《四庫全書總目提要》謂之“雄厚排奡，凌轢一切”，又謂其孫永錫等所編輯是書“壽序、賀序連篇累牘，而獨不載其對策，恐所掇拾未必子壯意也”。

此本存《文集》八卷，與《四庫全書存目叢書》影印之湖南省圖書館藏清康熙刻本《文集》同版，然此本斷版、漫漶之處都較《存目》底本更甚；《存目》底本中“玄”字缺筆，而此本後印時又改爲“元”。

鈐帶編號“南州書樓藏書徐湯殷整理編列　字　號 11424”藍紫色長方印，曾爲近代徐氏南州書樓收藏。南州書樓由徐信符創立，徐信符（1879—1948）字紹棨，廣東番禺人，曾任教於廣東高等學堂、嶺南大學等校，兼任廣東圖書館委員等，築南州書樓藏書，以廣東文獻和各省通志最爲齊備，著《廣東藏書紀事詩》，編輯《廣雅叢書》《學海堂叢書》等。徐湯殷爲徐信符子。

《四庫全書總目》集部別集類存目。《四庫全書存目叢書》影印清康熙刻本，《清代詩文集彙編》影印清康熙二十五年刻本。《中國古籍善本書目》著錄南開大學圖書館收藏，又知中國國家圖書館、華東師範大學圖書館、湖南省圖書館（存《文集》）、南京圖書館（存《詩集》）著錄康熙刻本。海外未見他館收藏。

098

## 施愚山先生全集九十五卷

T5444　0622

《施愚山先生全集》九十五卷

　　《施愚山先生學餘文集》二十八卷

　　《施愚山先生學餘詩集》五十卷

　　《擬明史列傳稿》七卷

　　《施愚山先生別集》四卷

　　附《隨村先生遺集》六卷　清施瑮撰

　　清施閏章撰。清康熙四十七年（1708）棟亭刻乾隆施念曾增刻本。二十冊。半葉十一行二十一字，小字雙行同，四周雙邊，白口，單魚尾。版心上鐫子集名，中鐫卷次及文類。書首總書名葉分三欄，右題“文廿八卷、詩五十卷、擬明史列傳稿八卷”，中題“施愚山先生全集”，左題“詩話二卷、雜著二卷、剩圃詩集八卷附”，鈐“雙溪艸堂”朱文大方印。書首有未署年魏禧序，次未署年湯斌《翰林院侍讀前朝議大夫愚山施公墓誌銘》，次《校閱姓氏》。

　　《文集》框高 17.7 厘米，寬 14 厘米。卷端題“施愚山先生學餘文集”；目錄首題“宣城施閏章著；男彥淳、彥恪全緝；孫琮、瑮校字；琛、碧全校”。書名葉分三欄，右題“棟亭藏本”，中題“施愚山先生文集”，左題“二十八卷”，鈐“立身常帶三分厚處世岂留一昧真”朱文方印，内有白文小字“敬□”。卷末有刊刻牌記“康熙戊子九月棟亭梓行”，戊子爲康熙四十七年。首有《施愚山先生學餘文集目錄》。

　　《詩集》框高 17.9 厘米，寬 13.8 厘米。《詩集》卷端題“施愚山先生學餘詩集”；目錄首題“宣城施閏章著；男彥淳、彥恪全緝；孫琮、瑮校字；琛、碧全校”。書名葉分三欄，右題“棟亭藏本”，中題“施愚山先生詩集”，左題“計五十卷”，鈐“講學鄒魯之間”白文方印。卷末有刊刻牌記“康熙戊子九月棟亭梓行”。首有未署年錢謙益序，次《施愚山先生學餘詩集目錄》；末有戊子（康熙四十七年）梅庚跋、戊子（康熙四十七年）施瑮書後。

　　《擬明史列傳稿》框高 16.8 厘米，寬 13.8 厘米。《擬明史列傳稿》卷端題“施愚山先生學餘文集"，"曾孫企、念曾附校"；目錄首題"宣城施閏章著；男彥淳、彥恪全録輯；孫琮、瑔、琛、碧校字"。書名葉分三欄，右題"棟亭藏本"，中題"施愚山先生文集"，左題"七卷"，鈐"名山取州"白文方印。首有《施愚山先生學餘文集目錄》。

《別集》框高 17.6 厘米，寬 13.6 厘米。卷端題"曾孫企、念曾校"。書名葉分三欄，右題"詩話二卷、雜著二卷"，中題"施愚山先生別集"，左欄題"本衙藏板"，鈐"悟一貴明二義多三益習四教尊五美去六蔽識七政全八行存九思法十哲"朱文長方印。首有潘思榘《序》，次《施愚山先生別集目錄》。

《隨村先生遺集》框高 17.6 厘米，寬 13.7 厘米。卷端未題著者；目錄首題"宣城施瑔隨村著；仁和杭世駿堇浦訂"，卷末題"男企曾、念曾編輯；孫開峻、開崧、開嶽、開岱校字"。書名葉分三欄，右題"乾隆己未季鐫"（己未爲乾隆四年，1739），中題"剩圃詩集"，左題"本衙藏板"，鈐"宣州施氏轂玉堂藏書"朱文方印、"目毄道存"白文方印。首有雍正辛亥（九年，1731）劉沛《隨村先生遺集序》、乾隆元年（1736）吳芮《施隨村先生遺詩序》。

施閏章（1618—1683）字尚白，一字屺雲，號愚山、蠖齋、矩齋，清江南宣城（今屬安徽）人。順治六年（1649）進士，歷官刑部主事、山東學政、江西參議分守湖西道等，康熙十八年（1679）詔試博學鴻詞，授侍講，與修《明史》，後典試河南，遷侍讀。其詩與宋琬號爲"南施北宋"，又與宋琬、王士禎、朱彝尊、趙執信、查慎行并稱清初六家。《清史稿》卷四百八十四、《清史列傳》卷七十有傳。

施閏章在世時即手訂其集，曾請錢謙益刪訂詩稿、魏禧作序；其詩文全集之刊刻，則爲施氏歿後三十年由曹寅主持，施氏子孫則參與輯校之事。《詩集》卷前錢謙益序云："西昌陳子伯璣來告我曰：'宛陵施愚山先生，今之梅聖俞也。聖俞之詩得歐陽子之文而益顯，今愚山不敢自定其詩，而有待於夫子衡也，敢助之以請，夫子其無辭。'余受而卒業。"錢謙益卒於康熙三年（1664），其刪詩尚早於是年。又魏禧序云："歲己未（康熙十八年，1679），施先生自京師以書來，郵其詩及傳記諸作，屬予論定而序之。"則此時文稿應已屬定。《詩集》末梅庚跋述刊刻事云："觀察金公酷好其詩，以屬稿未定，爲刻數卷而止。先生歿三十年，墓木且拱。今通政棟亭曹公追念舊游，懼遺文之就湮也，寓書於其孤，舉《學餘》全集授諸梓。經始於丁亥（康熙四十六年，1707）五月，又館其孫瑔於金陵事讐校。戊子（康熙四十七年）九月刻垂竣，而予適至覆閱諸寫本。"施瑔《隨村遺集》卷一有《四君吟》詩，其中《曹通政棟亭》詩之小注述曹寅刊刻事云："公少時，曾以詩請贄於先祖，今遺集猶藉公之力得以流傳云。"

　　《别集》《随村先生遗集》乃由施閏章之曾孫念曾輯刊。《别集》卷前潘思榘《序》云：“予與令嗣孫得仍同官東粵，清琴明燭，數典而念其祖，出先生《蠖齋詩話》《矩齋雜記》。”潘《序》所言二集皆屬《别集》。《随村遺集》乾隆元年（1736）吳芮《序》云：“余以丙辰（乾隆元年）夏得遇先生嗣君蘗齋於粵東旅次，相得歡甚，尊酒論文，因出先生之《剩圃詩集》以示。”後來施企曾又輯刻《施愚山先生外集》，有乾隆乙酉（三十年，1765）劉琦序詳述是編陸續增刊事云：“（太外祖愚山先生）生平纂著等身，薶藏於家。先生歾三十年，通政曹公貽書外祖隨訓先生，賣藥維揚官廨，爲捐貲鏤板以行，文二十八卷詩五十卷，風行宇内，家有其書。嗣舅氏蘗齋公官粵東，續刻《詩話》二卷、《雜著》二卷，又補刻《年譜》四卷、《家風述畧》二卷於澗中，購書家益見所未見。頃舅氏沔涑公杜門却掃，搜輯遺編，以《硯林拾遺》《試院冰淵》二卷謀付剞氏。”據此可知，是編曾三次增刻：初由棟亭刻《詩集》《文集》；再由施念曾於粵東續刻《别集》四卷，包括《詩話》《雜著》；再由施念曾於澗中補刻《年譜》《家風述畧》；末由施企曾輯刻《外集》二卷，包括《硯林拾遺》《試院冰淵》。施念曾（生卒年不詳）字德仍，施閏章曾孫，雍正七年（1729）拔貢，雍正十二年（1734）授廣東興寧（今屬廣東梅州）令，薦博學鴻詞科而未用，乾隆二年（1737）回任，補浙江餘姚，調德清，陞河南禹州，未任卒，著有《蘗齋詩文》，生平可參《［嘉慶］宣城縣志》卷十七。又杭世駿於乾隆十二年（1747）爲施念曾所撰《施愚山先生年譜》作序，此時念曾當仍在世。據施念曾仕履，知其續刻《别集》約在雍正十二年至乾隆二年前後；續刻《年譜》等在乾隆二年之後；而施企曾續刻《外集》當在劉琦作序之乾隆三十年。

　　是編共收書五種，總書名葉中一一標明。除施閏章《文集》《詩集》之外又收《别集》，知是刻經施念曾續刻；其中《詩集》《文集》《擬明史列傳稿》書名葉版式相同，且均鎸“棟亭藏本”，前二者卷末均鎸“康熙戊子九月棟亭梓行”牌記，可推知此三書原爲棟亭刊於康熙四十七年。《随村先生遺集》之書名葉版式與《别集》相同，均鎸“本衙藏板”；《遺集》又鎸“乾隆己未季鎸”，鈐“宣州施氏穀玉堂藏書”，據此可進一步推知施念曾第一次續刻包含《别集》《遺集》兩種，約在乾隆四年會同詩文集一并印行。此即爲施念曾續刻彙印本。而再經比對，後來的乾隆三十年增刻本與此本斷版、墨釘皆同，知歷次增刻皆用舊版刷印。

　　乾隆四年增刻本之《擬明史列傳稿》實爲七卷，與總書名葉所題八卷有異。康熙十八年（1679）施閏章入史館纂修《明史》，負責撰寫正統、景泰、天順、成化、嘉靖、萬曆朝臣傳記。此《傳稿》正爲其所擬史稿，收正傳四十八人、附傳十四人，其中的大部分爲萬斯同《明史稿》、王鴻緒《明史稿》和清官修

《明史》斟酌採納，少部分有所分合、增删。清代官修《明史》前後有二百多人參與修纂，經反復審定修改，纂修官之擬稿與最後定稿之異同，對研究《明史》纂修過程和修史思想頗具價值。而乾隆三十年第三次增刻施閏章集時未收《擬明史列傳稿》。

"恒"、"玄""眩""絃"等字缺筆。

《四庫全書總目》集部別集類收《學餘堂文集》二十八卷《詩集》五十卷《外集》二卷，又將《別集》二種列爲存目。《清代詩文集彙編》影印清康熙四十七年刻《學餘文集》《學餘詩集》，清乾隆十二年刻《別集》。《中國古籍善本書目》著錄遼寧省圖書館、福建省圖書館等二十家收藏清康熙四十七年棟亭刻乾隆施企曾等續刻本《施愚山先生全集》九十六卷，已經三次增刻。知中國臺北"中央研究院"傅斯年圖書館，美國普林斯頓大學圖書館、哥倫比亞大學圖書館、明尼蘇達大學圖書館，加拿大英屬哥倫比亞大學圖書館，澳大利亞圖書館聯盟，日本東京大學綜合圖書館、東京大學東洋文化研究所藏康熙四十七年棟亭刻乾隆施企曾等續刻本。又知日本静嘉堂文庫、尊經閣文庫收藏康熙四十七年刻本。

鈐"蘇門山人圖書"朱文方印，序後鈐"張符升印"朱白間文方印、"寄雲"朱文方印，"壽山居士"白文方印、"符升之印"白文方印。

099
### 范忠貞公文集五卷首一卷

T5439　4110

《范忠貞公文集》五卷，清范承謨撰；《首》一卷。清康熙四十七年（1708）刻本。四册。框高16.8厘米，寬13.4厘米。半葉十行十九字，小字雙行同，四周單邊，黑口，單魚尾。版心中鐫書名、卷次及類目。

卷端題"男時崇校字"。書首有《范忠貞公文集目錄》。末有康熙四十七年圖爾泰《范忠貞公文集後序》。

范承謨（1635—1676）字覲公，號螺山、蒙谷，清奉天遼陽人，漢軍鑲黄旗人。順治九年（1652）進士，改庶吉士，授編修，出任浙江巡撫，擢福建總督，耿精忠叛，被囚二年遇害，追贈兵部尚書、加太子少保，謚忠貞。《清史稿》卷二百五十二、《清史列傳》卷六有傳。

是書首一卷收《范忠貞公傳》、諭祭文二道、御書碑文一道；卷一爲撫浙奏議；卷二爲督閩奏議；卷三《吾廬存稿》，收詩文若干篇；卷四《百苦吟》，爲范承謨唱和同遭耿精忠難之嵇留山、林能任等人之《百苦詩》；卷五畫壁遺稿，爲拘繫時書於獄壁，其自《序》云："余居重垣迥壁中，罵未已，繼之以詩文。左右不敢俱筆硯，乃燒桴存煤畫字墻上。其譏刺太毒者，左右旋即塗去，前後僅存若干篇。"此本裝訂稍有淆亂：首一卷之《御書碑文一道》置於書首，卷一所附《咨文》誤裝於正文之始。

是書乃范承謨之子范時崇校正，由圖爾泰刊刻。書末圖爾泰《後序》云："世兄出公之文集五卷示余。……是集也，余率弟郎僖泰、子郎世蔭另翻清書刊刻成冊，俾滿漢家皆得家誦户讀，咸知所法云。"范時崇（1663—1721）字自牧，號蒼巖，承謨子，康熙二十三年（1684）以父蔭授遼陽知州，纍遷至福建按察，歷廣東巡撫、閩浙總督、左都御史，官至兵部尚書，《清史稿》卷二百五十二、《清史列傳》卷十二有傳。圖爾泰（生卒年不詳）正黃旗人，據是書後序，爲范承謨世姪，與范時崇往來，康熙四十六年（1707）任廣東巡鹽察院，雍正十二年（1734）任臺灣巡察御史，仕履略見於《［道光］廣東通志》卷四十三、《［乾隆］福建通志》卷二十七。是書又有康熙年間所刻十卷本，較此本多出雜著一卷、題跋哀挽詩文三卷。

"玄""泫"等字缺筆。

《四庫全書總目》集部總集類收錄《忠貞集》十卷。《清代詩文集彙編》影印康熙三十九年清苑劉氏刻本《范忠貞公集》十卷。《中國古籍善本書目》著錄上海圖書館、中山圖書館等十七家收藏。又知中國臺灣大學圖書館、美國哥倫比亞大學圖書館、日本大阪府立中之島大學圖書館收藏。

100

**湯子遺書十卷年譜一卷附錄一卷**

T5457　3204

《湯子遺書》十卷，清湯斌撰；《年譜》一卷，清王廷燦撰；《附錄》一卷。清康熙四十二年（1703）王廷燦刻本。四冊。框高 18.5 厘米，寬 13.3 厘米。半葉十行十九字，左右雙邊，黑口，雙魚尾。版心中鐫書名、卷次、文類，下鐫寫工。

卷端題"睢陽湯斌潛菴"。書名葉欄内題"湯子遺書""愛日堂藏板"。書首有未署年宋犖序、彭定求《湯潛菴先生文集節要序》、田蘭芳《湯大司空遺藁序》。次《湯子遺書目錄》，前有王廷燦識語，各卷又有分卷目錄。次《湯子遺像》及徐日焵像贊。

湯斌（1627—1687）字孔伯，號荆峴、潛菴，清睢州（今屬河南商丘）人。順治九年（1652）進士，授檢討，出爲潼關道副使，調嶺北道，服父喪歸，從孫奇逢習理學，康熙十八年（1679）舉博學鴻詞，授侍講，歷官左庶子、禮部尚書，官至工部尚書，卒於任，謚文正。刻勵實行，不尚講論，著《洛學編》等。《清史稿》卷二百六十五、《清史列傳》卷八有傳。

是書收湯斌語錄、奏疏、序文、碑記、書牘、賦頌論辯、墓誌、雜文、告諭等文九卷，詩一卷；并附年譜、行略、祭文等。湯斌在清初與陸隴其俱號醇儒，《四庫全書總目提要》稱其文有體有用："故集中詩賦雜文，亦皆彬彬典雅，无村塾鄙俚之氣，至其奏議諸篇，規畫周密，條析詳明，尤昭昭在人耳目者矣。"

湯斌卒後，其詩文由其友朋門人多次刊刻。先爲田蘭芳校刊本，後彭定求刻節要本，再次有王廷燦刻本。是書田蘭芳《序》云："公卒之三月，其子溥搜得常所迫不得已者凡爲詩文若干卷，在史局有明史藁若干卷，在蘇州有奏疏若干卷，屬余是正而刊之。"目錄前王廷燦識語述歷次刊刻事云："丁卯（康熙二十六年，1687）冬先生薨於位，友人田箕山評其《遺藁》刻於中州，彭少司成又刻《節要》於吳門，門人蔡彬與其宗人九霞謀刻全集，惜未梓完。癸未（康熙四十二年），燦搜輯遺文，益所未備，編爲十卷，顏曰《湯子遺書》，從九霞之舊也。"宋犖序亦云："其門下王大令廷燦表章師説，出奉金鍰諸梨。"則《遺書》十卷由王廷燦編輯并出資刊刻於康熙四十二年。王廷燦（生卒年不詳）字孝先，號似齋，錢塘（今屬浙江杭州）人，康熙二十年（1681）舉人，出湯斌門，歷任崇明、吳縣知縣，致仕歸，著《似齋詩存》，生平參見《［光緒］平湖縣志》卷十八。

各卷首葉版心下鐫"古吳范稼菴寫；金閶劉藻文刻"。"玄"易爲"縣"。

《四庫全書總目》入集部別集類。《中國古籍善本書目》著錄山西省圖書館、遼寧省圖書館、廣西省圖書館等十六家收藏。知美國哈佛大學哈佛燕京圖書館、日本內閣文庫、京都大學人文科學研究所、京都大學大學院文學研究科圖書館、高知大學圖書館收藏。


101

**萬青閣自訂全集八卷（存卷一）**

T5453　4844

《萬青閣自訂全集》八卷，清趙吉士撰。清康熙趙繼抃、趙景徹等刻本。存一卷（卷一）。二册。框高 17.5 厘米，寬 13.8 厘米。半葉十一行二十一字，小字雙行同，左右雙邊，白口，單魚尾。版心上鐫書名，中或鐫文類，下偶鐫篇名；御試策、奏疏版心上鐫"御試策""疏稿"。

卷端未題著者，書名據《中國古籍善本書目》；目錄題"漸岸趙吉士恒夫著；孫男繼抃較刊"。書首有康熙二十九年（1690）江闓《萬青閣全集序》。次《萬青閣自訂文集目録》。

趙吉士（1628—1706）字天羽，一字漸岸，號恒夫，祖籍休寧（今屬安徽），後入籍杭州。順治八年（1651）舉人，康熙七年（1668）選山西交城知縣，均徭開渠、平定山賊，徵爲户部主事，擢户科給事中，因事被黜，補國子監學正。著作收入《萬青閣全集》，又纂修《交城縣志》《徽州府志》等。《清史稿》卷四百七十六、《清史列傳》卷七十四有傳。

是編彙集趙吉士詩文雜著，凡《自訂文集》二卷、《自訂詩集》一卷、《勘河詩紀》等十一種詩集合二卷、制藝一卷、《交山平寇詳文》一卷、《晋陽詳案》一卷。《四庫全書總目提要》謂趙吉士“材略有足稱者，文章則非專門也”。

趙吉士詩文曾刊爲《牧愛堂編》《萬青閣詩》等。是書彙集諸本重刊，其中《文集》第二卷目録次行即標明“牧愛堂原本删存”。輯刊者爲趙吉士孫繼扑，趙繼扑（生卒年不詳）字鶴皋，康熙四十八年（1709）進士，以主事改授陝西伏羌縣知縣，惠濟貧民，雍正元年（1723）任伏羌縣令二年，以母老終養歸。生平可參《［乾隆］伏羌縣志》卷四、《［道光］休寧縣志》卷十三。

此本存康熙年間彙刊本之《文集》卷一。《四庫全書存目叢書》據吉林大學圖書館藏清康熙趙繼扑等刻本影印，經比對，二者相同篇章同版，但《存目》底本已經增刻。《存目》底本之第一卷較此本多出二十六篇，但目録祇列出其中的三篇，大多數篇章有文無目；《存目》底本之葉碼有跳葉、剜改等情況，據此知是書在增刻時較爲粗糙。二者文字稍有差異，如此本之《祝王母于太夫人壽序》，《存目》底本改爲《祝于母王太夫人壽序》。此本刻印無上述混亂現象，且字畫清晰、墨色濃黑，當爲是書初刻本。然此本書中有方正、細瘦兩種字體，後者如卷一《江淮采風録》，或部分利用此前已有小集舊版之故。

《四庫全書總目》集部別集類存目。《四庫全書存目叢書》《清代詩文集彙編》影印清康熙趙繼扑等刻本。《中國古籍善本書目》著録中國國家圖書館、上海圖書館等七家收藏全帙。又知中國臺北“中央研究院”傅斯年圖書館，美國哥倫比亞大學圖書館，加拿大英屬哥倫比亞大學圖書館，日本東京大學東洋文化研究所、京都大學人文科學研究所、大阪府立中之島圖書館著録是書。

102

### 鈍翁前後類藁六十二卷

T5454　8182

《鈍翁前後類藁》六十二卷，清汪琬撰。清康熙刻乾隆三十六年（1771）汪鳴珂重修本。十一册。框高 18.6 厘米，寬 13.8 厘米。半葉十行十九字，小字雙行同，左右雙邊，黑口，雙魚尾。版心中鐫“類藁”及卷次。

卷端題"鈍翁前後類稿"，未題著者。書名葉欄内題"乾隆辛卯年宗後學宣綸重訂""汪鈍翁詩文全集""燕耀堂藏板"，辛卯爲乾隆三十六年；并鈐"吳下寓人汪宣綸印"朱文長方印、"翻刻必究"朱文長方印、"鴛湖燕耀堂藏板"朱文方印。《類稿》首有未署年計東甫序、乾隆辛卯（三十六年）王鳴盛《鈍翁類稿序》。次康熙十四年（1675）《鈍翁自題類稿六則》。次《鈍翁前後類稿總目》（第十二卷分上、下），各卷又有分卷目録。次《鈍翁五十歲像》及像贊。末有乾隆三十六年汪鳴珂《鈍翁類稿後序》。各卷末鐫校字時間及姓氏。

汪琬（1624—1690）字苕文，號鈍翁、玉遮山樵，清江南長洲（今屬江蘇蘇州）人。順治十二年（1655）進士，授户部主事，遷刑部郎中，坐事降職，又起爲户部主事，以疾歸，康熙十八年（1679）舉博學鴻詞，授編修，與修《明史》，旋乞病歸。務經世之學，以古文稱名。《清史稿》卷四百八十四、《清史列傳》卷七十有傳。

是編乃汪琬自定，其請告前所作輯爲《類稿》，含《詩稿》十二卷、《文稿》三十八卷，又《古今五服考異》《東都事略》《歸詩考異》三種合爲《外稿》十二卷。《四庫全書總目》中《堯峰文鈔》提要評價汪琬云："國初風氣還淳，一時學者始復講唐宋以來之矩矱。而琬與寧都魏禧、商邱侯方域稱爲最工。……惟琬學術既深，軌轍復正，其言大抵原本六經，與二家迥别，其氣體浩瀚，疏通暢達，頗近南宋諸家。"鈍翁亦自珍其文，作《鈍翁自題類稿六則》戒其門人子姓切勿删改："今此稿已經挍讎，凡我門人子姓戒勿爲我求序""戒勿爲我加批點""戒勿爲我潤色改竄"，"今吾從前所作不下五六千篇，所存止此，其佗散失雖多，戒勿尋訪以求附益""平生未嘗佞佛，亦未嘗闢佛，稿中釋氏諸文間存一二，知我、皐我悉聽後人，戒勿刊落以求撐飾""版當庋置皆山閣，戒勿任意刷印以招不情之謁"。

《類稿》每卷末鐫校者"同里周靖、休寧汪繩武挍字"，姓氏前冠以校訂時間，大部分卷次校於康熙甲寅（十三年，1674）秋八月至乙卯（康熙十四年）夏又五月之間，卷十二下校於康熙丙辰（十五年，1676）春正月，則《類稿》校定完成於康熙十五年春。

汪琬晚年删訂其稿，成《堯峰文鈔》五十卷，由其門人林佶手寫上板，流傳較廣，而《類稿》原刻遂不顯。《類稿》舊版初藏於堯峰皆山閣，後轉歸汪峻堂，乾隆三十六年由其孫汪鳴珂修版刊刻。本館所藏《鈍翁續稿》有周公贊跋云："翁先是刻《類稿》六十二卷，藏之堯峰皆山閣矣。"是書首王鳴盛《序》云："鈍翁文有《類稿》百卷，晚自删爲《堯峰文鈔》五十卷。近來吳人不甚稱道翁文鈔，雖或印行，學者罕能識其指趣，而《類稿》益無問津者。其板向爲汪君峻

堂所收藏，殘缺久矣，峻堂孫宣綸重訂付梓，既卒業，屬予序。"汪鳴珂《後序》
述刊刻事甚詳："曩予先大父峻堂先生博學工詩歌古文辭，藏書甚富，手自校讐，
每論本朝文士，輒爲家鈍翁先生首屈一指。會有以《類稾》板來質者，欣然受
而藏之。顧其板漫漶闕佚者甚多，刊補甫就而卒。先嚴耕硯府君幼孤，及長以
從宦，卒卒亦未暇以爲，曠隔數十年，復遭蟲魚之厄。予小子自惄譾劣，有志
綴文，鑽仰之餘，畧識作者門仞。因檢是板於塵坌中，漫者易之，闕者補之，
閱數月而工竣。"

此即爲汪鳴珂重修本，有文字刷印不均，或將某字之一半改爲墨釘者，蓋
因原版變形或漫漶而未補刻。書名葉鐫明重刊時間，并鈐汪鳴珂印記，爲重修
後之較早印本。汪鳴珂（生卒年不詳）字宣綸，清震澤（今屬江蘇蘇州）人，
乾隆五十三年（1788）恩貢，乾隆四十九年（1754）曾補輯刊刻《聖濟總錄》，
事跡略見《［光緒］婁縣續志》卷十五、《［光緒］增修甘泉縣志》卷二十四。

"玄"字缺筆。

《四庫全書總目》集部別集類存目。《四庫全書存目叢書》《清代詩文集彙編》
影印清康熙刻本。《中國古籍善本書目》未著錄。知中國國家圖書館、中國人民
大學圖書館、北京師範大學圖書館，及臺灣大學圖書館收藏乾隆三十六年汪鳴
珂重修本。又知美國哈佛大學哈佛燕京圖書館、柏克萊加州大學圖書館，日本
國會圖書館、靜嘉堂文庫等收藏康熙刻本。

鈐"哀生閣"朱文橢圓印。

103
**鈍翁續稾五十六卷**

T5454　8182.1

《鈍翁續稾》五十六卷，清汪琬撰。清康熙刻乾隆三十六年（1771）汪鳴珂
重修本。卷四十五抄補。九册。框高 18.8 厘米，寬 13.6 厘米。半葉十行十九字，
小字雙行同，左右雙邊，黑口，雙魚尾。版心中鐫"續稾"及卷次。

卷端題"鈍翁續稾""詩稾一"，未題著者。書名葉欄內題"鈍翁續稾"。首
有《鈍翁續稾總目》，附未署年周公贄跋、《助刊姓氏》。次《同校前後續稾姓氏》。
末有未署年嚴熊跋、周靖跋、周公贄跋。各卷有分卷目錄，卷一目錄後有《鈍
翁六十二歲像》及像贊；各卷末鐫校字時間及姓氏。

汪琬（1624—1690），參見《鈍翁前後類稾》（102，T5454　8182）。

汪琬歸田後所作詩文并史館所擬列傳共輯爲《續稾》。《續稾》收詩八卷、
文二十二卷，又《擬明史列傳》《族譜》《先府君事略》合爲《別稾》二十六卷。

周公贄跋述《續藁》編輯事云："翁先是刻《類藁》六十二卷，藏之堯峰皆山閣矣。請告以來，時時發爲述作者幾十有三年，得詩五百二十首，經解、古文辭二百六十首，彙爲三十卷，即今贄所挍《詩藁》《文藁》是也。中間曾應博學宏儒之選入史館者六十日，杜門稱疾者一年，然後南歸。在館所擬《明史列傳》一百七十五首彙爲二十四卷，即今贄所挍《別藁》是也，而《汪氏族譜》《先府君事略》二卷附焉。合前刻《類藁》凡一百十有八卷。"

《續藁》每卷末鐫校者"同里周公贄挍字"，校定時間則爲康熙甲子（二十三年，1684）冬十月至康熙乙丑（二十四年，1685）秋七月。《續藁》目録後周公贄跋云："康熙二十二年（1683），贄與諸同門醵金謀刻於城西草堂，翁遷延不許。越明年秋大病，再逾月始瘳，遂出原本。繕寫蓋始於甲子（康熙二十三年）十月，至乙丑（康熙二十四年）七月告成。"卷末校定時間與周公贄跋所言繕寫時間一致，歷經一年完成於康熙二十四年七月。此《續藁》亦爲乾隆三十六年汪鳴珂重修本。

"玄"字缺筆。

《四庫全書總目》集部別集類存目。《四庫全書存目叢書》《清代詩文集彙編》影印清康熙刻本。《中國古籍善本書目》未著録，知中國國家圖書館、中國人民大學圖書館、北京師範大學圖書館收藏乾隆三十六年汪鳴珂重修本。

104

### 蠶尾集十卷續集二卷後集二卷

T5461　1372

《蠶尾集》十卷《續集》二卷《後集》二卷，清王士禛撰。清康熙刻王漁陽遺書乾隆印本。六册。框高 16.5 厘米，寬 13.5 厘米。半葉十行十九字，小字雙行，左右雙邊，黑口，單魚尾。版心中鐫書名、卷次。

《蠶尾集》卷端題"濟南王士禛貽上甫"。書名葉欄内題"蠶尾集"。首有未署年王士禛《蠶尾集自叙》、康熙丙子（三十五年，1696）宋犖叙；次《蠶尾集目録》。《續集》卷端題"濟南王士禛貽上甫"。首有康熙甲申（四十三年，1704）吳陳琰序。《後集》卷端題"漁洋山人王士禛"。首有未署年《序蠶尾後集》；卷末均鐫"姪孫兆杲恭録"。

王士禛（1634—1711）字子真，一字貽上，號阮亭、漁洋山人，殁後避雍正帝諱改名士正，乾隆朝時又改書士禛，清山東新城（今屬淄博）人。順治十五年（1658）進士，授揚州推官，歷官禮部主事、兵部侍郎、户部侍郎、左都御史、刑部尚書等，乾隆時追諡文簡。創詩歌神韻説，康熙時主持文壇，與朱彝尊號稱"北王南朱"，著作頗多，晚年删訂爲《漁陽山人精華録》。《清史稿》

卷二百六十六、《清史列傳》卷九有傳。

王士禛著述甚多，詩文多按年彙編成集。《雍益集》前有門人盛符升序謂諸集之刊刻：順治十三年至十八年（1656—1661）詩，刻爲《阮亭詩》；康熙三年（1664）前廣陵所作、康熙四年（1665）後禮部所作刻爲《漁陽前集》；康熙十年至二十二年（1671—1683）之詩，刻爲《漁陽續集》；康熙二十三年（1684）冬，有《南海集》二卷，附《粵行三志》三卷、《皇華紀聞》六卷、《廣州遊覽志》一卷，此一時一地之刻；康熙二十七年至三十四年（1688—1695）詩文爲《蠶尾集》十卷，前此之古文詞復刻爲《漁陽文略》十四卷；康熙三十五年春，有《雍益集》《秦蜀驛程後記》《隴蜀餘聞》各一卷，再爲《紀録》之刻。

盛符升謂《蠶尾集》爲："方使車之南行也，雪阻東平，望小洞庭中有蠶尾山爲唐蘇源明讌賞地，因取以名其山房。退食之暇，合戊辰至乙亥（康熙二十七年至三十四年）詩文、碑版、記序、雜文爲《蠶尾集》十卷。"《蠶尾集》收詩二卷、墓誌三卷、傳一卷、序記一卷、尺牘等雜文一卷、跋二卷，《續集》《後集》皆收詩。王士禛以山東小洞庭蠶尾山曠邈靚麗，故名其集曰《蠶尾》，王士禛自序云："康熙甲子（二十三年）冬，余奉朝命往祀南海，過東平，會大雪連日夜，遙望湖中天水相際有數螺隱現於煙靄滅沒之間者，土人指似曰此蠶尾山也。……偶次甲子（康熙二十三年）使粵以前及丁卯（康熙二十六年，1687）以後詩文，稍成卷帙，遂以"蠶尾"名集。"

《四庫全書總目提要》以爲是書王士禛序、目録小注、《雍益集》盛符升所言《蠶尾集》收文起止時間互錯不一。王序、盛序所述見前，目録題下小注則爲："詩自康熙甲子年起，其年冬及乙丑年（康熙二十四年，1685）作別爲《南海集》，雜文自庚午年（康熙二十九年，1690）起。"三説實無牴牾。因王士禛諸集按年編輯，《蠶尾集》之收文時間實與前後二集之收文時間互相銜接，此三處所言皆隱含此時間斷限；另外《蠶尾集》收文時間段中又有一空擋，這兩方面因素造成了三處表述的不同。

關於此集收文之起始時間，由盛符升序可知此前之《漁陽續集》收康熙十年至二十二年詩，故王士禛序言《蠶尾集》收"甲子使粵以前"詩實指起自康熙二十三年至是年冬使粵之前這一段時間，與目録小注所云起始時間一致；盛序所謂"方使車之南行……合戊辰至乙亥詩文"，其中的"合"字亦表明包含領命出使這一年（康熙二十三年）。關於其收訖時間，盛符升謂王士禛康熙三十五年祭告西嶽西鎮江瀆，詩文輯爲《雍益集》《秦蜀驛程後記》《隴蜀餘聞》等，并明言《蠶尾集》收至乙亥（康熙三十四年），則《蠶尾集》與之後各集的時間間隔明白無疑；王序、目録小注雖未明言，而應與後刻各集的收文時間自爲起訖。至於盛符升序所言"合戊辰至乙亥詩文"的"戊辰"（康熙二十七年）與《蠶尾集》收文起始之康熙二十三年相隔四年，其間使粵之二十三年冬至二十四年所作別爲《南海集》；又據《漁陽山人自撰年譜》，王士禛二十四年九月出使事畢，復命途中即聞父訃，其後至康熙二十六年皆居盧守喪未有述作，故盛序徑言"方使車之南行……合戊辰至乙亥詩文"。

《續集》《後集》之收文時間皆明確。《續集》卷前吳陳琰序云："先生編年諸集版行者甚夥，其《蠶尾集》最後出，今又輯爲《續集》。……是集起乙亥（康熙三十四年），終甲申（康熙四十三年），先生官少司農以至今大司寇京邸之作，中間丙子《使蜀詩》不與焉。"與卷一題下小注所云相符："詩自乙亥起，迄甲申年冬，其丙子（康熙三十五年）一年之作，別爲《雍益集》。"《後集》王士禛序云："余次康熙戊子（四十七年，1708）一歲之作爲《蠶尾後集》，得五七言絕句二百餘首，而古律詩才什之一，於是先絕句而餘體反附其後。……余甲申歸田後詩曰《古夫于亭稿》，此卷則爲《蠶尾後集》，以綴《蠶尾》正、續兩集之後，實則《古夫于亭稿》後一年之作云。"

根據盛符升序，《蠶尾集》最初刊刻時并未附《續集》《後集》。《續集》輯成於康熙四十三年，《後集》輯成於康熙四十七年。王士禛諸集後彙集爲《王漁陽遺書》，《中國古籍善本書目》著錄康熙刻本。此本與臺北故宮博物院藏本、《四庫全書存目叢刊》影印之北京師範大學圖書館藏《王漁陽遺書》本《蠶尾集》同版。諸本避雍正帝諱，知印於雍正年間。然臺北故宮博物院藏本"禛"字缺筆，而芝大藏本與《存目》底本皆明顯剜改爲"禎"。據《清史稿》王士禛本傳，禛改爲"禎"乃因乾隆三十九年上諭命改，則剜改"禎"者爲乾隆時後印。

"玄"字缺筆，"禛"剜改爲"禎"。

《四庫全書總目》集部別集類存目。《四庫全書存目叢書》影印清康熙刻《王漁陽遺書》本。《中國古籍善本書目》著錄北京大學圖書館、復旦大學圖書館等八家收藏康熙刻本《王漁陽遺書》。知中國臺北故宮博物院中國香港大學馮平山圖書館、香港中文大學，美國哈佛大學哈佛燕京圖書館、哥倫比亞大學圖書館、華盛頓大學圖書館、科羅拉多大學博爾德分校圖書館，日本內閣文庫、東洋文庫、靜嘉堂文庫等處，韓國成均館大學圖書館著錄是書。

105

### 漁洋山人詩集二十二卷續集十六卷（存續集十六卷）

T5461　3332

《漁洋山人詩集》二十二卷《續集》十六卷，清王士禛撰。清康熙刻王漁洋遺書乾隆印本。存《續集》十六卷。四册。框高 16.6 厘米，寬 13.3 厘米。半葉十行十八字，小字雙行不等，左右雙邊，黑口，單魚尾。版心中鎸"漁洋續集"及卷次。

卷端題"漁洋山人詩集　續集"，"新城王士禛貽上"。書名葉欄内題"漁洋續集"。書首有未署年施閏章《漁洋山人續集序一》、未署年徐乾學《序二》、未署年陸嘉淑《序三》、康熙二十年（1681）曹禾《序四》、康熙壬戌（二十一年，1682）汪懋麟《序五》、康熙二十三年（1684）金居敬《序六》、康熙甲子（二十三年）萬言《序七》；次《漁洋山人續集目録》。卷末有未署年計東《題後》、王士禛題記。

王士禛（1634—1711），參見《蠶尾集》（104，T5461　1372）。

是書收辛亥至癸亥（康熙十年至二十二年，1671—1683）十年間詩，按年編次，包括"辛亥京集詩""壬子京集詩""壬子蜀道集詩""甲寅小祥後詩""乙卯家集京集詩""丙辰京集詩""丁巳至癸亥京集詩"。

《漁洋山人詩續集》初由其門人於康熙二十一年刻於金陵。康熙二十年曹禾《序》云："門人輩又取其辛亥（康熙十年）以來之作，釐爲十六卷，名曰《續集》，復將刻於金陵。"康熙二十一年汪懋麟《序》云："輯辛亥以後所爲詩若干篇爲《漁洋續集》，命序"。則康熙二十年編定欲刻，二十一年已刊成。康熙二十三年金居敬序提及刊刻事，已謂漁洋續稿爲"向者刻於吳下"。

王士禛歿後，門人輯諸書爲《王漁洋遺書》，初彙印於康熙年間。此本爲乾隆時後印本，多處斷版，字稍有漫漶。書中"禛"字皆剜版改爲"禎"，但弘、曆皆未避，後印時僅改王士禛之名而未及其他諱字。

"玄""泫"等字缺筆；各卷首"禛"剜改爲"禎"。

《四庫全書總目》未著録。《四庫全書存目叢書》影印清康熙刻《王漁洋遺書》本。《中國古籍善本書目》著録著録北京大學圖書館、復旦大學圖書館等八家收藏康熙刻本《王漁洋遺書》。知中國臺北"國家圖書館"、臺灣大學圖書館，美國哈佛大學哈佛燕京圖書館收藏此書康熙刻本，又知日本京都大學人文科學研究所、東京大學東洋文化研究所、大阪府立中之島圖書館收藏是書乾隆印本。

此爲勞費爾購書。

106

## 帶經堂集九十二卷

T5461　2156

《帶經堂集》九十二卷，清王士禛撰。清康熙四十九年至五十年（1710—

1711）程氏七略書堂刻本。十六冊。框高18.6厘米，寬14厘米。半葉十行十九字，小字雙行不等，左右雙邊，白口，單魚尾。版心上鐫字數，中鐫各編文類及卷次。

卷端題"歙門人程哲挍編；新城王士禛貽上"。書名葉欄内題"王阮亭先生著""帶經堂集""七略書堂挍刊"，鈐"七略書堂"朱文方印、"韓柳文章李杜詩"朱文橢圓印。書首有未署年程哲《帶經堂集序》（據書口）；次帶經堂全集總目，目錄前標"帶經堂全集凡七編總九十二卷"；次新安程昭摹繪《漁洋先生遺像》、辛卯（康熙五十年）林佶所書像贊及題識。各子集前又各有序跋。

王士禛（1634—1711），參見《蠶尾集》（104，T5461 1372）。

王士禛門人程哲合刻《漁洋集》《蠶尾集》二書，名之曰《帶經堂集》。《漁洋集》分"詩""續詩""文"三編計五十二卷，《蠶尾集》分"詩""續詩""文""續文"四編計四十卷。書前程哲總序述是書之編撰云："吾師新城王先生《漁洋》正、續詩文五十二卷、《蠶尾》詩文十卷，同人版行已久，而顧無合刻。庚寅（康熙四十九年）秋，哲郵書請命於先生，因舉諸刻定本并未刻《蠶尾》續詩文三十卷，統名之曰《帶經堂集》。"

《漁洋集詩》二十二卷。首有壬辰（康熙五十一年，1712）程哲序，李敬《原序二》、汪琬《原序三》、葉方藹《原序四》、陳維崧《原序五》，原序皆未署年，他本有錢謙益《原序一》，此本缺；次目錄，題爲"帶經堂集目録 第一編 漁洋詩集"；末有未署年計東《題後》。是集按年編次，收詩自丙申（順治十三年，1656）至己酉（康熙八年，1669）。卷前程哲序云："《漁洋集》始於丙申，已前舊作悉屏勿録。《去春元日書榜》有云：'得第重逢辛卯歲，删詩斷自丙申年'，蓋自明其精專斯道者，實乙未成進士後也。"

《漁洋續詩集》十六卷。首有未署年程哲序、未署年施閏章《原序一》、未署年徐乾學《原序二》、未署年陸嘉淑《原序三》、康熙二十年（1681）曹禾《原序四》、康熙壬戌（二十一年，1682）汪懋麟《原序五》、康熙二十三年（1684）金居敬《原序六》、康熙甲子（二十三年）萬言《原序七》；次目錄，題爲"帶經堂集目録 第二編 漁洋續詩集"。是集按年編次，收詩自辛亥（康熙十年，1671）至癸亥（康熙二十二年，1683），卷前曹禾、汪懋麟、金居敬等人序文皆有言。

《漁洋文集》十四卷。首有未署年程哲序、康熙三十四年（1695）張雲章《原序》；次目錄，題爲"帶經堂集目録 第三編 漁洋文集"。按文體收録序、記、傳、墓表等。

《蠶尾詩集》二卷。首有壬辰（康熙五十一年）程哲序、未署年王士禛《自序》、未署年張雲章《原序》；次目錄，題爲"帶經堂集目録 第四編 蠶尾詩集"，目録後有程哲題識。王士禎自序云此集收文起訖："偶次甲子（康熙二十三年）使粤以前及丁卯（康熙二十六年，1687）以後詩、庚午（康熙二十九年，1690）以後雜文，稍成卷帙，遂以《蠶尾》名集。"

《蠶尾續詩集》十卷。首有程哲序、康熙甲申（四十三年，1704）吳陳琰《原序》，未署年盛符升《總述》，《總述》末附王啓涑、王啓沆、王啓汧題記；次目録，題爲"帶經堂集目録　第五編　蠶尾續詩集"，目録末述《蠶尾集》未以編年收詩之情況。是集包括雅頌一卷、《南海使集》二卷、《雍益使集》一卷、《續集》二卷、《古夫于亭稿》二卷、《後集》二卷。卷前吳陳琰序云："是集起乙亥迄甲申（康熙三十四年至四十三年），先生官少司農以至今人司寇京師之作，中間甲子（康熙二十三年）使粤、丙子（康熙三十五年，1696）使蜀詩亦與焉。"王士禎歿後門人所編《王漁洋遺書》中的《蠶尾集續集》僅二卷，其卷前亦有吳陳琰序，但改動少許文字云："中間丙子使蜀詩不與焉"，故《王漁洋遺書》將《南海集》《雍益集》《古夫于亭稿》《蠶尾後集》各自爲集。此《蠶尾續詩集》實爲合集，其目録後小識叙其收録情況云："《蜀道使集詩》已編入《漁洋續集》，其《南海使集》係康熙甲子、乙丑（二十四年，1685）兩年之作，未經編入。《蠶尾集》故與丙子（康熙三十五年）歲《雍益使集》俱入此集，不復以編年爲次第。乙酉至庚寅（康熙四十四年至四十九年，1705—1710）歸田後六年之作，則附見焉"。

《蠶尾文集》八卷。首有未署年程哲《蠶尾文集序》（據書口）、康熙丙子（三十五年）宋犖《原序》；次《帶經堂集目録　第六編　蠶尾文集》。按文體收録序、記、傳、墓表、跋等。

《蠶尾續文集》二十卷。首有未署年程哲《蠶尾續文集序》（據書口）；次目録，題爲"帶經堂集目録　第七編　蠶尾續文集"。按文體收文，集中《居烈婦向氏傳》爲王士禎歿前絶筆。

是書歷時一年餘刻成。書前程哲總序云："庚寅（康熙四十九年）秋，哲郵書請命於先生，因舉諸刻定本并未刻《蠶尾》續詩文三十卷，統名之曰《帶經堂集》。畀哲及季弟鳴犙校開雕，越卯冬而蕆事。"卯冬爲康熙辛卯（康熙五十年）冬，則是書刊刻始自康熙四十九年，成於康熙五十年。此本字體圓潤，刻劃清晰，爲是書較早印本。

"玄""絃"等字缺筆。

《四庫全書總目》未著録。《續修四庫全書》《清代詩文集彙編》影印清康熙四十九年至五十年程氏七略書堂刻本。《中國古籍善本書目》著録中國國家圖書館、上海圖書館、中山圖書館等三十七家收藏是刻。又知中國臺北"中央研究

院” 傅斯年圖書館，美國哈佛大學哈佛燕京圖書館、普林斯頓大學圖書館、哥
倫比亞大學圖書館、俄亥俄州立大學圖書館，加拿大英屬哥倫比亞大學圖書館，
日本東洋文庫、東京都立中央圖書館、東北大學圖書館，韓國奎章閣收藏。

107
## 漁洋山人精華録箋注十二卷補一卷年譜一卷

T5461　　6031

《漁洋山人精華録箋注》十二卷《補》一卷，清王士禎撰、清金榮箋注；《年
譜》一卷。清乾隆刻本。六册。框高18.1厘米，寬14.9厘米。半葉十一行二十字，
小字雙行三十字，左右雙邊，白口，單魚尾。版心中鐫 “精華録箋注” 及卷次。

卷端題 “中吳金榮林始箋注；徐淮岱陽纂輯”。書名葉分二欄，右題 “漁洋
山人精”，左題 “華録箋注”“寶華順藏板”。書首有未署年李敬序，實取自《漁
洋詩集》；次《凡例》；次《漁洋山人精華録箋注總目》；次康熙壬辰（五十一年，
1712）王掞《皇清誥授資政大夫經筵講官刑部尚書王公神道碑銘》；次《漁洋山
人年譜》；次《漁洋山人戴笠像》，林佶書梅庚像贊。

王士禎（1634—1711），參見《蠶尾集》（104，T5461　1372）。

王士禎進士及第後奮力爲詩，所謂 “得第重逢辛卯歲，删詩斷自丙申年”。
其詩先删訂爲《漁洋集》，後又有《漁洋續集》《蠶尾集》《南海集》《雍益集》等，
《漁洋山人精華録》删掇諸集，合爲十卷，按古體詩、近體詩編排。金榮箋注《精
華録》則 “案諸集排纘，分十二卷”，據之得見諸詩出處。

金榮箋注王士禎詩，始自康熙庚寅（四十九年，1710），搜討二十餘年至雍
正甲寅（十二年,1734）冬完成初稿。其中近體詩參徐夔、惠棟注，《凡例》云：“近
體中注兼采之徐君夔龍友，乙卯（雍正十三年，1735）秋於友人處得惠君棟定宇
注本，喜其該洽而於當代事頗爲周悉，亟録之以補余所未逮。”開雕後，金榮又
附録補注於書末，《凡例》云：“開雕後，時有弋獲，不便增入卷内，而惠注復不
能捐愛，遂倣朱長孺注李義山詩例而小變之，補注總附於十二卷後。”則是書草
定於雍正十二年，雍正十三年冬得惠棟注本後有所增補，開雕後復增《補》一卷。
而是書在乾隆二年（1737）又增補《續補》一卷、《續録箋注》一卷。則是書初
刻本之刊印乃在雍正十三年冬以後至乾隆二年增刻之前，由金氏鳳翩堂刊刻。

此本無《續補》，内容與金氏未增補本同。此本文字與金氏鳳翩堂刻本稍異，
而書中屢見斷版、文字漫漶，頗疑寶華順修補舊版刷印。其《凡例》較金氏鳳
翩堂刻本少最末一條：“儺校字畫，致爲謹嚴，則門人弋泳來游，實職其勞，不
可没也，因并著之。”

另，此本李敬序書眉有佚名墨筆題記云："辛巳夏五月，應制科北上道出申江遇雨，客中無可遣懷，購此本携行篋中讀之。"題跋者待考。

"玄"字缺筆，"弘"字或有缺筆。

《四庫全書總目》未著録。《四庫全書存目叢書》影印清惠氏紅豆齋刻本。《中國古籍善本書目》著録上海圖書館、南京圖書館藏清金氏鳳翩堂刻本名家題跋本。知中國臺北故宮博物院、臺灣大學圖書館、香港大學馮平山圖書館、香港中文大學圖書館、美國哈佛大學哈佛燕京圖書館、普林斯頓大學圖書館、華盛頓大學圖書館、加拿大哥倫比亞大學圖書館、艾伯塔大學圖書館，德國巴伐利亞邦立圖書館，澳大利亞國家圖書館，日本公文書館、東洋文庫等處，韓國成均館大學圖書館、澗松文庫收藏金氏鳳翩堂刻本。又知美國哈佛大學哈佛燕京圖書館藏金氏鳳翩堂本翻刻本。

108

## 安序堂文鈔三十卷

T5460　2171

《安序堂文鈔》三十卷，清毛際可撰。清康熙刻增修本。六册。框高 19.7 厘米，寬 14.2 厘米。半葉九行十九字，四周單邊，白口，單魚尾。版心上鐫書名，中鐫卷次，行間鐫圈點及評語。

卷端題"遂安毛際可鶴舫著；晋安林雲銘西仲、烏程嚴允肇修人評"，目録題"遂安毛際可鶴舫著；男士儀幼範、士儲待旃全校"。書首有康熙二十八年（1689）張希良《序》、康熙戊辰歲（二十七年，1688）林雲銘《序》、康熙甲子（二十三年，1684）嚴允肇《序》。次《安序堂文鈔總目》。

毛際可（1633—1708）字會侯，號鶴舫，晚號松皋老人，清遂安（今屬浙江杭州）人。順治十五年（1658）進士，授彰德府推官，改知城固、祥符縣，康熙十八年（1679）舉博學鴻詞不第，回任，以事罷官，後任《浙江通志》總裁。博學多聞，以文章名，與毛奇齡、毛先舒號爲"浙中三毛"，著《春秋考異》《松皋詩選》等。《清史列傳》卷七十有傳。

毛際可文初輯爲《松皋堂集》，後又增益新作，林雲銘評點，成《安序堂文鈔》一書。此本卷前林雲銘《序》云："有年前所著《松皋堂集》，卓然成一家言。……復彙輯其安序堂近著行世，皆余邇來所論定者。"

《安序堂文鈔》有十六卷本、二十卷本、二十四卷本和三十卷本存世，蓋迭經增補。是書十六卷本有康熙二十八年張希良《序》，約略刊刻於此時；三十卷本收文已至毛際可卒前二年之康熙四十五年（1706），已基本收全毛氏文章。諸本皆依文類編次，三十卷本收論一卷，書二卷，序十卷，記四卷，傳三卷，碑、狀、行述、行略一卷，墓誌、墓表一卷，辯、對、引、疏一卷，説、贊一卷，議、題一卷，題詞一卷，跋、書後一卷，文一卷，告文、賦、紀事、讕語一卷。

《四庫全書存目叢書》影印吉林省圖書館藏清康熙刻增修本《安序堂文鈔》二十卷，經與芝大所藏三十卷本比對，二本同一篇章之墨釘、斷版痕跡相同，則三十卷本仍用二十卷本舊版。在内容上，相同篇章之文字并未改動；三十卷本較二十卷本增加不少篇章，但同時亦稍刪削。如三十卷本之"序"由二十卷本之六卷增爲十卷，新增篇章集中於後四卷，計四十一篇；散見於其他卷帙之"序"較二十卷本多出十一篇；但三十卷本中亦闕原二十卷本中之七篇，如卷四之《王蓼航太史詩序》、卷五之《句玹上人語録叙》及《張荔菴歷試詩賦序》等；此外，又有若干篇章調易次序。則三十卷本以增益爲主，并重加編次。

《四庫全書總目》集部別集類存目著録二十卷本。《四庫全書存目叢書》《清代詩文集彙編》影印清康熙刻增修本二十卷。《中國古籍善本書目》著録中國科學院文獻情報中心收藏名家校跋本一部。知中國國家圖書館、中國人民大學圖書館、華東師範大學圖書館、暨南大學圖書館等地，以及美國哈佛大學哈佛燕京圖書館、哥倫比亞大學圖書館，日本静嘉堂文庫、東京大學綜合圖書館收藏三十卷本。

## 109

### 經義齋集十八卷

T5463　2367

《經義齋集》十八卷，清熊賜履撰。清康熙二十九年（1690）刻本。六册。框高 20.2 厘米，寬 14.2 厘米。半葉九行二十字，左右雙邊，白口，單魚尾。版心上鐫書名，中鐫卷次、文類。

卷端題"孝昌熊賜履著"。書名葉分三欄，右題"孝昌熊敬修著"，中題"經義齋集"，左題"本齋藏板"，上鈐二龍戲珠紋樣"御筆題賜"朱色大圓印。書首有康熙庚午（二十九年）劉然《序》、康熙庚午錢肅潤《經義齋題辭》；次《經義齋目録》。末有未署年洪嘉植《讀經義齋集書後》、康熙庚午高菖生《跋》。

熊賜履（1635—1709）字敬修，一字青嶽，清湖北孝感人。順治十五年（1658）進士，選庶吉士，授檢討，歷國子監司業、經筵講官、武英殿大學士等，因直言罷官，復起爲禮部尚書，官至東閣大學士兼禮部尚書，充任《大清實録》《明史》總裁，以年老致仕，卒贈太子太保，諡文端。治程朱理學，著《經義齋集》《學統》《閒道録》等。《清史稿》卷二百六十二、《清史列傳》卷七有傳。

“經義齋”乃御賜齋名，熊賜履以其爲全集之名，取其文章著述皆準於經之意。書末高菖生《跋》云：“己巳（康熙二十八年，1689）春仲，孝感師相熊老夫子方居憂白下，恭遇聖駕南巡，既遣官存問，復以御書‘經義齋’三字錫之。夫子拜謝成禮，取以名其全集，蓋紀帝訓，非特彰榮遇也。”是書爲熊賜履丁憂居家時所刻，凡文十四卷、詩四卷。卷前劉然《序》述其刊刻云：“戊辰（康熙二十七年，1688）秋，國家以祔廟大典，特起先生於容臺，將復柄用之，會先生以憂去職。又一年，而是集乃成。屬然以校讐之役，而授之梓，其顔以《經義》，彰君賜也。”則書成稿於康熙二十八年，其校讎刊成當在諸序所署之康熙二十九年。

“玄”字缺筆。

《四庫全書總目》集部別集類存目。《四庫全書存目叢刊》影印清康熙二十九年刻本。《中國古籍善本書目》著録北京大學圖書館、清華大學圖書館、天津圖書館等七家收藏。康熙二十九年刻本知日本静嘉堂文庫、大阪府立中之島圖書館收藏。

鈐“熊家彦印”朱文方印，“真州吳氏有福讀書堂藏書”朱文方印，曾爲清熊家彦、吳引孫收藏。熊家彦（生卒年不詳）字仲山，道光十八年（1838）進士，知雲南太和石屏，陞臨安府知府，工時文，著《雙柏山房制藝》，生平參《［光緒］孝感縣志》卷十四。吳引孫（約1844—？）字福茨，江蘇儀征人，舉人，官甘肅布政使、新疆巡撫。藏書處沿用其祖父吳朝睿之“有福讀書堂”，又名測海樓。

110
### 午亭文編五十卷

T5463　7914

《午亭文編》五十卷，清陳廷敬撰。清康熙四十七年（1708）林佶寫刻乾隆四十三年（1778）印本。十六册。框高19.3厘米，寬15厘米。半葉十一行二十一字，小字雙行不等，左右雙邊，綫黑口，單魚尾。版心中鎸書名、卷次。

卷端題“門人侯官林佶輯録”。每册均有書名葉，欄內題“午亭文編”。書首有未署年陳廷敬《自叙》（據書口）；次《午亭文編總目》，此本《總目》誤裝於卷一之後。末有乾隆四十三年徐昆跋。各卷末均鎸“男壯履恭較”，僅卷四十五因文字刻滿未鎸。

陳廷敬（1639—1712）原名敬，字子端，號悦嚴，清澤州（今屬山西晋城）人。順治十五年（1658）進士，選庶吉士，授檢討，歷內閣學士、禮部侍郎等職，官至文淵閣大學士兼禮部尚書，諡文貞。入值南書房，典司文章，總裁《聖訓》《皇輿表》《一統志》《明史》，著《午亭文編》等。《清史稿》卷二百六十七、《國朝先正事略》卷六有傳。

　　是書爲陳廷敬晚年手定，以《水經注》載沁水逕午壁亭，名其居處爲午亭山村，又以之名其文集。凡詩二十卷、雜著四卷、經解四卷、奏疏序記及各體文章二十卷，又《杜律詩話》二卷。陳廷敬久在館閣，從容載筆，典司文章，書前自叙謂不求與王士禛、汪琬合同，"非苟求異，其才質使然也"。

　　是書由陳廷敬門人林佶於康熙四十七年編輯繕寫。哈佛燕京圖書館藏本有康熙四十七年林佶序云："今相國午亭先生前後刻所爲集，凡數易藁，未嘗流布，輒復更定。戊寅（康熙三十七年，1698）冬，佶初至京，得及先生門，嘗求所刻集，先生慎不出。比乙酉（康熙四十四年，1705）佶再入都，先生始授佶編輯。又五年而藁始定，而録始成，剞劂之工亦將竣矣。"序中所謂"又五年"當爲約略而言。

　　後又由陳廷敬子壯履校訂，臺灣東海大學圖書館藏本有陳壯履跋云："《文編》鏤版成，先文正念冢魚或悮，不肯輕以示人。庚寅（康熙四十九年，1710）秋，壯履既被譴，鍵關自訟，日對是編，先文正因有較讎之命，未卒業而見背，嗣罹母王夫人李孺人之艱，心志益大恍惚，事遂中輟。己亥（康熙五十八年，1719）長夏，屏跡山村，始得詳爲繙閲，僅就所知，印正如干字。淺陋之資，荒疎日甚，惟隳成命是懼，金銀之誚寧能免耶？"據此跋知陳壯履校正文字自康熙五十八年始，故凡於卷末鐫"男壯履恭較"者，皆爲此後刊刻。

　　此本闕林佶、陳壯履序跋，書末有乾隆四十三年徐昆跋，謂是書舊版"爲人竊以置典嗣，不克贖者二十年"，徐昆謀於邑侯宋公，宋公"清俸周畫，力肩厥事，遂得儲板於學宮"。《美國哈佛大學哈佛燕京圖書館藏中文善本書志》以跋中"宋公"爲宋思陟，然宋思陟於康熙二十年任澤州縣令，年代有差。據《［同治］陽城縣志》卷七、八，宋本敬於乾隆三十六年（1771）任陽城縣令，徐昆於乾隆四十一年（1776）任陽城縣教諭，此當爲跋所記之宋、徐二人。陽城與澤州皆屬今晉城，爲陳廷敬籍里。此本爲乾隆四十三年印本，其版爲徐昆跋所謂"學宮"舊版，康熙末年經陳壯履校訂，乾隆四十三年再印時又增改乾隆諱字，書中有多處斷版及漫漶，爲此版放置已久之故。

　　"玄"易爲"元"，"眩""鉉"等字缺筆；"弘"字缺筆、"曆"字異寫。

　　《四庫全書總目》入集部別集類。《中國古籍善本書目》著録中國科學院文獻情報中心等三十六家收藏清康熙四十七年林佶寫刻本。知中國臺灣大學圖書館、東海大學圖書館、香港大學馮平山圖書館，美國哈佛大學哈佛燕京圖書館、明尼蘇達大學圖書館，加拿大多倫多大學圖書館，澳大利亞國家圖書館，日本東洋文庫、東京大學東洋文化研究所等收藏乾隆四十三年印本。

111

## 林蕙堂文集續刻六卷亭皋詩鈔四卷藝香詞鈔四卷

T5449 2322

《林蕙堂文集續刻》六卷《亭皋詩鈔》四卷《藝香詞鈔》四卷，清吳綺撰。清乾隆四十一年（1776）衷白堂刻本。八册。框高 11.5 厘米，寬 8.5 厘米。半葉八行十七字，無直欄，左右雙邊，白口，單魚尾，行間鐫圈點。版心上鐫"林蕙堂文集"，中鐫卷次。

《林蕙堂文集續刻》《亭皋詩鈔》《藝香詞鈔》卷端及目錄均題"延陵吳綺蘭次著；宗後學琥繡永之重校"。三書均有三欄書名葉，右題"吳蘭次著"，中題各集書名，左題"衷白堂藏板"，欄上題"乾隆丙申秋鐫"，丙申爲乾隆四十一年。《文集續刻》首有未署年吳琥繡、未署年陳維崧《原序》、辛未（康熙三十年，1691）靳治荆《原序》、康熙甲子（二十三年，1684）吳興祚《原序》，次《林蕙堂文集續刻目錄》。《亭皋詩鈔》首有《亭皋詩鈔目錄》。《藝香詞鈔》首有《藝香詞鈔目錄》。

吳綺（1619—1694）字蘭次，又字豐南、園次，號綺園、聽翁、紅豆詞人，清初江都（今屬江蘇）人。順治十一年（1654）拔貢，薦授中書舍人，後任湖州知府，因風雅好事劾罷。喜交游，善詩詞、書法、戲曲，以駢文稱名，嘗以花木爲潤筆，不數月園圃成林。著《嶺南風土記》《林蕙堂集》，又有《嘯秋風》《繡平原》等傳奇，今佚。《清史稿》卷四百八十四、《清史列傳》卷七十一有傳。

吳綺文集曾有多種刊本，康熙三十九（1700）吳綺子壽潛搜訪遺稿刊刻《林蕙堂文集》二十六卷本，其凡例云："先大夫文集久經行世，但鋟鏤不同，豕魚未正，屢思重刻以成畫一，俾稱全璧。"《四庫全書總目》著錄即爲二十六卷本，收文十二卷、詩十卷、詞曲四卷。

是刻爲吳琥繡輯刊，收文十八卷、詩四卷、詞曲四卷。吳琥繡先於乾隆三十九年（1774）刻龔鼎孳定本《林蕙堂文集》十二卷，後又參據吳氏家藏全本續刻文集及詩詞。卷前吳琥繡序云："家蘭次先生集共二十六卷，余家藏芝麓先生定本僅十二卷，甲午歲（乾隆三十九年）已付剞劂。乙未（乾隆四十年，1775）客廣陵，晤先生後人芳猷先生，遂獲全本。時適同學聞人訥甫兄歸自關外，相與悉心究訂，去其應酬作及稍複者二三，計於前刻外益文六卷、詩四卷，詞則十存其九亦得四卷，而詞餘即附焉。"吳琥繡爲吳綺同宗，事跡不詳。

吳琥繡曾將乾隆三十九年、四十一年所刻詩文彙印爲全集，哈佛大學藏本書名葉即題爲"林蕙堂全集"。此本僅爲乾隆四十一年所刻三種，巾箱本，軟體字。

"玄"易爲"元"、"泫""舷"等字缺筆;"弘"易爲"宏"。

《四庫全書總目》收録《林蕙堂集》二十六卷。《清代詩文集彙編》影印清乾隆三十九年、四十一年衷白堂刻本。《中國古籍善本書目》著録天津圖書館、遼寧省圖書館等八家收藏清乾隆三十九年、四十一年衷白堂刻全集。知中國臺北"中央研究院"傅斯年圖書館、臺灣大學圖書館,美國哈佛大學哈佛燕京圖書館,日本内閣文庫、静嘉堂文庫、東洋文庫、東京大學綜合圖書館藏衷白堂刻全集。

鈐"□原"朱文長方印,"化華道人"朱文長方印,"惠氏書畫家藏秘章"白文長方印(上下二行,自右向左釋讀),"哈佛大學漢和圖書館珍藏印"朱文長方印。

112
## 道援堂詩集十三卷

T5460　7244.1

《道援堂詩集》十三卷,清屈大均撰。清康熙刻乾隆印本。五册。框高19厘米,寬13.9厘米。半葉十行二十一字,小字雙行同,四周雙邊,白口,單魚尾。版心上鐫"道援堂詩",中鐫卷次、文類。

卷端題"番禺屈大均翁山著"。卷端題名爲"道援堂詩集",卷十三詞題"道援堂集",版心均鐫"道援堂詩"。

屈大均(1630—1696)幼寄養邵氏,名紹龍,字介子,又字翁山、華夫、泠君,清番禺(今屬廣州)人。隨陳邦彦抗清,後削髮爲僧,法名今種,字一靈、騷餘,出遊大江南北,密謀反清,曾參吳三桂軍務,後辭去,以遺民終。詩詞多慷慨悲壯,著《翁山文外》《廣東新語》《皇明四朝成仁録》等。《清史稿》卷四百八十四有傳。

是書按詩體分卷,收五古、七古、五律、七律、五言排律、五言絶句、七言絶句各體詩,附收詞一卷。屈大均詩曾輯爲《翁山詩外》十八卷、《屈翁山詩集》八卷《詞》一卷、《翁山詩》四卷等多種行世,各書多冠以未署年周炳曾、徐嘉炎、凌鳳翔等人序言,蓋刊刻時沿襲前序。由諸序可知,屈大均詩乃歿後由其友人凌鳳翔搜輯整理,曾由徐掄三刊刻。如《翁山詩外》卷前有凌鳳翔序云:"翁山生平著作極多,余獨嗜其詩,如饑渴之於飲食,欲須臾忘而不可得。今没後,其《詩外》若干卷寖多亡軼,特取而補刻校正之。"《四庫禁燬書叢刊》影印北京師範大學藏《道援堂詩集》首有周炳曾、徐嘉炎序言及刊刻事。周序云:"吾友凌儀吉與翁山交以詩最久,翁山既侈于詩,其歿也,卷帙寖多散失,凌子肯爲整齊詮次之";徐序云:"我家從孫掄三兄弟好文,于古今麗典新聲皆能溯源窮浹,兹選刻翁山詩如干首,屬予弁其簡端。"然徐掄三所刻爲其中的哪一種尚不明確。凌儀吉、徐掄三生平不詳,據《[同治]湖州府志》卷十六僅知凌鳳翔字儀吉,德清(今屬浙江湖州)人,以子景南贈等仕郎按察司照磨。

是書列入《軍機處奏准全燬書目》。此本與《四庫禁燬書叢刊》影印之底本同版;目録末列補遺詩若干首之目,二本皆已按詩體補入第六、七兩卷正文,則是書曾經增補。然此本缺書前諸序及目録。據書中避諱,此本刷印時間已至乾隆。

"玄""泫"等字缺筆,"弘"易爲"宏"、"曆"易爲"歷"。

《四庫全書總目》未收,《四庫禁燬書叢刊》《清代詩文集彙編》影印清康熙刻本。《中國古籍善本書目》著録中國國家圖書館、山東省圖書館、遼寧省圖書館等五家收藏康熙刻本。知美國哈佛大學哈佛燕京圖書館收藏康熙刻本。又知中國香港大學、日本國會圖書館、静嘉堂文庫等處著録是書清刻本。

113
**翁山詩外十八卷(存卷一、十六)**

X5460　7244.2

《翁山詩外》十八卷,清屈大均撰。清抄本。存二卷(卷一、十六)。二册。框高 19.7 厘米,寬 13 厘米。半葉十一行十九字,四周單邊,黑口,雙魚尾。版心中鎸書名、文類。

卷端題"番禺屈大均撰"。書首有屈大均《翁山詩外自序》;次《翁山詩外目録》,題"男明洪編"。卷十六爲詞,卷端題"番禺屈大均撰;苕南凌鳳翔校";首有未署年王隼《騷屑序》。

屈大均(1630—1696),參見《道援堂詩集》(112, T5460　7244.1)。

屈大均《自序》言是集以"詩外"爲名云:"詩之内者,以《易》、以《書》、以《春秌》爲之。其外者,乃以詩爲之。"是書爲屈大均從《道援堂集》《翁山詩略》中選輯并刊刻,卷前《自序》云:"是編凡千有餘篇,從《道援堂》《翁山詩略》二集蕳出,聯應同人之求。中多少年所作,旨過寓言,含吐莊騷,非粹然一出於正者,讀之誠自慙惶。肤既已流傳,不欲自諱,因重梓之,識者幸推其志焉。"

屈大均卒後,凌鳳翔又曾重刻是書。是書凌鳳翔刻本首有未署年凌鳳翔《序》云:"翁山生平著作極多,余獨嗜其詩,如饑渴之於飲食,欲須臾忘而不可得。今没後,其《詩外》若干卷寖多亡軼,特取而補刻校正之,并不忍忘其宿昔相見之始與促膝論詩數語，書而存之，謂庶幾不負翁山云。"凌氏刻本目録題"門人陳阿平編"，卷端題"番禺屈大均撰；茗南凌鳳翔校"。

此本所抄爲卷一"五古一"和卷十六"詞一"，然所據爲不同版本。前者或即康熙年間屈大均自刻本，後者爲康熙年間凌鳳翔刻本。兩種刻本行款版式相同，但後者卷端增"凌鳳翔"，王隼《騷屑序》亦見於凌氏刻本。此本抄寫用紙已刻印邊欄、版心書名，文字悉依刻本，原刻本目録卷十八所注"嗣出"，亦照原樣抄寫。因屈大均從事反清活動，清廷嚴令禁燬其詩文，此本列入軍機處奏准抽燬書目、應繳違礙書籍。此抄本抄寫時間無從查考，據紙墨風格，應抄寫於清末。

"玄"字缺筆。

《四庫全書總目》未著録。《四庫禁燬書叢刊》影印清康熙凌鳳翔刻本。《中國古籍善本書目》著録中國國家圖書館、中國科學院國家文獻情報中心、南京圖書館、中山圖書館等十家收藏清康熙刻本，其中中國科學院文獻情報中心、中山圖書館所藏爲凌鳳翔刻本。又知海外僅美國哈佛大學哈佛燕京圖書館藏清康熙刻本。

鈐"生齋臺灣行篋記"朱文方印，曾爲李宗侗收藏。

## 114
### 綿津山人詩集三十四卷

T5463　　3995.1

《綿津山人詩集》三十四卷，清宋犖撰。清康熙刻本。四册。框高 18.4 厘米，寬 13.5 厘米。半葉十行十九字，小字雙行同，四周單邊，白口，雙順魚尾。版心上鎸書名，中鎸卷次及子集名。

卷端題"商丘宋犖牧仲"。書名葉分兩欄，題"綿津山人詩集"。書首有康熙戊子（四十七年，1708）陳廷敬序、康熙二十七年（1688）汪琬序，未署年王鐸《古竹圃稿序》、未署年侯方域《古竹圃稿序》，未署年張自烈《嘉禾堂稿序》，未署年吳偉業《將母樓稿序》，未署年高珩《雙江倡和集序》、未署年王士禛《雙江倡和集序》、未署年汪琬《雙江倡和集序》，未署年王士禛《回中集序》，未署年王士禛《西山倡和詩序》、未署年湯斌《西山倡和詩序》，未署年宋犖《聯句集小引》，未署年邵長蘅《廬山詩序》，康熙戊寅（三十七年，1698）尤侗《滄浪亭詩序》，康熙辛巳（四十年，1701）邵長蘅《紅橋集序》、未署年馮景《紅橋集序》，康熙昭陽協洽（癸未，康熙四十二年，1703）朱彝尊序；次《綿津山人詩集目録》。

宋犖（1634—1713）字仲牧，號漫堂、西陂，別號綿津山人，清河南商丘人。順治四年（1647）以父蔭列侍衛，康熙三年（1664）出爲黄州通判，歷刑部員外郎，山東按察使，江西、江蘇巡撫，官至吏部尚書，加太子少師，致仕。長於詩畫，廣交文士，著《綿津山人詩集》《西陂類稿》《漫堂説詩》等。《清史稿》卷二百七十四、《清史列傳》卷九、《國朝先正事略》卷九有傳。

是書收宋犖詩集《古竹圃稿》《嘉禾堂稿》《柳湖草》《將母樓稿》《和松庵稿》《都官草》《雙江倡和集》《回中集》《聯句集》《西山倡和詩》《續都官草》《海上雜詩》《漫堂草》《漫堂倡和詩》《嘯雪集》《廬山詩》《述鹿軒詩》《滄浪亭詩》《紅橋集》《迎鑾集》《清德堂詩》《藤蔭酬倡集》，凡二十二集。較《西陂類稿》所收詩少《迎鑾二集》《迎鑾三集》《樂春園詩》三種；是書中《和松庵稿》實爲《西陂類稿》中之《古竹圃續稿》。

是書存世諸本卷數多寡不一。《四庫全書總目》存目著録《綿津山人詩集》十八卷，據其所列細目，爲《古竹圃稿》至《漫堂倡和詩》十四集。而現存諸本有南京圖書館藏之二十二卷本、中國國家圖書館藏之二十七卷本，又有存二十六、二十八、二十九卷者。究其原因，當如《四庫全書總目》該書提要所謂"大抵沿明季詩社之習，旋得旋刊"，刊刻時不斷增加後續内容。西北師範大學藏本之目録爲二十六卷而内容實爲二十九卷，當爲續刊時未替換目録所致。細審之，各本有相同的斷版痕跡，實爲同版；而後半部分卷帙字體亦與之前略有不同，卷三十以後尤其明顯。

是書曾經多次續刊，此三十四卷本爲目前所知内容最全者。書首未署年諸序蓋多源於已刊之舊集，而署年之序往往是再次續刊時爲新增詩集所作。如卷二十六之《滄浪亭詩》爲"衷比年以來古風近體若干首"編成，有尤侗康熙三十七年序；卷二十九之《紅橋集》記康熙丙子至庚辰（康熙三十五年至三十九年，1696—1700）淮陽州縣水災之事，有康熙四十年邵長蘅序；卷三十一之《迎鑾集》記康熙三十八年、四十二年迎駕之事，有朱彝尊康熙四十二年序；卷三十三、三十四之《藤蔭酬倡集》爲宋犖致仕時編輯其在吏部唱和之詩，有康熙四十七年陳廷敬序，此亦爲本書所收時間最晚之子集。

"玄"易爲"元"。卷十葉一有藍色條紋紙廠印記。

《四庫全書總目》集部別集類存目。《四庫全書存目叢書》影印清康熙刻《縣津山人詩集》二十九卷《楓香詞》一卷附《緯蕭草堂詩》三卷。《中國古籍善本書目》著録南京大學圖書館收藏名家批點之康熙刻二十二卷本。知中國香港大學馮平山圖書館，美國華盛頓大學圖書館，加拿大英屬哥倫比亞大學圖書館，澳大利亞圖書館聯盟收藏三十四卷本；另有美國哈佛大學哈佛燕京圖書館、普林斯頓大學圖書館, 日本内閣文庫收藏與《筠廊偶筆》《漫堂説詩》等合刊之《綿津山人集》本, 但卷數不等。

鈐 "李印文藻" 白文方印、"李生" 白文方印、"繁露山長" 白文方印, "素伯" 朱文方印、"辛巳進士" 朱文方印、"字曰香草" 朱文方印, 曾爲清代李文藻收藏。李文藻 (1730—1778) 字素伯, 晚號南澗, 清山東益都 (今青州) 人, 乾隆二十六年 (1761) 進士, 官至廣西桂林府同知。博學該洽, 通金石、好藏書, 藏書處名 "竹西書屋", 著《琉璃廠書肆記》《山東元碑録》等。

115
## 西陂類稿五十卷

T5463　3995

《西陂類稿》五十卷, 清宋犖撰。清康熙毛扆、宋懷金、高岑刻本。十六册。框高 18.6 厘米, 寬 14.3 厘米。半葉十行十九字, 小字雙行同, 四周雙邊, 白口, 單魚尾。版心上鐫書名, 中鐫卷次。

卷端題 "商丘宋犖牧仲"。書名葉分三欄, 中欄題 "西陂類稿"。目録末鐫 "常熟姪孫懷金; 門人毛扆、外孫高岑校梓"。書首有康熙五十年 (1711) 陳廷敬《總序》(據書口); 次《舊刻詩詞及新編文稿各序》, 收侯方域、吳偉業、王士禛、汪琬、邵長蘅、尤侗、朱彝尊、陳廷敬、陳維崧等人爲此前各集所作序文; 次《西陂類稿目録》, 題 "吳江門人周龍藻、姪之舉編次"。卷一末鐫 "男至校字", 各卷末校字者有 "男至" "男致" "男筠" "孫如金" "孫吉金" "孫韋金" "孫崋金" "孫品金" "孫乾金" "曾孫齊保" "曾孫齊衡", 共十一人。

宋犖 (1634—1713), 參見《綿津山人詩集》(114, T5463　3995.1)。

是書爲宋犖詩文全集, 以其居處命名。書首陳廷敬序云: "吾友商丘先生所爲詠歌風雅之文曰某稿某集者, 數之凡三十有四, 而書、奏、序、記、辭令之文稱是焉。於是綜其條貫, 列其叙位, 次其時月, 別其游處, 臚其鄉所名者, 匯爲全編, 名《西陂類稿》。西陂者, 舊廬也。"書中收《古竹圃稿》《嘉禾堂稿》《柳湖草》《漫堂草》等詩集計有二十五集, 爲宋犖宦游南北、吟詠倡和之一時一地之作。晚年致仕居西陂, 手訂舊籍, 彙爲是稿, 康熙五十年, 陳廷敬爲是書撰寫總序。是書各集所收詩文多寡不一, 《四庫全書總目》謂宋犖編訂《綿津山人詩集》事云: "犖爲江西巡撫時, 重自删汰, 并爲一編, 而仍存諸集之舊目, 故有六首爲一卷者, 視舊集爲精簡矣"。《西陂類稿》各集所收詩, 又少於《綿津山人詩集》, 蓋輯爲總集時又重加删訂。

《四庫全書》收《西陂類稿》三十九卷。是書前三十九卷與四庫本同, 收詩二十二卷、詞一卷、雜文八卷、奏疏公移八卷，四十卷之後爲《迎鑾日紀》《筠廊偶筆》《筠廊二筆》《漫堂年譜》。是書經宋犖子佺校訂，由其門人毛扆及姪孫宋懷金、外孫高岑梓行。

"玄"易爲"元"，"弦""絃""鉉"等字缺筆，無乾隆諱字。

《四庫全書總目》入集部別集類。《清代詩文集彙編》影印清康熙五十年毛扆、宋懷金、高岑刻本。《中國古籍善本書目》著録中國國家圖書館、清華大學圖書館等三十六家收藏。知中國臺灣大學圖書館、香港中文大學圖書館，美國哈佛大學哈佛燕京圖書館、柏克萊加州大學圖書館、加州大學洛杉磯分校圖書館、哥倫比亞大學圖書館、斯坦福大學圖書館、華盛頓大學圖書館，澳大利亞圖書館聯盟，日本内閣文庫、静嘉堂文庫等處，韓國奎章閣、藏書閣、成均館大學圖書館收藏。

116
## 邵子湘全集三十卷邵氏家録二卷

T5462　1138

《邵子湘全集》三十卷，清邵長蘅撰；《邵氏家録》二卷。清康熙青門草堂刻本。八册。《青門籟稿》框高 19.4 厘米，寬 14.1 厘米；《青門旅稿》框高 19.7 厘米，寬 14.2 厘米；《青門賸稿》框高 19.1 厘米，寬 14.2 厘米。半葉十行二十一字，小字雙行同，左右雙邊，黑口，單魚尾。版心中鎸子集名、卷次及文類。

書名據總目録及書名葉。書名葉分三欄，右欄鎸"王阮亭、宋漫堂兩先生閱定""庚辰歲增編"，中欄鎸"邵子湘全集"，左欄鎸"籟稾詩文十六卷、旅稾詩文六卷、賸稾詩文八卷"。書首有未署年宋犖《序》、未署年王士禛《序二》、康熙乙亥（三十四年，1695）彭鵬《序三》、康熙癸酉（三十二年，1693）王元烜《序四》；次陳玉璂《青門山人傳》；次康熙癸酉邵璿、邵衷赤共撰《例言》；次《附王阮亭先生書》；次《邵子湘全集總目》。

《青門籟稿》卷端題"青門籟稾　前集"，"毗陵邵長蘅子湘纂一名衡"，"蘄州顧景星赤方批點"，卷七至十六批點者題"鹽官陸嘉淑冰修批點"。首有康熙己未（十八年，1679）顧景星《籟稾詩序》、未署年陸嘉淑《籟稾文序》、未署年邵長蘅自序；次《青門籟稾總目》，題"新城王阮亭、商丘宋漫堂兩先生閱定"。卷一至六末鎸"受業姪璿虞在編次"、卷七至十五末鎸"姪衷赤文孫編次"、卷十六末鎸"受業姪璿、衷赤仝編次"；各卷末均有"男士豫、士京仝校字"。《青門旅稿》卷端題"青門旅稾　後集"，"毗陵邵長蘅子湘纂一名衡；濟南王士禛貽上評"；卷二首評點者題爲"西陵毛先舒稺黄評"；卷三至六無評點者。首有康熙己未（十八年）李天馥《旅橐詩序》、未署年邵長蘅自序、未署年王弘《旅橐文序》；次《青門旅橐總目》。《青門賸稿》卷端題"青門賸橐"，"毗陵邵長蘅子湘纂"。首有宋犖《井梧集》題辭、康熙己卯（三十八年，1699）馮景《序》；次《青門賸橐總目》。

邵長蘅（1637—1704）一名衡，字子湘，自號青門山人，清江南武進（今屬江蘇常州）人。少聰穎，十歲爲生員，年十五鄉試，言涉忌諱，後又因江南"奏銷案"被黜。此後專力爲詩古文辭，有文名，與施閏章、王士禛、陳維崧等交游，嘗入宋犖幕，助其編著。《清史稿》卷四百八十四、《清史列傳》卷七十一有傳。

是書彙《青門簏稿》《青門旅稿》《青門賸稿》三書爲邵氏全集。《簏稿》收戊申至戊午（康熙七年至十七年，1668—1678）詩六卷、文十卷，計十六卷，後附《邵氏家録》二卷；《旅稿》收己未至辛未（康熙十八年至三十年，1679—1691）詩二卷、文四卷，計六卷；《賸稿》爲壬申（康熙三十一年，1692）以後詩三卷、文五卷，計八卷。其中，《賸稿》馮景《序》述其内容云："先是有《井梧集》詩二卷，商丘公爲評次而叙之，先梓行。茲益以詩一卷、文五卷，合之凡八卷，而統名曰《賸橐》云。"然詩三卷實皆爲《井梧集》。

據書前邵璿、邵衷赤《例言》，《簏稿》《旅稿》皆有舊刻，但體例參差。是刻統一爲先詩後文，《旅稿》仍用施閏章、王士禛評點，《簏稿》則增顧景星、陸嘉淑評點。《簏稿》前邵長蘅自序述云："《青門簏橐》初刻於康熙戊午（十七年），文五卷，詩附以舊刻三卷。今重刻於癸酉（康熙三十二年，1693）……合之凡十六卷，仍其舊稱。蓋戊午以前作也。己未（康熙十八年）後則別之爲《旅橐》。"刊刻邵氏全集之議始自康熙三十二年，書前康熙三十二年嘉平月（十二月）王元烜《序》云："今年將謀梓其全集，屬余序。"此時擬刻者僅《簏稿》《旅稿》二集，邵氏子侄璿、衷赤寫於同年冬的《例言》謂："先生《旅橐》先刻於豫章，爲族叔靜山提學之力居多。《簏橐》刻於草堂，則邑侯王似軒先生力捐清俸，付之剖劂。"又謂："壬申後將另編爲《賸稿》，請竢異日。"則《簏稿》《旅稿》雖經統一編輯，但仍分別刊刻，應完成於康熙三十二年冬前後。

《簏稿》《旅稿》《賸稿》并收之全集本，必待《賸稿》之刊刻；馮景撰《序》已至康熙三十八年。故全集本中收有康熙三十二年《簏稿》《旅稿》刊刻之後的序文，一爲康熙三十四年秋王弘序："乙亥（康熙三十四年）秋，以所刻《旅稿》寄予曰：子其序之"；一爲書前所附《王阮亭先生書》："自癸酉（康熙三十二年）奉良書，屈指又五年矣。……竊以爲大集告成，此千秋不朽之業。"據其文意，王士禛當在癸酉年已受邀爲全集作序，而五年之後復函已至康熙三十七年（1698）。

此本書名葉題"庚辰歲增編"，庚申爲康熙三十九年（1700），則是書爲此年增編之全集。美國哈佛大學哈佛燕京圖書館藏本《賸稿》目録後有康熙四十四年（1705）李必恒識語云："青門先生三槀，版行已久，而總目未編，蓋有待也。噫！今已矣。先生有編次手槀一册，中間微加删訂，丹黄錯互，當是屬疾時筆。洎歿後，吾師中丞公取諸其家，代爲鋟梓，而命恒以校讎。"則書版爲邵氏家族舊藏，又曾於康熙四十四年增總目。此本《賸稿》目録後無李必恒識語，未詳與哈佛燕京圖書館藏本之目次有無差異。此本《篋稿》《旅稿》《賸稿》三集字形有差，乃分別刊刻之故，然皆字體雋秀、字畫清晰。此本僅避康熙帝諱，其版與《四庫全書存目叢書》影印底本相同。

"玄"字缺筆，"弘"未避。

《四庫全書總目》集部別集類存目。《四庫全書存目叢書》影印清康熙刻本，《清代詩文集彙編》影印清康熙三十九年邵氏青門草堂刻本。《中國古籍善本書目》著録上海圖書館、遼寧省圖書館等十八家收藏清康熙青門草堂刻本。知中國臺灣東海大學圖書館、美國康奈爾大學圖書館、哥倫比亞大學圖書館，加拿大英屬哥倫比亞大學圖書館，日本内閣文庫、静嘉堂文庫等處，韓國奎章閣、國立中央圖書館、藏書閣、成均館大學圖書館收藏是書。此外，美國柏克萊加州大學圖書館、加州大學洛杉磯分校藏本明確著録爲康熙三十九年增修本，美國哈佛大學哈佛燕京圖書館、日本東京大學綜合圖書館著録爲康熙四十四年增修本。

鈐"竹素園丁"白文方印、"樂亭史氏藏書印"朱文方印，曾爲清史夢蘭收藏。史夢蘭（1813—1898）字香崖，清直隷樂亭（今屬河北）人，道光二十年（1840）舉人，選山東朝城知縣不就，曾招團練禦英法，築止園藏書撰述，著《爾爾書屋詩抄》《興地韻編》《古今諺拾遺》等。

117

## 三魚堂文集十二卷外集六卷附録一卷

T5460　7174

《三魚堂文集》十二卷《外集》六卷，清陸隴其撰；《附録》一卷。清康熙四十年（1701）席氏琴川書屋刻乾隆印本。六册。框高 17.8 厘米，寬 14.2 厘米。半葉九行二十字，左右雙邊，白口，無魚尾。版心上鐫書名、卷次。

卷端題"平湖陸隴其稼書著；門人常熟席永恂、前席校"。書名葉分三欄，右題"康熙辛巳春鐫"，中題"三魚堂集"，左題"琴川書屋藏版"，辛巳爲康熙四十年。書首有未署年侯開國序。次《靈壽縣遺愛碑記》《附魏總憲參劾疏》《附魏總憲舉廉疏（己未）》。次《三魚堂文集目録》；《外集》前有《三魚堂外集目録》，後附康熙辛巳陸禮徵跋；目録末均署"門人校訂侯銓編"。《附録》包括康熙三十二年（1693）柯崇樸《清故文林郎四川道監察御史陸先生行狀》《皇清文林郎四川道試監察御史前嘉定縣知縣平湖陸公崇祀名宦録》。《文集》《外集》卷末均署"男宸徵直方、姪禮徵用中、寬徵觀上輯；壻李鉉枚吉、曹宗柱星祐、張金城固菴、外孫曹焕謀詒我、李文洽立誠、張大有長風、李文瀚南皋、李文漢倬雲、李文渭璜來、李文濱姜望、孫壻席祜鎬渭南參"。

陸隴其（1630—1692）初名龍其，字稼書，清平湖（今屬浙江嘉興）人。康熙九年（1670）進士，授嘉定知縣，十八年（1679）舉博學鴻詞，因父喪未及試，後補靈壽知縣，遷四川道御史，乞假歸，爲官清廉，有政績，乾隆初追諡清獻。學宗朱熹，著《困勉録》《讀禮志疑》《問學録》等。《清史稿》卷二百六十五、《清史列傳》卷八有傳。

是書《文集》凡雜著四卷、書一卷、尺牘二卷、序二卷、記一卷、墓誌等一卷、祭文祝文一卷；《外集》收奏議、表、議、公移及詩。《四庫全書總目提要》以爲陸隴其政績卓卓，以奏議、公牘見諸行事者爲《外集》乃是"尊空言而薄實政"，編次不妥。

是書爲陸隴其子姪、門人侯銓等搜輯編次，由琴川席漢翼、漢廷出資校刻而成。卷前侯開國序云："於是先生之族祖蒿菴，令子直方，門人席漢翼、漢廷輩，網羅散佚，鈔茸成書，凡十八卷，顔之曰《三魚堂集》，屬開國序之，以授梓人。"陸禮徵跋云："故易簀時，篋中並無遺稿。然考其一生，著述散軼人間者於文章諸體已無不備。先生雖無自揣必傳之意，但其中長篇累牘、片紙隻詞，凡出於先生之筆者，皆所以闡明學術、陶淑人心、維持世道之文，而絕非無用之空言，則又不可不亟爲表章而聽其或存或亡也。禮徵故與二三同志旁搜廣緝，彙成是編，練水侯子大年略訪朱子《昌黎文集》分類而前後之，琴川及門席氏漢翼、漢廷伯仲復加審定，出帑付梓，遂得告成，以垂不朽。"席永恂（生卒年不詳）字漢翼，父啓寓自洞庭東山徙居常熟，主要活動於康熙年間，與弟前席受業於陸隴其，追隨十六年，爲陸門高弟，候選國子監助教。席前席字漢庭，八歲能詩，以例候補内閣中書。二人生平參《［同治］蘇州府志》卷一百。

據書中諸序及書名葉所鐫時間，是書初刻於康熙四十年。然此本在乾隆年間因避諱剜改舊版。此本目録中卷六、七、十二各剷去一行，書中亦缺相應篇章。《清代詩文集彙編》以北京大學藏本影印，卷前有民國十三年（1924）單不長題跋云："集内凡關於吕留良文字悉數剷毁，各本皆然。頡剛顧君有補鈔本，適之胡君據以録補。茲從適之處借録一過。"據北京大學藏本之抄補可知，此本所缺爲卷六之《與吕無黨附答書》、卷七之《答吕無黨》、卷十二之《祭吕晚村先生文》。此外書中又有多處剷去若干行文字，亦與呂留良相關。呂留良（1629—1683）生前反清，拒不仕清；雍正十年（1732），在其卒後四十多年，雍正帝定其“大逆”之罪，子弟門人皆受株連。是刻剷除與呂留良相關文字，當是在此案之後；書中避諱已至乾隆帝，審其中乾隆帝諱皆有剜改痕跡，則此本當爲康熙刻乾隆印本。此本曾經重裝，《外集》六卷分別附於《文集》一至六卷之後，失其舊貌。

“玄”易爲“元”、“弘”易爲“宏”、“曆”易爲“歷”；“絃”等字缺筆。

《四庫全書總目》入集部別集類。《清代詩文集彙編》影印清康熙四十年琴川書屋刻本。《中國古籍善本書目》著録山西省圖書館、青海省圖書館等十二家收藏康熙四十年刻本。知美國康奈爾大學圖書館，澳大利亞國家圖書館，日本國會圖書館、東洋文庫等著録康熙四十年刻本。又知美國普林斯頓大學圖書館、日本東京都立中央圖書館著録此康熙刻乾隆印本。

## 118
### 有懷堂文稿二十二卷詩稿六卷（存文稿二十二卷）

T5463　4543

《有懷堂文稿》二十二卷《詩稿》六卷，清韓菼撰。清康熙四十二年（1703）刻本。存《文稿》二十二卷。五册。框高 18.8 厘米，寬 13.9 厘米。半葉十一行二十一字，四周單邊，白口，單魚尾。版心上鐫書名，中鐫卷次。

卷端題“有懷堂文藁”，未題著者。書首有康熙四十二年韓菼自序；次《有懷堂文藁目録》。

韓菼（1637—1704）字元少，號慕廬，清江南長洲（今江蘇蘇州）人。康熙十二年（1673）狀元，授翰林修撰，進侍講、内閣學士兼禮部侍郎，官至禮部尚書，謚文懿。長於制藝，曾與修《孝經衍義》《古文淵鑒》，總裁《平定朔漠方略》《一統志》等，詩文輯爲《有懷堂詩文稿》。《清史稿》卷二百六十六、《清史列傳》卷九、《國朝先正事略》卷十有傳。

是書爲韓菼自編，《文稿》收頌、序、制草、傳、碑等凡二十二卷。韓菼久爲朝官，以文學受知，詩文多爲應制酬贈之作，其文以時文作古文。《四庫全書總目》稱韓菼：“以制藝著名，其古文亦法度嚴謹，凡安章宅句，皆刻意研削，然其不能脱然於畦封，亦即在此。”卷前韓菼自序云：“此二十餘卷者，本應焚棄，顧硜硜之性，雖復酬應，亦頗不苟徇規矩，而改錯不敢也，橅仿剽竊不爲也，迂鼓之誚庶幾免乎？嗟夫！讀書之志無終，文章之事亦不易盡，而余已老矣。”

是書僅康熙四十二年刊本傳世，哈佛燕京圖書館藏本有書名葉題“康熙四十二年鐫"。此本非最初印本，然亦可見康熙版刻之雋秀風格。

"玄""眩""炫"等字缺筆。

《四庫全書總目》集部總集類存目。《四庫全書存目叢書》《清代詩文集彙編》影印清康熙四十二年刻本。《中國古籍善本書目》著録北京大學圖書館、上海圖書館等三十六家收藏。知中國臺灣大學圖書館、臺北"中央研究院"傅斯年圖書館，美國哈佛大學哈佛燕京圖書館、普林斯頓大學圖書館、加州大學洛杉磯分校圖書館、耶魯大學圖書館、哥倫比亞大學圖書館，日本國會圖書館、内閣文庫、静嘉堂文庫等處收藏。

鈐"劉印履芬"白文方印，曾爲劉履芬收藏。劉履芬（1827—1879）字彦清，一字泖生，號漚夢，清浙江江山（今屬衢州）人，咸豐七年（1857）捐户部主事，光緒五年（1879）代理嘉定知縣，爲雪民冤自殺。工詩詞，性嗜書，編有《古紅梅閣書目》。

### 119

### 古歡堂集三十七卷黔書二卷長河志籍考十卷（缺古歡堂集卷一至二十三）

T5463　6414

《古歡堂集》三十七卷《黔書》二卷《長河志籍考》十卷，清田雯撰。清康熙刻乾隆印德州田氏叢書本。存二十六卷（《古歡堂集》卷二十四至三十七、《黔書》二卷、《長河志籍考》十卷）六册。

《古歡堂集》框高 19 厘米，寬 14.3 厘米。半葉十一行二十一字，左右雙邊，黑口，單魚尾，版心中鐫文類及卷次。卷端題"濟南田雯綸霞"。

《黔書》框高 18.6 厘米，寬 14.2 厘米。半葉十一行二十四字，小字雙行同，左右雙邊，黑口，單魚尾，版心中鐫書名、卷次。卷端題"濟南田雯蒙齋編"。首有目録，分上、下卷；次康熙庚午（二十九年，1690）徐嘉炎《序》、未署年徐嘉炎《蒙齋説》。

《長河志籍考》框高 17.1 厘米，寬 13.7 厘米。半葉十二行二十四字，小字雙行同，左右雙邊，黑口，單魚尾，版心中鐫卷次。卷端題"蒙齋田雯編"。書名葉分三欄，右題"山薑雜著"，中題"長河志籍攷"，左題"古歡堂"。首有康熙戊寅（三十七年，1698）田雯《長河志籍攷題辭》，次九河圖。

田雯（1635—1704）字綸霞，一字紫綸、子綸，號山薑、漪亭，晚號蒙齋，清山東德州人。康熙三年（1664）進士，授内閣中書，歷工部郎中、湖廣督糧道、光禄寺卿，江蘇、貴州巡撫，刑部、户部侍郎。詩文繁富，推敲刻苦，與同時之王士禛詩風迥異，著作輯爲《古歡堂集》。《清史稿》卷四百八十四、《國朝先正事略》卷三十七有傳。

《四庫全書總目》著録《古歡堂集》三十六卷，附《黔書》二卷、《長河志籍考》十卷。其中《古歡堂集》凡文二十二卷、詩十四卷，然文淵閣《四庫全書》之詩實爲十五卷，二者有差。此本《古歡堂集》存文十四卷：序四卷、題辭一卷、記二卷、銘表二卷、傳一卷、跋一卷、雜文三卷，爲文淵閣四庫本之卷二十四至三十七，缺雜著八卷、詩十五卷；《黔書》《長河志籍考》全。

康熙二十七年（1688），田雯調任貴州巡撫，《黔書》乃在任上所作，徐嘉炎《序》云：“故先生之書既重於嚴兵守土，而尤重於羈縻撫綏，每於前人定亂服叛之舉，其不事張皇、不煩兵革者，必津津書之，以爲前事之不忘，後事之師。此先生所以治黔而即可永爲治黔之法者也。”《長河志籍考》乃田雯有感於德州舊志紛沓無綸而作，田雯《題辭》云：“周流輿集，詳觀圖牒，逋髮搦管，鳩集斯文。”

乾隆初，田氏後人纂輯田雯及其弟田需、田霡，其子田肇麗，孫田同之五人著述爲《德州田氏叢書》十三種，彙而刊之。因諸集陸續刊刻，行款字體皆不同。美國哈佛大學哈佛燕京圖書館、柏克萊加州大學圖書館皆藏《德州田氏叢書》本，二館著録《古歡堂集》行款爲十二行二十二字、雙魚尾，乃就《詩》而言。此本三集字體版式不一，乃分別刊刻。由避諱字可知，三者初皆刊刻於康熙年間。此本與《清代詩文集彙編》影印之康熙乾隆間刻《德州田氏叢書》本同版，但版裂情況更甚，知此本刷印較晚。

“玄”“眩”“絃”“炫”等字缺筆，“弘”字不避。

《四庫全書總目》入集部別集類。《清代詩文集彙編》影印康熙乾隆間刻《德州田氏叢書》本《古歡堂集》三十七卷。《中國古籍善本書目》未著録，《中國叢書綜録》著録中國國家圖書館、上海圖書館等五家收藏《德州田氏叢書》。知中國臺北“國家圖書館”、臺灣大學圖書館，美國哈佛大學哈佛燕京圖書館、柏克萊加州大學圖書館、哥倫比亞大學圖書館、密歇根大學圖書館、耶魯大學、俄亥俄州立大學圖書館，加拿大英屬哥倫比亞大學圖書館，日本東洋文庫、東京大學東洋文化研究所等處，以及韓國奎章閣收藏《德州田氏叢書》本。

120

**竹垞文類二十六卷**

T5459　8409

《竹垞文類》二十六卷，清朱彝尊撰。清康熙二十一年（1682）刻增修本。八册。框高 17.9 厘米，寬 13.6 厘米。半葉十行二十字，小字雙行同，左右雙邊，白口，單魚尾。版心上鐫書名，中鐫卷次、文類。

卷端未題著者，目録次行鎸"布衣秀水朱彝尊字錫鬯"。書名葉欄内題"竹垞文類"。書首有未署年王士禎序、魏禧序。次《竹垞文類目録》，各卷有分卷目録，接續正文。

朱彝尊（1629—1709）字錫鬯，號竹垞，又號醧舫、小長蘆釣魚師、金風亭長，清秀水（今浙江嘉興）人。清初參與吳越黨社活動，與顧炎武、屈大均等遺民往來，協助鄭成功反清，兵敗後漫遊四方，康熙十八年（1679）舉博學鴻詞，以布衣授翰林院檢討、日講起居注官，入直南書房，與修《明史》。早年以詩詞古文聞名，與王士禎并稱南北兩大家，中年後肆力經史，擅考據，著《經義考》《日下舊聞》，輯《詞綜》等。《清史稿》卷四百八十四、《清史列傳》卷七十一有傳。

是書收朱彝尊康熙十八年（1679）之前未仕清時之詩文，康熙二十一年刻爲二十五卷本，後又增爲二十六卷本。上海圖書館所藏二十五卷本首有高佑釲康熙壬戌（二十一年）序云："斯集之刻，則皆未遇時之詩古文詞，而己未（康熙十八年）三月以後之著作不與焉。"是書有些詩文未收入後來的《曝書亭集》，《四庫全書總目提要》謂之爲"悔其少作，自爲删汰也"。

此爲二十六卷本，與《四庫全書存目叢書》影印底本相同。較二十五卷本則有如下不同：增刻第二十六卷；第五卷與第七卷互换位置；將總目録之細目改爲簡目；在修正一些誤字外，又因干犯忌諱剜改文字，如卷八《禹陵》剜去"蒼水侍玄夷"五字，卷二十二《高念祖先世遺墨跋》删去一大段題注等等。據二十六卷本之剜改痕跡判斷，二十六卷本乃在二十五本舊版基礎上增修而成。

"玄"字缺筆。

《四庫全書總目》集部別集類存目。《四庫全書存目叢書》影印。《中國古籍善本書目》著録中國國家圖書館、上海圖書館等四家收藏。此本存世不多，海外未見著録。

鈐"□華艸堂秘笈"朱文方印。

121

## 南州草堂集三十卷首一卷續集四卷菊莊詞一卷詞話一卷楓江漁父圖題詞一卷重題楓江漁父圖一卷青門集一卷

T5463　2981

《南州草堂集》三十卷《首》一卷《續集》四卷《菊莊詞》一卷《詞話》一卷，清徐釚撰；《楓江漁父圖題詞》一卷《重題楓江漁父圖》一卷《青門集》一卷，清徐釚輯。清康熙三十四年（1695）菊莊刻四十四年（1705）續刻本。八册。

《南州草堂集》《楓江漁父圖題詞》《青門集》《南州草堂續集》半葉十一行十九字，小字雙行同，四周單邊，黑口，雙魚尾；版心中鎸書名、文類。《菊莊詞》《菊莊詞話》半葉十行十九字，小字雙行同，四周雙邊，黑口，雙魚尾；版心中鎸書名。

《南州草堂集》框高 18.1 厘米，寬 13.3 厘米。卷端題"吳江徐釚電發著"。書名葉欄内題"南州草堂集附楓江漁父題詞""青門贈別詩""菊莊藏板"。首有康熙甲戌（三十三年，1694）黎士弘《序》、康熙乙亥（三十四年）朱彝尊《序》、康熙乙亥尤侗《序》、康熙乙亥徐釚《自序》；次《南州草堂集總目》，各卷又有分卷目録。

《南州草堂續集》框高 17.8 厘米，寬 13.3 厘米。卷端題"吳江徐釚虹亭"。首有康熙乙酉（四十四年）徐釚自序。各卷有分卷目録，目録次行均又題"松風餘藥"。

《菊莊詞》框高 17.7 厘米，寬 13 厘米。卷端題"鱸鄉徐釚填"。書名葉題"菊莊詞"。首有王嗣槐（據序後鈐印）甲寅（康熙十三年，1674）《序》、王嗣槐《詞引》（存第一葉）、康熙甲寅丁澎序（存第二葉）、康熙甲戌傅燮詷《序》；次未署年葉舒璐《菊莊詞紀事》；次《菊莊詞目録》。末有未署年吳藹《跋》。

《菊莊詞話》框高 17.8 厘米，寬 12.9 厘米。卷端未題著者。

《楓江漁父圖題詞》框高 18.5 厘米，寬 13.4 厘米。卷端題"菊莊編次"。首有未署年張尚瑗《序》；次《楓江漁父圖題詞姓氏》；次康熙己亥（五十八年，1719）顧樵圖贊，康熙三十四年徐釚《楓江漁父傳》，未署年毛際可《楓江漁父圖記》；次《楓江漁父圖題詞總目》。後附《重題楓江漁父圖》絶句十五首。末有未署年葉舒璐跋。

《青門集》框高 18.5 厘米，寬 13.4 厘米。卷端未題著者，題名下注"隨到收録，無分先後"，附康熙丁卯（二十六年，1687）徐釚題識。首有康熙丁卯湯斌《序》。

徐釚（1636—1708）字電發，號拙存、虹亭，晚號楓江漁父，清江南吳江（今屬蘇州）人。康熙十八年（1679）舉博學鴻詞，授檢討，與修《明史》，未及轉外官，遂乞歸，讀書遊歷，以詩詞自娱。工詩善畫，尤工詞，著《南州草堂集》《菊莊詞》《詞苑叢談》等。《清史稿》卷四百八十四、《清史列傳》卷七十一有傳。

"南州草堂"乃王時敏爲徐釚父居題額，徐釚《自序》述以之名其集之意云："類集詩若文諸藁，删之存如干卷，以誌畢生遭遇如此。而仍繫以南州草堂者，不忘先子之志也。"《南州草堂集》收詩賦十七卷、文十三卷，首一卷爲康熙四年至康熙二十四年（1665—1685）他人爲是書所作舊序十二篇。

《南州草堂續集》爲徐釚自輯《南州草堂集》刊刻後十年來詩作。卷前自序云："歲在乙亥（康熙三十四年），余年六十，手輯平生詩古文，十存六七，彙而刊之爲《南州草堂集》三十卷。……今忽忽又十年矣，學殖荒落，老而愈甚，方自嘆螢乾蠹朽，雖有時捉筆，意思都不相屬，而猶沾沾自喜。薈蕞十年來之作，編爲《續集》，亦聊以志歲月云爾，非敢傳之當世，流示後人也。"

《菊莊詞》卷末吳藹《跋》謂"菊莊以弘博絕麗之才，落魄不羈，偶爲小詞"，然是書曾爲朝鮮使臣以金一餅購之，傳爲文林盛事。卷前《菊莊詞紀事》詳述此事云："康熙十七年（1678），吳江吳孝廉兆騫因丁酉科場事久戍寧古塔，將《菊莊詞》及成容若《側帽詞》、顧梁汾《彈指詞》三本與驍騎校帶至會寧地方。有東國會寧都護府記官仇元吉、前觀察判官徐良崎見之，用金一餅購去，仍各題一絕句於左。……以高麗紙書之，仍與驍騎校帶回中國，遂盛傳之。"

《楓江漁父圖題詞》爲徐釚輯友朋題詩，計九十一人共一百三十五首、外傳一首。卷前張尚瑗《序》云："《楓江漁父圖》者，會稽謝彬文侯爲吾邑徐虹亭先生所作也。先生自應召居館職，比乞假南遊，所歷必挾圖自隨，得名人題詠甚夥。既補官左遷，同朝餞送，及里居唱和，又往往題詩此圖之左。遂因以爲號，而自爲之傳。裒輯前後贈言，自長短歌行、古近體詩，并詞曲，凡若干首。"

《青門集》爲徐釚輯離官時友人送別之詩。卷前徐釚題識云："余於丙寅（康熙二十五年，1686）四月病起，補官僦屋宣武門外。居未半載，蒙恩左遷。……同朝諸公卿咸賦詩相送，遂詮次成帙，題曰《青門集》云。"

徐釚於康熙三十四年刻《南州草堂集》及卷《首》，并《楓江漁父圖題詞》《重題楓江漁父圖》《青門集》，共五種。康熙四十四年，徐釚又補輯近十年詩作爲《續集》，并《菊莊詞》《詞話》，與前書同印，前後共計八種。此本《楓江漁父圖》卷前有康熙五十八年顧樵圖贊，當爲後印時增入；據書中斷版情況，亦可知此本爲後印。

《中國古籍善本書目》著録《菊莊詞》爲二卷，此本卷首鐫"甲集"，然未見他集或他卷；據目録，是集收詞一百十一首，書中實無目録倒數第二之《蝶戀花》一首。哈佛燕京圖書館藏本共收詞四十七首，然分二卷，二本差別，有待對校。《楓江漁父圖題詞姓氏》中第十五人姓名剷去，僅留"南海"二字，文中亦僅題"南海"。另，此本《菊莊詞話》誤裝於《菊莊詞目録》之前。

"玄"字缺筆。

《四庫全書總目》未著録。《續修四庫全書》影印康熙三十四年《南州草堂集》三十卷《首》一卷，《清代詩文集彙編》影印康熙四十四年《南州草堂續集》四卷。《中國古籍善本書目》著録中國國家圖書館、上海圖書館等八家收藏續刻本。知美國哈佛大學哈佛燕京圖書館，加拿大英屬哥倫比亞大學圖書館，日本内閣文庫、京都大學人文科學研究所、關東大學圖書館收藏。

鈐"新達氏藏"朱文方印，二龍戲珠紋樣"不與梨堂同夢"朱文長方印。

## 122

### 清吟堂集九卷神功盛德詩一卷皇帝親平漠北頌一卷

T5463　0244

《清吟堂集》九卷《神功盛德詩》一卷《皇帝親平漠北頌》一卷。清高士奇撰。清康熙刻清吟堂全集本。四册。框高18.4厘米，寬13.4厘米。半葉十一行二十字，小字三十至三十一字，四周單邊，黑口，雙魚尾。版心中鐫書名、卷次、子集名。

卷端題"錢塘高士奇澹人"。《清吟堂集》首有康熙己卯（三十八年，1699）彭孫遹序、康熙三十七年（1698）盧軒序、康熙庚辰（三十九年，1700）尤侗序；次《清吟堂集目録》。每卷末鐫"男輿、軒校字"。

高士奇（1645—1704）字澹人，號竹窗，又號江村，清浙江錢塘（今杭州）人。初以監生充書寫序班，康熙十五年（1676）以工書法供奉内廷，書寫密諭、纂集講章，十八年（1679）中博學鴻詞科，授翰林院侍講，屢遷至少詹事，因結黨攬權被劾，三十三年（1694）召回，復直南書房，擢禮部侍郎，未就，卒，諡文恪。文才敏贍，工詩書，善鑒賞，著《清吟堂全集》《左傳紀事本末》《松亭行紀》《江村銷夏録》等。《清史稿》卷二百七十一、《清史列傳》卷十有傳。

是書以御賜匾額"清吟堂"爲名。收高士奇再次入直南書房後四年的詩作，按時期分爲甲戌（康熙三十三年）十一月至丙子（康熙三十五年，1696）二月侍從苑西、丙子三月至丁丑（康熙三十六年，1697）六月扈從三巡兩部分。盧軒序云："吾師宮相公以道術文學受知聖主，宣公内相垂二十年。歸而復召總裁典訓，出入禁闥。又當黄鉞三巡，蕩除邊寇，公有行必從，瀚海交河周旋盡瘁。既三年大告武成，晋秩歸養。發囊哀其詩如干首，命曰《清吟堂集》，而區以《苑西》《扈從》二種。《苑西》則居賜第，歷内廷，從容侍從，翔步鵷行製作，所謂帝庸作歌，皋陶颺言是也。《扈從》則屬橐鞬，隨豹尾，仰雷霆之赫濯，歷山川之阨塞，磨盾墨筆而成，直與《皇矣》《常武》諸篇相表裏焉。"

是書目録列"神功盛德詩""漠北蕩平凱歌二十首"，書後實附《神功盛德詩》《皇帝親平漠北頌》，然缺《漠北蕩平凱歌》二十首。此本與《四庫未收書輯刊》影印底本同版，目録亦同，後者有《漠北蕩平凱歌》五葉。

"弦""絃"等字缺筆。

《四庫全書總目》未著録。《四庫未收書輯刊》影印清康熙刻本,《清代詩文集彙編》影印清康熙朗潤堂刻本。《中國古籍善本書目》著録北京大學圖書館、復旦大學圖書館、遼寧省圖書館等九家收藏清康熙刻本《清吟堂全集》。知美國哥倫比亞大學圖書館、克利夫蘭藝術博物館藏清康熙刻《清吟堂集》。

鈐"易印漱平"白文方印、"風樹亭藏書記"朱文長方印,曾爲李宗侗夫婦收藏。又鈐"士奇"朱文方印,疑偽。

## 123

### 清吟堂全集七十七卷（缺恭奏漠北蕩平凱歌一卷）

T9117　0244

《清吟堂全集》七十七卷

《清吟堂集》九卷附《神功聖德詩》一卷《皇帝親平漠北頌》一卷《恭奏漠北蕩平凱歌》一卷

《苑西集》十二卷

《城北集》八卷

《竹窻詞》一卷

《蔬香詞》一卷

《扈從東巡日録》二卷《附録》一卷

《扈從西巡日録》一卷

《經進文稿》六卷

《隨輦集》十卷《續集》一卷

《歸田集》十四卷

《獨旦集》八卷

清高士奇撰。清康熙朗潤堂刻本。存七十六卷（缺《恭奏漠北蕩平凱歌》一卷）。二十四册。框高18.4厘米,寬13.3厘米。半葉十一行二十字,小字雙行三十至三十一字,四周單邊,黑口,雙魚尾;版心中鐫子集名、卷次、小題。《經進文稿》半葉十行十九字;《扈從東巡日録》《扈從西巡日録》小字雙行同,四周雙邊。

總書名葉分三欄,中題"清吟堂全集",左題"朗潤堂藏板"。

《清吟堂集》卷端題"錢塘高士奇澹人"。首有康熙己卯（三十八年,1699）彭孫遹序、康熙庚辰（三十九年,1700）尤侗序、康熙三十七年（1698）盧軒序。是集收康熙三十三年（1694）復起供奉内廷至三十六年（1696）所作詩。

《苑西集》卷端題"錢塘高士奇"。首有康熙二十九年（1690）蔣景祁序、未署年狄億《序》、康熙庚申（十九年，1680）王士禎序、康熙二十九年汪琬序、康熙庚午（二十九年）高士奇序；次《苑西集目録》。是集收高士奇康熙十七年（1678）至二十八年（1689）詩，由蔣景祁編刊，蔣景祁序云："《苑西集》者，錢塘高先生所著各體詩也，起戊午（康熙十七年）二月至己巳（康熙二十八年）九月，凡閱歲十有二，起《賜居苑西》至《九月雨中坐餘蔭軒》，凡得詩五百有餘章。"

《城北集》卷端題"錢塘高士奇"。首有康熙癸丑（十二年，1673）朱彝尊序、康熙庚午（二十九年）顧圖河序；次《城北集目録》。是集收康熙四年（1665）至康熙十六年（1677）詩，顧圖河序云："此《城北》一集者，斷自甲辰（康熙三年，1664），迄乎丁巳（康熙十六年）"，是集收詩實從乙巳（康熙四年）始。

《竹窻詞》卷端題"錢塘高士奇澹人"。首有康熙辛未（三十年，1691）高士奇序。高士奇自序述《蔬香詞》《竹窻詞》二集云："昔浪遊都市，與藕漁、竹垞、梁汾偶爲長短句……所存《蔬香詞》散失十之三四，不意梁汾刻於江南。頃歸江邨，田居多暇，詠物寫情，詩所不能盡者時一託之詩餘，經年成帙。……故刻《竹窻近詞》而附《蔬香詞》於首，見今昔志念之不同也。"

《蔬香詞》卷端題"錢塘高士奇澹人"。

《扈從東巡日録》卷端題"内廷供奉翰林院侍講臣高士奇"。首有康熙二十一年（1682）陳廷敬序、康熙二十二年（1683）張玉書序、未署年汪懋麟序、未署年朱彝尊序、康熙二十一年高士奇序。是集爲高士奇康熙二十一年扈從東巡長白山等地，記途中見聞，《附録》考辨當地風土日用之名實。

《扈從西巡日録》卷端題"内廷供奉翰林院侍講臣高士奇"。首有康熙二十二年王士禎序、康熙二十二年徐乾學序。康熙二十二年聖祖巡視山西，駐蹕五臺山，是集爲高士奇扈從所記沿途見聞。

《經進文稿》卷端題"經進文稾"，下題小字"苑西文稾偶附"，又題"臣高士奇恭進"。首有《經進文稾目録》。

《隨輦集》《續集》卷端均題"日講官起居注詹事府少詹事兼翰林院侍講學士臣高士奇"。首有未署年徐乾學序、未署年徐元文序、康熙癸酉（三十二年，1693）姜宸英序。是集爲高士奇侍直扈從所作，徐元文序謂其爲"獨取其紀遇述恩之詩得如干卷，號《隨輦集》"。

《歸田集》卷端題"錢塘高士奇"。首有康熙甲戌（三十三年）曹禾序、未署年李良年序、康熙壬申（三十一年）沈林序；次《歸田集目録》。是集彙康熙二十八年（1689）至三十一年詩，李良年序云："江邨詹事公彙其己巳（康

177

熙二十八年）南還以後詩爲《歸田集》若干卷”，是集收詩實至康熙三十一年四月。

《獨旦集》卷端題“錢塘高士奇竹窗”。首有康熙壬申（三十一年）王九齡序、未署年尤侗序、未署年顧圖河序、康熙壬申高士奇自序。是集爲高士奇喪偶後所作詩，收詩自康熙三十一年六月至三十三年八月。自序云：“余歸田兩載餘，得詩凡十四卷曰《歸田集》。壬申夏五忽遭失儷，自此林猿野鹿之音一變爲離鴻寡鵠之響矣。”

高士奇（1645—1704），參見《清吟堂集》（集122，T5463　0244）。

是書彙集高士奇詩文十一種七十七卷，此本實收七十六卷。高士奇詩多編年成集，以其時間先後依次爲《隨輦集》《城北集》《苑西集》《歸田集》《清吟堂集》。此本書名葉題“朗潤堂藏板”，但與《四庫未收書輯刊》影印之清康熙刻本同版；其中《苑西集》汪琬序署“康熙二十有九年夏五年眷弟長洲汪琬”，此本與影印底本之“五年”均應作“五月”。

“弦”“絃”等字缺筆。“弘”字不避。

《四庫全書總目》史部傳記類著録《扈從西巡日録》；《四庫未收書輯刊》影印其餘十種。知中國臺北“中央研究院”傅斯年圖書館，日本東京大學東洋文化研究所、廣島大學圖書館、京都大學人文科學研究所藏清康熙刻《清吟堂全集》；又知美國哈佛大學哈佛燕京圖書館、柏克萊加州大學圖書館、斯坦福大學圖書館，日本内閣文庫、東京都立中央大學、愛媛大學圖書館、東京大學綜合圖書館藏清康熙朗潤堂刻《清吟堂全集》。

124

### 御製文集四十卷總目五卷二集五十卷總目六卷三集五十卷總目六卷

T5466　3213

《御製文集》四十卷《總目》五卷《二集》五十卷《總目》六卷《三集》五十卷《總目》六卷，清聖祖玄燁撰。清康熙五十三年（1714）内府刻本。七十八册。《御製文集》框高 18.8 厘米，寬 13.4 厘米。《二集》框高 18.6 厘米，寬 13.4 厘米。《三集》框高 18.2 厘米，寬 13.4 厘米。半葉六行十六字，四周雙邊，白口，單魚尾。版心上鐫書名，中鐫卷次、文類。

《文集》《二集》《三集》卷端分別題“御製文集”“御製文第二集”“御製文第三集”。各集均有黄色灑金蠟箋書名葉，欄内分別題“御製文集”“御製文第二集”“御製文第三集”。各集首列總目，分別爲《御製文集總目》五卷、《御製文第二集總目》六卷、《御製文第三集總目》六卷；各卷復列分卷目録。《文集》

《二集》末署"康熙五十年十一月十四日奉旨開載編録諸臣名銜":"文華殿大學士兼户部尚書臣張玉書、文華殿大學士兼禮部尚書臣張英、文淵閣大學士兼吏部尚書臣陳廷敬、户部尚書臣王鴻緒、刑部尚書臣王士禛、禮部侍郎臣高士奇、刑部右侍郎臣勵杜訥";各卷末鎸"巡撫山東等處地方督理營田兼理軍務都察院右副都御史臣蔣陳錫、翰林院編修臣蔣漣謹校刊"。《三集》末署"奉旨開載編録諸臣名銜":"文華殿大學士兼户部尚書臣張玉書、文淵閣大學士兼吏部尚書臣陳廷敬、文淵閣大學士兼禮部尚書臣王掞";卷末鎸"巡撫山東等處地方督理營田兼理軍務都察院右副都御史加四級臣蔣陳錫、翰林院編修加六級臣蔣漣謹校刊"。書末有康熙五十三年蔣漣上表。

玄燁(1654—1722)愛新覺羅氏,號體元主人,滿族。八歲即位,十四歲親政,在位六十一年,廟號聖祖。康熙統治時期,停圈地,治黃河,削三藩,收臺灣,抗沙俄,平準部,同時尊崇理學,羅致文士,編纂《古今圖書集成》《皇輿全圖》《全唐詩》《數理精藴》《明史》等大型圖書,史家贊康熙朝爲治平之世。好學能文,其詩文輯爲《御製文集》四集。傳見《清史稿》卷六至八、《清聖祖實録》。

是書統收清聖祖玄燁詩文,前後分爲三集,均由大學士張玉書、張英等編輯。康熙二十二年(1683)以前詩文爲《文集》,至康熙三十六年(1697)爲《二集》,再至康熙五十年(1711)爲《三集》。每集均收諭敕、奏書、表、論、辯、序、記、説、碑、頌、贊、箴、雜著、祭文、賦、詩等。清世宗時,又命河朔莊親王允禄將清聖祖五十一年至六十一年之詩文編爲《四集》三十六卷。

是書《文集》《二集》末名銜前題"康熙五十年十一月十四日奉旨開載編録",而書末康熙五十三年蔣漣上表云:"翰林院編修加六級臣蔣漣恭呈勅旨校刊《御製文》第一集至第三集,共一百四十卷,俱以告成",則是書於康熙五十年開始編輯,五十三年刊成。此本無《四集》,爲康熙五十三年内府刊刻,行字疏朗悦目,字體方整儁秀。且均保留舊時裝幀之黃綾書衣、月白絹簽、黃綾包角,《文集》《三集》書衣爲雲龍圖案,《二集》書衣爲團龍圖案。

"玄""絃"等字缺筆。

《四庫全書總目》入集部別集類。《故宫珍本叢刊》影印。《中國古籍善本書目》著録中國國家圖書館、遼寧省圖書館等二十一家收藏。知中國臺北故宫博物院、香港大學馮平山圖書館,美國普林斯頓大學圖書館、哥倫比亞大學圖書館,加拿大多倫多大學圖書館,日本國會圖書館、内閣文庫、静嘉堂文庫、東洋文庫、東京大學東洋文化研究所,韓國奎章閣收藏。

125

## 楊氏全書三十六卷

T5466　4226

《楊氏全書》三十六卷，清楊名時撰。清乾隆五十七至五十九年（1792—1794）葉廷甲刻本。八冊。框高 18 厘米，寬 13.3 厘米。半葉十行二十一字，小字雙行同，左右雙邊，白口，單魚尾。版心上鐫字數，中鐫"楊"及卷次。

卷端上題子集名及卷次"剳記弟一"，下題"楊氏全書"及總卷次，著者題爲"光祿大夫禮部尚書兼管國子監祭酒事教習庶吉士贈太子太傅諡文定楊名時撰"。書首有乾隆二年（1737）清高宗弘曆《御製碑文》、乾隆三年（1738）清高宗弘曆《諭祭文》、未署年清高宗弘曆《入賢良祠諭祭文》、乾隆元年（1736）《祭文》、未署年《賢良祠傳》，乾隆五十八年王鳴盛《楊氏全書序》、乾隆五十九年盧文弨《楊氏全書序》；次《楊氏全書審校爵里姓名》；次《楊氏全書目次》，題"男二品蔭生候選部主事應詢編"，末鐫"常州府學生員臧鏞堂校定"。卷九末有乾隆壬子（五十七年）臧鏞堂識，卷十前有乾隆乙未（四十年，1775）楊應詢《太學講義跋》，卷十一前有乾隆二十四年（1759）李因培《學庸講義序》，卷十二末有未署年盧文弨《學庸講義跋》，卷十八末有未署年楊應詢識。書末有乾隆戊午（三年）雷鋐跋、乾隆五十八年葉廷甲《刻楊文定公全書跋》。附甲寅（乾隆五十九年）葉廷甲《楊氏全書重校正》跋。《楊氏全書審校爵里姓名》末鐫"剞劂氏楊旭初"，各卷末鐫"江陰縣學生員葉廷甲校刻"。

楊名時（1661—1736）字賓實，一字廎實，號凝齋，清江南江陰（今屬江蘇）人。康熙三十年（1691）進士，選庶吉士，以檢討督直隸學正，遷貴州布政使巡撫雲南，雍正時擢兵部尚書、雲貴總督、吏部尚書，後坐事落職，乾隆元年（1736）起爲禮部尚書，領國子監事，直內廷，歷事三朝，卒加太子太傅，諡文定。從李光地習經學，諸經講義及詩文後皆輯入《楊氏全書》。《清史稿》卷二百九十、《清史列傳》卷十四有傳。

是書名之曰《楊氏全書》以別於楊名時門人所纂《易義隨記》《詩義記講》二書。凡三十六卷，剳記八卷、講義四卷、《程功錄》四卷、《文集》十二卷、《別集》六卷，附錄《家傳》《事狀》各一卷。剳記包括《易經剳記》《詩經剳記》《四書剳記》，爲其讀經時筆記。講義包括《經書言學指要》《太學講義》《大學講義》《中庸講義》；其中《指要》曾於雍正十三年（1735）刻於雲南，爲其得力之書，《太學講義》爲乾隆初領國子監時所著，《大學》《中庸》二講義在剳記基礎上繼有闡發。《程功錄》仍爲楊名時講學剳記。《文集》《別集》皆并收詩文。

是書乃葉廷甲受楊氏後人之托校刊，書末葉廷甲《刻楊文定公全書跋》云：

"壬子（乾隆五十七年），公孫敦厚懼公之遺書鬱而不彰也，謀付諸梓，因以楷寫本全書畀余。……爰舉先府君教讀遺貲，付諸剞劂氏，編校之役則武進臧君在東任之。又索其家藏稿本反復讐對，質之師友而後定。……其工始壬子孟冬，畢於癸丑（乾隆五十八年）仲秋。"乾隆五十九年孟冬，葉廷甲又校正五處訛誤、脫漏，補爲《楊氏全書重校正》，葉氏跋云："癸丑冬刻既竣，甲寅（乾隆五十九年）秋始刷印。秋季病起，取底本與印本詳加比對，尚有譌脫不可貽誤觀者。因將譌脫字另標明之，緣刻本爲字數所限，不能增益，且已印行之本不急脩改也。"則是書之刻始於乾隆五十七年冬，次年秋刊成，五十九年秋始刷印，是年冬補刊校正文字。

"丘"字缺筆，"玄"缺筆或缺字，"曆"字代以他字。書首乾隆元年《祭文》葉二鈐有紅色紙廠印記。

《四庫全書總目》經部分別收《周易剳記》《詩經剳記》《四書剳記》，經部存目著錄《辟雍講義》《大學講義》《中庸講義》，子部收《程功錄》。《清代詩文集彙編》影印清乾隆五十九年葉廷甲水心草堂刻《楊氏全書》本《楊氏文集》十二卷、《別集》六卷、《附錄》二卷。《中國古籍善本書目》未著錄，《中國叢書綜錄》著錄中國國家圖書館、北京大學圖書館等十二家收藏。又知中國香港大學馮平山圖書館，日本國會圖書館、内閣文庫、静嘉堂文庫收藏。

126
## 道榮堂文集六卷首一卷

T5466　7978

《道榮堂文集》六卷，清陳鵬年撰；《首》一卷。清乾隆二十七年（1762）刻本。八冊。框高16厘米，寬13厘米。半葉十行十九字，左右雙邊，白口，單魚尾。版心上鎸書名，中鎸卷次。

卷端題"湘潭臣陳鵬年北溟著"。書名葉分三欄，右題"乾隆壬午年鎸"，中題"道榮堂文集"；壬午爲乾隆二十七年。書首有乾隆元年（1736）孫勷《道榮堂文集序》，乾隆七年（1742）李馥《序》；次《陳恪勤公文集總目》；再次《陳恪勤公文集稿目錄》，爲各卷篇名目錄。卷三、卷六均分上、下。

陳鵬年（1663—1723）字北溟，號滄州，清湖南湘潭人。康熙三十年（1691）進士，知浙江西安，遷江寧、蘇州知府，官至河道總督、兵部侍郎，卒於任，謚恪勤。著作輯爲《陳恪勤集》《道榮堂文集》等。《清史稿》卷二百七十七、《清史列傳》卷十三有傳。

是書收奏疏、序、記、題跋、墓表等共二百五十四篇。首一卷爲《諭祭文》

《武陟陳公廟碑文》《恪勤公家傳》等。《四庫全書總目提要》謂是書爲陳鵬年自編，然據卷前李馥《序》，當爲其子陳薯於其歿後編輯，序云："壬戌（乾隆七年），先生之四子薯字學田，官漳州，晋省知。余歸，謁余，執子弟禮甚恭。攜先生文集若干卷，復求叙於余，并述先生文最富，生常憂患散亡無全帙，及在豫捐館舍，薯等均不在旁，悉取他人集中弁言及墓碣碑表彙成一帙，蓋百不得十云。"

是書之刊刻亦爲陳鵬年子陳薯，孫勸《道榮堂文集序》云："著述甚富，詩五十餘卷，盛行於世。公既歿，令嗣學田等又取其文刊布之。"刊刻時間據書名葉所題"乾隆壬午年鐫"。

"弘"字缺筆。

《四庫全書總目》集部別集類存目。《四庫全書存目叢書》《清代詩文集彙編》影印清乾隆二十七年刻本。《中國古籍善本書目》著錄人民大學圖書館、湖南省圖書館等六家收藏清乾隆二十七年刻本。知美國哈佛大學哈佛燕京圖書館、康奈爾大學圖書館、普林斯頓大學圖書館，日本静嘉堂文庫、大阪大學圖書館收藏。另有遼寧省圖書館、湖北省圖書館等五家，以及美國哥倫比亞大學圖書館，日本東京大學綜合圖書館收藏清乾隆二十七年《道榮堂文集》《滄州近詩》合刻本。

127

### 滄州近詩十卷

T5466　7978.1

《滄州近詩》十卷，清陳鵬年撰。清乾隆二十七年（1762）刻本。六册。框高 16.2 厘米，寬 12.3 厘米。半葉九行十九字，小字雙行同，左右雙邊，白口，單魚尾。版心中鐫書名、卷次。

卷端題"湘潭陳鵬年北溟著"。書名葉分三欄，右題"乾隆壬午年鐫"，中題"道榮堂近詩"。書首有康熙六十一年（1722）曹一士序、康熙後壬寅（六十一年）周遠跋、雍正四年（1726）王孝詠跋；次《滄州近詩目錄》。

陳鵬年（1663—1723），參見《道榮堂文集》（126，T5466　7978）。

是書收陳鵬年於庚寅至壬寅（康熙四十九年至六十一年，1710—1722）年間所作古今體詩，由其門人删訂爲一千三百餘首，陳鵬年自題書名爲《近詩》以別於此前已刻之詩。卷前周遠跋云："湘潭夫子己丑（康熙四十八年，1709）以前之詩久付開雕，流傳海内。自庚寅（康熙四十九年）而後迄於今，兹星紀一周，詩篇日夥，又得若干首，編年分體，都爲一集。"王孝詠跋云："憶壬寅（康熙六十一年）歲詠得侍公於淮南官舍，周君少逸、曹君謂廷先後至。公出其詩稿，見委删訂。風晨露夕，丹黃揉雜，三人者相聚曲室中，商榷去留，辨晰微眇，訖一月而卒業。既而兩君相繼別去，公又錄一本付詠曰：'是尚有餘憾，其可删者，子爲我痛删之，毋以一日長少寬假也。'詠承命復加甄擇，凡登覽酬贈之作，意不深入、氣不渾厚者，輒從割棄，又十去其二三焉。"

據卷前王孝詠跋，是書最初在陳鵬年歿後四年刊刻。王跋云："吾師恪勤陳公卒後之四年，潘似山太守始得裒其遺集而梓之"，潘似山爲"前任開封司馬"，"以文章治績受知於公，兹集之傳，竟賴以不朽。"據《［雍正］河南通志》卷三十六、《兩浙輶軒錄補遺》卷六，潘似山名尚仁，烏程人，康熙五十七年（1718）任河南祥符縣北河同知。此本刊刻年代據書名葉，與《清代詩文集彙編》影印底本同版。

"弘"字缺筆。

《四庫全書總目》未著錄。《清代詩文集彙編》影印清乾隆二十七年刻本《滄州近詩》。《中國古籍善本書目》著錄清華大學圖書館、湖南省圖書館、汕頭市圖書館收藏。知中國臺北"中央研究院"傅斯年圖書館、臺灣大學圖書館，美國普林斯頓大學圖書館，日本内閣文庫收藏。又知遼寧省圖書館等收藏清乾隆二十七年《道榮堂文集》《滄州近詩》合刻本，詳見《道榮堂文集》。

128

## 在陸草堂文集六卷

T5460　2678

《在陸草堂文集》六卷，清儲欣撰。清雍正元年（1723）吳之彦刻本。四册。框高 19.1 厘米，寬 14.2 厘米。半葉九行二十二字，左右雙邊，單魚尾，黑口，行間鐫圈點、評語。版心中鐫書名、卷次。

卷端題"宜興儲欣同人著""後學吳之彦碩夫編次；邢維信韓潮仝編；男芝五采校字"，偶數卷校字人題爲"孫男掌文曰虞校字"。書首有雍正元年曹鳴《序》、雍正元年吳之彦序。次後學吳之彦、邢維信《凡例》。次《評論校閲姓氏》，後附癸卯（雍正元年）儲掌文題記。次《在陸草堂文集目錄》，後附儲芝跋；次《補編》目錄。

儲欣（1631—1706）字同人，清江南宜興（今屬江蘇）人。少孤，率兩弟苦讀，博覽經史，康熙二十九年（1690）花甲之時始中舉，歸鄉教授以終。以制藝聞名，古文亦有唐宋家法，輯《唐宋十大家全集》《唐宋八大家類選》，著《春秋指掌》等。《清史列傳》卷七十一有傳。

是集乃儲欣自訂，其文曾在此前部分刊刻，晚年時彙集衆稿，删訂潤色成集，儲芝跋云："庚午（康熙二十九年）北上，曾刻草堂文數十篇，爾後隨時增刻，序目不全，蓋蕘之未定者耳。晚年自訂前後所作已刻、未刻如干篇，細加芟潤，都爲一集，購善書者繕寫，藏諸家。疾革，手以授芝曰：'予生平心血萃於是矣，爾謹藏之，以俟後世。庸知不有相知定吾文者耶。'"《凡例》云："《草堂文集》原編十卷，計文二百餘首。兹并十爲六，先梓百篇，務取精也。外有詩二卷，沉雄新闢，間有杜韓，俟續刻以公同好。"然其詩集未見流傳。

儲欣歿後十餘年，其孫儲掌文與邢維信重新詮次，由吳之彥刊刻。儲掌文題記詳述編輯刊刻事云："是集係晚年手訂，彙已、未刻二百餘篇，詳加持擇，都計十卷。斟酌出入，獨與門下士共之，其旁批總評定自蔣丈豈潛暨家二兄、三兄者什居五六。丙戌（康熙四十五年，1706）冬先大父即世，是集珍藏篋衍，自恨家貧力薄，不克鳩工鋟板，傳諸通邑大都。十餘年來，知交零落，亦無有從而光顯之者。今年掌客真州，偶际吳兄碩夫，一見嗟賞且慮其久而散佚也，立謀付梓。於是偕邢君韓潮重加詮次，約選百篇合爲六卷。卷帙稍損於前，評點悉仍其舊，間有遺缺，兩君特補成之。至於校勘檢閱，則同學諸君子之功並不可沒也。"

此本與《四庫全書存目叢書》影印之雍正元年刻本同版。是刻他本有書名葉鐫"雍正元年孟夏新鐫""淑慎堂藏板"，故有將是刻著録爲"清雍正元年儲掌文淑慎堂刻本"者。然據書中諸序，儲氏家貧無力鋟板，起事付梓者爲吳之彥，是書著録爲吳之彥刻本較宜。吳之彥（生卒年不詳）字碩夫，儀征（今屬江蘇）人，雍正五年（1727）舉孝廉方正，授江西武寧縣，勸導農賦，乾隆三年（1738）以治行膺首獲賜朝衣，補直隸安平縣，陞刑部江西司主事，年五十九卒於官，生平參《〔嘉慶〕重修揚州府志》卷四十八。是刻爲軟體字，墨色潤澤，鐫刻精美。

"玄"易爲"元"，"泫"等字缺筆。

《四庫全書總目》集部別集類存目。《四庫全書存目叢書》《清代詩文集彙編》影印。《中國古籍善本書目》著録中國國家圖書館、山東省圖書館、福建省圖書館等二十五家收藏雍正元年儲掌文淑慎堂刻本。又知中國臺北"中央研究院"、美國哥倫比亞大學圖書館、加拿大英屬哥倫比亞大學圖書館收藏。

鈐"壽椿堂王氏家藏"白文方印、"山右王□"朱文方印、"太原仲子"白文方印、"靈石書駃"白文方印、"靈石王臣恭觀"朱文方印、"靖廷"朱文方印、"靖廷讀過"白文方印，又鈐"郭允叔藏書"朱文長方印，曾爲王靖廷、朱象升收藏。王靖廷（生卒年不詳）字臣恭，山西靈石人，主要活動於道光同治年間，有壽椿堂藏書。朱象升（1881—1939）字可階，號允叔，晚號雲舒、雲叟，別署可齋，清晉城（今屬山西）人，宣統元年（1909）拔貢，民國時任山西優級師範學堂教習、山西大學校教員等職，曾創辦《晉學報》、輯刊《山西獻徵》等，善作古文，好藏書。又鈐"小萬卷樓主人"朱文方印，"雙劍誃"白文方印。

129

## 删後詩六卷焚後書四卷尚書外傳二卷

T5643　2122、T5643　2122.1

《删後詩》六卷《焚後書》四卷《尚書外傳》二卷，清程作舟撰。清康熙勇園刻程氏叢書本。十二册。半葉九行二十字，白口，左右雙邊，單魚尾。版心上鎸書名，中鎸卷次，下鎸"勇園"。

《删後詩》框高 19.5 厘米，寬 13.7 厘米。卷端題"星查程作舟著"，卷四首題"詩史程作舟著"。首有康熙庚辰（三十九年，1700）江蘩《叙》、康熙庚辰王鑒《題辭》、未署年程作舟《删後詩序》（署"程詩史"）；次《談詩偶記》。《焚後書》框高 19.9 厘米，寬 13.6 厘米。卷端題"希庵程作舟著"；首有康熙庚辰王維坤《叙》、未署年《焚後書序》。《尚書外傳》框高 19.7 厘米，寬 13.6 厘米。卷端題"希庵程作舟著"。首有康熙辛巳（四十年，1701）楊綠綬《尚書外傳序》、康熙庚辰汪晉徵《序》、未署年程作舟《尚書外傳叙》；次《例言》。

程作舟（生卒年不詳）字仙槎，又字星槎，號希庵，休寧汊口（今屬安徽黃山）人，鄱陽（今屬江西上饒）籍，主要活動於康熙年間。康熙十一年（1672）舉人，三十九年任直隸長垣令，後解組歸里，以翰墨自娛，卒年七十七。工詩古文辭，著《删後詩》《聞書》等。生平參《〔同治〕鄱陽縣志》卷十二、《〔嘉慶〕長垣縣志》卷三。

程作舟以"删後"爲其詩集之名，一則强調詩爲"古詩"，如自序所云："所謂詩乃郊廟雅歌之詩，里巷風謠之詩，巡狩觀風之詩，蒸烹言歡之詩。非如今之人五言、七言，四句、八句，刻爲卷集以相標榜，而渺云詩也"；二則病今人作詩氾濫，其《談詩偶記》云："古詩三千，孔子删之僅得三百有零，而三百篇又雜出勞人思娥之口，人存數章、章存數語耳。今人刻詩動輒數千，安得有佳者。"程氏自序謂其詩乃有感而發，可删後而存："雖然予之詩非詩也，或窮愁放廢感慨遭逢，或登臨燕集寄懷遊覽，或朋窗淨几自譜幽閒，或怪石清泉聊資賞鑒，或山川風月觸緒興懷，或贈答酬和臨風寄想。一唱三歎，骯髒悲歌，如伯伶之於酒，海岳之於石，林和靖之於梅，嵇中散之於鍊。情之所鍾在此，故不禁言之長也，而詩之矣。然而可删也，删後之詩猶然無詩也。"《焚後書序》述其文集之名，乃用陳繼儒"兒童莫恨咸陽火，焚後殘書讀盡無"之意，又因少時之作燬於明清易代之際，"不意甲申一變，盡付之灰燼"。是書收古文辭及制藝："所著如《聞書十種》《秘書十種》、《世外史》一卷、《删後詩》一卷，皆得之焚後者。茲又集生平所作古文辭并制藝爲一卷，而名之曰《焚後書》。"《尚書外傳》乃程作舟取史書中合於《尚書》經意者爲書，程作舟《叙》云："予于讀史之餘，録其事與言合于經者，爲《尚書外傳》，以見後世帝王取法於唐虞三代，未嘗不可以唐虞三代之治治之也。"楊緑綏序評之爲："殫二十年精神心力，彙録成編，不附會、不穿鑿，史事得以準，經意亦愈明矣。"

程作舟於康熙三十九年（1700）任長垣縣令，時其書已成稿，《焚後書》王維坤序云："西江程先生來爲宰。……公餘，出《焚後書》《删後詩》二集示余。"據《［同治］鄱陽縣志》卷十二，其著作乃由長子逖授梓行世。由書中避諱字及序跋時間，知此書刊刻約於康熙四十年。此本《删後詩》屢見空行，有詩末空一二行者，似缺點評；有二詩之間空三五行者，或闕某詩。中國國家圖書館藏《程氏叢書》缺行情況相同。

"玄"字缺筆。

《四庫全書總目》未著録。《中國古籍善本書目》著録中國國家圖書館藏清康熙勇園刻本《程氏叢書》二十三種，江西樂平縣圖書館藏康熙勇園刻本《删後詩》。知美國哈佛大學哈佛燕京圖書館藏清康熙刻本《程氏叢書》。

三書均鈐"張壽慈"朱文長方印，原爲一部。其中《焚後詩》《尚書外傳》二書書號爲5643　2122.1。《焚後書》鈐"風樹亭藏書記"朱文長方印，曾爲李宗侗收藏。

130

### 澄江集不分卷

T5441　7231

《澄江集》不分卷，清陸次雲撰。清康熙刻陸雲士雜著本。一册。框高18.3厘米，寬13.6厘米。半葉九行十九字，小字雙行同，左右雙邊，白口，單魚尾，行間鐫圈點及評語。版心上鐫書名，中鐫詩體。

卷端題"錢塘陸次雲雲士著；吳門宋實穎既庭、蔡方炳九霞選"。書首有《澄江集目録》。

陸次雲（生卒年不詳）字雲士，清錢塘（今浙江杭州）人，主要活動於清康熙年間。以拔貢任河南郏縣知縣，康熙二十四年（1685）任江陰知縣，風雅好客，著《八紘繹史》《析疑待正》等。《清史列傳》卷七十有傳，又可參《［光緒］江陰縣志》卷十二。

是書爲陸次雲官澄江時所作詩，原未分卷，按詩體編次爲五言古詩、七言古詩、五言律詩、七言律詩、五言絕句、七言絕句、樂府七類。《四庫全書存目叢書》影印清華大學藏清康熙刻本首有康熙丙寅（二十五年，1686）尤侗序云其詩集之得名："其詩不專於澄江，而以澄江系之者，以爲吾官於澄江而後有詩也。"

陸次雲著有《八紘譯史》《玉山詞》等，廣涉經史詩文，其集於康熙年間曾彙集刊刻。現知中國國家圖書館、美國國會圖書館藏清康熙間刻本，書名擬爲《陸次雲雜著》，均包括陸氏著作九種：《八紘譯史》《八紘荒史》《峒谿纖志》《纖志志餘》《譯史紀餘》《澄江集》《北墅緒言》《玉山詞》《湖壖雜紀》。其中，美國國會圖書館藏本有書名葉，右欄題"濟南王阮亭、錢塘高士奇兩先生評定""本衙藏板"，中欄題"八紘譯史"，左欄題各書題名"譯史、荒史、峒谿纖志、纖志志餘、附譯史紀餘、澄江集、北墅緒言、玉山詞、附湖壖雜紀"，欄上題"錢塘陸次雲雲士著"。據此書名葉，知陸次雲著述九種曾彙刊。此本與美國國會圖書館藏本中之《澄江集》完全相同。

經比對，此本與《四庫全書存目叢書》影印底本爲同版，然有刪削、改易，此本之改動多在各詩體之首末，根據內容之銜接，可判定此本改易舊版重印。《存目》底本各詩體首葉均署陸次雲、宋實穎、蔡方炳三人，而此本"七言古詩"未署著者、"樂府"僅署陸次雲一人，皆因此本仍用舊版而刪削之前若干葉內容，未留行用於署名之故。如此本之"七言古詩"徑從《存目》底本之第七葉開始，之前僅餘一行題寫書名。又如"七言律詩"部分，此本缺《存目》底本之第九至十葉，文字直接從第十一葉始，因而缺詩題《金山》。"五言古詩"部分，此本略去《存目》底本之第三至五葉，而插入《塞外謠》一首五行，以補足兩葉因裁去首尾所導致之空行；《塞外謠》本爲此本刪削之"五言古詩"之末四首之一，補刻至此處時未刻其行間圈點；其字形與同葉文字不同。此本葉碼已經修改，然書中斷版與《存目》底本相同，再據以上諸例，知此本仍用舊版，但刪削重編、修版重印而已。又，美國柏克萊加州大學圖書館收藏清康熙間蓉江懷古堂刻本及後印剜改本，據其書志所述各端，此本亦非蓉江懷古堂原刻本。

"玄"字缺筆。

《四庫全書總目》集部總集類存目。《四庫全書存目叢書》影印清康熙刻七卷本。《中國古籍善本書目》未著錄陸次雲各集合刊本。知中國國家圖書館，美國國會圖書館、柏克萊加州大學圖書館藏清康熙刻本《陸雲士雜著》；又日本國會圖書館、內閣文庫、大阪府立圖書館著錄清刻本。

鈐"負笈硯齋藏書"朱文長方印，曾爲清末藍鈺收藏。藍鈺（1859—1942）

字石如，晚號蟄盧，高安（今屬江西宜春）人，光緒十八年（1892）進士，授編修，累官至御史，與修《清史稿》、總纂《德宗實錄》，工詩善書，室名"負笈硯齋"。

131
**思綺堂文集十卷**

T5466　0441

《思綺堂文集》十卷，清章藻功撰。清康熙六十一年（1722）刻本。十冊。框高 19.9 厘米，寬 14.7 厘米。半葉十行二十二字，小字雙行同，四周單邊，白口，單魚尾。版心中鐫書名、卷次。

卷端未題著者。書首有未署年許汝霖序、未署年傅作楫序；次康熙再壬寅（六十一年）章藻功《註釋思綺堂文集凡例》；次萬經《章綺堂像贊》、湯右曾贊。各卷有分卷目錄，題"錢塘章藻功豈績氏撰註"，目錄後鐫"門人沈善式博安、表姪張應龍翼乾校閱；男繼泳信園參訂"，其中卷二、七、八校閱者易爲"門人沈善式博安、吳廷枚公望校閱"，卷九、十參訂者易爲"男繼洵詹一參訂"；參訂者原均有兩行，第一行皆剗去。

章藻功（生卒年不詳）字豈績，清浙江錢塘（今屬杭州）人。康熙四十二年（1703）進士，改庶吉士，僅五月即引疾歸。其駢文與陳維崧、吳綺齊名，而欲以新巧勝，著《思綺堂集》。《清史列傳》卷七十一有傳。

章藻功以四六擅名於時，卷前許汝霖序謂《思綺堂文集》流傳海內三十年，因四六句出有據，許氏致書章藻功勸其注釋，於是章氏"自檢錄《思綺堂》一集，且改且删，細加註釋，得文幾三百篇。噫！視古今四六諸家何其富也。原原本本，經史子集，凡十數易稿，六閱寒暑，而其註始成。"《凡例》云："向有前後兩集未經註釋者，謬妄梓行，少作不堪，祇覆瓿物也。今則力加改削，十不存三四矣。至所註第二卷，初時爲坊人促迫，草草付梓，殊未愜意，茲於竣工之日，復行改訂，不惜刻資"，則章氏此書經删削擇取，又於刻成後改訂未盡意處，可見其經營苦心。另外，卷前傅作楫序云戊戌（康熙五十七年，1718）晤章藻功，"索所爲自註《思綺堂集》讀之"，則是時書已大致成稿。

此書《凡例》述參與校刊者云："朝夕考訂之功，兒子繼泳居多。近三年來，小兒繼洵亦與讐校。門人沈善式、吳廷枚，表姪張應龍時復往還，互參疑難，以成斯集。"此本"考訂之功"之後剗去四字、各卷目錄後之參訂者亦皆剗去一行，考訂姓氏定有缺。此本與《四庫未收書輯刊》影印底本同版，以斷版痕跡推斷，此本較《未收書輯刊》底本刷印稍晚。而《四庫未收書輯刊》第九卷目錄後校訂者未及剗改，其人爲"甥俞大年錫齡"。《凡例》及目錄所缺一人，當即爲此，不知何故剗去。另外，是書卷九最末一文爲《趙公千里辰垣招集同人小山堂聯詠序》，《未收書輯刊》目録失録；此本目録已補刻，但包含此篇名及校訂者姓名的當葉文字均爲重刻。是書版片曾幾經轉易，知有三餘堂、聚錦堂、耕禮堂等多處藏板。

"玄"易爲"元"，"弦"等字缺筆。

《四庫全書總目》未著録。《四庫未收書輯刊》影印清康熙六十一年刻本。《中國古籍善本書目》著録中國科學院文獻情報中心、復旦大學圖書館等十二家收藏。知日本靜嘉堂文庫、尊經閣文庫等多處收藏是書。又知美國柏克萊加州大學圖書館藏三餘堂印本；中国臺灣大學圖書館，美國哈佛大學哈佛燕京圖書館、耶魯大學圖書館、俄亥俄州立大學圖書館藏聚錦堂印本；日本內閣文庫藏耕禮堂印本。

鈐"行素堂藏書記"朱文長方印、"沈燕謀藏書記"朱文方印，曾爲近代上海藏書家沈燕謀（1891—1974）收藏。

132
## 穆堂初稿五十卷

T5470　4424

《穆堂初稿》五十卷，清李紱撰。清乾隆五年（1740）無怒軒刻本。10 冊。框高 18.7 厘米，寬 14.5 厘米。半葉十一行二十三字，小字雙行同，左右雙邊，白口，單魚尾。版心中鐫書名、卷次，下鐫"無怒軒"。

《穆堂初稿》卷端題"穆堂初藁"，"臨川李紱巨來"。目録、卷末鐫"門人安居王恕校刊"一行；此本卷七、八、十、二十六、三十一、三十二、三十三、三十九、四十二卷正文完整，但以上各卷均缺最末空白半葉，無校刊牌記。首有雍正壬子（十年，1732）李紱《序》、丁未（雍正五年，1727）儲大文《序》、乾隆二年（1737）黃之雋《序》、未署年李光埈《序》、乾隆庚申（五年）王恕《跋》；次《穆堂初藁目録》。

李紱（1673—1750）字巨來，號穆堂，清江西臨川（今屬撫州）人。幼以神童稱名，學宗陸九淵、王守仁，康熙四十八年（1709）進士，改庶吉士，授編修，薦官至工部右侍郎，雍正時因彈劾權臣當斬，赦還修《八旗通志》，乾隆初起爲户部侍郎，官至內閣學士，以病致仕。詩文輯爲《穆堂類稿》《別稿》，又著有《春秋一是》《陸子學譜》《朱子晚年全論》《陽明學録》等。《清史稿》卷二百九十三、《清史列傳》卷十五有傳。

是書收詩賦十七卷、文三十三卷。卷前王恕《跋》詳述是集內容云："吾師臨川先生《穆堂初藁》，賦、雅、頌一卷，詩十六卷，原、説一卷，攷二卷，解二卷，論議、贊、箴二卷，墓誌、銘、表四卷，記二卷，序六卷，傳一卷，疏、劄子三卷，書三卷，策問一卷，題跋二卷，告文、誄、哀辭、祭文四卷，共全集五十卷。”

初，李紱門人李光墺欲刻是書於閩中，未果，門人王恕又刻之於粵。李光墺之擬刻在乾隆二年，卷前乾隆二年黃之雋序云：“集内外共百餘卷，同門李檢討光墺序而刻之。”李光墺《序》亦述其經過云：“墺同懷仲氏型前歲來京問業，因請刻公文集於閩中，以吾縣清溪所産紅梨質極堅潤，鉅其陽開雕，可樸十萬本，不刋點畫。公喜而畀之，命墺校定，今已可繕寫”，然閩版未能付梓。王恕之粵刻，竣工於乾隆五年。王恕《跋》云：“曩時，安溪同年李光墺欲鋟版于閩中。己未（乾隆四年，1739）之冬，公子孝洋入粵，恕因請而刻之。在南二三同年，梧州陶分司德熹、惠州應司馬上苑、新會王大尹植，皆欣然願勷其役。開雕于首春，不數月，會恕適拜署理福撫之命，將行矣，而工甫竣。……李之舊序仍存于前，亦以見其嘗有志于是役也。”

此本爲清乾隆五年無怒軒刻本，版心均鎸“無怒軒”字樣。據《柏克萊加州大學東亞圖書館中文古籍善本書志》，是書有後印本，刪去卷五十《祭邵孺人文》一篇，增刻《祭馮母文》《代祭許母文》兩篇，并重刻《祭龔母文代游某》《告副室周氏遷匶文》，增刻及重刻葉版心無“無怒軒”。此本未經增改，後印本所重刻之兩篇，據此本知其篇名原爲《代祭龔母文》《告側室周氏遷匶文》。

無怒軒刻本應爲是書最早刻本。存世又有清乾隆刻本，《四庫禁燬書叢刊補編》影印，十二行二十三字，卷四、五、十七、三十九、四十九分上下，而無卷六、四十七；清道光十一年奉國堂刻本，《續修四庫全書》影印，十行二十三字，卷四、十七、三十九、四十九分上下。無怒軒刻本與乾隆本、道光本在分卷上差異較大；後二者分卷較爲接近，但篇章數量、順序仍多有不同。

“眩”“弘”等字缺筆。

《四庫全書總目》未著録。《四庫禁燬書叢刊補編》影印北京大學所藏清乾隆刻本、《續修四庫全書》影印清道光十一年奉國堂刻本。《中國古籍善本書目》著録北京大學圖書館、清華大學圖書館、上海圖書館等十家收藏清乾隆五年無怒軒刻本，其中北京大學圖書館藏本實非此刻。知美國哈佛大學哈佛燕京圖書館、柏克萊加州大學圖書館，澳大利亞圖書館聯盟，日本東洋文庫、東京都立中央圖書館、二松學社、大阪府立中之島圖書館，韓國奎章閣收藏。

鈐“源溪朱氏”“朱印照蓮”二白文方印，“霞舫”“詒穀堂珍藏”二朱文方印，“翰墨香”白文長方印，“紅篤山館”朱文圓印，曾爲清末朱照蓮收藏。據《［民國］昭萍志略》卷七、九，朱照蓮字霞舫，清昭萍（今屬江西萍鄉）人，咸豐九年（1859）選授龍泉縣訓導，好藏書，嗜法帖。

133

**穆堂別稿五十卷**

T5470　4424

《穆堂別稿》五十卷，清李紱撰。清乾隆十二年（1747）奉國堂刻本。十六冊。框高 18.4 厘米，寬 14.4 厘米。半葉十二行二十三字，小字雙行同，左右雙邊，白口，單魚尾。版心上鐫書名，中鐫卷次。

卷端題"穆堂別藁"，"臨川李紱巨來"。書名葉分三欄，右題"乾隆丁卯年鐫"，中題"穆堂先生別稿"，左題"奉國堂藏板"。書首有乾隆十二年常安序、乾隆九年（1744）魯曾煜《序》、乾隆甲子（九年）桑調元《序》；次《編次姓氏》；次《穆堂別藁目錄》。

李紱（1673—1750），參見《穆堂初稿》（132，T5470　4424）。

《穆堂別稿》爲《初稿》刊行後所輯李紱晚年著述，收詩賦八卷，文四十三卷。魯曾煜《序》云："先生《初集》既雕，國本行世，茲踵而布焉，故曰《別稿》，猶古人之分別集也。"

據常安序，是書由李紱子叔言刻於乾隆十二年："今丁卯（乾隆十二年）夏，太史又過謂余曰：吾師歷官數十年，今老矣，解組歸鄉里，方思放浪於匡廬彭蠡之間，以自娛樂。而晚年著述，世猶未知者，其嗣君繼前稿而梓之，將乞序於公，公其毋辭"，又云："既晤其嗣君叔言，遂書以贈，并以質太史。"則是書由李氏奉國堂自刻。《初稿》《別稿》原分別刊刻，道光十一年（1831）奉國堂將二書統一版式，重新刊刻。此乾隆十二年奉國堂本與《四庫禁燬書叢刊補編》影印底本同版。

"眩""弘"等缺筆。

《四庫全書總目》未著錄。《四庫禁燬書叢刊補編》影印乾隆十二年奉國堂刻本、《續修四庫全書》影印清道光十一年奉國堂刻本。《中國古籍善本書目》著錄上海圖書館、遼寧省圖書館等五家收藏乾隆十二年奉國堂刻本。知美國柏克萊加州大學圖書館，澳大利亞圖書館聯盟，日本靜嘉堂文庫、東京大學綜合圖書館、大阪府立中之島圖書館收藏。

134

**果堂集十二卷**

T5470　3172

《果堂集》十二卷，清沈彤撰。清乾隆沈氏果堂刻本。清佚名題識。有抄補。二冊。框高 18.7 厘米，寬 13.8 厘米。半葉十一行二十一字，小字雙行同，左右雙邊，白口，單魚尾。版心上鐫書名，中鐫卷次，下鐫篇名簡稱。

各卷首有分卷目録，正文連署，目録次行題"吳江沈彤著"。書首有乾隆己巳（十四年，1749）沈德潛序；次《果堂集總目》，後鐫"吳門朱楷、震澤汪琥同校"。附乾隆十九年（1754）沈德潛《傳》、惠棟《墓誌銘》。

沈彤（1688—1752）字冠雲，號果堂，清江城（今屬湖北武漢）人，籍吳興（今屬浙江湖州）。少從何焯學制義，中歲師方苞，曾與修《一統志》《三禮》，書成授九品官，不就。精禮學，著《周官禄田考》《三經小疏》《果堂集》。《清史稿》卷四百八十一、《清史列傳》卷六十八有傳。

是書收説、考、問、書、序、墓表諸文及詩。沈彤究窮六經，精於考據，集中多訂正經學文字。《四庫全書總目提要》謂沈彤所撰與經學相關篇章"皆援據典核，考證精密"，又云"集雖不尚詞華，而頗足羽翼經傳，其實學有足取者，與文章家又別論矣"。

書末乾隆十九年沈德潛所撰《傳》，謂時已刊行《周官禄田考》《果堂集》二書。《傳》云："先生著有《群經小疏》《果堂雜著》《氣穴考略》《内經本論》若干卷，其刻行者《周官禄田考》三卷、《果堂集》十二卷。"《果堂集》卷五有《周官禄田考後序》一文，云："余著此書，起乾隆七年（1742）之春。其正文三篇甫畢，而心疾作，疾已，又他有修篡。至十三年（1748）季秋，乃能爲問答發明之，凡得五十條而書成。友人顧君肇聲與徐君靈胎，欲推廣窮經致用之意，請版行之。……二君乃互勘而付諸梓人，時十五年（1750）冬也。"則《周官禄田考》刻於乾隆十五年。《果堂集》目録後所題校者，不同於《周官》一書，二書當分別校勘印行。沈彤著述後輯爲《果堂全集》六種十九卷彙刊。《全集》包括《果堂集》十二卷，《周官禄田考》三卷、《尚書小疏》一卷、《儀禮小疏》一卷、《儀禮鄭注監本刊誤》一卷、《春秋左氏小疏》一卷。

此本目録首葉及卷三有墨筆題識。目録書眉題識云："沈丈係義門高足弟子，精心考練，積有歲年。義門晚年凡有述造，皆令其細心檢校，方爲定本，則亦推挹之至矣。此予聞之淳安方明經諱粹然者，少學於義門者也。其定論□也。故附記於簡□□（按：闕若干字）。"此處之方粹然字心醰，方楘如次子，據《［乾隆］淳安縣志》卷七、《［道光］泰州志》卷二十六，方粹然淳安人，雍正元年（1723）選貢，乾隆十一年（1746）攜家至泰。卷三末又有題識云："近奉憲皇帝旨，適孫功服，以適子期服，故其子降爲功，載在律中。"憲皇帝爲雍正諡號。以二則題識推之，題識者爲乾隆時人。

"玄"易爲"元"，"曆"易爲"歷"或"歴"。

《四庫全書總目》入集部別集類。《清代詩文集彙編》影印清乾隆刻本。《中國古籍善本書目》叢部著録清乾隆沈氏果堂刻本《果堂全集》六種，含是集。知中国臺灣大學圖書館，美國哥倫比亞大學圖書館，日本静嘉堂文庫、二松學舍收藏。又知美國哈佛大學哈佛燕京圖書館，日本京都大學人文科學研究所、大阪府立中之島圖書館收藏《果堂全集》。

鈐“南陵徐乃昌校勘經籍記”“積學齋徐乃昌藏書”二朱文長方印，曾爲清末徐乃昌收藏。徐乃昌（1868—1936）字積餘，號遂庵，清末安徽南陵（今屬蕪湖）人。光緒十九年（1893）舉人，曾任淮安知府，喜藏書，藏書室名積餘齋，輯刻《積學齋叢書》《南陵先哲叢書》等。又鈐“節溪”朱文長方印、“塘祐”白文長方印。

135

**果堂集十二卷（存卷一至八）**

T5470　3172B

《果堂集》十二卷，清沈彤撰。清乾隆沈氏果堂刻本。存八卷（卷一至八）。二冊。

此本有書名葉，欄内題“吳江沈冠雲著”“果堂集”“本堂藏板”。書首有乾隆乙丑（十年，1745）王峻序、乾隆己巳（十四年，1749）沈德潛序。

館藏二部同版，亦皆同於《清代詩文集彙編》影印底本。此本刷印稍晚。

鈐“鳳甫”朱文方印。

136

**崇德堂稿八卷**

T5472　1141

《崇德堂稿》八卷，清王植撰。清乾隆刻本。八冊。框高 18.7 厘米，寬 13.5 厘米。半葉九行二十字，無直欄，行間有圈點，四周雙邊或上下雙邊，白口，單魚尾。版心上鐫“崇雅堂集”或“崇德堂集”，中鐫卷次及文類。

卷端題“崇德堂藁”“初藁”，“深澤王植懇思甫著”。書首有乾隆九年（1744）鄭其儲《序》、乾隆丙寅（十一年，1746）王植自序、乾隆二十四年（1759）王鳴盛《序》；次《崇德堂藁編目》，後有王炯題識。

王植（約 1680—約 1766）字槐三，號懇思，清直隸深澤（今屬河北石家庄）人。康熙四十四年（1705）舉人，六十年（1721）進士，雍正四年（1726）授廣東和平縣知縣，調陽江，知羅定州，歷署新會、欽州等，補山東霑化，調鄒城，年八十六卒。是書卷前有王植乾隆十一年自序云“顧自髫齔受讀，迄今甲子週矣"，則其生年約在康熙十九年（1680）。學宗宋儒，著《濂關三書》《皇極經世全書解》《道學淵源録》《四書參注》《韻學》《權衡一書》《崇德堂集》。《清史列傳》卷六十七有傳。

是書《初稿》六卷，收論、辨、考、記、序；《外稿》二卷，收奏摺、稟牘、審案、讞語等文。《四庫全書總目提要》謂集中多實用之文："其學主於敦勵名節，而事事有濟於物。故集中所載，多居官案牘之文，頗足見其生平。"是書王炯題識亦云："右全藁於論、辨、考、議、記、序各體外，并及案牘之文，有疑其不類者。然義理爲經濟之根柢，政事即道學之實際，體用相資，政學相印，原非二理也。故但分《初藁》《外藁》，以清界閾。而《外藁》則愚所爲補遺者居多。"

是書卷首及版心題名或爲"崇德堂藁"、或爲"崇雅堂藁"，頗無章法。就卷首而言，此本卷五首題爲"崇雅堂藁"，其他卷首及目録首均作"崇德堂藁"；就版心而言，是書每篇文章另起一葉，各篇首葉版心多題爲"崇雅堂藁"、末葉多爲"崇德堂藁"、中間葉二者皆有。是書有篇題前空行，或在夾行内增添篇題的現象，且整部書版框、字體大小形狀不一，應是補刻所致。

此本與《四庫全書存目叢書》《清代詩文集彙編》影印之底本同版，然偶有換版、改版之差別，可據以推知"崇德"與"崇雅"之先後。首先，此本較影印本多出五葉：卷一葉五十四，版心題"卷之又一　序"，内容爲《李瀚蒙求註序》；卷二葉十一，版心題"卷之又二　策"，内容爲某篇篇末兩行文字；卷二葉十八，版心題"卷之又二　策"，内容爲《錢法》；卷二葉六十三，版心題"卷之又二　稟"，内容爲《請廣交代之條以厲官方事條陳　欽州四條》；卷三葉十四，版心題"卷之又三　詳"，内容爲《劣生毆差抗糧事詳府請開復　陽江》。以上五葉所刻篇章未見於目録，又與前後篇章文類不同、文字不相連署，其内容僅爲某篇之一葉，皆不完整。其中，卷二葉十八版心題"崇雅堂藁"，但有剜改痕跡，其餘皆爲"崇德堂藁"。此五葉應爲舊有書葉，或爲裝訂時僅據葉碼誤裝於此。其次，影印本有個別葉明顯爲後來翻刻，如卷一葉一、葉六十，卷二葉七十九，其字體與書中其他部分有很大差異。此三葉版心題名均爲"崇雅堂藁"，且卷一葉一也將卷端題名易爲"崇雅堂藁"。此本此三葉仍存原刻，除卷一版心爲"崇雅堂藁"外，其餘二葉版心均爲"崇德堂藁"。另外，影印本卷八首題名"堂藁"前空缺二字，此本爲"崇德"，然二字不甚整齊，不知何時補入。

據以上可以推知，是書曾經重新編次，此本多出的五葉内容在後來的刻本中不復存在，而最初刊刻時，版心作"崇德堂藁"。是書又經換版重刊，以致書中字體不一、版心混亂；而卷端重刻爲"崇雅堂藁"當爲較晚之改訂。是書卷前有乾隆九年、十一年、二十四年序，時間間隔較長，或期間曾經重新編刻。鄭其儲序有"今又獲聞其《崇德堂藁》若干卷"之語，則是書初應以"崇德"爲名。

"玄"字缺筆。

《四庫全書總目》集部別集類存目。《四庫全書存目叢書》《清代詩文集彙編》影印清乾隆刻本。《中國古籍善本書目》未著録。知美國耶魯大學圖書館，日本東京大學東洋文化研究所、京都大學人文科學研究所收藏。又知美國哥倫比亞大學圖書館，日本國會圖書館、大阪大學圖書館著録《崇雅堂藁》。

## 137
### 匠門書屋文集三十卷

T5463　1342

《匠門書屋文集》三十卷，清張大受撰。清雍正七年（1729）顧詒禄刻本。五册。框高 18.3 厘米，寬 13.5 厘米。半葉十行二十字，左右雙邊，白口，單魚尾。版心中鐫書名、卷次。

卷端題"嘉定張大受日容"。書首有未署年張雲章序；次《匠門書屋文集目録》。

張大受（1660—1723）字日容，號匠門，清長洲（今江蘇蘇州）人，嘉定（今屬上海）籍。少明敏，有文名，康熙四十八年（1709）進士，官翰林檢討，視學貴州，以清勤再任三年，殁於官，著《匠門書屋文集》。生平參《［乾隆］江南通志》卷一百六十五、《［乾隆］長洲縣志》卷二十五。

是書爲張大受生前手訂，殁後由其外孫顧詒禄於雍正七年刊刻完成。書前張雲章序云："夫課士之暇，曾手定其詩文三十卷，外孫顧詒禄患其遺佚，付之剞劂。且平生不自收拾，散失者多，詒禄於先生身後，遍加搜訪而繕録之，俟將來刻爲外集，續於後。"是書末原有雍正庚戌（八年，1730）二月顧詒禄後序（此本闕），後序云："課士餘間，舉平生全集，自加簡擇，彙爲三十卷，寄書詒禄曰：'歲科兩畢，皮骨空存，寸心無愧，獨居清暇，删削篋中所作，僅留十之二三，繕録成帙，恨不得與汝輩共證之。'蓋七月中札也，是冬即捐館。明年柩歸，詒禄首問遺集所在，抱持來家，朝夕兢守，惟恐散佚，因思勉付剞劂。訂之外舅蘅圃先生，先生謂詒禄曰：'匠門先生一生愛子，子能謀爲先生壽世，不負先生矣'。隨於乙巳（雍正三年，1725）秋始事雕鐫，至己酉（雍正七年，1729）冬告竣。其選餘稿中尚多傑作，然非先生自定，不敢入也。"此本版同《四庫未收書輯刊》影印底本。

"玄""絃"等字缺筆。

《四庫全書總目》未著録。《四庫未收書輯刊》《清代詩文集彙編》影印清雍正七年顧詒禄刻本。《中國古籍善本書目》著録北京大學圖書館、上海圖書館、中山圖書館等九家收藏。知美國哈佛大學哈佛燕京圖書館、普林斯頓大學圖書館、哥倫比亞大學圖書館，日本內閣文庫、尊經閣文庫，韓國奎章閣、雅丹文庫收藏。

138

## 白田草堂存稿二十四卷行狀一卷

T5466　1140

《白田草堂存稿》二十四卷，清王懋竑撰；《行狀》一卷。清乾隆十七年（1752）刻本。八册。框高 17.5 厘米，寬 13.2 厘米。半葉十二行二十二字，小字雙行同，左右雙邊，白口，單魚尾。版心上鎸書名，中鎸卷次。

卷端題“寶應王懋竑予中甫著”。書名葉欄内題“王白田先生文集”“草堂藏板”，欄上題“雷大宗師鑒定”。目録末題“山陽後學邱敦美寫”。

書首有乾隆壬申（十七年）雷鋐《白田草堂存稿序》；次《白田草堂存稿目録》。書末附乾隆十七年王懋竑子箴聽、箴傳、箴愚、箴謹、箴端、箴忠共撰《皇清勅授文林郎翰林院編脩先考王公府君行狀》。各卷末均鎸某某“校字”，卷一至二十四校字人分別爲“門人喬崇禧”“門人喬汲”“後學成原大”“後學喬元臣”“後學喬光傳”“後學喬潔，偕男其莊、其綱”“後學劉家晟，偕姪世謙”“外孫孫仝輞、仝敞”“後學成惪洤”“男箴傳”、“男箴謹”“男箴謹”“男箴謹”“後學趙峻、孫壻湯希僑”“子壻祁永清、劉次呂，後學朱舜年、喬學周”“外孫張紹先”“男箴謹”“姪箴輿、箴韋”“孫男希伊”“孫男希朱”“孫男希周”“曾孫直至”“曾孫正堅”“曾孫重”。

王懋竑（1668—1741）字予中，號白田，清江蘇寶應（今屬揚州）人。康熙五十七年（1718）進士，授安慶府教授，雍正元年（1723）改翰林院編修，旋丁憂，又以老病辭官。精研朱熹之學，著《朱子年譜》，詩文輯爲《白田草堂存稿》。《清史稿》卷四百八十、《國朝先正事略》卷三十一有傳。

是書凡文二十卷、詩四卷，末附《行狀》一篇。王懋竑長於考證，故是書先録雜著九卷，後有奏、書、序、記等文，詩又在其後。《四庫全書總目》子部雜家類收《白田雜著》八卷，爲其考證論辯之文，并謂：“近別有《白田草堂全集》，凡此本所載，皆在其中”。以《白田雜著》核之，其文皆收入《存稿》前九卷之雜著。而四庫館臣重王懋竑考證之功，以《存稿》失於簡汰，故僅列存目。

是書爲王懋竑後人刊刻，書末其子王箴聽等六人所撰《行狀》云：“（《朱子年譜》）謹藏之篋中已十年，箴聽等乃敢刻以問世，并刻《白田草堂存稿》

二十四卷。其未刻者,《續集》《別集》《朱子文集注》《朱子語録注》《讀經記疑》《讀史記疑》,偶閱雜抄,藏於家。"此行狀撰於王懋竑歿後十一年,與文中所謂"藏之篋中已十年"相合,則是書當與《朱子年譜》并刻於乾隆十七年。由卷末校字者知各卷經其子嗣及門人校對。

是書後增《崇祀鄉賢録》一卷,中有乾隆二十六年(1761)禮部部議、乾隆二十六年題疏、乾隆二十七年(1762)寶應縣知縣火秉禮祭文,知爲乾隆二十七年以後增補。補刻本仍用舊版,其目録最末剷去原"行狀"一行,改爲"崇祀鄉賢録""行狀"二行。此本爲乾隆十七年刻本之較早印本,版刻一絲不苟,字畫清晰、紙墨俱佳,遠勝於後來之補刻後印本。

"玄"易爲"元","弘"字缺筆。

《四庫全書總目》集部別集類存目。《四庫全書存目叢書》影印清乾隆增刻本。《中國古籍善本書目》著録北京大學圖書館、清華大學圖書館等十五家收藏清乾隆增刻本。知中国臺北"國家圖書館"、臺灣大學圖書館,美國俄亥俄州立大學圖書館,澳大利亞國家圖書館,日本國會圖書館、内閣文庫等多處收藏乾隆十七年序刊本。又知美國哈佛大學哈佛燕京圖書館、哥倫比亞大學圖書館,日本東京大學、東洋文庫等多處收藏增刻本。

鈐"潭月山房書印""瓠室""窈明館""昁衡堂""灪庸"等朱文方印,"執鄙吝者"白文方印,"檇李"朱文圓印。

139

**香樹齋詩集十八卷詩續集三十六卷文集二十八卷文集續鈔五卷**

T5472　8571

《香樹齋詩集》十八卷《詩續集》三十六卷《文集》二十八卷《文集續鈔》五卷,清錢陳群撰。清乾隆刻本。二十四册。《香樹齋詩集》框高 18 厘米,寬13.4 厘米;《詩續集》框高 17.2 厘米,寬 13.2 厘米;《文集》框高 17.7 厘米,寬13.1 厘米;《文集續鈔》框高 17.7 厘米,寬 13.2 厘米。半葉十行十九字,小字雙行同,左右雙邊,白口,單魚尾。版心上鐫子集名,中鐫卷次。

各集卷端題"嘉興錢陳羣集齋"。《香樹齋詩集》首有未署年彭啓豐《序》、乾隆戊午(三年,1738)陸奎勳《序》、乾隆十六年(1751)汪由敦《序》;次《香樹齋詩集目録》,末鐫"男汝誠、汝恭校字";末有乾隆十六年宋弼《後序》。《詩續集》首有甲戌(乾隆十九年,1754)沈德潛《序》、齊召南《題詞》;次《香樹齋續集目録》。《文集》首有乾隆甲申(二十九年,1764)沈德潛《序》;次《香樹齋文集目録》。《文集續鈔》首有《香樹齋文集續鈔目録》。

　　錢陳群（1686—1774）字主敬，號香樹，又號集齋、柘南居士，清浙江嘉興人。康熙六十年（1721）進士，改庶吉士，授編修，歷贊善、侍講學士、右通政使、内閣學士、刑部侍郎，加贈刑部尚書、太子太傅，卒諡文端，曾與修《大清會典》。高宗謂其與沈德潛均爲能以詩文結恩遇、備商榷者，著作輯爲《香樹齋集》。《清史稿》卷三百五、《清史列傳》卷十九有傳。

　　《香樹齋詩集》十八卷、《詩續集》三十六卷，統收古近體詩。《詩集》收乾隆十六年前所作詩，并於當年刊刻，書末乾隆十六年宋弼《後序》云："少司寇香樹先生彙辛未（乾隆十六年）以前所作詩，屬門人宋弼排纂而授之梓，凡千五百首有奇，爲卷十八。工既竣，命序於後。"《詩續集》收乾隆十七年以後詩，《詩續集》沈德潛《序》云："今將刊其壬申（乾隆十七年，1752）以後詩爲《續集》凡四卷。潛伏而誦之，知《前集》中半屬應制賡和、持節四方、登臨懷古之作，而《續集》所編多歸里燕居詩也。"《文集》二十八卷按體編排，收賦、奏疏、尺牘、序、跋、記、傳、祭文、墓誌、行狀、雜著等。《文集續鈔》續收《文集》刊刻以後文章，仍按體分卷，卷二《節孝張母王太孺人傳》記事已至乾隆三十五年（1770）。

　　錢陳群詩文曾多次續輯。《詩續集》《文集續鈔》分別爲《詩集》《文集》刊刻後之新作，而《詩集》《詩續集》本身亦隨寫隨輯。《詩集》卷前乾隆三年陸奎勳《序》云："以祥琴之餘暇自定《香樹齋詩集》若干卷，將付剞劂，俾予作序"，則是時曾輯爲詩稿，并欲付梓。乾隆十九年沈德潛爲《詩續集》作序時，祇有四卷，而是書《詩續集》三十六卷，收詩已至乾隆二十九年，卷十八有《乾隆二十九年四月八日宮保望山尹公七十初度前一月有旨，令於生日前進京隨晉綸扉仍命節制兩江，殊榮異數，史册罕有，朝野傳聞，稱爲盛事。同館老友錢陳群製絕句十六章，即用相國紀恩詩元韻》一詩。

　　是書雖經續輯，不同時期版刻字畫粗細稍有不同，但編次有序，整體風格一致。以書中載事時間可知，彙爲全集刊刻之時間不早於乾隆三十五年。此本彙刻於乾隆年間，與《四庫未收書輯刊》影印清乾隆刻本及《清代詩文集彙編》清乾隆刻同治光緒間遞修本之乾隆舊版同版。因是書爲彙刊，刊印較早的部分多處斷版，此本情況較上述二影印本之底本輕微，刷印較早。遞修本在《文集續鈔》之後有同治九年（1870）唐翰題撰跋述是書之補刻云書版原藏里第，庚申（咸豐十年，1860）寇亂，有以薪木易米者，其中有是書書版，其佚者僅二十二葉，同治八年（1869）開始影寫剞劂，版歸錢陳群孫。遞修本之補版葉依舊版翻刻，但於版心下題"庚午補刻""癸巳重刊"字樣，"庚午"爲同治九年（1870）、"癸巳"當爲光緒十九年（1893）。

"玄"字異寫、"絃""泫""弦"等字缺筆；"弘"字缺筆，"曆"易爲"歷"。

《四庫全書總目》未著錄。《四庫未收書輯刊》影印清乾隆間刻本、《清代詩文集彙編》影印清乾隆刻同治光緒間遞修本。《中國古籍善本書目》著錄清華大學圖書館、遼寧省圖書館等十家收藏清乾隆刻本。知美國普林斯頓大學圖書館、加拿大英屬哥倫比亞大學圖書館，日本靜嘉堂文庫、東京大學綜合圖書館、東北大學圖書館收藏；臺灣大學圖書館，美國哈佛大學哈佛燕京圖書館、康奈爾大學圖書館，加拿大多倫多大學圖書館，日本內閣文庫，韓國國立中央圖書館收藏是書零種。又知北京大學圖書館，美國柏克萊加州大學圖書館收藏乾隆刻遞修本。

## 140
## 存研樓文集十六卷

T5466　2640

《存研樓文集》十六卷，清儲大文撰。清乾隆九年（1744）刻本。八冊。框高 19.7 厘米，寬 13.9 厘米。半葉九行二十字，無直欄，左右雙邊，間有右欄單邊，白口，單魚尾，行間鐫圈點。版心上鐫書名，中鐫卷次。

卷端題"宜興儲大文六雅著""受業張耀先思孝、瞿源洙時夏編校；男思淳定伯校字"。各卷首所題編校及校字者不同，卷二以後爲"受業吳偉南溪、史崧丙章編校；男履涵易仲校字""受業洪肇枏時懋、萬中道體傳編校；男知行仍叔校字"等。書首有乾隆九年張漢肅《序》；次《存研樓文集目錄》，題"宜興儲大文六雅著；太原門人張耀先思孝編校"。

儲大文（1665—1743）字六雅，號畫山，清江南宜興（今屬江蘇）人。康熙六十年（1721）進士，選庶吉士，授編修，曾與修《詞譜》《曲譜》，後告病歸，主持揚州安定書院。潛心地志，曾與修《山西通志》，著《存研樓集》。《清史列傳》卷七十一有傳。

是書收頌、表一卷，雜著九卷，餘爲序、記、碑、傳等文。卷前張漢肅《序》綜述其集著述緣由云："蓋君嘗憤西虜負固擾我邊圉，故潛究默訂，囊括山河，作《西寧》《維州》《打煎爐》《取道》諸篇。又扵讀史之暇，以章句之徒、介冑之士不審天下大計，作《原勢》以下諸篇。餘若記、序、碑、銘等文，亦皆牢籠古今，動搖山岳。"《四庫全書總目提要》謂儲大文初以制藝名，後潛心古學，尤究心於地理，故全集十六卷中論形勢者七卷，并贊云："他家作史論者，多約略大概以談兵，作地志者，多憑藉今名而論古。國朝百有餘年，惟閻若璩明於沿革，大文詳於險易。"又云："惟邊塞以外，如西域諸部、蜀徼各番，驗之往往不合。蓋當道路未通，異域傳聞，圖經不備，不能及今日天威耆定，得諸目睹之真，勢使之然，固不足怪耳。"

是書乃儲大文臨終前選訂，其門人張耀先編次并於歿後不久刊刻。張漢蕭《序》云："君生平所爲文不下數千首。易簀前數日，命太原门人思孝張君携筆研至榻前，親加决擇，口授編次，存者分爲兩部，且遺命曰：'是宜急刊'，即茲集也。君歿後，門人歙縣南溪吴君、時懋洪君等分俸付梓，閲六月告竣。"《清代詩文集彙編》影印之底本有乾隆甲子（九年）張耀先後序，此本闕，序云："乃出全藁，命坐寝側，逐一詳讀而自爲選訂。又命補取道内策守推河一節，增注杭愛山四至一節，其他長城諸文中增定更補者復十數，歷十有六日而粗畢。復謂：'《原勢》下篇與前作表裏，而義尤踏實，屬稿後即不能視字執筆，今欲於直省暨海徼諸要地詳加補足，汝能更爲我留，以了此願乎？'耀先敬應，甫欲詳請開示，而病劇，再閲日而竟悲易簀也，於戲痛哉！耀先恪守遺命，與同學諸子共爲商校，寒暑浹歲，編刊就緒。"

是書另有《存研樓文集二編》，爲其門人吕積初編次儲大文游旌川時所作文章。《清代詩文集彙編》影印之《二編》卷末有乾隆九年吕積初跋云："戊申歲（雍正六年，1728）畫山先生游旌川……初等持筆硯隨侍，一稿出，初即登之別録，謹藏之。……甲子（乾隆九年）春，聞同門士彙梓先生文集，躑躅來宜，偕陽曲張君思孝共勸校訂諸務，因出篋中所藏原稿，盡付之梓。"此跋末署："乾隆甲子孟秋既望旌川受業門人吕積初百拜謹識于《存研樓文集》後"，則此《二編》當與《存研樓文集》同時刊刻，并附於文集之後。《二編》之字體版式亦與文集相同。然現存諸本幾無著録《二編》者。

"玄"易爲"元"；"弘"字缺筆，"曆"寫作"曆"。

《四庫全書總目》入集部別集類。《中國古籍善本書目》著録復旦大學圖書館、湖北省圖書館等七家收藏《文集》十六卷。知日本静嘉堂文庫、東京大學綜合圖書館、東京大學東洋文化研究所，韓國奎章閣收藏。

鈐"褚孝通藏"朱文方印。


141

**存硯樓二集二十五卷**

T5466　2640.2

《存硯樓二集》二十五卷，清儲大文撰。清乾隆刻十九年（1754）重修本。六册。框高 19.5 厘米，寬 13.8 厘米。半葉十一行二十三字，小字雙行同，左右雙邊，白口，單魚尾。版心中鐫書名、卷次及文類。

卷端題"宜興儲大文六雅著""門人丹徒張冕冠伯、崑山徐柱臣題客編"。
書首有乾隆十九年錢陳群序；次《詳閱姓氏》五十二人、《校勘姓氏》一百十二
人；次《存硯樓二集總目》《存硯樓二集目錄》，目錄題"宜興儲大文六雅著""孫
濬德務成、姪孫球孫琳腴補編"。

儲大文（1665—1743），參見《存研樓文集》（140，T5466　2640）。

是書收賦、詩二卷，序、記、傳、碑等十四卷，雜著七卷，家傳二卷。卷
前錢陳群序謂《二集》乃接續《文集》編刊："譔述並閎且富，其晚季所著有《家
傳》數十百篇，詳載儲氏家乘。峀集前既有刻，茲復續成，凡若干卷。"由卷端
所題編校者知是書由其門人編次。

《四庫未收書輯刊》影印清乾隆刻十九年補修本，卷前有乾隆十九年黃玉衡
序述是書刊刻事云："比通籍，始淂見先生所爲古文《初集》扵京師，及宰宜邑，
又知有《存研樓二集》雕版扵京江張氏。迨張以事沒其家，其板籍亦并沒于官，
儲之後無能爲理而求給者。歲壬申（乾隆十七年，1752），余承上官檄按張所，
有是集簡册宛然在也。爲請扵上官，捐俸廉抵其值，以歸儲之後。而藺多蠹缺，
復召儲後之賢者爲索原本參攷訂正，付之梓工，以成完書，而海內淂睹先生之
《二集》。"據《［嘉慶］湖南通志》卷一百四十一、《［嘉慶］重修宜興縣志》卷二，
黃玉衡字象斗，善化（今屬湖南長沙）人，乾隆四年（1739）進士，乾隆十五
年（1750）任宜興知縣。則乾隆十七年黃玉衡贖回京江張氏所刻《存研樓二集》
舊版，召儲氏後人補版付梓。補版編校者當爲是書目錄所題儲濬德、儲球孫二
人。《中國古籍善本書目》所著錄之清乾隆十九年刻本，實爲此補修本。

《四庫未收書輯刊》《清代詩文集彙編》皆影印是書，與此本同版。三本皆
有斷版、缺字、字形前後不一等情況，當爲張氏舊版缺壞、曾經補版之故，其
印版完好情況以《四庫未收書》底本最佳、此本較差。另，此本有抄補。

"玄""炫""弦"等字缺筆；"弘"字缺筆，"曆"寫作"厯"。

《四庫全書總目》未著錄。《四庫未收書輯刊》《清代詩文集彙編》影印清乾
隆刻十九年補修本。《中國古籍善本書目》著錄復旦大學圖書館、江西九江市圖
書館、湖北省圖書館三家，又知中國國家圖書館收藏。知美國哥倫比亞大學圖
書館，日本內閣文庫、靜嘉堂文庫、京都大學人文科學研究所收藏。

142

## 後村雜著三卷

T9155　1103

《後村雜著》三卷，清王文治撰。清康熙四十七年（1708）挹香居刻本。有

缺葉。四册。框高 17.5 厘米，寬 12.8 厘米。半葉九行二十一字，黑口，左右雙邊，單魚尾。版心中鐫書名及卷次。

分上、中、下三卷，各卷端無題署。書名葉鐫"歙州王文治先生著""後村雜記""挹香居藏版"。首有康熙戊子（四十七年）王文治《自序》。次《後村雜著目錄》，題"歙州王文治後村著姪天印山立、子昕大昕校"。

王文治（生卒年不詳）字後村，後更名安修。先世安徽歙人，業商，其祖徙居江寧。少羸弱，讀書龍河。與翁荃（字先箸）爲友，兩人皆有高致，不事科舉。著有《後村詩集》《吳越遊草》，編著《昌志編》初、續、三編。生平略見鄧之誠《清詩紀事初編》卷四。

是書爲文治應子姪之請編輯付刻，卷上爲序、書、論、記等二十三篇，卷中、下論伍員、秦始皇等至明季人物、史事共七十篇（卷中二十六篇、卷下四十四篇），卷中所缺第二十九、三十兩葉爲《宋太祖論》《宋太宗明成祖論》兩篇。以論史事爲主，自序再三致意於讀史，其《詩集》中亦多發憤詠史之作。鄧之誠稱其論明之亡由於民窮才盡，又謂明季舊京風俗之弊，正少陵詩所謂"朝野歡娛後，乾坤震蕩中"，頗爲有識（指《明季亂亡論》《舊京敝俗》兩篇）。蓋去明亡未遠，有感而發。

浙江省博物館藏本書名葉鐫"王文治集""古墨齋梓行"，而內文與此本爲同一版片刷印。未見後世有翻刻。

"泫"字缺末筆，"玄"字易爲"元"；"曄"字不諱。

《［民國］安徽通志藝文考稿》集部十六、《西諦書目》集部清別集類著錄。《中國古籍善本書目》未收。據《清人別集總目》，中國國家圖書館、南京圖書館、臺北"中央研究院"歷史語言研究所等十幾家圖書館有收藏，又知清華大學、復旦大學及美國哈佛大學哈佛燕京圖書館等亦有收藏。

此爲勞費爾購書。


143

### 詩禮堂古文五卷

T5472　1174

《詩禮堂古文》五卷，清王又樸撰。清乾隆刻詩禮堂全集本。四册。框高 17.1 厘米，寬 12.2 厘米。半葉八行二十字，四周單邊，白口，單魚尾。版心上鐫書名，中鐫卷次。

卷端未題書名、著者，書名據目錄及版心。目錄題"詩禮堂古文"，"天津王又樸著；方望溪先生鑒定"。書名葉分兩欄，右題"方望溪先生鑒定"，左題"王介山古文""詩禮堂藏板"。書首有乾隆十九年（1754）王又樸《自序》; 次目錄。此本序、目錄，與卷一正文葉碼連署。

王又樸（1681—1760）字介山，清直隸天津人。雍正元年（1723）進士，改庶吉士，授吏部主事，出爲河南分司，歷泰州通判，池州、徽州知府，精水利。治經學，著《易翼述聞》，詩文輯爲《詩禮堂全集》。《清史列傳》卷六十八有傳。

是書前三卷爲"談經""讀史""論事"，後二卷爲書、記、傳、墓誌等"雜著"，卷五之後又接"續刻"八篇。卷前王又樸《自序》謂成進士後曾請方苞指點文章，"余乃稍稍悟，退而出篋中舊稿盡焚之。今所錄者，大抵多宦後作也"。二十年後，"乃於公餘自撿陳編故牘，稍爲刪易其詞，將求先生盡爲吾筆削之。乃余方引身退閒，而梁木已壞，哲人其萎也"。則是書成稿於方苞卒後（1749），查書中記事至乾隆十六年（1751）。

此本與《清代詩文集彙編》影印清乾隆刻《詩禮堂全集》之底本同版。然《詩禮堂全集》輯王又樸多種著述彙印，《全集》中之《介山自定年譜》卷前有乾隆二十六年（1761）王又樸《自叙》，知王又樸之著述乃陸續刊刻、彙爲《全集》印行。本館另藏一部《詩禮堂全集》，二者同版，然彼《全集》稍有漫漶并間有重刻葉。此本字體雋秀清晰，爲較早印本。

"眩"字缺筆; "貞"字或缺筆; "弘"字異寫。

《四庫全書總目》未著錄。《清代詩文集彙編》影印清乾隆刻《詩禮堂全集》本。《中國古籍善本書目》著錄湖北省圖書館一家收藏。知武漢大學圖書館，日本大阪府立中之島圖書館收藏。

鈐"隴"朱文方印。此爲勞費爾購書。

144

## 懷遠堂詩四卷

T5466　5004

《懷遠堂詩》四卷，清釋本章撰。清雍正五年（1727）刻本。二冊。框高19.2 厘米，寬 13.2 厘米。半葉九行十九字，左右雙邊，白口，單魚尾。版心上鎸書名，中鎸卷次。

卷端題"湘潭釋本章漢外著"。書首有雍正丁未（五年）陶煊序（缺葉一至三）。

釋本章（生卒年不詳），清湖南湘潭人。據《［光緒］湘潭縣志》卷十、《［光緒］湖南通志》卷二百五十八，釋本章曾撰《岸花亭集》一卷、《懷遠堂集》《嶽游草》，其門人輯有《浮山語錄》。

書首陶煊序稱其詩云："揣其意亦若詩自詩，而僧自僧也"，"謂緯公以詩鳴可，謂緯公以禪鳴亦可，謂緯公以詩鳴兼以禪亦無不可。吾喜緯公之不染僧習而有僧趣也。"

此本"玄"字缺筆，"弘"字未避。刊刻當在陶煊撰序之雍正五年。

《四庫全書總目》《中國古籍善本書目》皆未著録。知見所及，僅本館收藏是書。

鈐"生齋臺灣行篋記"朱文方印，曾爲李宗侗收藏。

145

## 蘭陔書屋詩文稿不分卷

T5475　4232

《蘭陔書屋詩文稿》不分卷，佚名撰。清雍正乾隆間抄本。二册。半葉十六行二十四字，無欄格。卷端未題著者。

是稿詩文中有著者題識二則，可據以推知著作時間。稿中葉二十八《自序卷首》題下注云"以前諸作終自壬寅，後則起自癸卯"；序後第一篇爲《對策太和殿恭記》，題下注云"雍正元年十月廿七"，則《自序》所謂壬寅爲康熙六十一年（1722），癸卯爲雍正元年（1723）。《自序》云："今天子崇尚風雅，每試多系以詩，類皆鼓吹休明，導揚德意，直追承平雅頌之音，甚盛事也。予素不工詩，間有小作，漫不存稿。兹自通籍後，畧存紀恩數章，并録館課諸篇，亦附一二應酬作。雖錚錚細響，無當鐘呂之聲，而遭逢聖世，恭厠清班，珥筆摛華，固其專職，不敢以不文謝，於是乎書。"稿中葉四十著者又識云："以上諸作，肇自癸卯（雍正元年），迄於乙巳（雍正三年，1725），題共四十五，得詩七十四章，進呈册頁者四，館課十九首，散館一首，留別同人四首。餘則擬課之什居多，或有題詠、贈答、倡和、讌會、慶賀等作，亦以次錯見焉。排律而外，近體、古風不拘一格，都爲一卷，差無遺失云。"則是稿雖未分卷，而作者本以康熙六十一年以前詩爲第一部分，雍正元年至三年詩爲第二部分，擬課、酬唱之作爲第三部分。是稿所收亦約略爲康熙後期至雍正三年所作詩。

據詩稿內容亦可對著者生平仕履稍作推斷。稿中葉五《誕日書感》一詩云："吾生甲子以及半，奇零又復三年過。"則作者是時爲三十三歲。葉十一有《乙未冬仲雷電交作，走筆書此》一詩，乙未爲康熙五十四年（1715）。葉二十九有《館選前七日保和殿召試詩文，賜克食紫穎併頒御膳及哈密瓜，引見之日，上以硃筆圈記，遂得與選》一詩，可知著者曾與館選，爲二甲或三甲進士，據《自序卷首》所謂"通籍後"，知其應爲雍正元年任職。稿中葉四十留別詩題爲

《乙巳四月上御乾清宮，召對授職編修，旋以親老乞假歸養，蒙恩俞允，恭賦四律，并兼留別都下同人》，則著者於乙巳（雍正三年）授編修，不久乞假歸里。又稿中葉二十一有《御賜浙江敷文書院匾額并經史法帖，中丞率幕僚屬書院諸生恭迎開閱紀事十二韻》，清聖祖於康熙五十五年（1716）爲浙江杭州萬松書院題"浙水敷文"匾額，書院因而更名敷文書院，著者應爲浙江人，此時尚未通籍。

此本抄録工整，朱筆句讀，但無著者印章或題名，或爲後人所抄。此本曾爲清乾隆時學者邵晋涵（1743—1796）收藏，知抄寫年代不晚於乾隆。

葉二十八鈐有紅色條紋紙廠印記。

是稿未見諸書著録，未曾刊刻。

鈐"晋涵之印""邵氏二雲"二朱文方印；"茶香室"朱文橢圓印；"易印潄平"白文方印，"生齋臺灣行篋記"朱文方印。曾爲清邵晋涵，及李宗侗夫婦收藏。

## 146
### 海珊詩鈔十一卷補遺二卷明史雜詠四卷

T5475　6435

《海珊詩鈔》十一卷《補遺》二卷《明史雜詠》四卷，清嚴遂成撰。清乾隆刻本。六冊。框高 18.8 厘米，寬 13.8 厘米。半葉十行二十一字，小字雙行同，四周雙邊，白口，單魚尾，書眉鐫評點，《明史雜詠》行間鐫圈點。版心上鐫書名，中鐫卷次。

《海珊詩鈔》《補遺》卷端題"烏程嚴遂成"，《明史雜詠》卷端題"烏程嚴遂成海珊"。《海珊詩鈔》首有丁丑（乾隆二十二年，1757）嚴遂成自序（抄補），次《海珊詩鈔卷目》、《補遺》卷目。《明史雜詠》首有乾隆十二年（1747）齊召南序，次《明史雜詠卷目》。

嚴遂成（1694—？）字崧瞻，一作崧占，號海珊，清浙江烏程（今屬湖州）人。雍正二年（1724）進士，二十多年後始補直隸阜城知縣，遷雲南嵩明知州，調鎮雄州。工詩，與厲鶚、錢載、王又曾、袁枚、吳錫麒并稱浙西六家，著《海珊詩鈔》《明史雜詠》。《清史列傳》卷七十一有傳。

是書將嚴遂成詩作彙爲一編。其中《明史雜詠》乾隆十二年時已成稿流傳，其詩言明代史事，古體、近體相間，名曰《雜詠》。《明史雜詠》齊召南序云："丁卯（乾隆十二年）余服闋補官，先生遥寄一編，則詠明史古今體也。先生既不獲爲史，因以其史之具盡發於詩。"後嚴遂成又裒輯前後詩作成《海珊詩鈔》及《補遺》，友人勸其刻梓。嚴氏自序云："嗣後收視反聽，知功夫有在於詩外者。

厚其所積，窮其所變，别揗捔户牖，不屑苟同昔人，迄於今，不自知其至猶未也。然我才亦既竭矣。後梅花詩傳誦京師，《明史雜詠》人以詩史目之。今裒集十一卷，又補遺二卷，都從零帙中以次改竄，無復前後年地可問。”《清代詩文集彙編》影印底本有乾隆甲戌（十九年，1754）徐鐸序，此本闕，徐鐸序云：“閲《明史雜詠》，知其用世有所未盡，特於詩發之。又手一編以進，則豫、楚、黔游草。……因勸梓之，爲弁其端。”

《明史雜詠》與《海珊詩鈔》先後刊行，二書單行或合刻流傳。此合刻本與《清代詩文集彙編》影印之清乾隆刻《詩鈔》同版，此本斷版痕跡較影印底本輕微，知此本刷印較早，而合刻本用舊版彙印。另外，書中有近二十篇有目無文，如卷十一《交水》，《寄呈方桐城太保四首》之第一、第四首，《題沈古稀照》等。其中，卷一《和元栲栳山人十臺懷古十首》之《黄金臺》一詩，此本仍留詩題，而《清代詩文集彙編》影印底本在後印時將之剷去。

“絃”“眩”“炫”等字缺筆；“貞”字或缺筆；“泓”字缺筆，“曆”易爲“歷”。

《四庫全書總目》集部别集類存目著録《明史雜詠》。《清代詩文集彙編》影印《海珊詩鈔》及《補遺》。《中國古籍善本書目》著録西安市文物管理委員會、雲南省圖書館二家收藏合刻本，中山圖書館、廣西壯族自治區圖書館收藏《詩鈔》。又知中國臺灣大學圖書館，美國哈佛大學哈佛燕京圖書館，日本東京都立中央圖書館收藏此合刻本。

鈐“紫硯樓”朱文方印。

147

**鹿洲全集八種四十三卷**

T5470.9　0138

《鹿洲全集》八種四十三卷

《鹿洲初集》二十卷　（清）藍鼎元撰　（清）曠敏本評

《平臺紀略》一卷　（清）藍鼎元撰

《東征集》六卷　（清）藍鼎元撰　（清）王者輔評

《鹿洲公案》二卷　（清）藍鼎元撰　（清）曠敏本評

《修史試筆》二卷　（清）藍鼎元撰　（清）曠敏本評

《棉陽學準》五卷　（清）藍鼎元撰

《女學》六卷（清）藍鼎元撰

《鹿洲奏疏》一卷　（清）藍鼎元撰

清康熙雍正刻光緒五年（1879）藍謙重修本。二十四册。各集均無直欄，行間鑴圈點，左右雙邊，白口，單魚尾，各集行款不一。

《初集》框高 18.6 厘米，寬 14 厘米。九行二十字，版心中鑴書名、卷次、文類。卷端題"漳浦藍鼎元玉霖著；衡山曠敏本魯之評"。首有雍正四年（1726）曠敏本《序》、壬子（雍正十年，1732）曠敏本又序、光緒屠維單闕（己卯，五年）藍謙《新序》；次《鹿洲初集目錄》；次《行述》。是集爲藍鼎元友曠敏本輯，按文體收書、序、傳、記、論、説、壽文、祭文等。初定於雍正四年，六年後合其續稿并加評點，成二十卷。雍正十年曠敏本序云："合前初集，命予評騭，今又續寄附益之，予爲編輯二十卷。"《四庫全書總目提要》謂："鼎元喜講學，尤喜講經濟，於時事最爲留心。集中如論閩、粵、黔諸省形勢及征剿臺灣事宜，皆言之鑿鑿，得諸閱歷，非紙上空談。"

《平臺紀略》框高 18.4 厘米，寬 13.8 厘米。九行十九字，版心中鑴書名及刻工。卷端題"漳浦藍鼎元玉霖著；天長王者輔近顔評"。首有雍正十年王者輔《平臺紀略序》、雍正元年藍鼎元自序；末有雍正十年藍雲錦識。是集記康熙六十年（1721）平定臺灣朱一貴叛亂始末，凡二年之事。藍鼎元自序述其據實記錄史事之意："全臺形勢、治亂事跡，了了胸中，所見所聞視他人較爲切實，則《平臺紀略》之作惡可已也。據事直書，功無遺漏，罪無掩諱，自謂可見天日、質鬼神。"《四庫全書總目提要》謂之"可謂有用之書，非紙上談兵者"。王者輔《平臺紀略序》述重刻事云："《紀略》成於雍正元年（1723），風行海內者十載，舊板漫漶，今爲加評點而新之，因并叙其事于簡端。"藍雲錦識亦云："是書風行海內已十餘年。雍正十年家君客廣州，與執友天長王先生同事筆硯，先生以板文漫漶，爲加評點再付梓人。雲錦趨庭在粵，助家君校讎，且識數語于後。"

《東征集》框高 18.7 厘米，寬 13.9 厘米。九行二十字，版心中鑴書名、卷次及刻工。卷端題："漳浦藍鼎元玉霖稿；天長王者輔近顔評。"首有《東征集目錄》。是集皆藍氏兄弟平定臺灣時公牘書檄，《四庫全書總目提要》謂"第六卷中紀地形七篇，於山川險要，尤言之井井，可資考證"。是書初由藍廷珍於康熙六十一年刊刻，雍正十年王者輔評點并重刊。《清代詩文集彙編》影印雍正十年刻鹿洲全集本存康熙六十一年（1722）藍廷珍《舊序》、雍正十年王者輔《序》。藍廷珍《序》云："偶檢出軍以來諸凡筆墨公檄書稟條陳雜著，皆予與玉霖兩載精神心血所在，不忍棄置，擇其可存者百篇，付之剞劂。"王者輔《序》云："風行海內，已歷歲年。余惜其板字漫漶，且詢知前刻倉皇，未及竣備，爲檢軍中舊稿，更加選評，又得賢居停，爲鳩工匠，不兩月而新雕復成。"

《鹿洲公案》框高 18.7 厘米，寬 14.2 厘米。九行二十字，版心中鑴書名及卷次。卷端題："漳浦藍鼎元玉霖著；衡山曠敏本魯之評；宣逸夫校。"首有雍正己酉（七年，1729）曠敏本《序》；次《鹿洲公案目録》，題"潮普邑令藍鼎元著"。是集爲藍鼎元任普寧知縣時所讞諸案，自叙其推鞫始末，爲二十四篇，曠敏本《序》云："先生追思往事，擇其案情稍異者筆之成書，爲《公案偶紀》二卷。"

《修史試筆》框高 18.7 厘米，寬 14.2 厘米。九行二十字，版心中鐫書名及卷次。卷上首殘，卷下首葉題"漳浦藍鼎元玉霖氏纂；衡山曠敏本魯之氏評"。是集凡爲《傳》三十六篇，起唐房玄齡，終五代王樸，各綴以《論》。《四庫全書存目叢書》之此集有曠敏本《序》云："鹿洲欲脩宋史，而以此試筆也。……是夏叙次有唐名臣，擇其忠節經濟之炳乾坤者列爲傳，名曰《修史試筆》。"此本《鹿洲初集》之王者輔《平臺紀略序》亦言及藍鼎元作《修史試筆》事云："所著《女學》《學準》《公案》諸書，皆裨風化不苟作。少時有志欲續明綱目，旁求徵信，及至京師，見明史官纂述未竣，恐不無是非互異之嫌，又明人子孫有向山人嘵嘵聚訟者，是以中輟。慨然欲修宋史，未敢自信，先纂唐代名臣爲《修史試筆》一書，以質海内。"

《棉陽學準》框高 19 厘米，寬 14 厘米。九行十七字，版心中鐫書名、卷次。卷端題"鹿洲藍鼎元著；受業諸子全校"。題名葉分三欄，右題"鹿洲藍子著"，中題"棉陽學準"，左題"閑存堂藏板"。首有雍正己酉（七年，1729）陳華國《棉陽學準序》、次未署年蕭嗣裡識、未署年鄭啓秀《序》、未署年林夢鶚識、未署年姚先登《序》、未署年劉峰鋭《序》、未署年鄭炳文《序》、未署年鄭發祥《棉陽學準後序》、未署年鄭大釗《後序》；次《受業門人姓氏》；次《棉陽學準目録》。棉陽爲潮陽古地名，雍正六年（1728）藍鼎元以普寧知縣署理潮陽，建棉陽書院，尊崇宋儒理學，并作是編以訓導諸生，内容包括同人規約、講學禮儀、書田志、閑存録、道學源流等。

《女學》框高 17.8 厘米，寬 14 厘米。九行十七字，版心中鐫書名、卷次。卷端題"漳浦藍鼎元玉霖編"。首有康熙戊戌（五十七年，1718）沈涵《序》、康熙丁酉（五十六年，1717）車鼎晉《序》、康熙丁酉（五十六年）陳天璣《女學序》、康熙壬辰（五十一年，1712）藍鼎元《女學自序》。藍鼎元採經傳格言，參摭史傳，分爲德、言、容、功四篇，章區類別，間綴論斷，其體例皆本之朱子《小學》。

《鹿洲奏疏》框高 19 厘米，寬 14.4 厘米。九行二十字，版心中鐫書名。卷端未題著者。題名葉分三欄，中題"鹿洲奏疏"。

藍鼎元（1675—1733）字玉霖，號鹿洲，又號任庵，漳浦人（今屬福建漳州）。諸生，康熙六十年，臺灣朱一貴反，鼎元隨從兄藍廷珍出征，往來文書多出其手。

雍正元年以拔貢入太學，分修《一統志》。六年授普寧知縣，官至廣州知府，經
國濟世，居官多惠政。著有《鹿洲初集》《平臺紀略》《東征集》《鹿洲公案》《修
史試筆》等。《清史稿》卷四百七十七、《清史列傳》卷七十五有傳。

是書輯藍鼎元著述八種，大多成書并刊刻於康熙、雍正年間，其中《鹿洲
初集》《平臺紀略》《東征集》在雍正十年就曾增加評點重新刊行；此後又曾刊
於同治年間。此本爲光緒年間藍鼎元七世孫藍謙於網羅舊版，補闕重刊。書首
藍謙《新序》云：“七世祖玉霖公著有《鹿洲集》行世，海內諸君子咸相許可，
業已不脛而走矣。顧歷年既久，其版半多散失，外間所刻卷數減少，或無奏疏
或缺制藝，且字畫舛錯不可枚舉，閱者病之。謙居裔末，何敢以先人手澤聽其
就湮，因竭數年之力網羅散失，而是書之板復全。”

“玄”字缺筆。刻工羅文。

是書有六種子集爲《四庫全書總目》收錄或存目，《平台紀略》入史部紀事
本末類、《修史試筆》史部傳記類存目、《鹿洲公案》史部傳記類存目、《棉陽學
準》及《女學》子部儒家類存目、《鹿洲初集》入集部別集類。《清代詩文集彙
編》影印雍正十年刻鹿洲全集本《鹿洲初集》和《東征集》。《中國古籍善本書目》
著錄中山圖書館等六家收藏清雍正刻本《鹿洲初集》。此光緒補刊本多見，海外
知德國巴伐利亞邦立圖書館，日本國會圖書館、東洋文庫、東京大學東洋文化
研究所、京都大學人文科學研究所等處收藏。

148
**樂善堂全集四十卷目錄四卷**

T5476　2989

《樂善堂全集》四十卷《目錄》四卷，清高宗弘曆撰。清乾隆二年（1737）
內府刻本。二十四册。框高 18.9 厘米，寬 14 厘米。半葉七行十八字，無直欄，
四周雙邊，白口，單魚尾。版心上鐫書名，中鐫卷次及文類。

卷端未題著者。書首有乾隆二年御製《樂善堂全集序》（末鈐“乾隆宸翰”
朱文方印、“惟精惟一”白文方印），御製《庚戌年原序》（雍正八年，1730）、
雍正十年（1732）和碩莊親王允禄序、未署年和碩果親王允禮序、雍正十一年
（1733）允禧序、未署年弘晝序、雍正十年平郡王福彭序、未署年鄂爾泰序、雍
正八年張廷玉序、雍正九年（1731）朱軾序、未署年蔣廷錫序、未署年福敏序、
雍正九年蔡世遠序、雍正九年邵基序、未署年胡煦序、雍正八年顧成天序；次
爲《樂善堂全集目錄》四卷。末有乾隆元年（1736）鄂爾泰跋、乾隆元年張廷
玉跋、乾隆元年福敏跋、乾隆元年邵基跋、乾隆元年梁詩正跋、乾隆元年顧成

大跋。

　　清高宗弘曆（1711—1799）愛新覺羅氏，號長春居士、信天居士，晚號十全老人，滿族。雍正十一年（1733）封和碩寶親王，雍正十三年（1735）即位，次年改元乾隆，乾隆六十年（1795）遜位，爲太上皇，廟號高宗。在位期間，屯田新疆、駐扎西藏，加强對雲、貴、川、黔的管理，與緬甸、安南等國建立藩屬關係，又網羅天下文士編纂《四庫全書》《大清一統志》《西域同文志》《清文鑑》等，以文治武功號爲盛世，但亦禁燬書籍、興文字獄。詩文頗豐，有《樂善堂全集》《御製詩》五集、《御製文》三集。傳見《清史稿》卷十至十五、《清高宗實録》。

　　是書乃乾隆爲皇子時所作詩文，收論、序、記、跋、雜著、表、擬、制義、賦等文十八卷，古今體詩二十二卷。卷前乾隆二年《全集序》述編輯始末云："往者歲庚戌（雍正八年），曾録數年中所作序、論、書、記、雜文、詩賦，次爲十有四卷，置諸几案，時就所言以自檢其行，嗣是所作蓋四倍前。繼序以來，躬理萬幾，兢兢業業，惟恐一事失宜，負皇考付屬之重。思如曩時從容文末之娛不可復得，然少有餘閒，未嘗不考鏡經史，以自觀省。爰取庚戌文鈔所載存十之三，續作未訂入者存十之七，總爲一編，共若干卷。非欲以文辭自表著，蓋是集乃朕夙昔稽古典學所心得，實不忍棄置。自今以後，雖有所著作，或出詞臣之手，真贋各半，且朕亦不欲與文人學士爭巧以轉貽後世之譏，則是集之輯，有不得已者。"

　　是書於乾隆二年由内府刊刻。乾隆二十三年，乾隆帝又命蔣溥等校閲刪訂是書，蔣溥等刪去制義一項，編爲《樂善堂全集定本》三十卷，次年由内府刊成，頒賜中外，并命將已頒發之四十卷本上繳換爲新刊定本。是書刊成後不久，江蘇曾翻刻内府刻本，書末有"恭刊諸臣職名"，承刊者爲慶復等。此本與故宮藏本同版，同爲内府最初刊刻之四十卷本。此本仍保留藍絹包角，但多處輕微斷版，刷印稍晚。

　　"絃"，"弘""泓"等字缺筆。

　　《四庫全書總目》集部別集類僅著録《樂善堂文集定本》。《故宮珍本叢刊》影印清乾隆二年内府刻本。《中國古籍善本書目》著録故宮博物院、清華大學圖書館、上海圖書館等十四家收藏。又知中國遼寧省圖書館、臺北故宮博物院，美國耶魯大學圖書館、俄亥俄州立大學圖書館收藏，丹麥國家聯合書目著録，日本静嘉堂文庫、尊經閣文庫等處，以及韓國奎章閣收藏。另知美國普林斯頓大學圖書館，日本國會圖書館、内閣文庫藏清乾隆江蘇翻刻内府本。

　　此爲勞費爾購書。

149

## 御製詩初集四十四卷目録四卷

T5476　4170.3

《御製詩初集》四十四卷《目録》四卷，清高宗弘曆撰。清乾隆刻本。十六册。框高 20.1 厘米，寬 13.8 厘米。半葉九行十七字，小字雙行同，四周雙邊，白口，單魚尾。版心上鐫書名，中鐫卷次。

卷端未題著者。書首有乾隆己巳（十四年，1749）御製《初集詩小序》；次蔣溥進書表；次《御製詩初集總目》四卷。末有張廷玉、蔣溥、梁詩正等諸臣聯名跋，蔣溥跋，沈德潛跋，皆未署年。

清高宗弘曆（1711—1799），參見《樂善堂全集》（148，T5476　2989）。

《御製詩初集》輯乾隆元年（1736）至十二年（1747）所作古今體詩，初繕寫成帙，後蔣溥主持校刻，刊成以進，參校者有張廷玉、蔣溥、梁詩正、汪由敦、劉統勳、介福、錢陳羣、嵇璜、觀保、嵩壽、董邦達、金德瑛、張若澄。乾隆御製序云：“（詩）積至今，以數千百首計矣。而較晴量雨，憫農疾苦之作爲多。觀其詩，可以知憂勞，而驗今昔。使閱歲逾時或殘缺失次，其不忍棄置，較先爲甚。因取丙辰（乾隆元年）以迄丁卯（乾隆十二年）所作略加編定，都爲四十四卷，古今體計四千一百五十首有奇。命翰林中字畫端楷者分卷抄録，裝爲一集，不付剞劂，猶初志也。”蔣溥進書表云：“臣輒不揣愚陋，敬謹校録，擇吉鳩材，壽諸剞劂，告成恭進，伏祈聖鑒。”蔣溥跋又云：“臣之敬刊御集也，思慰一時之仰望而垂千古之訓行，固將使天下文人學士識所依歸，抑亦我聖子神孫億萬年所奉爲標準者矣。”

此本與故宮博物院及臺北故宮博物院所藏內府刻本不同版，字形頗爲相似，僅點畫稍有差別。《美國哈佛大學哈佛燕京圖書館藏中文善本書志》亦著録清乾隆重刻本，但此本并無哈佛本特徵，而更接近內府原刻本，爲翻刻較精者。

“絃”“弦”等字缺筆，“弘”字缺筆、“曆”易爲“歷”。卷一葉十七、卷二葉二十一、卷十葉二十七鈐有紅、藍條紋紙廠印記。

《四庫全書總目》入集部別集類。《故宮珍本叢刊》影印清乾隆內府刻本。《中國古籍善本書目》著録清華大學圖書館、復旦大學圖書館、天津圖書館等五家收藏清乾隆十四年內府刻本。知中國故宮博物院、臺北故宮博物院，美國哈佛大學哈佛燕京圖書館、耶魯大學圖書館、密歇根大學圖書館、哥倫比亞大學圖書館，日本東京大學綜合圖書館、東京大學東洋文化研究所、內閣文庫、東洋文庫、靜嘉堂文庫、蓬左文庫，韓國奎章閣收藏。又知美國哈佛大學哈佛燕京圖書館、日本國會圖書館、內閣文庫藏乾隆重刻本。

150
**御製詩二集九十卷目録十卷**

T5476　4170.4

《御製詩二集》九十卷《目録》十卷，清高宗弘曆撰。清乾隆刻本。十六册。框高 19.5 厘米，寬 13.9 厘米。半葉九行十七字，小字雙行同，四周雙邊，白口，單魚尾。版心上鐫書名，中鐫卷次。

卷端未題著者。書首有未署年蔣溥進書表；次《御製詩二集總目》十卷。末有蔣溥、劉統勳、梁詩正等諸臣聯名跋，沈德潛跋，皆未署年。

清高宗弘曆（1711—1799），參見《樂善堂全集》（148，T5476　2989）。

《御製詩二集》輯乾隆十三年（1748）至二十四年（1759）御製古今體詩八千餘首。蔣溥主持校刻，刊成以進，參校者有蔣溥、劉統勳、梁詩正、劉綸、嵇璜、金德瑛、董邦達、裘日修、于敏中、介福、觀保、王際華、錢汝誠、錢維城、寶光鼐、蔣檙。蔣溥進書表述刊刻事云：“丁卯（乾隆十二年，1747）之春，始取丙辰（乾隆元年，1736）後一紀所作詩四千餘首訂爲《初集》，命翰林諸臣中字畫端楷者分卷抄録，藏之内殿，不令付梓。羣臣請鐫，皆未許允。臣不揣愚陋，輒自校刻以進，凡海宇遠近得窺聖製者，莫不共欽睿藻光華式示天橾矣。歲自戊辰迄於己卯（乾隆十三年至二十四年），復閱十有二年，御製詩篇益增卷帙，因復綜所作八千首有奇，編爲《二集》，仍命抄藏内殿，不令付梓。蓋皇上謙德尊光，不欲與文人學士爭長，猶初志也。……臣於入直之次，力請宣刻，再四陳懇，終未得旨。因不揣愚陋，仍自敬謹抄録，壽諸剞劂，告成恭進，伏祈睿鑒。”

此本與故宫博物院及臺北故宫博物院所藏内府刻本不同版，字形頗爲相似，僅點畫稍有差别，爲翻刻較精者。

“玄”易爲“元”，“眩”“鉉”等字缺筆；“弘”字缺筆，“泓”字缺筆或異寫。卷十七葉十七、卷二十葉三十四、卷三十八葉二十六、卷四十六葉二十六、卷五十七葉二十六、卷六十葉二十三、卷六十九葉二十七、卷八十葉二十、卷九十葉二十六鈐有紅、藍條紋紙廠印記。

《四庫全書總目》入集部別集類。《故宫珍本叢刊》影印清乾隆内府刻本。《中國古籍善本書目》著録故宫博物院、復旦大學圖書館、遼寧省圖書館等十二家收藏清乾隆二十四年内府刻本。知中國臺北故宫博物院，美國耶魯大學圖書館、哥倫比亞大學圖書館，日本東京大學東洋文化研究所、内閣文庫、東洋文庫、静嘉堂文庫、蓬左文庫、一橋大學圖書館，韓國奎章閣收藏。又知美國哈佛大學哈佛燕京圖書館，日本國會圖書館、內閣文庫藏乾隆重刻本。

151
## 御製文初集三十卷目録二卷

T5476　4170

《御製文初集》三十卷《目録》二卷，清高宗弘曆撰。清乾隆刻本。八册。框高 20 厘米，寬 14 厘米。半葉九行十七字，小字雙行同，四周雙邊，白口，單魚尾。版心上鐫書名，中鐫卷次及文類。

卷端未題著者。書首有乾隆甲申（二十九年，1764）《御製文初集序》；次凡例；次乾隆二十八年（1763）于敏中奏摺；次《御製文初集目録》二卷。末有劉統勳、劉綸、彭啓豐、于敏中等共撰跋文。

清高宗弘曆（1711—1799），參見《樂善堂全集》（148，T5476　2989）。

是書載乾隆踐祚以來自作之文五百餘篇，分爲論、記、序、碑文、賦、銘、贊等十九門，敕諭則未入此書而擬付史館編刻。卷前凡例云：“《御製文集》恭載經筵御論爲冠，以見君師統合文德光華爲從來藝林集部未有之盛。自論以下，復依次排類，爲十有八門，先散行，次韻語，并按歲月前後敬謹編列。”又云：“兹集編載並親御丹素所成，向登文本者。其臣下代言著作，概未敢附列，以紀徵實。”

乾隆二十八年正月，于敏中上書奏請編刻《御製文集》；書成後乾隆作序，二十九年嘉平月（十二月）御製序云：“于敏中排次數年來所爲《御製文初集》成，而以序爲請”，由是知是書刻竣在乾隆二十九年底以後；文末諸臣跋有“即今日恭誦《御製初集文序》”之語，則此跋又在御製序文之後。內府刊成此書後，浙江學政錢維城奏請廣刊《御製詩文集》，遂有江蘇重刻本。重刻本有尹繼善、莊有恭等聯名奏摺、監刻官銜名。監刻官有大學士管兩江總督尹繼善、兩江總督高晉，餘皆江蘇地方官員，名銜末有“吳縣監生臣穆孔成恭鐫”一行。此本無江蘇重刻奏摺及監刻官銜名。

此本與故宮博物院及臺北故宮博物院所藏內府刻本不同，文字多有異寫且字體風貌亦稍有差別，爲重刻而非內府初刻。如殿本“厈”，此本寫作“所”；殿本“扵”，此本作“於”；殿本“厯”，此本作“歷”；殿本“丂”，此本作“兮”。

“弘”字異寫、“曆”易爲“歷”。第一册末內封、第三册首內封、第四册首內封、第五册末內封、第六册首末內封、第八册首末內封，卷六葉十五、卷十四葉十七、卷十七葉十七、卷十九葉十七鈐有紙廠木記或紅、藍條紋紙廠印記。

《四庫全書總目》入集部別集類。《故宮珍本叢刊》影印清乾隆内府刻本。《中國古籍善本書目》著録故宮博物院、遼寧省圖書館、清華大學圖書館等五家收藏乾隆二十八年内府刻本。知中國臺北故宮博物院、臺灣大學圖書館、香港大學馮平山圖書館，美國柏克萊加州大學圖書館、哥倫比亞大學圖書館、密歇根大學圖書館，日本静嘉堂文庫、東洋文庫、東京大學綜合圖書館、一橋大學圖書館收藏。又知美國哈佛大學哈佛燕京圖書館藏乾隆江蘇重刻本。

152
**御製文二集四十四卷目録二卷**

T5476　4170.2

《御製文二集》四十四卷《目録》二卷，清高宗弘曆撰。清乾隆刻本。十二册。框高 19.6 厘米，寬 14.1 厘米。半葉九行十七字，小字雙行同，四周雙邊，白口，單魚尾。版心上鎸書名，中鎸卷次及文類。

卷端未題著者。書首有乾隆五十一年（1786）梁國治、董誥奏摺；次《御製文二集目録》二卷。末有未署年梁國治、劉墉、曹文埴、彭元瑞、王杰、董誥、金士松、沈初聯名跋。

清高宗弘曆（1711—1799），參見《樂善堂全集》（148，T5476　2989）。

是書接續《御製文初集》，載乾隆二十九年至五十年（1764—1785）文章四百十一首，分爲論、説、解、諭、記、序、跋、考、辨、碑文、賦、銘、贊等門，各門以歲月爲次。卷前梁國治、董誥奏摺云："自癸未（乾隆二十八年，1763）以前，編刻《御製文初集》久已經緯興盖，照耀義娥。兹甲申至乙巳（乾隆二十九年至五十年）二十二年，復得文四百一十一首。……臣等恭依《初集》體例，排類爲四十四卷，繕録進呈，並請發下刊刻，以傳布九有，垂示萬世。"

此本與故宮博物院及臺北故宮博物院所藏内府刻本相較，字形頗爲相似，僅點畫稍有差別，爲翻刻較精者。

"鉉"等字缺筆，"弘"字缺筆、"曆"易爲"歷"。目録二葉五、卷四葉十一鈐有紅、藍條紋紙廠印記。

《四庫全書總目》入集部別集類。《故宮珍本叢刊》影印清乾隆内府刻本。《中國古籍善本書目》著録故宮博物院、遼寧省圖書館、復旦大學圖書館等八家收藏。知中國臺北故宮博物院，美國哈佛大學哈佛燕京圖書館、哥倫比亞大學圖書館、布林摩爾學院圖書館，日本東洋文庫、一橋大學圖書館，韓國奎章閣收藏是書。又知美國普林斯頓大學圖書館藏清乾隆江蘇翻刻本。

153

## 御製盛京賦三十二卷（存二卷）

T3053　3672

《御製盛京賦》三十二卷，清高宗弘曆撰。清乾隆十三年（1748）武英殿刻本。存二卷（轉宿篆、龍爪篆）。二冊。半葉五行七字，白口，四周雙邊，單魚尾。版框高 21.3 厘米，寬 16.7 厘米。篆字旁注楷體。

清高宗弘曆（1711—1799），參見《樂善堂全集》（148，T5476　2989）。

乾隆八年（1743）秋，乾隆皇帝赴盛京（今瀋陽）謁祖陵，撰《盛京賦》一篇并序，凡三千三百餘言，命大學士鄂爾泰等作注，又命臣工據古法撰寫滿、漢三十二體篆文，鐫刻成書。每種篆體爲一卷，内容相同，故爲三十二卷，各附“篆書緣起”，簡要考述篆體流變。書前載乾隆十三年諭詳述創製經過云：“我朝國書音韻合乎元聲，體製本乎聖作，分合繁簡悉協自然，惟篆體雖舊有之而未詳備，寶璽印章尚用本字。朕稽古之暇，指授臣工，肇爲各體篆文。儒臣廣搜載籍，援據古法，成三十二類，且請以朕製《盛京賦》繕成清、漢篆文，既廣國書，併傳古篆，足以昭示來許，著允所請。即以傅恒、汪由敦充總裁官，阿克敦、蔣溥充副總裁官，慎簡校對、繕寫人員，速竣厥事。”

三十二體篆文名稱分別爲：玉筋篆、芝英篆、上方大篆、大篆、小篆、鐘鼎篆、垂露篆、柳葉篆、殳篆、縣鍼篆、奇字篆、墳書篆、倒薤篆、穟書篆、龍爪篆、碧落篆、垂雲篆、轉宿篆、鳥跡篆、雕蟲篆、麟書篆、鸞鳳篆、龍書篆、剪刀篆、龜書篆、鵠頭篆、鳥書篆、科斗篆、纓落篆、飛白篆、金錯篆、刻符篆。字體婀娜多姿。

《清代内府刻書目録解題》集部別集類著録。故宮博物院、遼寧省圖書館、臺北故宮博物院等處收藏有全本。美國哈佛大學哈佛燕京圖書館藏本存十五體，美國華盛頓大學圖書館藏本爲滿漢各體篆文共十種。

鈐“禮府藏書”白文方印、“檀尊藏本”朱文方印，知爲禮親王藏書。此爲勞費爾購書。


154

## 道古堂文集四十八卷詩集二十六卷集外文一卷集外詩一卷軼事一卷

T5473.9　3349

《道古堂文集》四十八卷《詩集》二十六卷《集外文》一卷《集外詩》一卷《軼事》一卷，清杭世駿撰。清乾隆四十一年（1776）刻光緒十四年（1888）泉唐汪氏振綺堂增修本。十六冊。框高 18.6 厘米，寬 13.4 厘米。半葉十行二十一字，小字雙行同，左右雙邊，白口，單魚尾。版心上鐫書名，中鐫卷次。

《文集》《集外文》卷端題 "仁和杭世駿大宗撰"；《詩集》《集外詩》卷端題 "仁和杭世駿大宗"；《軼事》卷端未題著者。書名葉題 "道古堂全集" "許傅沛謹題"，又題 "光緒十四年戊子中春泉唐汪氏振綺堂檢理舊板校訂補刊"。

書首有分册目錄；次《國史文苑傳》杭世駿小傳；次乾隆戊戌（四十三年，1778）袁鑒《序》、乾隆四十一年汪沆《序》；次應澧所撰《墓誌銘》；次《菫浦先生像贊》；次未署年王瞿《序》。《文集》首有《道古堂文集目錄》。《詩集》首有雍正五年（1727）龔鑑《橙花館集序》、未署年周天度《過春集序》、未署年張燴《赴召集序》、未署年曹芝《翰苑集序》、未署年全祖望《脩川集序》、未署年何夢瑤《嶺南集序》、未署年曹芝《閒居集序》、乾隆丁亥（三十二年，1767）汪沆《韓江集序》；次《道古堂詩集目錄》。《集外文》首有《道古堂集外文目錄》。書末有光緒十四年汪曾唯跋。

杭世駿（1695—1772 或 1696—1773）字大宗，號菫浦，晚號秦亭老民，浙江仁和（治今杭州）人。乾隆元年（1736）舉博學鴻詞，授編修，改御史，因上書言事罷歸，後迎駕西湖，賜復原官。少貧苦讀，精史學、小學，好藏書，曾受命校勘《二十四史》《十三經》，與修《三禮義疏》，晚年主講安定、粵東書院。著有《經史質疑》《石經考異》《諸史然疑》《續方言》《續經籍考》等，詩文輯爲《道古堂集》。《清史列傳》卷七十一、《國朝先正事略》卷四十一有傳。

是書《文集》四十八卷，按御試制科、頌、序、記、書、論、説、贊銘、跋、題辭、傳、祭文、墓誌銘等文體分卷；《詩集》二十六卷，收《橙花館集》《過春集》《補史亭勝稿》《閩行雜錄》《赴召集》《翰苑集》《歸耕集》《寄巢集》《脩川集》《桂堂集》《嶺南集》《閒居集》《韓江集》《送老集》小集共十四種。《集外文》收文十七篇。《軼事》言及杭世駿詩文刊刻等事。

是書爲杭世駿生前手訂，歿後由其子賓仁刊刻。書首乾隆四十一年汪沆《序》詳述刊刻始末云："先生捐館之逾歲，嗣君賓仁奉其手訂《道古堂集》屬予審定。……爰商之先生舊交翟教授晴江、顧廣州涑園、梁侍講山舟，互相讎校，三君子欣然襄事，而以教授君董其事。是集始開雕於先生之嗣君，一時朋好并門下著錄之士未覩全集者爭釀錢以爲鏤板之助。始工於乾隆乙未（四十年，1775）春二月，迄工於丙申（四十一年）冬十月，文集四十八卷、詩集二十六卷，嗚呼！先生足以不朽矣。"袁鑒《序》言及是書卷帙："所爲詩、古文、詞名《道古堂集》，共七十四卷。"現存杭世駿集的最早刻本爲《中國古籍善本書目》著錄的清乾隆五十五年至五十七年（1790—1792）杭賓仁刊刻之《道古堂文集》四十六卷、《詩集》二十六卷，與汪沆《序》、袁鑒《序》所言卷帙有異。以乾隆四十六卷本《文集》與光緒補刻四十八卷本相較，後者將四十六卷本之第十六卷"壽序"增爲十六、十七兩卷，將第三十四卷"傳"增爲三十五、三十六兩卷。

此爲光緒年間補版增刻本，與乾隆本字體稍異，多有修版甚或改換版式。書末汪曾唯跋述及補刊事云："余於丙戌（光緒十二年，1886）春創補是集闕板，又增集外文、詩、軼事一卷附於末。……兩閱寒暑至丁亥（光緒十三年，1887）冬而藏事。"最終刊成已至書名葉所題"光緒十四年戊子中春"。汪氏所補《集外文》《集外詩》《軼事》各有卷首題名，葉碼自爲起訖，故分別著錄爲一卷。

"玄""弦"等字缺筆，"弘"字異寫、"曆"易爲"歷"；光緒補版部分"寧"字缺筆、"淳"易爲"湻"，避諱至同治帝。

《四庫全書總目》未收。《續修四庫全書》《清代詩文集彙編》影印此光緒補刻本。《中國古籍善本書目》著錄中國國家圖書館一家收藏清乾隆五十五年至五十七年（1790—1792）杭賓仁刻本《道古堂文集》四十六卷《詩集》二十六卷；中國臺灣大學圖書館、香港大學馮平山圖書館，美國耶魯大學圖書館亦藏。此光緒補刊本存世較多，知中國臺北故宮博物院，日本國會圖書館、東京大學東洋文化研究所、尊經閣文庫等處收藏。

155

### 南莊類稿八卷

T5475　4838

《南莊類稿》八卷，清黃永年撰。清乾隆集思堂刻本。六冊。框高 18.7 厘米，寬 13.4 厘米。半葉十行十九字，小字雙行同，左右雙邊，白口，單魚尾。版心上鐫書名，中鐫卷次及文類。

卷端題"廣昌黃永年靜山著"。此本內夾書名葉殘片，原書名葉當分三欄，中題"南莊類稿"，左題"集思堂藏板"。書首有乾隆十八年（1753）雷鋐《序》；次陳道《崧甫黃先生行狀》、雷鋐《黃靜山墓誌銘》；次《南莊類稿目錄》。

黃永年（1699—1751）字靜山，號崧甫，江西廣昌（今屬撫州）人。乾隆元年（1736）進士，授刑部主事，後知鎮江、常州，旋罷官，病卒。爲學以適用爲貴，與方苞、陳大受、尹繼善等交游，著《春秋四傳異同辨》《靜子日錄》《南莊類稿》等。《清史列傳》卷六十七有傳。

是書收經說、辨、考、史論、書、手簡、序、記、傳、墓表等文。乃黃永年生前自輯，歿後，其門人陳道重加編次。卷前陳道《行狀》云："所著有《春秋四傳異同辨》《靜子日錄》《南莊類稿》若干卷，居吳時所自輯也，輯成後數月，卒扵邸舍。"雷鋐《序》云: "今其子光理哀遺集, 屬其門人陳君紹洙編次而請序。"

雷鋐《墓誌銘》叙其著作云: "所著有《希賢編》《春秋四傳異同辨》《崧甫文類》《南莊類稿》《白雲詩鈔》《静子日録》共若干卷, 藏于家。"《四庫全書總目》存目著録《黃静山集》十二卷, 含《南莊類稿》八卷、《白雲詩鈔》二卷、《奉使集》一卷、《静子日録》一卷, 并謂《春秋四傳異同辨》在《南莊類稿》卷二, 此或爲諸集重經編次之故。諸集之中,《南莊類稿》較早輯成,《清代詩文集彙編》影印底本《静子日録》題作《静子日記》, 末存乾隆二十年 (1755) 陳道跋云: "乾隆十八年秋, 道與涂瑞既編次先生《南莊類稿》, 其嗣光理復以《日記》來示。"

此本與《四庫全書存目叢書》《清代詩文集彙編》影印之清乾隆刻本同版。《清代詩文集彙編》影印之底本諸集皆存書名葉題 "集思堂藏板"; 此本書名葉僅存殘片, 有 "集思堂" 字樣。《四庫全書存目叢書》與《清代詩文集彙編》皆爲《南莊類稿》《白雲詩鈔》《奉使集》《静子日記》四種; 此本現僅存《南莊類稿》一種, 但書中夾有《奉使集》題簽, 蓋爲重新裝訂時遺落, 知最初應存其他子集。

"玄" 易爲 "元"、"眩" 等字缺筆; "弘" "泓" 等字缺筆、"曆" 易爲 "曆"。

《四庫全書總目》集部別集類存目。《四庫全書存目叢書》《清代詩文集彙編》影印清乾隆刻本。《中國古籍善本書目》著録中國國家圖書館、清華大學圖書館、復旦大學圖書館三家收藏。又知中國北京大學圖書館, 美國哥倫比亞大學圖書館, 日本内閣文庫, 韓國國立中央圖書館收藏。

156

## 東里類稿八卷詩稿一卷

T5475　3912

《東里類稿》八卷《詩稿》一卷, 清涂瑞撰。清乾隆刻本。四册。框高 18.6 厘米, 寬 12.8 厘米。半葉十行二十四字, 小字雙行同, 四周雙邊, 白口, 雙魚尾。版心上鎸書名, 中鎸卷次及文類。

卷端均題 "盱黎涂瑞訒菴著"。書名葉分三欄, 中題 "東里類稿"。書首有涂登《東里類稿序》、丙申 (乾隆四十一年, 1776) 蔣士銓《東里詩稿序》、乾隆三十九年 (1774) 朱仕琇《東里文稿序》; 次《東里類稿目録》。《詩稿》首有《東里類稿詩目》。

涂瑞 (1709—1774) 字榮詔, 號訒菴, 新城 (今江西贛州、撫州一帶) 人。受業於黃永年, 乾隆十二年 (1747) 舉人, 候選知縣, 未仕, 居家授徒, 學宗程、朱, 喜輿地之學, 詩文輯爲《東里類稿》。生平可參《 [同治] 江西新城縣志》卷十、魯九皋《山木居士外集》卷四之《鄉貢進士候選知縣涂訒菴先生墓誌銘》。

是書實分文稿、詩稿兩部分，但卷端均題“東里類稿”，僅詩稿目録題爲“東里類稿詩目”。文稿八卷，收考、説、論、書後、書簡、記、序、祭文墓誌等文；詩稿不分卷，收詩六十餘首。

涂瑞卒於乾隆三十九年，卒前已草定詩文，并請友朋作序。《南開大學圖書館藏稀見清人別集叢刊》影印之底本有乾隆三十八年（1773）魯仕驥《東里文集序》云：“訒菴先生既自編其所著古歌詩褋文若干卷爲《東里文集》，而俾仕驥論定，且命以序。”《詩稿》末又有魯雲《東里詩稿後序》云：“雲既卒業訒菴先生《東里類稿》，謬以己見，測其高深，而先生不以爲妄也，復以所著《詩稿》俾雲一併論之。”此本朱仕琇《序》云：“既而出其《東里集》示余，余得盡讀之”，“分類爲四大編，凡若干卷，以便誦讀。”序中所謂四編乃道學、經義、史論、經濟編，是書《文稿》以文類分爲八卷，乃爲後來刊刻時重新編次。

涂瑞歿後，其《文稿》《詩稿》由門人陳果堂先後刊刻。乾隆四十一年時，《文稿》已刻畢，而《詩稿》方成稿，是年蔣士銓《序》云：“陳君果堂既梓君遺文，乃裒其詩示予。”至乾隆四十三年《文稿》《詩稿》彙爲全集刊刻，涂登序云：“戊戌（乾隆四十三年，1778）秋，陳子果堂刻其師《東里類稿》成，付予序。”此本與南開大學藏本同版。

“玄”字缺筆，“弘”易爲“宏”，“曆”易爲“歷”。

《四庫全書總目》《中國古籍善本書目》未著録。《南開大學圖書館藏稀見清人別集叢刊》影印。知中國國家圖書館、南開大學圖書館收藏。

157
**沈歸愚詩文全集七十一卷（存八種六十五卷）**

T5468　7600

《沈歸愚詩文全集》七十一卷

　　《歸愚詩鈔》二十卷

　　《詩鈔餘集》八卷

　　《歸愚文鈔》二十卷

　　《文鈔餘集》七卷

　　《説詩晬語》二卷

　　《浙江通省志圖説》一卷

　　《歸田集》三卷

　　《矢音集》四卷

　　《八秩壽序壽詩》一卷

《九秩壽序壽詩》一卷

《黃山遊草》一卷

《臺山遊草》一卷

《南巡詩》一卷

《年譜》一卷

　　清沈德潛撰。清乾隆刻本。存八種六十五卷（《歸愚詩鈔》至《矢音集》）。十八冊。半葉十行十九字，小字雙行同，左右雙邊，白口，單魚尾。版心上鐫子集名，卷次鐫於版心上或中。

　　《歸愚詩鈔》框高17.4厘米，寬14厘米。卷端題“長洲沈德潛確士”。書名葉欄内題“歸愚詩鈔”，鐫方印“沈氏確士”“雕鐫山水誑”。首有清高宗乾隆辛未（十六年，1751）御製序；次《歸愚詩鈔目録》，後鐫“門人山陰梁國治、嘉定王鳴盛選；錢塘郁吳邑、嘉善戴兆薇校”。末有乾隆著雍攝提格（戊寅，二十三年，1758）方樂如序。卷三、四末鐫“旌邑湯士超刻”。《歸愚詩鈔》二十卷，分體編次，計有古樂府一卷、新樂府一卷、四言古一卷、五言古四卷、七言古四卷、五言律三卷、七言律四卷、長律及絶句一卷、七言絶句又一卷。

　　《歸愚詩鈔餘集》框高17.1厘米，寬13.6厘米。卷端題“長洲沈德潛歸愚”。書名葉欄内題“歸愚詩鈔餘集”。首有《歸愚詩鈔餘集捴目》。《歸愚詩鈔餘集》八卷，全以古今體詩標目。館藏另一部目録前有乾隆丙戌（三十一年，1766）梁國治序云：“吾師《歸愚詩鈔》二十卷行世既久，海外爭購之，同於雞林賈人之得白傅詩矣。兹又成《餘集》若干卷。”

　　《歸愚文鈔》框高17.4厘米，寬13.6厘米。卷端題“長洲沈德潛確士著”。書名葉欄内題“歸愚文鈔”，鐫方印“歸愚”“閣學宗□章”。首有乾隆己卯（二十四年，1759）顧詒禄序；次《歸愚文鈔目》。《歸愚文鈔》二十卷，皆收賦、説、論、記、序、傳、墓誌等文。《歸愚文鈔》卷前顧詒禄序云：“先生合前後作，删刊成集。”

　　《歸愚文鈔餘集》框高17.2厘米，寬13.8厘米。卷端題“長洲沈德潛歸愚”。書名葉欄内題“歸愚文鈔餘集”，鐫方印“可洧□谷”“樹屋傭人”。首有《歸愚文鈔餘集目録》。《文鈔餘集》七卷收文與《文鈔》相類。

　　《説詩晬語》框高17.6厘米，寬13.9厘米。卷端題“長洲沈德潛確士”。書名葉分三欄，右欄題“長洲沈確士著”，中欄題“説詩晬語”，左欄鐫方印“德潛之印”“穀士”“小山承蓋”。首有未署年沈德潛自序。《説詩晬語》上、下卷，論作詩之法。卷前沈德潛自序云此爲辛亥（乾隆五十六年，1791）春讀書小白陽山之僧舍時所作，“每鐘殘鐙炧，候有觸即書，或準古賢，或抽心緒。時日既積，紙墨遂多，命曰《晬語》，擬之試兒晬盤，遇物襍陳，略無詮次也。"

《浙江通省志圖説》框高 17.4 厘米，寬 13.9 厘米。卷端題"長洲沈德潛確士稿；長洲周準欽來評點"。書名葉分二欄，右題"浙江通志"、左題"圖説"，鐫方印"可洀□谷""沈氏確士"。

《歸田集》框高 17.3 厘米，寬 13.8 厘米。卷端未題著者。《歸田集》三卷，爲沈德潛致仕時親王、朝臣贈詩。以葉碼起訖可分三卷，卷一爲清高宗及親王、皇子贈詩及沈德潛和詩，卷二、三爲朝臣、親友餞送、投贈之詩。

《矢音集》框高 17.4 厘米，寬 13.2 厘米。卷端題"長洲沈德潛確士"。書名葉分三欄，右欄鐫方印"御賜吴下老詩翁""通奉大夫"，中欄題"矢音集"，左欄鐫方印"沈氏確士""歸愚"。首有乾隆癸酉（十八年，1753）傅王露序；次《矢音集目録》，後鐫"門人錢塘郁吴邑、嘉善戴兆薇校"。《矢音集》四卷，爲沈德潛與清高宗唱和詩集。傅王露序云："君有詠歌，臣工偶和，又皆臣依君韻。罕聞君和臣詩，臣下復從而賡和之，且積成卷帙者。有之，自少宗伯沈歸愚先生始。先生爲諸生時，姓名已聞九重，迨入翰林應制，命和《御製消夏詩》，深愜宸衷，召對時惜先生博通晚達，嘉先生風格老成，遂同魚水契合。五年之内，晋秩列卿，勅和殆無虛日，中間用先生韻而先生仍和御製者十居三四。"

沈德潛（1673—1769）字確士，號歸愚，清江蘇長洲（今蘇州）人。乾隆四年（1739）進士，時年近七十，選庶吉士，授編修，晋侍講，官至内閣學士、禮部侍郎，卒贈太子太師，謚文慤，身後因徐述夔詩案受牽連，奪官削謚。詩尊盛唐，主格調説，編《古詩源》《唐詩別裁》《明詩別裁》《清詩別裁》等標舉其説，著作輯爲《沈歸愚詩文全集》。《清史稿》卷三百五、《清史列傳》卷十九有傳，《全集》中又有自訂年譜。

沈德潛詩文全集曾經多次編刊，隨編隨印，以乾隆教忠堂刻本有書名葉題"沈歸愚詩文全集"，故總名之。據《柏克萊加州大學東亞圖書館中文古籍善本書志》，是書所收子集、卷數、篇數各不相同。其初編本收子集十種：《竹嘯軒詩鈔》十八卷、《歸愚詩鈔》十四卷、《歸愚文鈔》十二卷、《歸愚文續》十二卷、《黄山遊草》一卷、《臺山遊草》一卷、《南巡詩》一卷、《浙江通省志圖説》一卷、《説詩晬語》二卷、《歸田集》二卷。重刻初印本收十四種：除《黄山遊草》至《歸田集》等六種子集名稱、卷數未變之外；增自訂《年譜》一卷、《矢音集》四卷、《八秩壽序壽詩》《九秩壽序壽詩》四種；詩文集重新删并爲《歸愚詩鈔》二十卷、《歸愚詩鈔餘集》七卷、《歸愚文鈔》二十卷、《歸愚文鈔餘集》六卷。而是書重刻本又有多種印本：以子集種數而言，有再增《歸愚詩餘》一卷，成十五種者；以子集卷數而言，《歸愚詩鈔餘集》有七、八、十卷三種，《歸愚文鈔餘集》有六、

七、八卷三種,《歸田集》有二、三卷二種。

此本存子集八種,所缺六種在不同印本中卷帙未變:《八秩壽序壽詩》一卷、《九秩壽序壽詩》一卷、《黄山遊草》一卷、《臺山遊草》一卷、《南巡詩》一卷、《年譜》一卷。而所存八種子集,《詩鈔餘集》爲八卷、《文鈔餘集》爲七卷、《歸田集》爲三卷,卷帙多寡情況與《柏克萊加州大學東亞圖書館中文古籍善本書志》所列幾種印本皆不同。然其版同於《清代詩文集彙編》影印之《沈歸愚詩文全集》,以及《續修四庫全書》影印之《歸愚詩鈔》《詩鈔餘集》十卷;其中若有卷帙增加,仍是在舊版基礎上續刻而已。另外,此本《歸愚文鈔餘集》,卷二正文末較目錄多出《李蕃簹廬墓詩跋》一篇,卷七正文末多出《王童子念昔字説》,當爲隨增隨印,文、目未及一致之故。

"玄"缺筆或易爲"元","眩""泫""絃"等字缺筆;"弘"字缺筆或異寫、"泓"等字缺笔,"曆"或寫爲"歷"。《歸愚詩鈔》卷九葉一、卷十二葉一,《歸愚文鈔餘集》第三册封底襯葉鈐有紅、藍條紋紙廠印記;《歸愚文鈔》目錄葉六鈐有藍色條紋紙廠印記。

《四庫全書總目》未著録。《清代詩文集彙編》影印清乾隆教忠堂刻本《沈歸愚詩文全集》,《續修四庫全書》影印清刻本《歸愚詩鈔》二十卷、清乾隆刻本《詩鈔餘集》十卷。《中國古籍善本書目》著録北京大學圖書館、遼寧省圖書館、中山大學圖書館等二十一家收藏清乾隆教忠堂遞刻本《沈歸愚詩文全集》七十四卷。知中國臺北"國家圖書館"、臺北故宮博物院、香港大學圖書館、香港科技大學圖書館,美國哈佛大學哈佛燕京圖書館、柏克萊加州大學圖書館、普林斯頓大學圖書館、耶魯大學圖書館,日本國會圖書館、內閣文庫、静嘉堂文庫等處,及韓國藏書閣收藏。又知日本静嘉堂文庫、京都大學人文科學研究所收藏是書初編本。

158

**沈歸愚詩文全集七十五卷**

T5468　7601

《沈歸愚詩文全集》七十五卷

　　《歸愚詩鈔》二十卷

　　《詩鈔餘集》十卷

　　《詩餘》一卷

　　《歸愚文鈔》二十卷

　　《文鈔餘集》八卷

《説詩晬語》二卷

《浙江通省志圖説》一卷

《歸田集》三卷

《矢音集》四卷

《八秩壽序壽詩》一卷

《九秩壽序壽詩》一卷

《黃山遊草》一卷

《臺山遊草》一卷

《南巡詩》一卷

《年譜》一卷

清沈德潛撰。清乾隆刻本。二十四册。半葉十行十九字，小字雙行同，左右雙邊，白口，單魚尾。版心上鐫子集名，卷次鐫於版心上或中。《年譜》版心上鐫書名，下鐫"教忠堂"。

《歸愚詩鈔》框高 17.3 厘米，寬 13.9 厘米。卷端題"長洲沈德潛確士"。書名葉欄内題"歸愚詩鈔"，鐫方印"沈氏確士""雕鐫山水詊"。卷四、五末鐫"旌邑湯士超刻"。首有清高宗乾隆辛未（十六年，1751）序；次《歸愚詩鈔目録》，後鐫"錢塘郁吳邑、嘉善戴兆薇校"。

《詩鈔餘集》框高 17.1 厘米，寬 13.6 厘米。卷端題"長洲沈德潛歸愚"。書名葉欄内題"歸愚詩鈔餘集"。首有乾隆丙戌（三十一年，1766）梁國治序，次《歸愚詩鈔餘集捴目》。

《歸愚詩餘》框高 16.5 厘米，寬 13.4 厘米。卷端題"長洲沈德潛歸愚稿；長洲顧詒禄緩堂閲"。首有乾隆丁亥（三十二年，1767）顧詒禄序。

《歸愚文鈔》框高 17.4 厘米，寬 13.5 厘米。卷端題"長洲沈德潛確士著"。書名葉分三欄，右欄鐫方印"歸愚"，中欄題"沈確士歸愚文鈔"，左欄鐫方印"雲臥""敝帚"。首有乾隆著雍攝提格（戊寅，二十三年，1758）方楘如序、乾隆己卯（二十四年，1759）顧詒禄序；次《歸愚文鈔目》。

《文鈔餘集》框高 17.2 厘米，寬 13.6 厘米。卷端題"長洲沈德潛歸愚"。書名葉欄内題"沈歸愚詩文全集""教忠堂藏版"。首有乾隆丁亥（三十二年）沈德潛自序；次《歸愚文鈔餘集目録》，後鐫"受業長洲高鑑金録恭校"。

《説詩晬語》框高 17.6 厘米，寬 13.9 厘米。卷端題"長洲沈德潛確士"，首有未署年沈德潛自序。

《浙江通省志圖説》框高 17.6 厘米，寬 13.9 厘米。卷端題"長洲沈德潛確士稿；長洲周準欽來評點"。

　　《歸田集》框高 17.4 厘米，寬 13.6 厘米。卷端未題著者。

　　《矢音集》框高 17.4 厘米，寬 13.7 厘米。卷端題 "長洲沈德潛碻士"。首有乾隆癸酉（十八年，1753）傅王露序，次《矢音集目録》，後鎸 "門人錢塘郁吳邑、嘉善戴兆薇校"。

　　《八秩壽序壽詩》框高 16.9 厘米，寬 13.4 厘米。卷端未題著者。

　　《九秩壽序壽詩》框高 16.9 厘米，寬 13.5 厘米。卷端未題著者。

　　《黄山遊草》框高 17.5 厘米，寬 13.7 厘米。卷端題 "長洲沈德潛歸愚"。

　　《台山遊草》框高 17.5 厘米，寬 13.7 厘米。卷端題 "長洲沈德潛歸愚"。

　　《南巡詩》框高 17.4 厘米，寬 13.6 厘米。卷端未題著者。

　　《年譜》框高 17 厘米，寬 13.5 厘米。卷端題 "長洲沈德潛歸愚自訂"，首有乾隆甲申（二十九年，1764）顧詒禄序。

　　沈德潛（1673—1769），參見《沈歸愚詩文全集》（157，T5468　7600）。

　　此部《沈歸愚詩文全集》收子集十五種共七十五卷，其中《詩鈔餘集》爲十卷、《文鈔餘集》爲八卷、《歸田集》爲三卷，卷帙多寡情況與《柏克萊加州大學東亞圖書館中文古籍善本書志》所列丁本相同。其書版與本館所藏另一部，以及《清代詩文集彙編》《續修四庫全書》所影印者相同。然與他本相較，此本所收篇章稍有不同，如此本《文鈔餘集》卷七較本館另一部（T5468　7600）及《清代詩文集彙編》影印本多出四篇：《瞽瞍焚廩盖井象徃舜宮或問》《湯文正公應從祀議》《歷代逸史短長》《兩漢外戚宦官論》。此本目録後或卷末校訂者亦略有别於他本，如《文鈔餘集目録》後增鎸 "受業長洲高鑑金録恭校" 一行；《歸愚詩鈔》目録後鎸 "錢塘郁吳邑、嘉善戴兆薇校"，而他本爲 "門人山陰梁國治、嘉定王鳴盛選；錢塘郁吳邑、嘉善戴兆薇校"；館藏另一部《歸愚詩鈔》卷三、四末鎸 "旌邑湯士超刻"，此本則爲卷四、五末鎸此文字。

　　此本《文鈔餘集》書名葉題 "教忠堂藏版"，然此書名葉爲補粘於書前，其紙張顏色及字形風貌與其他書名葉不同，當爲書估所爲。

　　避諱字、存藏情況見前一部著録。《浙江通省志圖説》葉三十鈐有紅色紙廠印記。

　　鈐 "楊氏忠我堂藏書" 朱文方印。

159

## 梅崖居士文集三十卷外集八卷

T5476.9　2921

　　《梅崖居士文集》三十卷《外集》八卷，清朱仕琇撰。清乾隆四十七年（1782）

刻道光五年（1825）增刻本。十二册。《文集》框高 19.6 厘米，寬 14 厘米；《梅崖居士外集》框高 19.9 厘米，寬 14 厘米。半葉九行二十五字，左右雙邊，黑口，雙魚尾。版心中鎸書名、卷次、篇名。

卷端未題書名、著者。書名葉分三欄，右題"乾隆四十七季鎸"，中題"梅崖居士全集"，左題"松谷藏板"。《文集》首有乾隆四十七年朱珪《序》、乾隆戊寅（二十三年，1758）雷鋐《序》、未署年林明倫《序》、乾隆己卯（二十四年，1759）朱雝《序》、乾隆己卯朱仕玠《序》；次道光乙酉（五年，1825）趙慎畛、道光旃蒙作噩（乙酉，道光五年）孫爾準、道光四年（1824）陳壽祺《朱梅崖太史先生遺像贊》；次陳用光《國史館文苑朱仕琇傳魯九皋附》；次《梅崖居士文集目録》。《外集》首有《梅崖居士外集目録》。

朱仕琇（1715—1780）字斐瞻，號梅崖，清福建建寧（今屬三明）人。乾隆十三年（1748）進士，改庶吉士，出知山東夏津縣，以疾改福寧府學教授，主講鼇峰書院十年。宗程朱理學，以古文名，閩人多從其治古文。著作輯爲《梅崖居士文集》《外集》。《清史稿》卷四百八十五、《清史列傳》卷七十二有傳。

是書按文體分卷，《文集》收賦、傳、贊、碑、記、墓誌銘、序、書等三十卷，《外集》收説、序、書、雜著等八卷。朱仕琇在世時，曾於乾隆二十四年刊刻《文集》三十八卷《外集》二卷，中山大學圖書館有藏。此本存乾隆二十三年雷鋐序、二十四年朱雝、朱仕玠序，雷序云："其兄弟友朋以《梅崖集》付梓人，屬序於余。"乾隆四十七年，朱氏門人魯仕驥彙其已刻、未刻之文，重新編次爲《文集》三十卷《外集》八卷。卷前朱珪《序》云："辛丑（乾隆四十六年，1781）春，其門人新城魯進士仕驥奉梅崖遺命，彙其已刻、未刻遺文，因其兄子文偉寄予校之。是冬，予按試邵武訖，邀魯君來，與之面商去存，考核譌誤。明年夏刻成。"

此本仍用乾隆四十七年舊版刷印，書名葉題"乾隆四十七季鎸"。但增道光年間所刻《像贊》《國史館文苑朱仕琇傳》：二者字形與書中其他卷帙稍有不同；《像贊》作於道光四年、五年；《傳》中"寧"作"甯"，避道光帝諱，其他卷帙則不避。書中部分篇章行間鎸有圈點，如卷四之《祭雷憲副文》，字體、版式與乾隆二十四年本同，疑有圈點之篇章乃逕用舊版。此本與《清代詩文集彙編》影印底本同版，爲乾隆刻道光增刻本。

"玄"易爲"元"，"眩""弦"等字缺筆；"弘"易爲"宏"；《國史館文苑朱仕琇傳》中"寧"作"甯"。

《四庫全書總目》未著録。《清代詩文集彙編》影印。《中國古籍善本書目》著録湖北省圖書館、湖南省圖書館、中山大學圖書館等八家收藏。知中國臺北

"國家圖書館"、臺北故宮博物院、臺灣大學圖書館、香港大學馮平山圖書館，美國柏克萊大學洛杉磯分校圖書館、哥倫比亞大學圖書館，加拿大英屬哥倫比亞大學圖書館，日本東京大學綜合圖書館、京都大學人文科學研究所、東京大學東洋文化研究所、東洋文庫收藏。

160

## 畬經堂文集八卷詩集六卷詩續集四卷詩三集五卷詩後集一卷附退學詩草一卷

T5481　2964

《畬經堂文集》八卷《詩集》六卷《詩續集》四卷《詩三集》五卷《詩後集》一卷，清朱景英撰；附《退學詩草》一卷，清朱和塽撰。清乾隆刻嘉慶增刻本。十一冊。半葉十一行二十一字，小字雙行同，左右雙邊，綫黑口，單魚尾。版心中鎸子集名、卷次，《退學詩草》及《詩後集》部分版心無字、白口。朱景英所撰各集卷端題"武陵朱景英幼芝"，《退學詩草》卷端題"武陵朱和塽笏賓"。

《畬經堂文集》框高 18.3 厘米，寬 13.8 厘米。書名葉欄內題"畬經堂文集"。首有乾隆丁酉（四十二年，1777）朱景英自序，未署年朱和壆、朱和塽識；次《畬經堂文集目錄》，末鎸"男和壆、和塽校字"。

《詩集》框高 18.2 厘米，寬 14.1 厘米。書名葉欄內題"畬經堂詩集"。首有乾隆庚午（十五年，1750）陳益《紅蕉館詩鈔叙》、乾隆壬申（十七年，1752）翁師韓《炙輠集叙》、乾隆甲戌（十九年，1754）朱景英《石客廬詩鈔自叙》、乾隆乙亥（二十年，1755）朱景英《榕城叩缽吟自叙》、乾隆甲戌朱景英《亦舫吟草自叙》、丁丑（乾隆二十二年，1757）朱景英《沅西傭草自叙》、乾隆庚辰（二十五年，1760）朱景英《研北樓自叙》、元默敦牂（壬午，乾隆二十七年，1762）朱景英《舊雨齋存槀自叙》、乾隆壬午朱景英《浮湘草自叙》、乾隆癸未（二十八年，1763）朱景英《出山小草自叙》、乾隆甲申（二十九年，1764）朱景英《傅餐近槀自叙》；次《畬經堂詩集總目》，末鎸"男和壆、和塽、姪和埰校字"；次《題辭》，包括夏之蓉《題紅蕉館詩鈔》、黃任《題亦舫吟草》、沈廷芳《題畬經堂詩集》、葉觀國《題畬經堂詩集》；次未署年朱和壆、朱和塽識。

《詩續集》框高 18.2 厘米，寬 14 厘米。書名葉欄內題"畬經堂詩續集"。首有未署年朱仕琇《序》并附汪沆《艮園札》、己丑（乾隆三十四年，1769）朱景英《勞謌叢拾自叙》、己丑（乾隆三十四年）朱景英《西笑集自叙》、未署年（據叙文知作於乾隆三十八年）朱景英《來鷗館詩存自叙》、甲午（乾隆三十九年，1774）朱景英《轉蓬近槀自叙》；次未署年朱和壆、朱和塽識；次《畬經堂詩續集總目》，末鎸"男和壆、和塽、姪孫怡鋙校字"。

《詩三集》框高 18.3 厘米，寬 14.3 厘米。書名葉欄内題 "畬經堂詩三集"。首有乾隆戊戌（四十三年，1778）朱景英《欀槎餘嘯自叙》、戊戌（乾隆四十三年）朱景英《桃林小橐自叙》、己亥（乾隆四十四年，1779）朱景英《鄞水鈍吟自叙》。

《詩後集》首有《畬經堂詩集總目》，末鐫 "孫怡鈺、怡鎡、怡鈺、怡錫、怡鑄、曾孫億沼、億溶校字"；次未署年（據叙文知作於乾隆四十五年）朱景英《四餘近稿自叙》、未署年（據叙文知作於乾隆四十六年）朱景英《遂初程稿自叙》、未署年朱景英《林下集自叙》、癸卯（乾隆四十八年，1783）朱景英《移巢吟稿自叙》；另有《書城長擁軒稿自叙》題下鐫 "闕"，有目無文。末有未署年朱怡鈺、朱怡鎡等識。

《退學詩草》框高 17.7 厘米，寬 14.3 厘米。卷末鐫 "男怡鈺、怡鎡、怡鈺、怡錫、姪怡鑄校字"。

朱景英（生卒年不詳）字幼芝，武陵（今湖南常德）人。乾隆十五年（1750）舉人，知寧德縣，擢臺灣北路理蕃同知，署汀州、邵武知府。纂修《沅州府志》，記臺灣見聞爲《海東日札》，有雜劇《桃花緣》，詩文輯爲《畬經堂詩文集》。生平參《［光緒］湖南通志》卷一百九十二。朱和塿（生卒年不詳）字亦垞，朱景英子，乾隆中貢生，生平略見《沅湘耆舊集》卷一百二十四。

《畬經堂文集》收論、考、辨、序、傳、祭文、四六等八卷。其文初爲朱景英友人纂集流布，後又經朱氏手定，由其子孫刊刻。卷前朱景英自序云："半生作吏，垂老無聞，舊藁叢殘，聽其放失。會友人華亭徐君介人祚永、福清李君崇舜振陛下榻官齋，掇我鄙篋，精心排纘，凡得文如干首，析爲八卷，亟付鈔胥，哀然成集。" 其子朱和壁、和塿識云："家君子《詩集》凡三刻，流布久矣。年時再官海外，不肖輩屢請所譔古文梓行，因檢先從兄和埰暨從子怡錕雜録本寄呈手定，凡得各體文二百三十六首，析爲八卷，先付開雕。其他散佚者猶俟次第搜訪，續爲編刻云。"

朱景英之詩以一時之作成一小集，統收古今體，凡四編。《詩集》收小集十一種，卷前朱和壁、和塿識云："家君子著作繁富，詩凡十有一集，手自删削，存如干首，釐爲六卷，總曰《畬經堂詩集》。《初編》編中如《紅蕉館詩鈔》作於庚午（乾隆十五年，1750）以前，則有汾溥先生原序，《炙輠集》辛未（乾隆十六年，1751）入都途次所作，汪上湖先生序之，《石客廬集》以下家君子各於集前識其緣起。茲付開雕，均列簡首。" 據朱和壁題識及各集之序，《紅蕉館詩鈔》收乾隆十五年之前所作詩；《炙輠集》爲乾隆十六年入都途中所作；《石客廬詩鈔》爲乾隆十六年夏自都歸里所作；《榕城叩鉢吟》爲癸酉（乾隆十八年，1753）入閩爲官時餘暇之作；《亦舫吟草》爲乾隆十九年在寧德縣任上所作；《沅西傭草》爲乾隆二十一年至二十二年（1756—1757）修沅州志之餘所作；《研北集》爲乾隆二十二年秋歸里至二十五年所作；《舊雨齋存槀》《浮湘草》皆爲乾隆二十五年至二十七年之作；《出山小草》收乾隆二十八年途次所作；《傅餐近槀》收乾隆二十八、二十九年建州、漳海、壺蘭途中所作。

《詩續集》收小集四種。卷前朱和壐、和塽題識綜述《續集》著作情形云："家君子《畬經堂詩集》六卷版行已久。嗣宰平和、侯官兩邑，録所作詩曰《勞詞叢拾》。中間卓薦入都，則有《西笑集》。其《來鷗館詩存》爲貳守臺灣時做。迨秩滿，西渡小憩榕城，旋北上返閩，未浹月，遽有權佐泉州之行，於是通鈔一歲作《轉蓬近槀》。凡四集，刻成《畬經堂詩續集》四卷。集仍各系自叙，而以家梅崖太史序弁其首，又檢汪艮園徵君札附焉。"據各集自叙，《勞詞叢拾》收乾隆二十九年、三十年（1765）宰平和、侯官兩縣以來之作；《西笑集》收乾隆三十二年（1767）入都途次所作；《來鷗館詩存》收乾隆三十四年至三十八年再度守臺灣時所作；《轉蓬近槀》收乾隆三十八年春以來一年任職各地之作。

《詩三集》收小集三種。《欃槎餘嘯》收《來鷗館詩存》之外歷次守臺灣之作；《桃林小槀》收乾隆四十三年任職詠春州桃源縣前後所作；《鄞水鈍吟》收乾隆四十四年守汀郡之作。

《詩後集》收小集五種。《詩後集》末朱怡鈺、怡鎡等題識云："先大夫幼芝公《畬經堂詩文集》刊於乾隆年間，官閩海時版成，流布既久。迨權守邵武，引疾歸老，前後所作則有《四餘近稿》《遂初程稿》《林下集》《移巢吟》《書城長擁軒》凡五卷，皆自手定，系之以叙。遺我後人藏之家塾，今始付剞劂，彙爲《畬經堂詩後集》，而以先君子笏賓《退學詩草》附焉。"據各集自叙，《四餘近稿》收乾隆四十四年夏至四十五年冬所作；《遂初程稿》收乾隆四十六年春離任道中所作；《林下集》《移巢吟》收乾隆四十六年夏歸里前後所作。

朱景英詩文皆爲其生前手定，并由其子侄刊刻。《文集》《詩集》《詩續集》校字者均爲朱景英子侄。據《文集》卷前朱和壐、和塽識，《文集》之刊刻且在《詩集》之後："家君子《詩集》凡三刻，流布久矣。年時再官海外，不肖輩屢請所譔古文梓行。"其中所謂"《詩集》凡三刻"當指《詩集》《詩續集》《詩三集》。又據《詩後集》末朱怡鈺、怡鎡等題識，《文集》及《詩集》在乾隆年間在福建任職時刻版；引疾歸老後所作諸集則又輯爲《詩後集》，由朱景英之孫於朱景英、朱和塽歿後刊刻，其校字者已爲朱景英孫及曾孫。朱景英孫朱怡鈺等題識云："先大夫幼芝公《畬經堂詩文集》刊於乾隆年間，官閩海時版成，流布既久。"文中言"乾隆年間"，則此題識時間已至乾隆之後。參與刊刻《詩後集》的朱怡鈺，僅知其字寶田，爲嘉慶中恩貢生。

此本所收《詩三集》《詩後集》及《退學詩草》三種，字體與之前諸集不同，爲後來增刻；而《詩三集》與其他兩集字體也有差別，當爲分別刊刻。其中《詩後集》雖包含五種小集，然未分卷；前半部分葉碼連屬，但此本《詩後集》五十八葉後多有版心未刻葉碼者，或因而導致裝訂有誤；《書城長擁軒稿》卷端題"詩四集卷"，或爲刊刻時擬作分卷，但終未統一。此本之《文集》《詩集》《詩續集》與《四庫未收書輯刊》影印之清乾隆刻本同版，則此本用乾隆舊版刷印，又與增刻之《詩三集》《詩後集》《退學詩草》彙印。此本前後諸集刷印情況未有明顯差別，則增刻應相隔不久，又以字體風貌及朱氏世代推斷，是書當增刻於嘉慶年間。此本所收《詩三集》《詩後集》及《退學詩草》未見海內外收藏機構著錄。

"玄"易爲"元"，"眩""絃"等字缺筆；"弘"字缺筆，"曆"易爲"歷"。

《四庫全書總目》未著錄。《四庫未收書輯刊》影印清乾隆刻本畬經堂《詩集》六卷、《詩續集》四卷、《文集》八卷。《中國古籍善本書目》著錄復旦大學圖書館、福建省圖書館二家收藏清乾隆刻本《詩集》《詩續集》《文集》，知中國國家圖書館、中國科學院文獻情報中心亦藏。

鈐"天尺樓"朱文長方印，曾爲清末民初劉世瑗收藏。

161

**石壁山房初稿十卷二集十卷**

T5481　1184

《石壁山房初稿》十卷《二集》十卷，清王善橚撰。清乾隆刻本。八冊。《初稿》框高 19.9 厘米，寬 13.9 厘米；《二集》框高 19.1 厘米，寬 13.6 厘米。半葉十行二十一字，小字雙行同，左右雙邊，白口，單魚尾。《初稿》版心上鐫書名，下鐫卷次，偶鐫篇名；《二集》版心上鐫書名，中鐫卷次。

《初稿》卷端未題著者，各卷目錄題"含山王善橚令梴著""男爲俊、燮元、輝庭校字"。首有乾隆辛未（十六年，1751）諸錦《序》、乾隆壬申（十七年，1752）沈德潛《序》；次《石壁山房初稿十卷總目》，各卷有分卷目錄。《二集》各卷目錄題"含山王善橚令梴著""子爲俊、燮元、輝庭編""孫載、臺、臻、奎校字"。首有乾隆壬午（二十七年，1762）沈德潛《石壁山房二集序》；次《石壁山房二集總目》，各卷有分卷目錄。

王善橚（生卒年不詳）字令梴，清含山（今屬安徽巢湖）人。雍正十二年（1734）中安徽通省博學鴻詞，乾隆九年（1744）舉人，知石門縣，性戇直，葺傳貽書院，被劾罷職。《石壁山房二集》有乾隆二十七年（1762）沈德潛序云"今春復以《二集》郵寄"，知是時仍在世。生平參《［乾隆］含山縣志》卷九、《［嘉慶〕石門縣志》卷十二。

是書收説、辨、書、策、序、傳、論、贊等各體文章，《初稿》一百六首、《二集》一百四十八首。沈德潛以爲王氏之文本於經史，可稱立言，《二集序》云："令梴之文原本六經，不苟眉異，報袞三史，必核是非，舉筆濡墨，不切于心性倫常風俗教化之大端不作也。故集中説、解、考、辨等件必求諸實，書、序、記、傳等件必要于典。"

是書爲王善樻子變元等校訂，陸續刊成。《初稿》現存有六卷、八卷、十卷本，内容有增續。此本亦有增補篇章之痕跡。此本卷三、七、八卷前皆有目録二份，然所列文目有多寡之差。如卷三目録，一者爲辨一首、書七首，另一僅爲書六首；書首《總目》及第三卷正文實爲"書六首"，第一份目録出現的《武王年辨》一文實入第二卷；而僅列"書六首"之目録，明顯爲後來補刻。據此可推，各卷篇章曾經調整，《總目》爲終稿；此本中重複之目録葉，含未及裁撤、易置之舊目。又如第八卷目録二份，其中一份列論三首、誄一首、祭文二首，實皆入第十卷。《稀見清代四部輯刊》影印清乾隆刻本《初稿》十卷、《二集》十卷，與此本同版。

"玄"易爲"元"，"泓"字異寫。

《四庫全書總目》未著録。《稀見清代四部輯刊》影印。《中國古籍善本書目》著録清華大學圖書館藏清乾隆十四年刻《初稿》八卷（該館著録爲清乾隆十七年刻本）、復旦大學圖書館藏清乾隆刻本《二集》十卷。現存諸本皆著録爲乾隆刻本，知中國國家圖書館藏《初稿》六卷、上海圖書館藏《初稿》十卷，又知加拿大英屬哥倫比亞大學圖書館藏《初稿》八卷，日本内閣文庫藏《初稿》十卷、《二集》十卷。

162

**恩餘堂經進初藁十二卷續藁二十二卷三藁十一卷策問存課二卷知聖道齋讀書跋尾二卷**

T5487　4211

《恩餘堂經進初藁》十二卷《續藁》二十二卷《三藁》十一卷《策問存課》二卷《知聖道齋讀書跋尾》二卷，清彭元瑞撰。清嘉慶刻本。十八册。《恩餘堂經進初藁》框高 22.4 厘米，寬 15 厘米；《恩餘堂經進初藁》框高 22.4 厘米，寬 15 厘米；《續藁》框高 22.7 厘米，寬 14.9 厘米；《三藁》框高 22.6 厘米，寬 14.8 厘米；《策問存課》框高 22.8 厘米，寬 15 厘米；《知聖道齋讀書跋尾》框高 22.9 厘米，寬 15 厘米。半葉八行十九字，小字雙行同，四周雙邊，白口，單魚尾。版心上鐫子集名，中鐫卷次。

《知聖道齋讀書跋尾》卷端未題著者，《續藁》等均題“彭元瑞”。《恩餘堂經進初藁》首有未署年南昌彭元瑞自識，次《恩餘堂經進初藁目録》。《續藁》首有《恩餘堂經進續藁目録》。《三藁》首有《恩餘堂經進三藁目録》。《策問存課》首有《恩餘堂策問存課目録》。《知聖道齋讀書跋尾》首有《知聖道齋讀書跋尾目録》。

彭元瑞（1731—1803）字掌仍，又字輯五，號雲楣、潛源，清江西南昌人。乾隆二十二年（1757）進士，選庶吉士，授編修，遷侍講、少詹事，歷官工部、户部、兵部、吏部侍郎，禮部、兵部、吏部尚書，嘉慶初加太子少保、協辦大學士，命修《高宗實録》，卒謚文勤。以文學受知兩朝，才思敏捷，久直南齋，應奉文字婉麗清新，著有《恩餘堂經進稿》，編《宋四六選》《宋四六話》等。《清史稿》卷三百二十、《清史列傳》卷二十六有傳。

是書除《跋尾》外皆應制文字，卷前彭元瑞自序云：“因撿經進文字，存者十之六七，編爲若干卷，附館課三卷，嗣有著述，按年隨録。”《初藁》有《昭陽單閼春帖子》，“昭陽單閼”爲辛卯（乾隆三十六年，1771），收文至乾隆三十六年。《續藁》有《旃蒙單閼孚惠全書進表》，“旃蒙單閼”爲乙卯（乾隆六十年，1795），收文至乾隆六十年。《三藁》有《柔兆執徐丙辰春帖子》《昭陽大淵獻癸亥春帖子詞》，“柔兆執徐”“昭陽大淵獻”分別爲丙辰（嘉慶元年，1796）、癸亥（嘉慶八年，1803），收文自嘉慶元年至八年。《策問存課》卷一正文前有嘉靖己末（四年，1799）彭元瑞識語，署身雲居士。全書版刻風格一致，其刊刻時間應已至嘉慶。《中國古籍善本書目》著録爲清乾隆刻本，應誤。本書志暫收於此。此本與《四庫未收書輯刊》《清代詩文集彙編》影印底本同版。

“玄”易爲“元”，“曆”易爲“歷”。

《四庫全書總目》未著録。《四庫未收書輯刊》《清代詩文集彙編》影印。《中國古籍善本書目》著録復旦大學、湖北省圖書館、湖南師範大學圖書館三家收藏清乾隆刻本，知中國國家圖書館、北京大學圖書館、中國科學院文獻情報中心、北京師範大學圖書館、中國人民大學圖書館、南京大學圖書館、華東師範大學圖書館亦藏。知中國臺北故宫博物院、香港中文大學圖書館，美國哈佛大學哈佛燕京圖書館、哥倫比亞大學圖書館、耶魯大學圖書館，日本東京大學綜合圖書館、静嘉堂文庫、京都大學人文科學研究所等收藏。

163

**夢樓詩集二十四卷**

T5481　1103

《夢樓詩集》二十四卷，清王文治撰。清乾隆六十年（1795）食舊堂刻嘉慶增刻本。三冊。框高 19 厘米，寬 13.4 厘米。半葉十一行二十二字，小字雙行同，四周單邊，白口，單魚尾。版心上鐫書名，中鐫卷次。

卷端題"丹徒王文治禹卿"。書名葉欄內題"乾隆乙卯""夢樓詩集""食舊堂藏板"。書首有乾隆四十二年（1777）姚鼐序、乾隆六十年王文治自序；次《夢樓詩集目録》；次袁枚《袁簡齋前輩書》、陳奉茲《陳東溥同年書》、乙卯（乾隆六十年）曾燠《曾賓谷都轉書》、姚鼐《姚姬傳比部書》二通、王鳴盛《王西莊前輩書》。

王文治（1730—1802）字禹卿，號夢樓，清江蘇丹徒（今屬鎮江）人。乾隆二十五年（1760）進士，授編修，擢侍讀，充國史館纂修，出爲雲南臨安（今屬建水）知府，被劾罷歸，主講杭州崇文書院。擅書法，精度曲，著有《夢樓詩集》《迎鑾樂府》等。《清史稿》卷五百三、《清史列傳》卷七十二有傳。

是書收王文治古今體詩小集十六種，其集多爲一時一地之作，各集約略以年編排。《放下齋初存藁》一卷，王文治弱冠時以"放下"名其齋，乾隆十八年（1753）選貢入京，與彭澧、朱子穎、姚鼐討論詩文，彭澧多有删定，王文治多從彭澧所定，存十之二三，名之曰《放下齋存藁》。《海天遊草》一卷，爲乾隆二十年（1755）冬隨全魁出使琉球所得詩。《揚州集》《漱六山房集》合一卷，前者爲王文治隨業師劉映榆至揚州，與諸名士唱和之詩，後者爲乾隆二十三年（1758）王文治入都門，館於蔣榕盦邸寓時所作詩，以居處名其詩集。《丁香館集》三卷，王文治通籍後居京，因庭內有丁香樹故名其居處爲丁香館。《丁香館上集》首進御之篇，《中集》《下集》爲同人唱和之作。《南詔集》三卷，爲乾隆二十九年（1764）王文治由翰林侍讀外除雲南臨安知府所得詩。《歸人集》一卷，爲乾隆三十二年（1767）王文治解職，在歸途所得詩。《柿葉山房集》一卷，爲王文治歸里後構柿葉山房，日夕吟詠之作。《西湖長集》一卷，爲乾隆三十六年（1771）春，王文治掌教西湖崇文書院，自號西湖長，吟詠西湖之作。《洮河集》一卷，爲乾隆四十年（1775），王文治游關中至臨洮所作詩。《快雨堂集》一卷，王文治得董其昌書"快雨堂"舊榜，因以名其新築之堂并所作之詩。《無餘閣集》二卷，王文治學禪四十年，乾隆四十四年（1779）在杭州天長寺受具，名曰達無，字無餘，遂築無餘閣於寶蓮菴并以之名其集。《楚遊草》三卷，乾隆四十五年（1780）王文治自杭州歸里，因弟文明官楚，故居楚半載；乾隆五十四年（1789）、五十七年（1792）再度游楚，三者各成一卷；《楚遊三草》并載至西江之作。《小止觀齋集》三卷，王文治參閱天台大小止觀之教，名其齋爲"小止觀齋"，并以名集。《江介沿緣集》一卷，爲王文治自西江歸後，往來江介所作詩。《乙卯集》一卷，爲王文治於乙卯（乾隆六十年）一年所作之詩。

朱子穎曾於乾隆四十二年欲梓王文治之集，然此版銷而未刻；其後王文治刪訂舊作，終於乾隆六十年刻竣，事見卷前姚鼐序、乾隆六十年王文治自序。姚鼐序云："子穎俾人抄之爲十幾卷，曰《食舊堂集》，將雕版傳諸人。"王文治自序云："子穎欲刻余詩，姬傳欣然爲之序。余自取視之，頗不敢信，故板已鋟而復毀，是時余年將五十矣。厥後，余訪友於長沙，舟行湘水中，日夕無事，因取舊所作詩刪定之。同人及門弟子皆慫余鋟板，余不獲已，從其請。今始竣工，是時余年已六十有六矣。"

是書初刻爲二十二卷，乾隆六十年夏五月王文治作序時已竣工。刻後不久，旋增《江介沿緣集》《乙卯集》共二卷，并袁枚等人書札。《乙卯集》所載爲乾隆六十年所作詩。袁枚、陳奉茲、曾燠、姚鼐、王鳴盛書札，均爲閱其刻成之書後所作。曾燠書作於乾隆六十年長至後二日，有"前者承賜大集，燠受而讀之"之語；姚鼐書云"今歲兩次奉書欲求大集，不知去冬已承見賜"，"去冬"當謂乾隆六十年刻成之際，則姚鼐此書作於嘉慶元年（1796），故是書之增刻必至嘉慶。《中國古籍善本書目》著録之清乾隆六十年食舊堂刻二十四卷本，實含嘉慶增刻之二卷。

此本爲乾隆六十年刻嘉慶增刻本。書名葉仍題"乾隆乙卯"，然已增《江介沿緣集》《乙卯集》及諸人書札，書中"顒""琰"二字皆缺左半邊，乃增刻時剜改。是書道光年間曾重刻，《續修四庫全書》影印之底本存道光二十九年（1829）張錫蕃跋云："戊申（道光二十八年，1828）余來守皖郡，適先生之孫光傑權郡屬參軍，言及先生之詩，知詩板散佚，檢家藏初印本重付手民，且乞爲之序。"則彼時已無舊版，乃重新刊刻。道光重刻本與此本字形肖似，然非同版，又增道光諱字，"寧"易爲"甯"。有將道光重刻本著録爲道光補修本者，不確。

"玄"易爲"元"，"弦""眩"等字缺筆；"曆"易爲"歷"；"顒""琰"皆缺左半邊。卷八葉十一鈐有紅色條紋紙廠印記。

《四庫全書總目》未著録。《續修四庫全書》影印清道光二十九年重刻本。《中國古籍善本書目》著録北京大學圖書館、復旦大學圖書館、山西省圖書館等十五家收藏清乾隆六十年食舊堂刻二十四卷本。知中國臺灣大學圖書館、香港大學馮平山圖書館、香港中文大學圖書館、美國哈佛大學哈佛燕京圖書館、柏克萊加州大學圖書館、哥倫比亞大學圖書館、密歇根大學圖書館、印第安納大學圖書館，日本内閣文庫、東洋文庫、尊經閣文庫等處收藏。又知美國哈佛大學哈佛燕京圖書館、柏克萊加州大學圖書館，日本東洋文庫藏乾隆六十年刻二十二卷本。

鈐"思誤齋藏書印"朱文方印、"萬全王氏怡志堂一鶴藏書記"朱文長方印；"潔彝""汗青""簡日泉"三方朱文方印，"簡汗青""簡日泉""簡日全""瀟灑書齋"四方白文方印。

164

### 山木居士外集四卷

T5487　2627.1

《山木居士外集》四卷，清魯仕驥撰。清乾隆四十七年（1782）刻本。四冊。框高 19.2 厘米，寬 14.1 厘米。半葉九行二十五字，無直欄，左右雙邊，黑口，雙魚尾，行間鐫圈點及小字評點。版心中鐫書名、卷次。

卷端未題書名、著者。書名葉欄内題"山木居士外集"。書首有乾隆四十七年魯仕驥自序；次《山木居士外集目次》。

魯仕驥（1732—1794）字絜非，一字潔騑，更名九皋，號山木，清江西新城（今屬贛州）人。乾隆三十六年（1771）進士，居家養親，後知山西夏縣，有惠政，以積勞卒於官。嘗從朱仕琇、姚鼐習古文，著《翠巖雜稿》《山木居士集》。《清史稿》卷四百八十五、《清史列傳》卷七十二有傳。

是書爲魯仕驥自輯，凡議、說、書簡、序、記、碑文等共八十九篇，皆爲未經其師朱仕琇評定而已流傳者。卷前魯仕驥自序云："往仕驥學古文於梅崖先生，有所作輒呈先生評定，録而存之，積十餘年，所存僅將百篇。既而先生主講三山，歲一歸里，仕驥則於歲終彙其所作呈先生，如此七八年，計所呈於先生者亦百有餘篇，而先生究未暇評定也。顧仕驥邇年所作多鄉里應酬之文，過愛者或遂傳而布之不能已也。而先生忽於庚子（乾隆四十五年，1780）之夏下世，欲質其是非而無由矣。今年因校訂先生遺集，梓人乘其隙詢仕驥文，因撿其已傳布者八十九篇，彙而梓之，題曰《外集》，以其未經先生評定，未敢自信也。"

此本與《續修四庫全書》影印之底本同版，而較之斷版輕微，刷印稍早。影印本末附陳煦《皇清賜進士出身山西夏縣知縣魯山木先生行狀》，陳希祖《賜進士出身山西夏縣知縣魯山木先生墓誌銘》，知其爲魯仕驥卒後所印。

"玄"易爲"元"；"曆"易爲"歷"。

《四庫全書總目》未著録。《續修四庫全書》影印清乾隆四十七年刻本。《中國古籍善本書目》著録遼寧大學圖書館、湖南省圖書館二家收藏名家校跋本。知美國加州大學洛杉磯分校圖書館，日本國會圖書館，韓國藏書閣收藏。

165

### 卷施閣集三十八卷附鮚軒詩八卷更生齋集十八卷漢魏音四卷年譜一卷

T5491　9107、T5491　9108、T5491　9109

《卷施閣集》三十八卷《附鮚軒詩》八卷《更生齋集》十八卷《漢魏音》四卷，清洪亮吉著；《年譜》一卷。清乾隆至嘉慶刻洪北江全集本。二十五冊。諸子集行字不一，小字雙行，黑口，雙魚尾，版心中鐫子集名、卷次。

《卷施閣集》含《文甲集》十卷、《文乙集》八卷、《詩》二十卷。總書名葉欄內題"卷施谷集、文甲集十卷、乙集十卷、詩集二十卷、附鮚軒詩八卷""乾隆乙卯仲烁刊於貴陽節署"，乙卯爲乾隆六十年（1795）。書首有《卷施閣甲乙集目録并自叙》，各卷有分卷目録，與正文連屬。各子集卷末多鐫校字者姓名，然有多處卷末半葉裁去。《卷施閣文甲集》框高 19.8 厘米，寬 14.3 厘米。半葉十一行二十二字，四周單邊。卷一目録題"陽湖洪亮吉學"。卷一、二末鐫"受業呂培、譚正治校字"，卷三、四末鐫"受業譚時治、貴治校字"。《卷施閣文乙集》框高 19.3 厘米，寬 14.7 厘米。半葉十一行二十二字，四周單邊。卷端題"陽湖洪亮吉著"。首有乾隆五十一年（1786）袁枚序。《卷施閣詩》框高 18.3 厘米，寬 14.6 厘米。半葉十一行二十一字，左右雙邊。卷端題"陽湖洪亮吉著"。首有乾隆五十九年（1794）張遠覽序；次目録。卷十九、二十末鐫"受業呂培、譚正治校字"。

《附鮚軒詩》框高 18.3 厘米，寬 13.8 厘米。半葉十一行二十一字，左右雙邊。卷端題"陽湖洪亮吉著"。書名葉欄內題"附鮚軒詩八卷""乾隆乙卯仲秋刊於貴陽節署"。首有《附鮚軒詩目録》。

《更生齋集》含《文甲集》四卷、《文乙集》四卷、《詩》八卷、《詩餘》二卷。總書名葉欄內題"更生齋彙文甲集四卷、乙集二卷、詩集八卷、附詩餘二卷""嘉慶七季孟夏刊于洋川書院"。《更生齋文甲集》框高 19.6 厘米，寬 14.3 厘米。半葉十一行二十二字，四周單邊。卷端題"陽湖洪亮吉著"。卷一、二末鐫"受業呂培、譚正治校字"，卷三、四末鐫"受業譚時治、貴治校字"。《更生齋文乙集》框高 19.4 厘米，寬 14.6 厘米。半葉十一行二十二字，四周單邊。卷端題"陽湖洪亮吉著"。《更生齋詩》框高 19.6 厘米，寬 14.3 厘米。半葉十一行二十一字，四周單邊。卷二、五、六末鐫"受業呂培、譚正治校字"，卷七鐫"受業崔辛化校字"，卷八末鐫"受業曹景先校字"。《更生齋詩餘》框高 18.7 厘米，寬 14.4 厘米。半葉十一行二十一字，四周單邊。卷二末鐫"受業呂璽、任濱校字"。

《漢魏音》框高 20.3 厘米，寬 15 厘米。半葉十二行二十四字，四周單邊。卷一目録題"陽湖洪亮吉學"。書名葉欄內題"漢魏音三卷""乾隆乙巳四月刊于西安釋存屬鼎如作篆"，乙巳爲乾隆五十年（1785）。首有呂培等編《洪北江先生年譜》；末有未署年孫星衍《漢魏音後叙》，畢沅、邵晉涵《漢魏音説二首》。《年譜》末鐫"不孝孤哀子胙孫、飴孫、符孫、齮孫校字"。

洪亮吉（1746—1809）初名禮吉，字君直，一字稚存，號北江，江蘇陽湖（治今常州）人。乾隆五十五年（1790）進士，授編修，督貴州學政，嘉慶中因指斥時政遣戍伊犁，旋赦還，自號更生居士。通經史，工詩文，著《春秋左傳詁》《四史發覆》《十六國疆域志》等，詩文集有《卷施閣集》《更生齋集》等。《清史稿》卷三百五十六、《清史列傳》卷六十九有傳。

是書《卷施閣集》《更生齋集》文集部分按文體收考、書、序、連珠、叙録、賦、雜文等文，詩集部分按時間編次，各自輯爲小集。《附鮎軒詩》爲洪亮吉侍奉母親所作之詩。《漢魏音》取漢魏諸儒傳注中音讀之字，求聲之始，明古今之變，孫星衍《後序》評價云："因漢魏之音，上取諧聲之義，不證方俗之語，參觀廣韻得失之由，聲音訓詁之學不隊于地矣"。

是書詩文曾經續補增刊。袁枚在乾隆五十一年爲《卷施閣文乙集》作序時，《文乙集》僅四卷："君善於漢魏六朝之文，每一篇出，世爭傳之。以倦於鈔寫，茲友人爲刊其《乙集》四卷。"今《文乙集》實爲八卷。張遠覽於乾隆五十九年爲《卷施閣詩》作序時，《詩》僅十四卷："學使北江先生少孤，其克自樹立及學之有成，實稟賢母蔣太夫人之教。故其編詩也，以及侍太夫人所作者爲《附鮎軒集》八卷。《卷施集》自己亥至癸丑（乾隆四十四年至五十八年，1779—1793）已得十四卷，門下之士乞刊之于黔中。"今《卷施閣詩》實爲二十卷。此外，《更生齋集》書名葉題"乙集二卷"，然實爲四卷，亦較初印時增補。

洪氏著述甚豐，在世時即陸續刊刻：乾隆四十六年（1781）刻《補三國疆域志》，乾隆五十年刻《漢魏音》，乾隆六十年（1795）刻《卷施閣集》《附鮎軒詩》，嘉慶元年（1796）刻《東晉疆域志》，嘉慶三年（1798）刻《十六國疆域志》，乾隆五十三年至嘉慶八年（1788—1803）刻《乾隆府廳州縣圖志》，嘉慶七年（1802）刻《更生齋集》。以上八種在嘉慶時彙爲《洪北江全集》。光緒年間，洪氏後人重刊諸書，并增《文甲集補遺》《文乙集續編》，重刻本於卷末鎸"曾孫用懃校刊"。

此本存《卷施閣詩文集》《附鮎軒詩》《更生齋集》《漢魏音》四種，并附《年譜》一卷。四種子集皆存書名葉，其刊刻皆爲洪亮吉任職之官署或書院。《漢魏音》刻於西安，參據書中《年譜》，洪亮吉於乾隆四十六年至五十年入西安陝西巡撫畢沅幕；《卷施閣詩文集》《附鮎軒詩》刻於貴陽節署，據《年譜》，洪亮吉於乾隆五十八年至六十年（1793—1795）任職貴州，六十年門下士爲之刊《附鮎軒詩》《卷施閣》二集；《更生齋集》刻於洋川書院，據《年譜》，嘉慶七年至九年（1802—1804），洪亮吉受聘主講旌德（今屬安徽宣城）洋川書院。

此本四種子集分別標注三個書號，但原屬同一部書，書名葉版式及書之紙張、裝幀均同。除《更生齋集》爲嘉慶所刻，其餘三種爲乾隆舊版。其中，《附鮎軒詩》與《清代詩文集彙編》影印之乾隆六十年貴陽節署刻本同版，《漢魏音》

與《續修四庫全書》影印之清乾隆五十年刻本同版。然此本首有《年譜》，記事直至嘉慶十四年（1809）洪亮吉卒。則《年譜》爲卒後所增，此本之刷印亦不早於此。本館另有一部嘉慶十二年（1807）所刻《春秋左傳詁》，亦爲其生前刊行，但與此本諸書非一部。

"玄"易爲"元"；"弘"易爲"宏"，"曆"易爲"歷"。

《四庫全書總目》未著録。《續修四庫全書》影印清乾隆五十年刻本《漢魏音》，《清代詩文集彙編》影印乾隆六十年貴陽節署刻本《附鮚軒詩》，此外《續修四庫全書》又影印光緒重刊本《卷施閣詩文集》。《中國古籍善本書目》著録《卷施閣集文甲集》《更生齋詩》等集之稿本；《中國叢書綜録》著録中國國家圖書館、上海圖書館、浙江圖書館等十家收藏清乾隆至嘉慶刻《洪北江全集》。知中國臺北"國家圖書館"，香港大學馮平山圖書館，美國耶魯大學，德國巴伐利亞邦立圖書館，日本内閣文庫、東京大學東洋文化研究所、大阪府立中之島大學圖書館收藏清乾隆至嘉慶刻《洪北江全集》。

此爲勞費爾購書。

166

## 芙蓉山館詩稿十六卷詞稿四卷桐華吟館詩稿八卷詞稿二卷

T5493　4249.1

《芙蓉山館詩稿》十六卷《詞稿》四卷，清楊芳燦撰；《桐華吟館詩稿》八卷《詞稿》二卷，清楊揆撰。清乾隆五十七年（1792）刻嘉慶增刻本。六册。《芙蓉山館詩稿》框高 17.7 厘米，寬 12.7 厘米；《桐華吟館詩稿》框高 17.5 厘米，寬 12.8 厘米。半葉十行二十一字，小字雙行同，左右雙邊，白口，單魚尾。版心上鐫子集名，中鐫卷次。

《芙蓉山館詩稿》《詞稿》卷端題"金匱楊芳燦蓉裳"。《桐華吟館詩稿》《詞稿》卷端題"金匱楊揆荔裳"。書首有乾隆五十七年石渠序、乾隆壬子（五十七年）吳鎮序。

楊芳燦（1753—1816）字蓉裳，一字才叔，江蘇金匱（今屬無錫）人。乾隆四十二年（1777）拔貢，補甘肅伏羌知縣，擢知靈州，入貲爲户部員外郎，與修《會典》，以丁憂歸里，主衢州、杭州、關中、錦江諸書院，又與修《四川通志》。才思敏捷，兼擅詩文詞曲，詩文輯爲《芙蓉山館詩詞稿》。楊揆（1760—1804）字荔裳，一字同叔，楊芳燦弟。乾隆四十五年（1780）舉人，授内閣中書，歷内閣中書、内閣侍讀、四川按察使、甘肅布政使、四川布政使等，卒於官，贈太常寺卿。與兄芳燦俱有文名，著《衛藏紀聞》，詩文輯爲《桐華吟館詩詞稿》。

《清史稿》卷四百八十五、《清史列傳》卷七十二有二人傳。

　　是書合刻楊芳燦、楊揆兄弟二人詩詞。書首石渠序述刊刻事云："茲予選其稿中超詣絕倫者合而梓之，誌所好也，且以公之同好，聯珠合璧，非藝林盛事耶？"吳鎮序亦云："蓉裳之詩清深而華贍，荔裳之詩幽秀而端凝，舉六代三唐之奇勝萃於一門，求之近人，殆絕無而僅有者乎？今雲間石子午橋乃精選而合刻之，左把浮邱之袖，而右拍洪崖之肩，咳唾隨風皆珠玉矣。"

　　楊芳燦詩詞在其生前曾三次刊刻，清光緒十七年（1891）活字印本《芙蓉山館全集》首有劉繼增序云："楊蓉裳先生所著詩文，及身付刊，先後有三本。自少至謁選爲《真率齋初槀》，詩十卷、詞二卷。筮仕甘肅汔戶曹爲《芙蓉山館詩槀》十六卷、《詞槀》四卷。罷官後主講關中書院，輯前兩本刪併之，益以續得，刊《詩》八卷、《補》一卷、《詞》二卷、《集句詞》一卷，概以'芙蓉山館'名集，不曰'槀'而曰'鈔'，是爲晚年手定之本與文鈔並行。被兵後，諸版盡毀，流傳日希。"此本卷帙與仕甘肅汔戶曹所作相符。

　　二人之集均爲陸續刊成。今存乾隆刻本《芙蓉山館詩稿》六卷、《詞稿》二卷，《桐華吟館詩稿》六卷、《詞稿》二卷，此本較之多出若干卷，爲後來增刻。後續卷帙在字體上與之前稍有差別，其詩篇也已爲乾隆以後所作。《芙蓉山館詩稿》卷六末篇爲《壬子中秋、重陽日俱大雪，念邊候之早寒、感征人之遠別，因成此什以寄荔裳》，記事至乾隆五十九年秋，稍晚於書首石渠、吳鎮作序之仲夏、季夏，然仍應爲乾隆五十九年刊刻時所收；卷七以後所收詩則至嘉慶，如卷十四《庚申四月余將北上，留別蘭州僚友兼寄二弟一百韻》，庚申爲嘉慶五年（1800）；卷十六《壬戌臘月十八日余五十生朝，先一日梧門先生以詩見贈，依韻奉答》，壬戌爲嘉慶七年（1802）。《桐華吟館詩稿》卷八末篇缺篇題，其末句爲"嘉慶癸亥閏春下浣錢塘陳文述題於都門宣南寓舍并校字"，則此文爲嘉慶八年（1803）所作。是書乾隆刻本存世寥寥，而此增刻本亦未見他館收藏完本。

　　"弦""絃"等字缺筆；"曆"易爲"歷"。《芙蓉山館詩稿》卷八葉十、卷十一葉十三、卷十五葉十三、卷十六葉二十鈐有紅、藍條紋紙廠印記。

　　《四庫全書總目》未著録。《續修四庫全書》《清代詩文集彙編》影印清光緒十七年活字印本。《中國古籍善本書目》著録北京市文物局收藏清乾隆五十七年刻《芙蓉山館詩稿》六卷《詞稿》二卷《桐華吟館詩稿》六卷《詞稿》二卷。知中國國家圖書館、日本東洋文庫藏清乾隆二人詩詞合刻本，日本大阪府立中之島大學圖書館藏清乾隆刻《芙蓉山館詩詞稿》，中國國家圖書館藏清乾隆至嘉慶《桐華吟館詩詞稿》增刻本。

167
**笑鄉詩稿初集一卷二集一卷**

T5510　1393

《笑鄉詩稿初集》一卷《二集》一卷，清張恒潤撰。稿本。二冊。半葉九行十八字，無欄格，行間有圈點，書眉有箋條、批注。卷端均題"鐵嶺張恒潤玉樵撰"。

張恒潤（生卒年不詳）字玉樵，鐵嶺（今屬遼寧）人，主要活動於嘉慶、道光年間，著《笑鄉詩鈔》。《晚晴簃詩匯》卷一百四十有小傳，并收詩二首。

是書爲張恒潤詩稿，收嘉慶十八年（1813）至道光十年（1830）十八年來詩作共三百八十餘首。其中《初集》收嘉慶十八年至二十五年（1820）詩，卷端題名下小字注云"始嘉慶癸酉迄庚辰"，《二集》收道光元年（1821）至十年詩，卷端題名下小字注云"始道光辛巳迄庚寅"。書中約有半數詩歌，在書眉粘有薄紙浮簽，爲鴛湖姜梅倩、鐵嶺王霞帆、鐵嶺王斯美三人所作詩評，每一評語後皆注明評者。行間所鈐朱色圈點，亦有品評之意。

張恒潤詩曾結集爲《笑鄉詩鈔》，於道光年間刊刻。刻本首有道光戊戌（十八年，1838）全順《序》言書已成稿，勸其刻梓之事；卷末鐫"共録詩二百三十二首，全稿待刊"一行，則其集最初僅刻爲詩鈔，全稿仍待日後刊刻。

此本當是爲刊刻詩集全稿準備，是定稿前的修改稿本。全書文字抄寫規整儁秀，浮簽寬度一致、粘貼端正，行間圈點亦鈐蓋均匀。詩稿中有多處文字修改，字跡未如正文整齊，然圈改亦清晰明白。詩稿修改分兩種，一是以薄紙粘貼直接覆蓋原字，二是圈去原文而在行間書寫改正文字。後者如《遊薊門亭中途遇雨，雨晴登高賦詩》，原"四野環遮春樹影，百年驚覺暮鐘聲；荒邱華屋遥相接，回首青山信有情"，改爲"縱目高峰春樹杪，驚心遠寺暮鐘聲；荒邱華屋遥相接，喚醒癡人夢幻情"。稿中一些詩圈改後再改，凡經數過，如《對月醉歌》末句"且取明月浮金甌"中之"取""浮金甌"已爲用紙粘貼改過之字，但又將之圈去，在字旁再作修改："取"先改爲"興"，復改爲"取"，最後改爲"對"；"浮金甌"先改爲"相獻酬"，又改爲"杯中浮"，最後改爲"酣高樓"。稿中文詞修改頗可見其推敲斟酌之意。

是稿書眉除評語之浮簽，又有另外四種標記。根據文字、箋條的疊壓痕跡，可以推斷是書所作標記的先後，以下按序説明。一爲粘貼於書眉頂端之粉色硬紙條，上有墨筆標明序號，《初集》《二集》序號接續，最末至"百八十六"。二爲一些詩篇首行上方畫有墨筆圓圈，另有小字注明"上中""中上""中中""中下""下上""下中""下下"等，應爲品評之等級；間有"餘集""餘""删""已

録”等字樣。三爲朱筆圓圈及序號，二集接續直至“百七十一”。四爲寫於序號
旁的墨筆或朱筆批注，如“已刻”“刻過不抄”“抄過不抄”等。其中第一、第
三種分別標記了全書詩歌，所有詩歌非此即彼，兩類有各自序號，全書共録詩
三百五十七首。第二類的墨筆圓圈，全書大部分詩歌皆有；詩歌等級之批注祇
出現於《初集》，絕大多數此類詩篇又加有朱筆序號。第四種標記出現次數不多，
但應是末次校讎并爲詩稿再次謄清所作標注。

　　與道光刻本《笑鄉詩鈔》比較，刻本僅收詩，無評語。此外即便是已刻詩歌，
稿本又加以文字的推敲，如刻本第五首《遠眺》（稿本第二十二首，題下加注“重
陽前作”），刻本三、四聯文字爲“紅楓山徑丹青稿，黃菊人家富貴秋；更向蓬
門約知己，重陽攜酒復來遊”，稿本原文與刻本同，但用墨筆圈改爲“早霜紅葉
題糕節，新酒青帘賞菊秋；好向蓬門約知己，重陽乘興共來遊”。

　　根據稿本與刻本的不同，以及稿本中的四種標記，可以推知是稿爲收録詩
篇、評語的全稿；編者進行了較多的文字改定；全部詩篇分類後重新編次，并加
注“删除”“已刻”等便於去取的標示，其中加標朱筆序號者，應爲擬再次謄抄
的部分。而據標注中的“餘集”字樣，疑此稿應有《初集》《二集》《餘集》三部分。

　　謹知本館收藏是書稿本。《中國古籍總目》著録中國國家圖書館、中國科學
院文獻情報中心收藏清刻本《笑鄉詩鈔》。

168

## 定盦文集三卷續集四卷補九卷

T5507　　3802

　　《定盦文集》三卷《續集》四卷《補》九卷，清龔自珍撰。清同治七年至八
年（1868—1869）曹籀刻本，清江標、劉麟生批并題識。四册。框高 18.7 厘米，
寬 14.2 厘米。半葉十二行二十四字，左右雙邊，白口，單魚尾。版心上鐫“定
盦文集”，中鐫卷次。

　　《定盦文集》卷端題“仁和龔自珍璱人僎”。書名葉分三欄，右題“同治七
年夏五雕”，中題“定盦初集”，左題“仁咊曹籀書檢”。首有未署年吳煦《刻定
盦文集緣起》、同治七年曹籀《定盦文集題辭》；次《定盦文集目録》。《定盦續
集》卷端題“仁和龔自珍璱人饌”。首有《定盦續集目録》。《定盦文集補》卷端
題“仁和龔自珍璱人饌”；首有《定盦文集補總目》。《文集補》包含《續録》一
卷、《古今體詩》二卷、《雜詩》一卷、《詞選》五卷，其中《詞選》爲《無著
詞》《懷人館詞》《影事詞》《小奢摩詞》《庚子雅詞》五種各一卷；版心上均鐫
“定盦文集補”、中鐫小題。《續録》卷端題“定盦文集補”，前有《定盦文集補

目録》。《古今體詩》卷上首題"定盦文集"，卷下首題"定盦餘集"；末有補抄道光七年（1827）龔自珍自識。《雜詩》卷端題"定盦續集"；末有庚子（道光二十年，1840）程金鵬跋。《詞選》卷端題"定盦別集"；《詞選》前四種末分別有刊刻識語云："又《無著詞》一卷始名《紅禪詞》，凡九十二闋，壬午（道光二年，1822）春選録四十五首，癸未（道光三年，1823）夏付刊"，"右《懷人館詞》一卷，原集凡九十闋，辛巳（道光元年，1821）春日選録三十二首，癸未六月付刊"，"右《影事詞》一卷，原集十九首，辛巳春選録六首，癸未六月付刊"，"右近作《小奢摩詞》一卷，本三十三闋，删存十五首，補入舊作合爲二十首，癸未六月付刊"。書末有同治戊辰（七年）何兆瀛跋、吳煦跋。

龔自珍（1792—1841）初名自暹，字璱人，後更名鞏祚、易簡，字伯定，號定庵，晚號羽琌山民，清浙江仁和（今屬杭州）人。少從外祖父段玉裁習《說文》，嘉慶二十三年（1818）舉人，考授内閣中書，充國史館校對，道光九年（1829）始登進士第，仍任中書，歷官禮部主事等。講求經世致用，力主政治改革，與魏源齊名，世稱"龔魏"，道光十九年（1839）以觸時忌辭官，後任丹陽雲陽書院講席，詩文輯爲《龔自珍全集》。《清史稿》卷四百八十六、《清史列傳》卷七十三有傳。

《定盦文集》《續集》爲同治年間曹籀校讎、吳煦出資付梓。卷前吳煦《刻定盦文集緣起》云："《定盦文集》上、中、下三卷又《續集》四卷者，仁和龔禮部之所作也，係禮部手寫定本。亂後是書流閩中，其友曹竹書從他人輾轉假録得之。初甚秘，後踵門索觀者衆，日不暇給，屬余出資付剞劂氏，校讎之役皆竹書獨任，余意在成人之美，但有解囊相助，功過所不計也。惟是書經數手傳鈔，又潦草寫定，舛謬知必不免，且無善本可校，其亦可以已矣。然則竹書曷爲必錄諸板乎？曰：'是將以杜塞夫人之求之者。'竹書爲設一例曰不敢妄爲增損，有明知其不謬而無目人所强爭者固仍之，即明知其必謬而有目人所共議者亦姑仍之，蓋本穀梁子傳疑、傳信之義耳。删去少作四篇，亦禮部志也，又與江子屏箋書杭大宗逸事二篇，係後續得者，此外無一字焉。"

《定盦文集補》爲同治八年（1869）補刻龔自珍遺文及詩詞。詞集原擬據何兆瀛所藏抄本付梓，後從趙益甫得道光三年龔自珍刻本，遂改依原刻本重刊又增《庚子雅詞》。書末何兆瀛跋云："此玉泉潘丈所録《定盦詞》，余借讀將十年。昨復攜至武林，適曉帆吳方伯栞《定盦文》成後搜得詩草栞附《文集》後。余因出此詞，請附其詩并栞之，使定盦箸作各見一斑也。"吳煦跋述補刻諸書事云："同治己巳（八年）補栞龔定盦先生遺文及《破戒草》《己亥雜詩》，承何青士觀察惠假定公詞鈔本，正在付梓，適趙益甫孝廉過杭，攜有定公詞四卷，乃先生手定刻於道光癸未（三年），取校何本，增多不少，惟《庚子雅詞》一卷則未刻本也。遂改依原刻本重栞，而以《庚子雅詞》附後，其爲《別集》五種，得窺全豹，亦一快事也。”

　　此本有光緒年間江標批校。江標批注有朱、墨兩色，并有多則題跋，書寫雋秀。《定盦文集目録》末有題識兩則，第二則云：“定盦文，余嘗見潘鳳洲鴻手批本，攷定頗多。今在陶小泜同年處。佗日當乞假一校也。標記。”江標（1860—1899）字建霞，號師鄘，清江蘇元和（今屬蘇州）人。光緒十四年（1888）舉人，次年成進士，授翰林院編修，提倡變法，曾任湖南學政，創辦湖南時政學堂，清末變法失敗後，廷議革職，禁錮於家。博學善文，喜藏書、刻書，著《宋元本行格表》，輯《黃堯圃年譜》、刻《藏書紀事詩》等。陶惟坻（1856—1930）字小泜，周莊（今屬昆山）人，光緒十四年（1888）舉人，揀發河南任知縣，後曾任江蘇省立第二圖書館館長。江標與陶惟坻爲同年舉人，題識末之“標記”即爲江標之落款。《文集》末題識所署時間爲丁亥四月二十五日，此處丁亥爲光緒十三年（1887）。

　　此本又有劉麟生題簽、少量墨筆校注及題跋。劉麟生（1894—1980）字宣閣，籍安徽廬江（今屬巢湖），隨父劉體蕃寓居上海。上海聖約翰大學畢業，先後任上海商務印書館及中華書局編輯，南京金陵女子文理學院、上海交通大學、聖約翰大學教授等職，1947年起在日本東京、美國華盛頓從事外交事務，1957年移居美國，曾在哥倫比亞大學工作，著《中國駢文史》《詞絜》《春燈詞》《茗邊詞》等。書衣題簽劉麟生題“江建霞太史手批本”，并題“甲午（1954）春分節宣閣題後”。劉氏於書眉墨筆書寫校注，後署“宣閣”。書末又有劉麟生墨筆識云：“乙巳（1965）三月廿八日閱畢”“丁未（1967）八月初八日閱畢”。

　　“泫”等字缺筆。

　　《中國古籍善本書目》著録中國國家圖書館、泰州市圖書館收藏清道光七年龔自珍自刻本《定盦文集》一卷《餘集》一卷，中國國家圖書館、華東師範大學圖書館、溫州市圖書館、中山大學圖書館收藏《定盦文集》三卷《餘集》一卷。知中國臺北故宮博物院、香港中文大學圖書館，美國華盛頓大學圖書館，日本東北大學圖書館、静嘉堂文庫收藏同治七年刻本。

　　鈐朱文方印“劉麔生”“宣閣”“茗邊詞客長壽”，曾爲劉麟生收藏。

169

**嬾雲樓詩鈔不分卷（存一冊）**

X5513　6482

　　《嬾雲樓詩鈔》不分卷，清嚴錦撰。清末抄本。存一冊（四冊之第三冊）。

一册。半葉九行二十一字，無欄格。

卷端題"桐鄉嚴錦公繡"。

嚴錦（1828—1890）字雲客，號笠溪，又號公繡，清桐鄉青鎮（今屬浙江嘉興）人。與弟紛有桐鄉二俊之目，同治六年（1867）副貢，候選直判，藉館穀糊口，著《嬾雲樓詩鈔》。生平參《［民國］烏青鎮志》卷二十九、《［光緒］桐鄉縣志》卷十一。

此本於謄抄文稿上修訂、選録嚴錦未刻詩。書衣墨筆題"原四本，六十六頁、卅四頁、四十九頁、六十頁"，此本爲四十九頁，乃其中第三本，抄詩八十餘首。此本有少量朱筆、墨筆修訂，墨筆與卷端題名下"未刻選録"出於同一人手筆，而朱筆僅有幾處行間删改、乙正。

卷端題名下墨筆題"未刻選録"，書名葉題"題上有圖印者抄，餘勿抄"，則凡鈐圓印者當爲選出詩篇。書中於所選詩篇題上鈐蓋"緇生"朱文方印，天頭鈐蓋"孛訥"白文葫蘆印。其中，鈐蓋"緇生"之詩有三十四篇，而鈐蓋"孛訥"者較之多出十五篇，此應爲先後兩次選詩所致，然其先後尚不能判明。此處"緇生"當爲嚴錦從兄嚴辰印章。嚴辰（1822—1893）原名仲澤，字子鐘，號緇生，咸豐九年（1859）進士，授編修，因觸犯諱字改主事，回鄉創書院、辦保嬰養老等興革之事，曾任桐溪、立志、翔雲各書院山長，晚年修《桐鄉縣志》，著有《墨花吟館詩鈔》等，生平參《［民國］烏青鎮志》卷二十九。"孛訥"無考。

此本之抄寫或已至嚴錦晚年，即光緒年間。光緒二十五年（1899），嚴氏後人曾刊刻嚴錦詩集四卷。如與刻本相較，當可確定此本是否爲刊刻前删訂之底稿。

知南京圖書館藏光緒二十五年刻本，著録爲《嬾雲樓詩鈔》四卷。

鈐"生齋臺灣行篋記"朱文方印，曾爲李宗侗收藏。

170

## 潘文勤公信札不分卷

T5778　3634

《潘文勤公信札》不分卷，清潘祖蔭撰。稿本。四册。信箋尺寸、行款不一。書衣題"潘文勤公信札"。

潘祖蔭（1830—1890）字伯寅，小字東鏞，號鄭盦，潘世恩孫，清江蘇吳縣（今屬蘇州）人。咸豐二年（1852）進士，授編修，遷侍讀，入直南書房，縻官工部、户部侍郎，以事降級，光緒朝擢大理寺卿、禮部侍郎、工部尚書，入直軍機處，服父喪後起爲兵部尚書，調補工部，晋太子太保，卒諡文勤。通經史，收藏金石書畫，著《攀古樓彝器圖釋》《滂喜齋藏書記》等，輯刊《滂喜齋叢書》《功順堂叢書》。《清史稿》卷四百四十一、《清史列傳》卷五十八有傳。

是稿爲潘祖蔭手札，主要爲致"四兄中堂""蘭蓀吾兄"二人信函，亦雜有若干未署收受人之短箋。"四兄中堂""蘭蓀吾兄"分別爲李鴻章、李鴻藻。李鴻章（1823—1901）本名章銅，字漸甫，號少荃，清安徽合肥人。道光二十七年（1847）進士，授編修，咸豐三年（1853）回籍辦理團練，後入曾國藩幕，同治元年（1862）編練淮軍，曾鎮壓太平軍、捻軍，遷江蘇巡撫、兩江總督、直隸總督兼北洋通商事務大臣，官至文華殿大學士，卒贈太傅，諡文忠。倡導洋務，設立江南製造局、開平煤礦等，辦武備學堂、建北洋海軍，對外主張議和，出面簽訂衆多條約。李鴻藻（1820—1897）字寄雲，號蘭蓀，清直隸高陽（今屬河北）人。咸豐二年（1852）進士，授編修，同治四年（1854）以内閣學士任軍機大臣，光緒二年（1876）以兵部尚書爲協辦大學士，兼總理各國事務衙門，歷吏部、兵部、户部、禮部、刑部尚書，光緒年間中法、中日戰争時皆主戰，曾彈劾李鴻章，卒諡文正。潘祖蔭與李鴻章、李鴻藻皆爲朝廷重臣，得以往來。

信札粘貼於厚紙之上，綫裝成册。書衣分別標記"六""八""九""十"，應爲原稿册數，現僅存四册。書衣又記録該册頁數：第一册一百十六頁，然末數第二頁被揭去，實缺；第二册一百四十頁，第三册一百二十二頁，第四册一百五十頁，共計五百二十八頁，約有信函三百八十通。此稿可爲研究李鴻章、李鴻藻生平及光緒朝政事提供史料。

此稿信札多爲短箋，所涉内容駁雜，或涉及朝廷政事如與朝鮮外交、查對賬目，或僅爲日常生活如談書、問藥等等。信札起訖時間，約爲同治十一年（1872）以後直至光緒十六年（1890）潘祖蔭卒前。書札中"四兄中堂"乃指稱李鴻章，明清稱内閣大學士爲中堂，李鴻章同治十一年任武英殿大學士，十三年（1874）直至光緒二十七年（1901）皆任文華殿大學士，"中堂"之稱可用於此時期。此稿書札有五處後人小注，其中第十册中的四處皆可説明信札所言爲光緒十五（1889）年事："光緒十五年七月十六日諭翁做"；"此亦光緒十五年七月初回信，以上各信事□同時"；"文襄正月十二日事，諭由兩廣調湖廣總督"，按文襄爲張之洞號，光緒十五年調任；"光緒十五年正月廿七日大婚，此信□前"，按光緒十五年光緒帝大婚。此外，據書札信箋鈐印亦可推知信函之時間，如有信箋鈐"乙酉"，此函寫於乙酉年（光緒十一年，1885）之後；有鈐"梅花喜神館"者，據葉昌熾《緣督廬日記》，葉德輝於光緒十二年十月之前不久爲潘祖蔭收得宋刻《梅花喜神譜》一書，則潘氏此印在此之後；有鈐印"御賜福壽"，據潘祖蔭弟祖年所編《潘祖蔭年譜》，光緒七年（1881）、十二年（1885）皇太后皆曾賞"福壽字"，則此印亦不早於光緒七年。

知中國國家圖書館亦藏《潘文勤公書札》稿本。

此稿所用箋紙，多爲木版彩印，可資鑒賞。部分信箋鈐有潘祖蔭印記。如朱文長方印"梅華喜神館""龍威洞天""墨妙亭""電齋""神游心賞""乙酉"；朱文方印"攀古樓""大阜邨""金石洞天""鳥倦飛天知還""千載一時"；白文方印"梅華喜神之館""荣夢軒""文字之福""晚香盦""蠅須館""蚊睫居""獲古堂""雲自無心水自閒"；龍虎紋飾朱白間文圓印"御賜福壽"等。

171
## 松禪老人詩册不分卷

T5523    4348

《松禪老人詩册》不分卷，清翁同龢撰。稿本。一册。原紙半葉高 24.6 厘米，寬 20.7 厘米。行字不等。木夾板册頁裝。卷端未題書名、著者，題名據夾板題簽。

翁同龢（1830—1904）字聲甫，號叔平，又號韻齋、瓶生，晚號松禪，翁心存第三子，清江蘇常熟人。咸豐六年（1856）進士第一，授修撰，歷官內閣學士，刑部、户部侍郎，刑部、工部尚書，軍機大臣，總理各國事務大臣，户部尚書，協辦大學士。爲同治、光緒帝師，光緒二十四年（1898）因支持變法罷職，宣統元年（1909）追諡文恭。善詩文，著《瓶廬詩稿》《倭韓近事》等。《清史稿》卷四百三十六、《清史列傳》卷六十三有傳。

詩册共十五葉，録詩二十五首（按：《題繆柳村遺像》計作一首）。每詩之後均署有翁同龢名號，有"松禪老人翁同龢""翁同龢""同龢""龢""瓶隱""瓶廬""瓶生""松禪""松禪居士"等。詩册通篇與翁同龢其他手跡風格一致，雖僅有落款而無鈐印，但其中一篇末署"龢并書"，則册中詩文應爲翁同龢所作并書寫。

册中諸詩多爲寄情山水、感物言志之作。其中僅有第一、第二兩篇寫明詩作時間：第一篇小序云"辛丑四月，余在山中"，辛丑爲光緒二十七年（1901）；第二篇詩序云："此二十四景爲奎孫所藏，壬寅二月索題，因書小絶"，壬寅爲光緒二十八年（1902）。此册所收諸詩或爲翁同龢晚年之作。

册中諸詩皆無詩題。僅册中第一篇載於《瓶廬詩稿》卷七，詩題爲《題繆柳村遺像》，爲同題之詩三首。然其中文字略有不同，如此本詩序中"繆少村廣文"，刻本補繆氏之名作"繆少村廣文鎬"；此本詩序末云"茲綴小詩，次濠叟韻"之"小詩"，刻本作"三詩"；第一首詩"徐墅東偏柳陌西"之"徐墅"，刻本作"徐市"；第三首"臕我空山酒獨斟"之"空山"，刻本作"山中"。比較而言，刻本文字及格式更爲完善清晰，而此詩册似爲未最後定稿之文字。翁同龢詩文，在其歿後由其族人、門生先後輯刊，計有民國二年（1913）所刻《瓶廬詩鈔》六卷，由繆荃孫、邵松年校勘的民國八年（1919）武昌書局所刻《瓶廬詩稿》八卷，民國十年（1921）上海聚珍仿宋印書局所刻《瓶廬詩補》一卷《校異》一卷《詞》一卷，各書遞相增補，近則以 2009 年上海古籍出版社之《翁同龢詩集》收錄最全。然詩册中二十四首詩皆未見載，當可爲翁氏之詩補遺。

知中國國家圖書館、上海圖書館均藏有翁同龢詩文稿本。

172

## 趙烈文書稿不分卷

T5778　4810

《趙烈文書稿》不分卷，清趙烈文撰。稿本。五册。框高 19.6 厘米，寬 12.6 厘米。半葉十行字不等，四周單邊，白口，無魚尾。版心下鐫 “能静居鈔書”。書衣題 “趙烈文書稿”。

趙烈文（1832—1894）字惠甫，號能静居士，清江蘇陽湖（今屬常州）人。監生，咸豐五年（1855）因薦入曾國藩幕，同治元年（1862）赴南京襄助曾國荃，同治六年（1867）再入曾國藩幕，隨其左右參謀軍機，深受器重，晚年曾任磁州、易州知州。著《天放樓集》《能静居日記》等。

此稿應爲同治十年（1871）趙烈文公函。據陳乃乾所撰《陽湖趙惠甫先生年譜》，趙烈文於同治八年（1869）十月至十年五月，署理廣平府磁州（今屬河北邯鄲）；同治十年九月，奉檄赴趙州會審隆平、寧晋兩縣縣民爭堤案；十一月，返保定，藩司委通志局分纂。此稿多篇涉及磁州政務，可知時趙烈文在磁州任上，如第一册第六、七篇《稟道憲》（二篇題目相同，文字略有修改）云：“竊本州辦理差務，里下久無津貼”，第八篇《復磁州紳董王鶴鳴》云：“承示磁邑節孝等祠經費出入并刊刻碑記”。趙烈文自撰之《能静居日記》記事起自咸豐八年（1858）五月四日迄光緒五年（1889）六月二十日，是研究曾國藩、太平天國，乃至清末歷史的主要資料。《能静居日記》同治十年二月十一日之記載正可與第八篇《復磁州紳董王鶴鳴》印證：“紳士王鶴鳴來見，以忠義孝弟節孝祠生息租摺付之。”

此稿並非全爲趙烈文親筆手書。其中十餘篇關涉磁州政務者，爲趙氏手書；大量官員往來之賀壽、賀年、唁文等應酬文字，多由他人書寫，且書寫者不止一人，此類篇章行間或文末有趙氏批改。各篇首末題有 “發” “不發”，或 “照繕” 字樣，明其爲底稿。另外，多數應酬類文稿在篇末署有日月，時間起自正月廿五日迄於十二月廿二日。

"玄""弦"等字缺筆，"寧"易爲"甯"。

知南京圖書館、臺北"國家圖書館"藏《能静居日記》稿本，南京圖書館另藏有趙烈文手札。

173

### 一簣山樵吟草三卷吟草續録一卷

X5532.9　8191

《一簣山樵吟草》三卷《吟草續録》一卷，清金少霞著。稿本。三册。半葉九行二十五字，無欄格。

卷端題"一簣山樵山陰少霞金氏吟草重録"。書首有《吟草重鈔目録》，題下注"庚子"。末葉統計各年詩作數量。

金少霞，生平無考。

是書爲金少霞詩集，以題材分爲三集，目録注明各集各類詩篇數量。初集收詠史、詠美、古蹟、詠花卉、詠樹木、古風六類，共三百三十首；次集收詞曲、詠物、比喻、感懷、遊玩、變體六類，共二百九十一首；叄集收寓言、詠天文、詠月、時令、詠飛禽、詠走獸、詠鱗介、詠昆蟲、雜詠八類，共二百六十七首。書末又附《吟草續録》三十七首，未見於目録。

書中於大部分篇題下注明寫作時間，均爲干支，起自"丙寅"迄於"壬寅"，凡三十七年。書之末葉亦按年統計詩篇數量，亦起自"丙寅"，首列"丙寅十五首"。然此本末二葉經剪裁，其中末葉裁去末三行之大部分，末行僅見"辛丑"二字，"辛丑"較詩題所注干支最晚之"壬寅"早一年。而辛丑、壬寅二年詩均在《吟草續録》中。書首目録題下注"庚子"，蓋因彼時尚未抄寫《續録》。

是書未見刻本傳世，此本爲謄抄稿本。書中有少量文字挖改，另用他紙將修正文字粘貼在原處。每一詩題下干支均爲抄後所加；詩題上加朱圈、行間句讀亦用朱圈。書中鈐大量印章，其中每類首用"銅琵琶室"、末用"養心"，每首詩題之下用其他小印，似皆爲金少霞之印。以其紙張及書寫風格，此本應爲清末抄本。

鈐"少霞""金"等朱文方印，"一簣山樵"朱文橢圓印，"銅琵琶室""桐華盦""易生""清節□烁"等朱文長方印，"養心"白文方印，應均爲金少霞印章。又鈐"信古閣藏""南海黄氏扶南□恒"等朱文長方印。

174

## 節庵先生電稿不分卷

T5778　3924

《節庵先生電稿》不分卷，清梁鼎芬撰。稿本。二冊。信箋尺寸、行款不一。

梁鼎芬（1859—1920）字星海，一字心海，號節庵，清廣東番禺（今屬廣州）人。光緒六年（1880）進士，授編修，光緒十年（1884）中法戰争時因疏劾李鴻章而降級，旋入張之洞幕，主講廣雅、鍾山書院，光緒二十六年（1900）由端方、張之洞薦，歷任直隸知州、武昌知府、安襄鄖荆道員、湖北按察使，光緒三十二年因彈劾奕劻、袁世凱被責乞退。一生維護清廷，戊戌變法時反對維新派，辛亥革命時赴京侍清，民國六年（1917）參與張勛復辟。著有《節庵先生遺詩》等。《清史稿》卷四百七十二有傳。

自光緒十八年（1892）秋梁鼎芬應張之洞之聘至武昌主兩湖書院講席并參其幕府，直至光緒三十三年（1907）十一月引疾辭職，梁鼎芬一直任職湖北，深爲張之洞所倚重。據吳天任所撰《梁節庵先生年譜》，梁鼎芬先後主講兩湖書院、鍾山書院，協助張之洞創辦學堂，并操練新兵。光緒二十八年（1902）補漢陽知府，張之洞以梁鼎芬爲提調，主理全省公私大小學校一切事務，二十九年（1903）梁鼎芬兼署武昌鹽法道。時張之洞鋭意圖治，百廢俱舉，其中興辦學堂，責鼎芬任之，自二十八年至三十三年，梁鼎芬力行學務，創辦文高等學堂、文普通學堂、武普通中學堂、農業學堂、工業學堂、兩湖總師範學堂、省師範學堂、軍醫學堂、存古學堂等各種學堂，并派遣留學生赴日、歐、美學習。故《清史稿》謂“之洞鋭行新政，學堂林立，言學事惟鼎芬是任”，此非虛言。此稿輯光緒二十八年電稿、信札，其中大量文稿涉及學務，少量涉及政事。此稿可作爲清末湖北興辦新學的重要資料。

此稿包括電稿、書札、呈文等。其中大部爲梁鼎芬電報底稿，此類在落款“芬”後以“東”“元”“艷”等韻目代替日期；又有少量梁鼎芬所書信札，及梁鼎芬下屬報事呈文。梁鼎芬電稿、書札稱收受人爲“大人台下”，因梁鼎芬長期在湖北佐理張之洞，此處“大人”當即爲張之洞。第一冊六十七頁所提到的“鮮翁”，即爲書衣所言“黃紹基”。黃紹箕（1854—1908），字仲弢，號漫庵，父亡後更字爲鮮庵，光緒二十四年（1898）授翰林院侍讀學士，曾進呈張之洞所著《勸學篇》奉命飭各省學政刊行。

此稿分頁粘貼於窄條糙紙之上，紙捻毛裝二冊。第一冊書衣題“癸卯六月訂”，“共一百五十四紙，梁節庵最多，亦有黃紹基及李葆恂者。按係光緒廿九年者”。第二冊書衣題“梁”，“十一月”，“共四十七紙，乃光緒廿九年十一月份者。節字章係梁之字‘節庵’”。稿中大多箋紙左下角鈐“節”，即梁鼎芬字“節庵”之首字。然此稿第一册實爲一百六十頁，第二册實爲四十八頁，共計二百八頁。書中文稿約略按時間編排，其中第二册第十三頁書札署日期爲“癸卯十一月十三日”，與書衣所題光緒二十九年（1903）相符。

知中國國家圖書館藏梁鼎芬手稿。

孫曰說文王部擁字云周垣也
徐楷云……待引此句作擁以
周垣

東郊則有通溝大漕潰渭洞河沈山東控引淮湖與海通

西郊則有上囿禁苑林麓藪澤陂池連乎

蜀漢綠以周墻四百餘里離宮別館三十六所神池靈沼往往而在

絛枝之鳥踰崑崙越巨海殊方異類至于三萬里

其中乃有九眞之麟大宛之馬黃支之犀

絛枝國臨西海有大鳥卵如甕山海經曰帝之下都崑崙之墟高萬仞河圖括地象曰崑崙在西

**180 文選六十卷**

清乾隆三十七年（1772）葉氏海録軒朱墨套印本

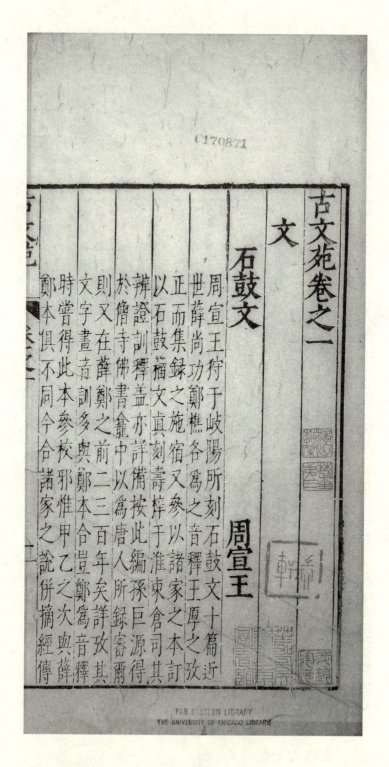

古文苑卷之一

文

石鼓文　　　　周宣王

周宣王狩于岐陽所刻石鼓文十篇近
世薛尚功鄭樵各爲之音釋王厚之弦
正而集録之施宿又參以諸家之本訂
以石鼓籀文貞刻壽樺于淮東倉司其
薛證訓釋盖亦詳備按此編孫巨源得
於僧寺佛書龕中以爲唐人所録審爾
則又在薛鄭之前二三百年矣詳攷其
文字畫音訓多與鄭本合豈鄭爲音釋
時嘗得此本參校邪惟甲乙之次與薛
鄭本俱不同今合諸家之說併摘經傳

183　古文苑二十一卷　明萬曆張象賢刻本

御定歷代題畫詩類卷第一

翰林院編修　臣　陳邦彥奉

旨校刊

天文類

觀慶雲圖

觀慶雲圖
　　　　　唐　李行敏

縑素傳休祉丹青狀慶雲非煙凝漠漠似蓋乍紛紛尚駐從
龍意全舒捧日文光因五色起影向九霄分裂素觀嘉瑞披
圖賀聖君寧同窺汗漫方此觀氛氳

觀慶雲圖
　　　　　唐　柳宗元

圖賀聖君寧同窺汗漫方此觀氛氳

觀慶雲圖

設色初成象卿雲示國都九天開祕祉百辟贊嘉謨抱日依
龍袞非煙近御爐高標連汗漫向望接虛無刻素榮光發舒

189　御定歷代題畫詩類一百二十卷
清康熙四十六年（1707）內府刻本

咏物詩選卷第一

　　　　　魏塘俞　琰長仁輯

天部

日

旦出扶桑路遙升若木枝雲開五色滿霞際九光披東　　唐　李嶠

陸蒼龍駕南郊赤羽遲傾心比葵藿朝夕奉光曦　　唐　韓偓

曉日

天際霞光入水中水中天際一時紅直須日觀三更後　　唐　朱慶餘

首送金烏上碧空

望蝅日

**190　咏物詩選八卷**　清雍正三年（1725）寧儉堂刻本

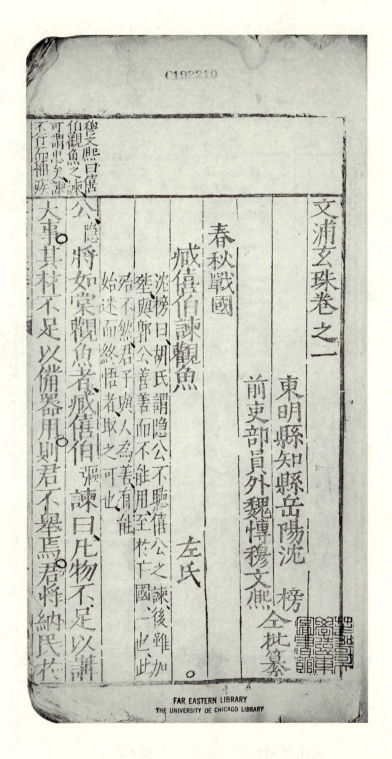

文浦玄珠卷之一

東明縣知縣岳陽沈　榜
前吏部員外魏博穆文熙　全　批纂

春秋戰國

臧僖伯諫觀魚　　左氏

沈榜曰胡氏謂隱公不聽僖公之諫後雖加
葬題郭公善善而不能用至於亡國一也此
殆不然君子與人為善有能
始迷而終悟者取之可也

公將如棠觀魚者臧僖伯
諫曰凡物不足以講
大事其材不足以備器用則君不舉焉君將納民於

穆文熙曰僖
伯觀魚之諫
可謂忠矣諫
不行而稱疾
不

195　**文浦玄珠六卷**　明萬曆十四年（1586）刻本

197　憑山閣增輯留青新集三十卷

清乾隆積秀堂刻本

皇華集上

館車輦次前使金太僕揭璧詩韻

帝命親將豈事皁風塵盈首日三搔

天從西北瞻

龍氣人擁東南識鳳毛詩入客途偏有趣禮

勤館伴不辭勞五更又渡山河去月白

風清聽石濤

弘治壬子夏五月吉正使兵部郎中豫

章艾璞書

次韻

盧公弼

209　壬子皇華集二卷辛巳皇華集二卷

明萬曆朝鮮活字印本

陽羨蔣如奇一先選　門人李　鼎和仲次

賦

奉制撰蟠桃核賦有序

宋濂

武洪乙卯夏五月丁丑，上御端門召翰林詞臣，出示臣桃半核蓋元庫內所藏物也其長五寸廣四寸七分前刻西王母賜漢武桃及宣和殿十字，奎以金中繪龜鶴雲氣之象後鐫庚子年甲申月丁酉日記其字如前之數亦以金飾之所謂庚子

五言古詩

錢澄之　飲光一名秉鐙字幼光江南桐城人著有田間集

田園雜詩二首

一春勤稼穡草木荒東園今晨始芟刈逝將除其
根良苗常恐短惡草常苦緜腰斧伐荊棘用以衞
籬藩荊棘傷我手淋漓手中痕手傷不足道籬弱
何以存家人挈酒至滿斟在瓦盆勸我飲一醉頹
然卧前軒前軒無人來春風開我門

雞鳴識夜旦鳥鳴識天時東皋人有聲我起毋乃

清康熙三十六年（1697）蔣國祥刻雍正印本

國朝山左詩鈔卷一

雅雨山人盧見曾纂

宋琬　八十四首

琬字玉叔號荔裳萊陽人順治丁亥進士歷官
四川按察使有安雅堂集之詩　錢牧齋謙益序玉叔
之詩天才儁朗逸思雕華風力既道丹彩彌潤陶寫性靈抒寄幽憤
聲出宮商情兼雅頌其詩人之雄乎吳梅邨
偉業序當萬歷之中葉海內文氣衰茶萊陽宋
氏獨以學古攻文辭鳴鴻生峻後繼望而
吾友故司空九青在其間尤稱絕出接聞父
起者又得吾友玉叔天才儁上接九青兄
典訓胚胎前光甘嗜文學自九青之存駁駁乎
欲連鑣而競爽歲年值際興運舘綎登朝羽儀乎
於京國不可謂不遭時也而仍見躓踣用誣浮繁
於理凡浹月而獲讟被還官部署出調外省其

清乾隆二十三年（1758）盧氏雅雨堂刻二十四年（1579）重修本

# 總集類

175

**漢魏六朝百三名家集一百十八卷**

T5235　1334B

《漢魏六朝百三名家集》一百十八卷

《賈長沙集》一卷　漢賈誼撰

《司馬文園集》一卷　漢司馬相如撰

《董膠西集》一卷　漢董仲舒撰

《東方大中集》一卷　漢東方朔撰

《褚先生集》一卷　漢褚少孫撰

《王諫議集》一卷　漢王褒撰

《漢劉中壘集》一卷　漢劉向撰

《揚侍郎集》一卷　漢揚雄撰

《劉子駿集》一卷　漢劉歆撰

《馮曲陽集》一卷　漢馮衍撰

《班蘭臺集》一卷　漢班固撰

《東漢崔亭伯集》一卷　漢崔駰撰

《張河間集》二卷　漢張衡撰

《漢蘭臺令李伯仁集》一卷　漢李尤撰

《東漢馬季長集》一卷　漢馬融撰

《東漢荀侍中集》一卷　漢荀悅撰

《蔡中郎集》二卷　漢蔡邕撰

《東漢王叔師集》一卷　漢王逸撰

《孔少府集》一卷　漢孔融撰

《諸葛丞相集》一卷　三國蜀諸葛亮撰

《魏武帝集》一卷　漢曹操撰

《魏文帝集》二卷　三國魏曹丕撰

《陳思王集》二卷　三國魏曹植撰

《陳記室集》一卷　漢陳琳撰

《王侍中集》一卷　漢王粲撰

《魏阮元瑜集》一卷　漢阮瑀撰

《魏劉公幹集》一卷　漢劉楨撰

《魏應德璉集》一卷　漢應瑒撰

《魏應休璉集》一卷　三國魏應璩撰

《阮步兵集》一卷　三國魏阮籍撰

《嵇中散集》一卷　三國魏嵇康撰

《魏鍾司徒集》一卷　三國魏鍾會撰

《晋杜征南集》一卷　晋杜預撰

《魏荀公曾集》一卷　晋荀勖撰

《傅鶉觚集》一卷　晋傅玄撰

《晋張司空集》一卷　晋張華撰

《孫馮翊集》一卷　晋孫楚撰

《晋摯太常集》一卷　晋摯虞撰

《晋束廣微集》一卷　晋束皙撰

《夏侯常侍集》一卷　晋夏侯湛撰

《潘黄門集》一卷　晋潘岳撰

《傅中丞集》一卷　晋傅咸撰

《潘太常集》一卷　晋潘尼撰

《陸平原集》二卷　晋陸機撰

《陸清河集》二卷　晋陸雲撰

《晋成公子安集》一卷　晋成公綏撰

《晋張孟陽集》一卷　晋張載撰

《晋張景陽集》一卷　晋張協撰

《晋劉越石集》一卷　晋劉琨撰

《郭弘農集》二卷　晋郭璞撰

《晋王右軍集》二卷　晋王羲之撰

《晋王大令集》一卷　晋王獻之撰

《孫廷尉集》一卷　晋孫綽撰

《陶彭澤集》一卷　晋陶潛撰

《宋何衡陽集》一卷　南朝宋何承天撰

《宋傅光禄集》一卷　南朝宋傅亮撰

《謝康樂集》二卷　南朝宋謝靈運撰

《顔光禄集》一卷　南朝宋顔延之撰

《鮑參軍集》二卷　南朝宋鮑照撰

《宋袁陽源集》一卷　南朝宋袁淑撰

《謝法曹集》一卷　南朝宋謝惠連撰

《謝光禄集》一卷　南朝宋謝莊撰

《南齊竟陵王集》二卷　南朝齊蕭子良撰

《王文憲集》一卷　南朝齊王儉撰

《王寧朔集》一卷　南朝齊王融撰

《謝宣城集》一卷　南朝齊謝朓撰

《齊張長史集》一卷　南朝齊張融撰

《南齊孔詹事集》一卷　南朝齊孔稚圭撰

《梁武帝御製集》一卷　南朝梁蕭衍撰

《梁昭明太子集》一卷　南朝梁蕭統撰

《梁簡文帝御製集》二卷　南朝梁蕭綱撰

《梁元帝集》一卷　南朝梁蕭繹撰

《江醴陵集》二卷　南朝梁江淹撰

《沈隱侯集》二卷　南朝梁沈約撰

《陶隱居集》一卷　南朝梁陶弘景撰

《梁丘司空集》一卷　南朝梁丘遲撰

《任中丞集》一卷　南朝梁任昉撰

《王左丞集》一卷　南朝梁王僧儒撰

《陸太常集》一卷　南朝梁陸倕撰

《劉户曹集》一卷　南朝梁劉峻撰

《王詹事集》一卷　南朝梁王筠撰

《劉秘書集》一卷　南朝梁劉孝綽撰

《劉豫章集》一卷　南朝梁劉潛撰

《劉庶子集》一卷　南朝梁劉孝威撰

《庾度支集》一卷　南朝梁庾肩吾撰

《何記室集》一卷　南朝梁何遜撰

《吳朝請集》一卷　南朝梁吳均撰

《陳後主集》一卷　南朝陳陳叔寶撰

《徐僕射集》一卷　南朝陳徐陵撰

《沈侍中集》一卷　南朝陳沈炯撰

《江令君集》一卷　南朝陳江總撰

《陳張散騎集》一卷　南朝陳張正見撰

《高令公集》一卷　後魏高允撰

《温侍讀集》一卷　後魏温子昇撰

《邢特進集》一卷　北齊邢邵撰

《魏特進集》一卷　北齊魏收撰

《庾開府集》二卷　北周庾信撰

《王司空集》一卷　北周王褒撰

《隋煬帝集》一卷　隋楊廣撰

《盧武陽集》一卷　隋盧思道撰

《李懷州集》一卷　隋李德林撰

《牛奇章集》一卷　隋牛弘撰

《薛司隸集》一卷　隋薛道衡

　　明張溥輯。明婁東張氏刻徐參微印本［配清刻本］。有缺葉。七十八册。框高 20.2 厘米，寬 14.1 厘米。半葉九行十八字，小字雙行同，左右雙邊，白口，單白魚尾。版心上鐫子集名，中鐫卷次及文體。

　　《賈長沙集》卷端題 "賈長沙集卷全"，"漢雒陽賈誼著；明太倉張溥閱"。書名葉分三欄，右題 "張天如太史評閱"，中題 "漢魏六朝百名家全集"，左題 "金閶徐參微梓行"。上鈐 "後增五十名家嗣出""五桂堂" 魁星點斗像，下鈐 "嘉顯堂藏板""參微發兌"。書首有婁東張溥《漢魏六朝百名家集叙》；次《漢魏六朝一百三家集總目》。

　　張溥（1602—1641）字天如，號西銘，明太倉（今屬江蘇蘇州）人。崇禎四年（1631）進士，選庶吉士。與郡中名士結爲復社，評論時政，以繼承東林自許。詩文敏捷，主張復古，與同里張采齊名，號 "婁東二張"。著《七録齋集》，輯《漢魏六朝百三名家集》。《明史》卷二百八十八有傳。

　　是書選取漢至隋名家詩文：漢九人、東漢十一人、魏十二人、晉二十二人、宋八人、齊六人、梁十九人、陳五人、北魏二人、北齊二人、北周二人、隋五人，共一百又三家。每家之前有張溥《題辭》，評史論人；每家之後附史書小傳。

　　書前《漢魏六朝百名家集叙》言此書之纂輯云："余少嗜秦漢文字，苦不能解。既略上口，遍求義類，斷自唐前，目成掌録，編次爲集，可得百四五十種。近見閩刻七十二家，更服其搜揚苦心，有功作者。……余自賈長沙以下迄隋薛河東，隨手次第，先授剞劂，凡百三家。卷帙重大，餘謀踵行。古人詩文，不容加點，隨俗爲之，聊便流涉，無當有亡。評騭之言，懼累前人，何敢復贅。

每集叙首，本末微見，送疑取難，異代筳扣爾。別集之外，諸家著書，非文體者概不編入，其他斷篇逸句，雖少亦貴，期於畢收。"《四庫全書總目》評是書云："卷帙既繁，不免務得貪多，失於限斷，編録亦往往無法，考證亦往往未明"，"然州分部居，以文隸人，以人隸代，使唐以前作者遺篇，一一略見其梗概，雖因人成事，要不可謂之無功也"。

此本書名葉題"金閶徐參微梓行"，然實用婁東張氏書版刷印。徐參微，生平仕履無考。金閶地屬蘇州，與太倉相距不遠，是明清時重要刻書地區。書名葉所鈐"後增五十名家嗣出"，承張溥叙"卷帙重大，餘謀踵行"之意，揣其意當爲結集後不久刊行；審其字形，仍清晰無爽。中國國家圖書館所藏徐參微印本，其版刻、刷印情況亦較好。是書多見，然修補、後印本多混同於明婁東張氏刻本，經多本對校，知徐參微印本尚爲是書較早印本。

此本明顯配入清翻刻本，若干名家集如《張司空集》《孫馮翊集》《摯太常集》《王司空集》《隋煬帝集》《盧武陽集》《李懷州集》《薛司隸集》等，帶有四周單框的書名葉，乃用清翻刻本整册配入；另外，書中多處書口、文字曾經挖補，正文文字亦是用清翻刻本整段貼補。書中配補、挖改皆近世書估射利所爲。

《四庫全書總目》入集部總集類。《中國古籍善本書目》著録中國國家圖書館、上海圖書館、山東省圖書館、湖南省圖書館等四十家收藏明婁東張氏刻本。知中國國家圖書館、武漢大學圖書館藏徐參微印本。

清翻刻本部分鈐有"管松厂之小篆"朱文方印、"蘭陵管氏藏書"白文方印，并有朱筆圈點批校。此爲勞費爾購書。

176

### 河嶽英靈集三卷

T5237.4　4241B

《河嶽英靈集》三卷，唐殷璠輯。明崇禎毛氏汲古閣刻唐人選唐詩本。四册。框高 19 厘米，寬 13.7 厘米。半葉八行十九字，左右雙邊，白口，單白魚尾。版心上鐫書名，中鐫卷次，下鐫"汲古閣"。

卷端題"唐丹陽進士殷璠集"。書首有未署年殷璠《河嶽英靈集序》；次《河嶽英靈集姓氏總目》，每卷各有分卷目録。卷末有戊辰（崇禎元年，1628）毛晋識語。

殷璠（生卒年不詳）唐丹陽（今屬江蘇）人，天寶間進士。選録唐開元、天寶間詩成《河嶽英靈集》，又輯丹陽籍詩人之作爲《丹陽集》，後者已佚。

是書選録唐開元二年（714）至天寶十二年（753）間常建、李白、王維等二十四家詩共二百三十四首，每家先列小叙，後列詩篇，選詩并兼品評，其體例對後世詩文選集頗具影響。

　　是書現存最早爲宋刻二卷本，三卷本則以崇禎元年（1628）汲古閣所刻《唐人選唐詩》最爲通行。《唐人選唐詩》共八種，包括唐令狐楚輯《御覽詩》一卷、唐元結輯《篋中集》一卷、唐芮挺章輯《國秀集》三卷、唐殷璠輯《河嶽英靈集》三卷、唐高仲武輯《中興閒氣集》二卷、佚名《搜玉小集》一卷、唐姚合輯《極玄集》二卷、唐韋縠輯《才調集》十卷。此本字體秀美、墨色潤澤，雖爲零本，亦可珍之。

　　《四庫全書總目》未著録《唐人選唐詩》。《中國古籍善本書目》著録北京大學圖書館、上海圖書館、遼寧省圖書館、山東省圖書館等四十家收藏汲古閣刻《唐人選唐詩》全帙。知中國臺北"國家圖書館"、臺北故宮博物院，加拿大英屬哥倫比亞大學圖書館，日本宮内廳書陵部、公文書館、静嘉堂文庫、尊經閣文庫、京都大學藏有《唐人選唐詩》全帙。另知美國哈佛大學哈佛燕京圖書館藏《河嶽英靈集》零本。

　　鈐"生齋臺灣行篋記"朱文方印，曾爲李宗侗收藏。

177
## 李杜全集四十八卷

T5298　4448

《李杜全集》四十八卷

　　《分類補註李太白詩》二十五卷　唐李白撰，宋楊齊賢集注、元蕭士贇補注；《年譜》一卷，宋薛仲邕撰

　　《集千家註杜工部詩集》二十卷《文集》二卷　唐杜甫撰

　　明許自昌輯。明萬曆三十年（1602）許自昌刻汪復初印本。二十册。《分類補註李太白詩》框高 22.3 厘米，寬 14.7 厘米。半葉九行二十字，小字雙行同，左右雙邊，白口，單魚尾。版心上鐫"李詩補註"，中鐫卷次。

　　卷端題"分類補註李太白詩"，"春陵楊齊賢子見集註；章貢蕭士贇粹可補註；明長洲許自昌玄祐甫校"。書名葉分三欄，右題"許玄祐先生較"，中題"李杜全集"，左題"書林汪復初藏版"。書首有未署年王穉登《合刻李杜詩集序》；次寶應元年（762）李陽冰《唐翰林李太白詩序》、咸平元年（998）樂史《後序》、貞元六年（790）劉全白《唐翰林李君碣記》、未署年曾鞏《後序》、元豐三年（1080）毛漸題識；次薛仲邕《唐翰林李白年譜》；次《分類補註李太白詩目録》。

　　《集千家註杜工部詩集》框高 21.3 厘米，寬 14.4 厘米。行字同，四周單邊，版心上鐫"杜詩集註"。卷端題"集千家註杜工部詩集"，"明長洲許自昌玄祐

甫校”。首有寶元二年（1039）王洙《杜工部詩史舊集序》、皇祐壬辰（四年，1052）王安石《杜工部詩後集序》、元祐庚午（五年，1090）胡宗愈《成都草堂詩碑序》、嘉泰甲子（四年，1204）蔡夢弼《杜工部草堂詩箋跋》；次《集千家註杜工部詩集目録》；次《集千家註杜工部文集目録》。

是書乃許自昌合刻李白詩歌、杜甫詩文。許自昌（生卒年不詳，主要活動於萬曆年間）字玄祐，號梅花主人、高陽生，明長洲（今屬江蘇蘇州）人。官至中書舍人，以篤行稱，構梅花墅，聚書連屋。著《樗齋漫録》《捧腹編》等，另存《水滸記》等五種傳奇。事跡略見《［乾隆］長州縣志》卷二十四。

是書刊刻事詳於王穉登《序》及萬曆壬寅（三十年，1602）許自昌小引，此本小引闕。王《序》云：“李杜詩無合刻，刻之自許子玄祐始。既成，問序於王子。……是刻既出，二先生之集將同運並行，且俾學者各詣其極，不空疏亡當與木僵膚立乎。剞劂之功，實弘多矣。”王序末原署“萬曆壬寅十一月長至日”，此本剟去。許自昌小引云：“出篋中藏李杜詩，朗歌一再闋，未嘗不沾沾喜，神遊二先生間也。諸所不解，徵之訓仕，訓仕之所不解，徵之當世作者。退而觀篋中舊刻，頗多舛謬，竊自嘆二先生千年絶調，竟爲魯魚亥豕蠹蝕哉。廼遍索諸善本，力爲校讐，靳政一二，授之梓人。”

此本書名葉題“書林汪復初藏版”，爲汪復初印本。汪復初（生卒年不詳）明末金陵書坊主，曾爲崇禎五年崢霄館刻《型世言二集》徵稿，天啓二年刻《明醫指掌》。

《四庫全書總目》集部別集類分別著録《分類補註李太白集》三十卷、《集千家註杜詩》二十卷。《中國古籍善本書目》著録北京大學圖書館、上海圖書館、湖南省圖書館等六家收藏，而分別收許自昌刻李、杜集者頗多。知中國臺北“國家圖書館”，日本東洋文庫、東北大學藏《李杜全集》；美國華盛頓大學圖書館藏汪復初印本。

書衣題簽鈐“鳴鳳樓藏書”朱文方印。此爲勞費爾購書。

178
## 江左三大家詩鈔九卷

T5237.8　3141

《江左三大家詩鈔》九卷，清顧有孝、趙澐輯。清康熙七年（1668）刻本。六册。框高 17.8 厘米，寬 13.5 厘米。半葉十一行二十一字，小字雙行同，四周單邊，白口，單魚尾。版心中鎸子集名、卷次。

卷端題“吳江顧有孝茂倫、趙澐山子輯”“丹徒談允謙長益、常熟嚴拭子張、桐城方文爾止、同里吳之紀小脩參"，每卷參校者不同。書首有康熙六年（1667）顧有孝《江左三大家詩鈔叙》、康熙六年趙澐《序》；次《江左三大家詩鈔目録》，三家目録均題此名，書口鎸子集名。

顧有孝（生卒年不詳）字茂倫，清初江南吳江（今屬蘇州）人，主要活動於康熙年間。少任俠，遊陳子龍之門，善談喜交遊，論詩以唐爲宗，曾選《唐詩英華》《五朝名家七律英華》《明文英華》等，自著《雪灘釣叟集》。《清史列傳》卷七十有傳。趙澐（生卒年不詳）字山子，清初吳江（今屬蘇州）人。順治八年（1651）舉人，仕終江陰教諭，善詩文，爲徐乾學所推重。生平事跡可參《〔乾隆〕震澤縣志》卷十九。

是書輯錢謙益《牧齋詩鈔》、龔鼎孳《芝麓詩鈔》、吳偉業《梅村詩鈔》爲一編。書首顧有孝、趙澐二序皆簡述編刊事，顧《叙》云："因與趙子山子謀付剞氏，傳布通都達邑，使海内之稱詩皆以三先生爲準的。"趙《序》云："末學寡識，幸生三先生之鄉，又嘗親承三先生之教。竊不自揣，與茂倫顧子共詮次三先生之詩，以公之天下，而庶幾其不我咎焉。"是書乾隆年間曾列爲抽燬書，姚覲元《禁燬書目》之《軍機處奏准抽燬書目》云："江左三家詩鈔。查此詩係吳江顧有孝所選錢謙益、龔鼎孳、吳偉業三人之詩，内除錢謙益、龔鼎孳二家均應抽出銷燬外，其吳偉業詩集現擬存留，此詩抄三卷應請毋庸銷燬。"

《四庫禁燬書叢刊》影印清華大學藏本，與此本同版。《中國古籍善本書目》著録爲康熙七年（1668）刻本，其書有康熙七年盧綋序刊本，有趙澐凡例十則、盧綋序，而無顧氏、盧氏二序。康熙七年盧綋序刊本，又有"廣雅堂""綠蔭堂"印本，知美國哈佛大學哈佛燕京圖書館、哥倫比亞大學藏廣雅堂印本。

"鉉"字缺筆。

《四庫全書總目》未收。《四庫禁燬書叢刊》影印清康熙刻本。《中國古籍善本書目》著録中國國家圖書館、山西省圖書館、山東省圖書館、湖南省圖書館等十二家收藏康熙七年刻本。知中國香港中文大學圖書館，日本關西大學圖書館、京都大學大學院文學研究科圖書館、愛媛大學圖書館等處亦藏，著録爲康熙六年序刊本。

鈐"務本堂田氏家書不能讀我書擅自竊書者非田氏之子孫"朱文長方印。

179

## 國朝六家詩鈔八卷

T5237.8　7241

《國朝六家詩鈔》八卷，清劉執玉選。清乾隆三十二年（1767）詒燕樓刻本。

六册。框高 17.8 厘米，寬 12.8 厘米。半葉十行二十一字，小字雙行，左右雙邊，白口，單魚尾。版心上鐫書名，中鐫各家詩集名。

卷端題"國朝六家詩鈔"，"錫山劉執玉復燕選""門人許庭堅麟石、鄒容成雲瞻參閱"。書名葉分三欄，右題"無錫鄒小山、長洲沈□□兩宗伯鑒定"（按：原書殘缺二字應爲"歸愚"），中題"國朝六家詩鈔"，左題"宋荔裳、施愚山、王阮亭、趙秋谷、朱竹垞、查初白""詒燕□□□"（按：原書殘缺三字應爲"樓藏板"）；欄上題"乾隆丁亥新鐫"。鈐"盛世□音"（按：原書殘缺一字，應爲"元"）、"風流儒雅亦吾師"。書首有丁亥（乾隆三十二年，1767）諸洛序、乾隆三十二年鄒一桂序、乾隆丁亥沈德潛序；次劉執玉《凡例》；次《國朝六家詩鈔總目》。

劉執玉（1709—1776）字復燕，清無錫人。教授鄉里，著《詒燕樓詩稿》。

是書乃劉執玉選輯清六名家詩，各家編年詮次，用以知人論世。所選六家爲宋琬《荔裳詩鈔》一卷、施閏章《愚山詩鈔》一卷、王士禛《阮亭詩鈔》二卷、趙執信《秋谷詩鈔》一卷、朱彝尊《竹垞詩鈔》一卷、查慎行《初白詩鈔》二卷。

是書編成後由劉氏門人刻梓。書前諸洛序云："吾友劉君復燕少承其尊府于根先生家學，尤深於詩，嘗取我朝諸名集反覆熟讀，得六家焉，曰王阮亭、查初白、施愚山、宋荔裳、朱竹垞、趙秋谷，擇其尤者選□□（按：原書殘缺二字，爲"爲若"二字）干卷，會以詩著於功令，吾邑之學詩者同然從之。復燕以此講畫，其及門恐莊寫之不易也，謀付之梓。"

"玄""炫"等字缺筆。

《四庫全書總目》未收。《中國古籍善本書目》著録上海圖書館、湖北省圖書館藏名家校跋本三部。知中國香港大學圖書館、香港中文大學圖書館，美國哈佛大學哈佛燕京圖書館、柏克萊加州大學圖書館、普林斯頓大學圖書館，日本東洋文庫、東京大學綜合圖書館、東京大學東洋文化研究所、京都大學人文科學研究所等處收藏。

鈐"萬全王氏怡志堂二鶴藏書印"。

180
**文選六十卷**

《文選》六十卷，南朝梁蕭統輯，唐李善注，清何焯評。清乾隆三十七年（1772）葉氏海録軒朱墨套印本。佚名朱筆批校。十二册。框高 19.4 厘米，寬 14.7 厘米。半葉十二行二十五字，小字雙行三十七字，左右雙邊，白口，單魚尾，書眉套印朱字評語。版心中鐫書名卷次，葉碼印爲朱墨二色；下鐫"海録軒"。

卷端題"梁昭明太子撰文林郎守太子右内率府録事參軍崇賢館直學士臣李善注上；長洲葉樹藩星衛氏參訂"。書名葉分三欄，右題"長洲葉涵峰參訂"，中題"重刻昭明文選李善註"，左題"海録軒藏板"，欄上題"何義門先生評點"。書首有清乾隆三十七年（1772）葉樹藩《重刻文選序》；次《凡例》；次《重刻文選目録》；次録昭明太子《文選序》、李善《唐李崇賢上文選注表》。

蕭統（501—531）字德施，小字維摩。南朝梁武帝長子，天監元年（502）立爲太子，未及位而卒，謚曰"昭明"。喜山水，好文學，召集才學之士，論文著述，編撰《文選》。《梁書》卷八、《南史》卷五十三有傳。李善（約630—689）唐揚州江都（今揚州）人。顯慶中補太子内率府録事參軍、崇賢閣直學士。方正清雅，學貫古今，尤精《文選》。《舊唐書》卷一百八十九、《新唐書》卷二百二有傳。

葉樹藩（1740—1784）字星衛，號涵峰，清長洲（今屬蘇州）人。太學生，多次應鄉試而未取，與海寧朱超之爲《文選》之學，事跡詳趙懷玉《亦有生齋集》之《葉星衛先生哀辭》。葉樹藩治《文選》，獨推李善注，以毛氏汲古閣刊李善單注本爲基礎勘定，加以何焯評點，并於篇末附葉氏自撰補注。書前乾隆三十七年葉樹藩序云："五臣本之荒陋，六臣本之舛偽，前人已有定論。近世惟汲古閣本一復江夏之舊，較諸刻爲完善。然既獨存李註而雜入五臣之説數條，殊失體裁，且其書疏於讐校，帝虎陶陰，焚然謎目，談藝家往往有遺憾焉。吾吳何義門先生手評是書，於李註多所考正，士論服其精覈。余弱冠後不敢忘先大夫之言，輒不自揆，手自勘輯，削五臣之紕繆，存李氏之訓詁。卷帙則仍毛氏而正其脱誤，評點則遵義門而詳爲釐訂。至管窺所及，有可補李註、何評所未備者，竊附列於後。"《凡例》亦言是書編刊云："毛氏汲古閣本頗多脱遺……兹悉以宋本校定"；"藩折衷群言，要歸至當，篇中間有剩義，輒附案於簡末"；"不得不藉於評點。何學士義門本未及鋟版，藏書家往往珍秘不易購，且數經傳寫，紕繆良多。今重加參灼，用套板刷印。"何焯所評《文選》存於《義門讀書記》、海録軒刻《文選》及《文選集評》三書。海録軒朱墨套印本，書眉、行間朱文爲何焯批點。正文、李善注及葉氏補注均爲墨色，葉氏案語計百餘條。

現存海録軒朱墨套印本，文字往往有異。如卷二葉一《兩京賦》眉評"此注謂出薛綜"，"出"字或誤作"止""山"；卷二十七《北使洛上》眉評"秋成賦，洛作詩"，或"洛"作"延"，或整句易爲"安仁感秋成賦，延之赴洛作詩"。如此等等，互有不同，諸本參差，蓋修版或翻刻所致。此本爲乾隆三十七年葉氏海録軒原刻本。避乾隆帝諱，刻印清晰、無斷版；研究者所列諸本眉評舛訛，此本皆無誤；書名葉著者名寫作"峰"而不作"峯"，與一般認爲的原刻本相同。但此本書名葉未鈐"海録軒"及"長洲葉氏圖書"兩印。

"玄""炫""弘"等字缺筆，"曆"代以"歷"。

《四庫全書總目》未收。《中國古籍善本書目》著録華東師範大學圖書館、湖北省圖書館等四家收藏海録軒朱墨套印本之名家校跋本。是書多見，但有修版、翻刻所致文字差異，尚需比勘。知中國香港中文大學圖書館、臺北故宮博物院，美國柏克萊加州大學圖書館、哥倫比亞大學圖書館、紐約公共圖書館、愛荷華大學圖書館，加拿大多倫多大學圖書館、英屬哥倫比亞大學圖書館，英國倫敦大學，澳大利亞國家圖書館，日本東洋文庫、公文書館、東京大學東洋文化研究所等處，以及韓國延世大學圖書館收藏。

鈐"帶經堂陳氏藏書印"朱文長方印、"陶氏逸園藏書記"朱文長方印，曾爲清陳徵芝、民國陶湘之兄陶珙收藏。陳徵芝（生卒年不詳）字蘭陵，號韜庵，清閩縣（今福州）人，嘉慶七年（1802）進士，築帶經堂藏書，曾從王惕甫處得黃丕烈舊藏，著有《經史纂要》《帶經堂日記》等。查《帶經堂書目》，陳氏藏有《文選》二部，曾過録何焯批校并手自參訂。此書朱筆批校比對宋本、引潘耒等人校語，乃出自能得舊本、勤於校勘之人，或即爲陳徵芝。

181

## 文選音義八卷

T5236　3041

《文選音義》八卷。清余蕭客撰。清乾隆二十三年（1758）静勝堂刻本。六册。框高 17 厘米，寬 12.1 厘米。半葉八行十九字，小字雙行同，四周雙邊，細黑口。版心中鐫書名卷次，每卷首葉版心中鐫"静勝堂"。

卷端題"吳郡余蕭客仲林輯著；同郡金旦評又劭、朱燦華和中參定"，每卷參定者不同。書名葉分三欄，右題"吳郡余仲林輯著"，中題"文選音義"，左題"全載何義門先生考訂舊評""静勝堂藏板"。書首有乾隆戊寅（二十三年）沈德潛序、乾隆二十三年余蕭客自序。

余蕭客（1732—1738）字仲林，號古農，清長洲（今屬江蘇蘇州）人。幼從母顏氏習《文選》，後師從惠棟，以漢學名。耽於古籍，假抄異書，彙集漢唐舊注輯爲《古經解鉤沉》，又著有《文選音義》《選音樓詩拾》。《清史稿》卷四百八十一有傳。

是書訓詁《文選》中之字詞，文字依據汲古閣所刻《文選》，訓釋則參注諸本異同，又補益何焯評點所未盡。余蕭客自序云："前輩何侍讀義門先生，當士大夫尚韓愈文章不尚《文選》學，而獨加賞好，博考衆本，以汲古爲善。晚年評定，多所折衷，士論服其該洽。然諸書散見與《文選》出入者，尚多可採，輒不自料，據何爲本，益以所聞，摘字爲音，作《音義》八卷。先盡善注本音，次及六臣舊刻所補，二書未備，乃復旁及。其字一從汲古，諸本異同參注其下。叶韻則從沈重改音，古音則從入韻偶見，音叶無考，則從闕疑。五臣注可備一說及可補善注闕者，百無一二，今每卷擇稍可數條，列於音後。……別舊訓之朱紫，備一家之瞽説，未敢謂善注功臣，然較正數十處，補遺數百事，未嘗稍亂李氏舊章。"沈德潛序亦云："義門先生手評，素推博洽，今入此書，僅居十之三四。"

《四庫全書總目》稱余氏《古經解鉤沉》最爲詳核，然謂此書"罅漏叢生，如出二手"，舉其失數端：引證亡書，不具出典；本書尚存，轉引他籍；摭拾舊文，漫無考訂；疊引瑣説，繁複矛盾；見事即引，不究本始；旁引浮文，苟盈卷帙；鈔撮習見，徒涴簡牘。余蕭客弟子江藩所作《漢學師承記》云："余氏是書，本悔少作，然久已刊行，乃別撰《文選雜題》三十卷。……疾革之時，以雜題、詩集付弟子朱敬輿。敬輿寶爲枕中秘，以是學者罕知之。"余氏著作此書，時年三十，是以謂之少作。清宣統方氏刻《碧琳琅館叢書》收余氏《文選紀聞》三十卷，當即《雜題》，引書至數百種，然頗嫌雜遝，往往無涉於《選》。蓋此二書皆以補益遺事爲主。此書版本據書名葉。

《四庫全書》未收，《四庫全書存目叢書》影印清乾隆靜勝堂刻本。《中國古籍善本書目》未著録。知中國國家圖書館、中國人民大學圖書館、北京師範大學圖書館、西北師範大學圖書館，以及美國哈佛大學哈佛燕京圖書館、柏克萊加州大學圖書館、加拿大多倫多大學圖書館，日本東洋文庫、公文書館、京都大學人文科學研究所等處收藏。

182

## 文苑英華一千卷

T5236 5446

《文苑英華》一千卷，宋李昉等輯。明隆慶元年（1567）胡維新、戚繼光刻隆慶六年、萬曆六年（1578）遞修本。一百六十册。框高 20.8 厘米，寬 15.8 厘米。半葉十一行二十二字，小字雙行同，四周單邊，白口，單白魚尾。版心上鎸書名，中鎸卷次，下鎸刻工。

卷端未題著者。書首有隆慶元年塗澤民《刻文苑英華序》、隆慶元年胡維新《刻文苑英華序》；次纂修官員銜名；次周必大《纂脩文苑英華事始》；再次目録，題"翰林院學士朝請大夫中書舍人廣平縣開國男食邑三百户上柱國賜紫金金魚袋宋白等奉敕纂"。各卷有分卷目録。

李昉（925—996）字明遠，深州饒陽（今屬河北）人。五代後漢乾祐元年（948）進士，仕後漢、後周，宋初歷官中書舍人、參知政事、平章事，雍熙元年（984）加中書侍郎，主持編纂《太平御覽》《太平廣記》《文苑英華》三部大型書籍。《宋史》卷二百六十五有傳。

是書爲北宋官修詩文總集，由李昉、徐鉉、宋白、蘇易簡等二十餘人奉敕編纂，始於太平興國七年（982），成於雍熙三年（986）。是書接續《文選》，收録自南朝梁至晚唐五代的詩文近兩萬篇。傳世最早刻本爲宋嘉泰元年至四年（1201—1204）周必大刻本，今僅存一百五十卷。宋刻之後，即爲隆慶元年刻本。嘉靖四十五年（1566）胡維新入閩巡按，六月開始籌資刻梓，戚繼光等負責鳩工校刻，至隆慶元年（1567）竣事。書首胡維新《序》述刻梓事云："丙寅歲（嘉靖四十五年）余抵命按閩，遘侍御顔君沖宇論文於武林道中，因語之曰：'《苑》之傳也，宋有刻也，然藏之御府，昔非掌中秘之書者不獲見，而今并逸之矣。儒林家傳有善本，又以卷帙繁灝，繕録非經年不可。故寒畯之士慕而觀之且弗能也，又何暇録而傳也。余是行將其梓之，又恒慮觀風者茲非務之先，而委材命工之須更不免於擾者，或有所未敢也。'……至六月入閩境，遂以白於督撫，任齋塗公嘉之贊決之，乃肇謀始役焉。故主令率先捐廩奠費，則督撫公之首文也；剗謬證疑、詮次補逸則藩臬諸君之協襄也；鳩工屬程、繕書校刻，大將軍孟諸戚公及福州太守胡君帛、泉州太守萬君慶之奏勞也。不數閱月，《苑》文刻成，孟諸公命副軍金科告余竣事，并請序之。"

是書在隆慶六年、萬曆六年、萬曆三十六年（1608）曾經多次修版。現存多爲明隆慶元年刻本，及明隆慶元年刻隆慶六年、萬曆六年、萬曆三十六年遞修本兩種。此本補版葉版心僅見"壬申重修""萬曆六年重刊"字樣，"壬申"爲隆慶六年，此本當爲隆慶六年、萬曆六年遞修本，較爲少見。

刻工有劉亨、詹宏、蔡顯、周在、劉和、余傑、蔡希、余仕、吳長春、獻、王定（王定還、王还）、余吉、蔡生、明、湛、林、王進郎、劉五、昂、蔡時、余伕堅、葉太、陳生、劉目、張福興、成、六生（陸生）、六付（六富）、吳茂森、力、王妳成、陸賜（六賜）、陸奇、詹崇、曾洪、曾保、陸達（六達）、王堅、伯奇、曾執、蔡友、清、張員、陳二、王成、葉東、周壽、照、詹卿、黃釜、黃安、余宗、周欽、黃春、陸毛、熊奠、陳奠、葉脩、陸旺（六旺）、陸文（六文）、劉和、長、富、王奠、周声、陸華、范洪、六傑、黃文、一清、伯、南、甲、葉智、天、有、鎮（王鎮）、王煜、文世、余清、曾佛、得（陳得）、龔相、葉二、余仕宗、李三、周昊、余三、陸華、曾侟、陸七（六七）、亮、詹八、周全、周三、劉昃、劉壽、張昃、余海、虞四、陳三仙、葉八、後進、陳貴、葉六、陳龍、陳七、世、黃朝、劉五、炅、熊四、禄（張禄）、張黃、王時、余祐、福六、朱銑、朱儉、朱良、黃刀、北斗、張子、余明、升、蔡三、黃四、余悵、吳長富、張思榮、李祐、范福、陳長、范志、楊高、旻（黃旻）、毛奴、余毛、梓、黃明、昂八、長一、朱牛、朱茂、朱明、文力、王員、王仁、助富、曾一、張成、朱交、友貴、余文吉、朱用、吳春、朱生、朱仁、李右、劉有、江宣、江恩、十、余當、余五、官、陳九、葉昃、吳四、太長、張旺、模、黃文、張七、范文、朱卿、葉三、文世、張福、伯太、朱清、余六、張清、陳四、葉再昃、陳成、祚、朱高、余要、詹世、仲富、朱先、昇、陳一、乃、太成、江定、吳郎、吳三、山、吾、七太、余啓、六甲、熊清、銘、泉、鐈、鋐、鏼、鑽、愛、鉛、黃鉞、銳、鑢、鎦、朋、陳能、乃成、仲貴、尾六、葉尾、文達、太生、朱郎（朱成郎）、李子、劉友、瑲（豈）、之、勻、土、嵩、泉、登、石、七太、黃資、芹、鐔、成右、戌、金、亮、海六、黃乃、張明、六郎、六山、黃秋、天、川、吳九、鄭成（鄭四）、詹良（良四、詹四）、黃六、王生、徐、云、吳昭、女、德、陸雪、民（余民）、黃山、陳孫（孫）、虞應、余一、仲達（六仲達）、詹林、陳乙、甫、葉張、曾七、曾淇、蔡尾、朱林、蔡謙、江四、魏三、陳添福（陳福）、楊順之、文炳、劉玉、祖、王去、余政、周八、詹六、太荣、太建、俊、朱歺、崇勝、二吳、劉清、峯、沛（市）、可誌、芋、荣建。

《四庫全書總目》入集部總集類。《中國古籍善本書目》著録明隆慶元年胡維新、戚繼光刻本，明隆慶元年胡維新、戚繼光刻隆慶六年、萬曆六年、三十六年遞修本兩種，此本未見著録。知北京師範大學圖書館、遼寧大學圖書館藏此版。

鈐"鶴溪"朱文圓印、"樂爽齋"朱文長方印。

183

### 古文苑二十一卷

T5236　4604

《古文苑》二十一卷，宋章樵注。明萬曆張象賢刻本。四册。框高 20.5 厘米，寬 13.3 厘米。半葉八行十八字，小字雙行同，左右雙邊，白口，單魚尾。版心上鐫書名，中鐫卷次。

卷端未題著者。書首有紹定壬辰（五年，1232）章樵《古文苑序》、淳熙六年（1179）韓元吉序、未署年張琳《古文苑叙》、嘉熙丁酉（元年，1237）江師心《古文苑序》、淳祐丁未（七年，1247）盛如杞序；次《古文苑總目》。

　　章樵（生卒年不詳）字升道，號峒麓，宋昌化（今屬浙江臨安）人。嘉定元年（1208）進士，歷官知漣海軍，曾任山陽教授，吳縣知縣、常州通判、處州知州，著《古文苑注》。《宋史翼》卷二十九有傳。

　　是書收錄東周至南朝齊詩賦雜文，皆史傳、《文選》所未載。北宋孫洙得於佛龕；南宋淳熙間，韓元吉裒爲九卷；紹定間，章樵知吳縣時爲之增補、作注，按文體分爲二十類二十卷，第二十一卷收錄殘文。書前章樵自序云："猶幸佛書龕中之一編，復出于人間。而其中句讀聱牙，字畫奇古，未有音釋，加以傳錄舛訛，讀者病之，有聽古樂恐臥之歎。樵學製吳門，竊簿書期會之暇，續以燈火餘工，玩味參訂，或裒斷簡以足其文，或較別集以證其誤，推原文意，研覈事實，爲之訓註。其有首尾殘缺，義理不屬者，姑存舊編以俟更攷。復取漢晉間文史冊之所遺，以補其數。凡若干篇，釐爲二十卷。"至明成化，福建巡按御史張世用再刻《古文苑》，張琳序云："成化歲壬寅（十八年，1482），琳釋憂復參閩藩，案牘之暇，巡按彡史。淮南張公世用間進臺下，出示所藏章樵重訂唐人所編《古文苑》，且欲發諸建陽書肆，壽梓廣傳，以開入古之徑。……千百年間，宋孫巨源於佛書龕中得之，復出於人間。逾二百年，紹定間章樵又得於殘編斷簡之餘，而校正訓註之，雖得板行，世遠言湮，而尚古學者亦罕睹焉。迄今又二百餘年，公復獲刊之，則斯文既晦而復顯，信有時矣。"此後，弘治年間王嶽、萬曆二十一年（1593）張象賢皆據成化本重新刊刻，然行款版式各不相同。此爲萬曆二十一年刻本，卷前嘉熙元年江師心序末題"萬曆二十一年張士驥書"。

　　《四庫全書總目》入集部總集類。《中國古籍善本書目》著錄中國國家圖書館、上海圖書館、山東省圖書館、南京圖書館等十九家收藏。知中國臺北故宮博物院、加拿大多倫多大學圖書館收藏，日本國會圖書館、公文書館、静嘉堂文庫、東京大學綜合圖書館等處收藏。

　　鈐"顧印我鈞"白文方印、"我鈞陶元"朱文方印；朱文方印"瑞軒"朱文方印；"獨山莫棠"朱文方印、"楚生弟三"朱文方印、"獨山莫氏藏書"朱文長方印、"獨山莫氏收藏經籍記"朱文方印、"獨山莫氏讀過"朱文方印；"李宗侗藏書"朱文長方印，"易印漱平"白文方印；又有"顧開之印"白文方印。曾爲清顧我鈞、莫棠及民國李宗侗、易漱平夫婦等收藏。顧我鈞（生卒年不詳）字陶元，號發千，江蘇吳縣（今屬蘇州）人，乾隆九年（1744）舉人，曾參修《五禮通考》，著述甚豐。

184

## 回文類聚四卷首一卷續編十卷首一卷

T5786　7946

《回文類聚》四卷《首》一卷，宋桑世昌輯，明張之象補；《續編》十卷《首》一卷，清朱象賢輯。清乾隆刻本。八冊。《回文類聚》框高17.2厘米，寬13.2厘米；《續編》框高17.1厘米，寬13.2厘米。半葉十行十九字，小字雙行，左右雙邊，綫黑口，雙魚尾。版心中鐫書名、卷次。

《回文類聚》卷端題"淮海桑世昌澤卿纂次"。首一卷爲朱象賢序、桑世昌《回文類聚跋》、桑世昌《序》，皆未署年。首有《蘇蕙小像》，題"鄭炳元鐫"，葉適題識并題詩；次《回文類聚總目》，目錄首葉版心下鐫"朱氏正本"。《續編》卷端題名"回文類聚"下鐫小字"續編"，撰者題爲"江南朱象賢集"。《續編》首一卷爲《織錦回文圖》等，有未署年朱象賢《織錦回文圖序》。《續編》首有未署年朱象賢《回文續編序》。各卷有分卷目錄。卷七末有未署年青霞居士跋，卷十末有壬申（乾隆十七年，1752）朱珖識、未署年胡瓊《讀回文類聚》。

桑世昌（生卒年不詳）字澤卿，號莫庵，南宋高郵（今屬江蘇）人，陸游（1125—1210）之甥。與高似孫（1158—1231）游三十年，工詩文，擅賞鑒，著《莫庵文集》《蘭亭考》，輯《回文類聚》。生平參《［民國］台州府志》卷九十九。朱象賢（生卒年不詳）本名行先，一名存孝，別號玉山仙史，清江蘇長洲（今蘇州）人。幼聰穎好奇文，監生，初游雲貴，因薦補江西瀘溪（今屬撫州）縣丞，乾隆十三年（1748）到任後改玉山（江西上饒）縣丞。生平參《［道光］瀘溪縣志》卷七、《回文類聚續編》朱珖跋。

晋蘇蕙織錦作"璿璣圖"，傳爲古今佳話。回文亦成詩之一門，縱橫反覆，皆成章句，後又有藏頭拆字之作，可謂新奇纖巧。是書乃朱象賢重梓桑世昌《回文類聚》并續輯而成。卷前朱象賢《序》述重刻桑氏之作緣起云："是書流傳至今，原本甚罕，止有明張之象增訂重梓一帙行世，但鐫刻潦草，增益掛漏，更以明代之作入於宋人纂輯之內，共謂非宜。是以悉仍桑氏原本，附以所增達摩二圖重鋟諸木，非有別事更張，惟欲一還前人之本來面目而已。"

朱象賢又增輯回文圖七卷，詩詞賦三卷，成《續編》十卷，其中回文圖注明詩韻、詞牌，詳明讀法。朱象賢《回文續編序》云："《回文類聚》乃宋淮海桑氏纂次，統計四卷，始自漢晋，迄於唐宋。至明神宗時，觀察張之象爲之增訂，世未稱善。今桑氏原本，業仍舊式重鋟，而前增諸作雖寥寥無幾，亦有可取，不忍遽置。予內子胡慧籤篋中藏有抄本《回文圖》二帙，素未經見者，頗多名氏鮮存，似勝國名流著作。予又留心訪求，雅而合體者錄之，俗而尋常者置之，共得圖八十九幅，詩二百三十二首，詩餘二十二闋，賦一篇，集爲《續編》。并以五彩《璿璣》及織錦故事畫圖另爲一卷，冠於編首。不特是體篇章得備，而舊編、新續亦不致混淆矣。"《續編》之《首》卷冠以《璿璣圖》二幅，設紅、黃、青、藍、灰五色，以別三、五、七言之异；次爲金古良《無雙譜》中蘇蕙像；再以朱象賢詩配圖畫八幅，左詩右圖，叙織錦故事。朱象賢《織錦回文圖序》云《續編》之《首》卷由來云："南陵射堂先生金古良詞伯而善繪事者也，著《無雙譜》，中列蘇氏之像最精。晋室裳衣更有考據，迥出尋常，乃傳世之筆，似不可以輕置。……今余留心訪求，得竇蘇畫册八幅，猶是周吉賢臨李湊之筆格，稿與伯時所云大同而略異，詳其意指，俱以武后叙文之記述規畫而成，情景宛然，非凡庸筆墨所能及。因摹縮本，與射堂寫像，次於五彩璿璣之後，共爲一卷，寄之棗梨，公諸同志。"

朱象賢之子曾擬刊是書，書中《續編》卷七爲朱象賢自作回文，乃其友人青霞居士在象賢之子欲刊是書時編入。卷七首朱氏題識云："回文作者甚罕。曩余曾見明人百餘圖，辭雅而極自然，擬俟從容假録，值事未果，迫後不能復購。暇日追思，偶倣數幅，嗣客携示。"卷七末青霞居士跋云："宋之桑澤卿纂有《回文類聚》，今流傳久遠，俗刻謬誤，後作未備。玉山仙史搜羅收拾，集爲《續編》，嗣君將次鏤板。余往閱仙史著作中亦有是體，因取所見，彙成一卷，次於諸圖之列。"再據書末朱珖跋，是書最後成稿已在青霞居士殁後："（朱象賢）與秋華沈子、青霞尤子爲莫逆交。……今沈、尤二子已作故人，獨玉山之蘊藉不減從前，讀其緒餘，彙訂《回文類聚》一帙。"

是書應爲朱氏家刻，目録版心下題"朱氏正本"。書末朱珖跋言朱象賢"暨登籍仕版，往來滇黔"，則是時已在朱象賢游雲貴而任玉山縣丞之乾隆十三年之後，故朱珖跋所署之壬申當爲乾隆十七年。另據《［道光］蘇州府志》卷一百二十六，朱象賢還曾撰《印典》《聞見偶録》二書，其中後者今存清康熙六十一年（1722）吳縣朱氏就閒堂刻本，此本之刊刻時間亦應距之不遠。

"玄""絃"等缺筆，"曆"易爲"曆"。

《四庫全書總目》集部總集類收《回文類聚》四卷《補遺》一卷。《中國古籍善本書目》著録中國國家圖書館一家收藏明萬曆四十四年刻《回文類聚》四卷。《續刻》知中國國家圖書館、臺北"國家圖書館"，日本國會圖書館、公文書館、静嘉堂文庫、東京大學綜合圖書館收藏清刻本；美國普林斯頓大學圖書館、德國巴伐利亞邦立圖書館、日本大阪大學圖書館藏清麟玉堂刻本；中國香港大學圖書館、加拿大多倫多大學圖書館、英國倫敦大學亞非學院、日本京都大學人文科學研究所藏清裕文堂刻本。

此爲勞費爾購書。

185

**四家宮詞二卷**

T5237　7429

《四家宮詞》二卷，明楊慎評。明刻詞壇合璧本。二册。框高 19.9 厘米，寬 14.8 厘米。半葉九行十八字，無直欄，四周單邊，白口，單黑或單白魚尾，書眉鐫評語。版心上鐫"宮詞"，中鐫卷次。

卷端題"西蜀升菴楊慎批評；秣陵公甫朱萬選校訂"。書首有未署年陳薦夫《四家宮詞序》；次《四家宮詞目録》。

楊慎（1488—1559），參見《太史升菴文集》（072，T5417　4294）。

是書選唐王建、後蜀花蕊夫人、宋王珪及徽宗趙佶四家詞作。前三人每人收詞約百首，徽宗詞約三百首。楊慎評語鐫於書眉。卷前陳薦夫《序》云："予友林志尹偃蹇髫年，沉冥壯歲……爰集詩詞古今千首，遍搜載籍，上下四朝，總曰《宮詞》"，則是書原爲林志尹輯；而依卷端所題，是書加以楊慎點評，再經朱萬選校訂而成。林志尹爲明萬曆、天啓時人，徐火勃（1561—1599）有《送林志尹謁選之京時予將入燕》詩。

此本爲明朱之蕃所輯《詞壇合璧》之一種。《詞壇合璧》收湯顯祖評《花間集》、楊慎評《草堂詩餘》、茅暎輯評《詞的》、楊慎評《四家宮詞》。《詞壇合璧》書首朱之蕃《詞壇合璧序》述全書之刊刻云："升菴楊公博極羣書，淹洽百代，而猶扵詞品注意研搜，至若《草堂詩餘》一編詳加評隲，當與唐人所選《花間集》并傳無疑矣。《詞的》蒐羅彌廣，《宮詞》摸寫最真，信爲崑圃球琳，總屬藝林鴻寶，彙梓成帙，足致佳觀。"

《四庫全書總目》未收。《中國古籍善本書目》著録北京大學圖書館、復旦大學圖書館、山東大學圖書館等四家收藏明刻本《詞壇合璧》。知日本東北大學圖書館收藏。

鈐"風樹亭藏書記"朱文長方印、"生齋臺灣行篋記"朱文方印，曾爲李宗侗收藏。

186

**宋元詩會三十三卷**

T5237.5　8799

《宋元詩會》三十三卷，清陳焯輯。清康熙二十七年（1688）程仕刻本。

三十六册。框高 19.2 厘米，寬 14.6 厘米。半葉十二行二十四字，小字雙行同，左右雙邊，白口，單魚尾。版心上鎸書名，中鎸卷次。

卷端題"皖桐陳焯默公輯選；後學程仕松皋參較"。書名葉分三欄，右題"滁岑輯選"，中題"宋元詩會"，左題"本衙藏板"，欄上題"百卷全編"；書名葉鈐魁星點斗像、"金詩附南宋後三朝史乘小傳具載篇端""本衙藏板"三印。書首有康熙二十二年（1683）曹溶《宋元詩會序》、未署年曹溶與陳焯書兩通、康熙二十七年周疆《宋元詩會序》；次陳焯《選例九則》；次《宋元詩人姓氏》，實爲目録。另《宋元詩人姓氏》中北宋、南宋及金元三部分之前各有書名葉題"上函""中函""下函"，爲舊時分函之標識。

陳焯（生卒年不詳）字默公，號越樓，清初桐城（今屬安徽）人。順治九年（1652）進士，官兵部主事，以親老乞歸，年七十四卒。長於詩文，曾與修《安慶府志》《江南通志》。著《滁岑詩文前後集》，輯《古今賦會》等。生平參《［康熙］安慶府志》卷十五、《［乾隆］江南通志》卷一百六十七。

是書衷輯宋元詩，卷一至三十三録北宋二百三十一人之詩三千一百零七首；卷三十四至六十五録南宋及金三百九十三人之詩三千六百零六首；卷六十六至一百録元二百七十五人之詩三千六百九十首詩。陳焯《選例》云是書乃仿元好問《中州集》，於每家詳其行實；其詩"皆散録零抄，或得諸山水圖經，或得諸厓碑磨拓，以及市坊、村塾、道院、禪宮、鄙籬殘蹟，窮極搜求，積累歲時，成兹巨帙。"

是書撰成後，曹溶、姚瑯曾欲刊而未果，後由程仕出資刊成。《選例》言刊書事云："憶廿載前錢牧齋宗伯訾余是選將成，謂友人陳伯璣曰：'唐詩以後竟接列朝，其中數百年天地日月當置何所？今有龍眠子補兹缺，陷吾藉手矣。'自是曹秋岳司農激賞逾涯，欲代版行而絀於力，姚書岑太守、陸子旦侍御已購梨棗鳩工矣，而適去官。幸時值右文，同鄉程中翰松皋負通敏之才，秀句名章播響金石，却尤折節嚮學，思於古今作者溯流窮源，耽玩斯編，獨窺心髓，捐金授梓，期月告成。蓋將以鼓吹昇平，效儒臣之職分，不僅嘉惠藝林已也。"

是書曾經修版再刊。《中國古籍善本書目》著録故宫博物院藏康熙二十二年程仕刻本。此本與之同版，但稍有差別。一是《選例》《宋元詩人姓氏》所題編者姓名有所不同；且故宫藏本《宋元詩人姓氏》第一卷至三十三卷，皆在末尾增加若干姓氏。二是二本墨釘、斷版處均同，但故宫本斷版更爲明顯。三是卷二十九、三十一末正文於該葉末行結束，故宫本於末行最下鎸"卷終"，以明示之。四是本館藏本書名葉鈐魁星點斗獨佔鰲頭像，及"本衙藏板"大方印，此類鈐印常見於較早印本。綜合以上諸端，此本爲康熙二十七年程仕原刻本，而故宮藏本疑曾經修版增補。

"玄"字缺筆。

《四庫全書總目》入集部總集類。是書存世較少,《中國古籍善本書目》著録故宮博物院、北京大學圖書館、清華大學圖書館、湖北省圖書館四家收藏清康熙二十二年程仕刻本;北京大學圖書館另著録清康熙二十七年程仕刻本一部。日本東洋文庫、静嘉堂文庫藏本分別著録爲康熙二十二年刻本和康熙刻本。

鈐"鄭氏家藏"朱文方印、"旦華"朱文方印、"元暐"白文方印,曾爲鄭元暐收藏。鄭元暐(生卒年不詳)字旦華,直隸棗强人,康熙時江南巡撫鄭端之孫,乾隆三年(1738)舉人。又鈐"信卿"。

## 187
### 宋金元詩永二十卷補遺二卷

T5237.5　8232

《宋金元詩永》二十卷《補遺》二卷,清吳綺輯。清康熙十七年(1678)刻思永堂印本。十冊。框高 17.4 厘米,寬 13.4 厘米。半葉九行十九字,左右雙邊,白口,單魚尾。版心上鐫書名,中鐫卷次及詩體。

《宋金元詩永》卷端題"延陵吳綺園次選;蒲吾崔華蓮生訂;濟陽江闓辰六、江湘文江較"。《補遺》卷端題"宋金元詩永補遺","延陵吳綺園次選;壻濟陽江闓辰六,泰興張之覒燕孫,男參成石葉、壽潛彤本輯"。書名葉分二欄,左題"延陵吳園次先生選",右題"宋金元詩永""思永堂藏板"。書首有康熙戊午(十七年)吳綺《叙》;次《宋金元詩永凡例》。每卷各有分卷目録。

吳綺(1619—1694),參見《林蕙堂文集續刻》(111,T5449　2322)。

是書選宋、金、元三代猶能承繼唐詩者爲一編,《凡例》言選詩標準云:"是選人維兩宋時逮金、元,而其詩之品骨氣味、規圓矩方,要不與李唐豐格致有天淵之別。惟讀者以讀三唐詩手眼讀宋、金、元詩,而仍不失宋、金、元詩,則可知選者之選宋、金、元詩,猶選三唐詩也。"

是書最初由江湘刻於康熙十七年。故宮博物院所藏是書有康熙十七年江湘《宋金元詩永序》,述是書刊刻云:"在吳門,出與徐建庵諸公參定,謂宜刻以公同好。廣陵鄧孝威宗鶴問諸子,方選次令詩得是集,擊節稱快,將梓以傳。廼屬湘參酌兼竟其工,刻成綴數語扵編,告竣役而已,何能贊一辭。"則是書由江湘督刊。是書《凡例》亦云:"計其日月,則兩易寒暑。計其相助有成,則淡心、孝威、崔問、亦陶、郢上諸君,而始終厥事、訂正剞劂則又郢上之力爲多也","郢上"爲江湘之字。此處五人,再加吳綺婿江闓,即爲故宮藏本《參定諸先生姓氏》

所列六人。

此本書名葉題"思永堂藏板",實爲在康熙十七年版上剜改每卷卷首之參訂者而成。《故宮珍本叢刊》影印故宮博物院所藏康熙十七年刻本。二本對校,有三處主要的不同。一是故宮藏本較此思永堂本多出序言四篇、徵書啓一則、參訂諸先生姓氏:康熙十七年徐乾學《宋金元詩永序》、李天馥《宋金元詩永序》、康熙十七年汪懋麟《叙》、康熙十七年江湘《宋金元詩永序》;徐乾學、陳維崧《徵刻吳湖州選宋金元詩啓》;《參閱諸先生姓氏》一百三十八人、《參定諸先生姓氏》六人。二是二本卷一至七卷首校訂者不同。故宮藏本大部分卷次題"延陵吳綺園次選;男參成石葉、壽潛彤本、威喜木華輯";此本則將後三人換爲參訂者一人、校者二人,參訂者每卷各不同,校者均爲"濟陽江閶辰六、江湘文江"。另外,二本卷十參校者處無字,其中故宮本有欄綫,與整葉一致;而此本無欄綫,似爲剗去、待補版。三是此本有三處墨釘或缺字,故宮本則未缺字。如卷一葉五"胡馬聲正嘶"之"胡"、卷四葉八"募兵加率官胥慶"之"募兵",此本爲墨釘;卷七葉二十四"丹楓蒼桂涌孤闕,錦石清江簇連嶂",此本缺"闕錦石清江"五字。

細審二本,此本各卷卷首修訂者姓名乃經剜改,蓋爲編刻者欲借參訂諸公之聲名以顯重是書,故將子侄之名換去。而此本之墨釘或缺字應是語涉"胡""清"等字,剜改以避諱。是書版片蓋幾經易主,現知書名葉藏板有"思永堂""千古堂""濂溪書屋"幾種。

《四庫全書總目》集部總集類存目,《四庫全書存目叢書》影印康熙十七年思永堂印本。《中國古籍善本書目》著録首都師範大學圖書館、山西大學師範學院圖書館、齊齊哈爾市圖書館三家收藏清康熙十七年刻本。未經剜改之原刻本,知故宮博物院,加拿大英屬哥倫比亞大學圖書館收藏。思永堂印本知中國人民大學圖書館、北京師範大學圖書館、美國哈佛大學哈佛燕京圖書館、普林斯頓大學圖書館,日本愛知大學圖書館,韓國奎章閣、澗松文庫收藏。

鈐"王印尚辰"白文方印、"合肥王氏藏書畫印"白文方印、"謙齋"朱文方印、"冰翠堂"朱文方印;"臼田氏樂壽山房藏書之記"朱文方印、"櫻邨山人"白文方印,曾爲清末王尚辰、近世蘇孝德收藏。王尚辰(1826—1902)字伯恒,號謙齋,合肥人,咸豐初貢生,光緒間官翰林院典簿,其先人有堂曰冰翠堂,著《謙齋詩集》,曾參與續修《廬州府志》。蘇孝德(1880—1941)字朗晨,號櫻村,臺灣嘉義人,好書法、詩文,曾結當地衆詩社爲"嘉社"。又鈐"□之珍藏"朱文長方印。

188

## 近光集二十八卷

T5237　8314

《近光集》二十八卷,清汪士鋐輯。清康熙五十八年(1719)汪士鋐刻本。十冊。框高 16.3 厘米,寬 12.9 厘米。半葉九行十九字,小字雙行同,左右雙邊,下黑口,單魚尾。版心上鐫書名,中鐫卷次及類目。

卷端題"長洲汪士鋐文升編纂;崑山徐修仁用晦參注"。書名葉分三欄,右題"汪文升編",中題"近光集",左題"是集選唐宋元明近體詩,分門別類,以備館閣之用,諸同仁參注",上鈐"禮部頒行"朱文大印。書首有康熙五十八年陳元龍序、康熙五十八年汪士鋐序;次《近光集目》;次康熙五十八年汪士鋐《雜論》。

汪士鋐(1658—1723)初名巽,字文升,號退谷,又號秋泉,清江南長洲(今蘇州)人。康熙三十六年(1697)狀元,選庶吉士,授編修,入直南書房,曾參與《佩文韻府》《全唐詩》《淵鑒類函》等書的校勘、纂修。工詩文,與兄弟份、鈞、倓并稱"吳中四汪",又擅書法,與姜宸英齊名,著《秋泉居士集》《瘞鶴銘考》,輯《近光集》《黃山志續集》等。《清史列傳》卷七十一有傳。

是書乃汪士鋐選輯歷代名家詩作。卷前汪士鋐自序述編纂事云:"歲甲戌(康熙三十三年,1694)從弟倓入翰林,屬余裒集古詩文字以備館閣之體。扵應制之作則有玉堂金鑰之選,扵言情之什則有陶冶性靈集之選,扵四六則有文苑麗則之選,皆取其高華典雅、清新俊逸之詞,玩而習之,以適扵用。嗣是南北行篋輒攜以從。……昨者謬厠禁庭,參與編纂之餘,從容研席,因得復理舊業。扵歷代名人之詩,重加點勘,合訂分類,成二十八卷。"汪士鋐又於《雜論》中言明選詩標準并兼品評。

是書乃爲科舉之用;汪士鋐亦爲翰林院編修、行走南書房,故是書書名葉鈐"禮部頒行",乃由主掌學務的禮部頒行。

"玄""鋐"缺末筆。

《四庫全書總目》未收。《中國古籍善本書目》未著録。知中國國家圖書館、北京大學圖書館、清華大學圖書館、上海圖書館、遼寧省圖書館、福建師範大學圖書館、中山大學圖書館、香港中文大學圖書館,美國普林斯頓大學圖書館,日本靜嘉堂文庫、公文書館等處,韓國國立中央圖書館收藏。

189

## 御定歷代題畫詩類一百二十卷

T5237　8792

《御定歷代題畫詩類》一百二十卷，清陳邦彥輯。清康熙四十六年（1707）內府刻本。三十六冊。框高 18.4 厘米，寬 12.8 厘米。半葉十一行二十三字，左右雙邊，黑口，單魚尾。版心中鐫書名、卷次、類目。

卷端題“翰林院編修臣陳邦彥奉旨校刊”。書首有康熙四十六年《御製歷代題畫詩類序》；次《凡例》；次《御定歷代題畫詩總目錄》，每卷又有分卷目錄。

陳邦彥（1678—1752）字世南，號春暉，又號匏盧，清浙江海寧人，陳元龍侄。康熙四十二年（1703）進士，授翰林院編修，官至內閣學士兼禮部侍郎。擅書法，尤工小楷，常奉命校讀御製碑版并繕寫，著有《宋史補遺》《謚法考》《讀書志》《烏衣香牒》《春駒小譜》等。生平參《國朝書人輯略》卷三。

是書乃陳邦彥裒輯前代題畫詩，康熙帝御覽後敕命刊刻。卷前康熙帝御製《序》述此書編纂云：“歷代各體題詠以萬計，散置諸集，無所統紀。翰林陳邦彥裒輯彙鈔得八千九百餘首，分爲三十類，編次一百有二十卷，繕本呈覽。朕嘉其用意之勤，命授工鋟梓。茲刊成裝潢來上，萬幾餘暇，時一披覽。”《四庫全書總目》贊其分類允當云：“如樹石別於山水，名勝亦別於山水，古跡別於名勝，古像別於寫真，漁樵、耕織、牧養別於閒適，蘭竹、禾麥、蔬果別於花卉，配隸俱有條理。末爲人事、雜題二類，包舉以爲簡括。較諸孫氏舊編，實博而有要。”是書分類頗爲嚴密，《凡例》備列分類標準。

據書前御製《序》，康熙帝作序時是書即已刊成，以備御覽。是刻字體端正而圓秀，爲康熙中後期軟體字。此本爲清內府刊刻，紙張白韌、字畫清晰；裝幀亦精，磁青灑銀紙書衣，月白絹包角。

“玄”字缺筆。

《四庫全書總目》入集部總集類，著錄爲《御定題畫詩》。是書存世較多，《中國古籍善本書目》著錄故宮博物院、遼寧省圖書館、浙江圖書館、中山圖書館等三十五家收藏。知中國香港中文大學圖書館、美國柏克萊加州大學圖書館、普林斯頓大學圖書館、國立亞洲藝術博物館、日本國會圖書館、静嘉堂文庫、東洋文庫等處，韓國澗松文庫、奎章閣、延世大學圖書館收藏；德國巴伐利亞邦立圖書館著錄。

190
## 咏物詩選八卷

T5237　8821

《咏物詩選》八卷，清俞琰輯。清雍正三年（1725）寧儉堂刻本。四册。框高 15.6 厘米，寬 11.7 厘米。半葉十行二十一字，左右雙邊，黑口，單魚尾。版心中鐫書名、卷次、文類。

卷端題"魏塘俞琰長仁輯"。書名葉分三欄，右題"嘉善俞長仁編輯"，中題"歷朝咏物詩選"，左題"分類備載""寧儉堂藏板"。書首有雍正甲辰（二年，1724）俞琰序、未署年錢鑾序；次俞琰《詠物詩選凡例》；次《詠物詩選總目》，各卷又有分卷目録。末有乙巳（雍正三年）沈又彭跋。

俞琰（生卒年不詳）字長仁，清浙江嘉善魏塘（今屬嘉興）人，主要活動於康熙、雍正年間。

是書彙集明以前詠物詩，意在便於初學，由俞琰友人門生協助編撰完成。卷前俞琰序述是書之編纂云："顧巨帙鴻編，難於卒讀，一朝專橐，掛漏實多。從遊沈子堯封偕弟賡虞欲得一簡而該者，以供記誦。請業於余，余不獲辭，爰取名家諸集及選本而手録之。斷自六朝至於明季，集分八卷，詩逾千篇，名曰《詠物詩選》，聊便初學，用塞其請。"俞琰於《凡例》末條又云："是書橐經屢易，劇費苦心，共商榷之任者爲余友錢宸御，助校閱之勞者爲及門沈堯封及賡虞，始事之勤所不敢泯。"

是書最初於雍正三年由俞琰之門生沈又彭刊刻，書末雍正三年沈氏跋云："右《詠物詩選》八卷，乃余師長仁先生所輯，以爲家塾課本者。……又彭不敢自私，謹梓行世，以公同好。"據雷夢辰《清代各省禁書彙考》是書曾於乾隆四十四年（1779）四月奏准江西巡撫奏繳應禁，"内有錢謙益、吳偉業詩，應剗除，餘書仍行世。"是書原有錢、吳二人詩共十五首，乾隆後期即經删削。嘉慶年間易開緒、孫涾鳴重新輯注此書，除增加注釋外，又將原書所分三十類改爲二十八類，然其中已無錢、吳二人之詩。此本爲未經删削的雍正三年刻本。

"玄"字或缺末筆。

《四庫全書總目》未收，《四庫禁燬書叢刊》影印清雍正間寧儉堂刻本。《中國古籍善本書目》著録清華大學圖書館、山西省圖書館、遼寧省圖書館等十二家收藏。知美國哈佛大學哈佛燕京圖書館、哥倫比亞大學圖書館、明尼蘇達大學圖書館，日本東北大學圖書館、愛媛大學圖書館等處、韓國延世大學圖書館收藏。

191

## 御定歷代賦彙一百四十卷外集二十卷逸句二卷補遺二十二卷目録四卷

T5240　8791

《御定歷代賦彙》一百四十卷《外集》二十卷《逸句》二卷《補遺》二十二卷《目録》四卷，清陳元龍輯。清康熙四十五年（1706）内府刻本。八十册。框高 19 厘米，寬 14.3 厘米。半葉十一行二十一字，左右雙邊，黑口，單魚尾。版心中鐫書名、卷次，及卷名、篇名。

卷端題"經筵日講官起居注詹事府詹事兼翰林院侍讀學士加三級臣陳元龍奉旨編輯"，《外集》《逸句》卷端著者同，《補遺》卷端未題著者。書名葉分三欄，中題"御定歷代賦彙"。

書首有康熙四十五年三月《御製歷代賦彙序》；次康熙四十五年九月陳元龍《御定歷代賦彙告成進呈表》；次《凡例》；次《御定歷代賦彙總目》，正編前有《御定歷代賦彙目録》上下二卷，《外集》前有《御定歷代賦彙外集目録》（包含《逸句》目録），《補遺》前有《御定歷代賦彙補遺目録》。

陳元龍（1652—1736）字廣陵，號乾齋，浙江海寧人。康熙二十四年（1685）進士，授翰林院編修，入直南書房，長期任日講起居注官、侍讀、侍講學士，纍遷詹事、吏部侍郎，出爲廣西巡撫，回任工部尚書，雍正時授文淵閣大學士，兼禮部尚書，以老乞休，加太子太傅銜原官致仕，卒謚文簡。著有《愛日堂詩》《格致鏡原》，輯《歷代賦彙》等。《清史稿》卷二百八十九、《清史列傳》卷十四有傳。

是書彙集先秦至明歷代賦作近四千篇。卷前《凡例》叙是書門類、次第甚詳，《四庫全書總目提要》概述云："是編所録，上起周末，下訖明季。以有關於經濟學問者爲正集，分三十類，計三千四十二篇。其勞人思婦、哀怨窮愁、畸士幽人、放言任達者，别爲《外集》，分八類，計四百二十三篇。旁及佚文墜簡、片語單詞見於諸書所引者，碎璧零璣，亦多資考證，哀爲《逸句》二卷，計一百一十七篇。又書成之後，補遺三百六十九篇，散附逸句五十篇。二千餘年體物之作，散在藝林者，耳目所及，亦約略備焉。"

是書爲陳元龍奉旨編輯，康熙四十五年三月康熙皇帝賜序後付刻。卷前《御製序》云："故命詞臣考稽古昔，蒐采缺逸，都爲一集，親加鑒定，令校刊焉。"陳元龍《進呈表》云："輯成稿本，繕寫進呈，統裁定於宸衷，復龍錫以御序。"同年九月，刊成進呈。

此爲康熙四十五年内府刻版，但所用紙墨并非上品。是書於目録刻有函次，正編爲第一至第七函，《外集》《逸句》爲第八函，《補遺》爲第九、十函。此本

《外集》合《逸句》、《補遺》各一函，但目録二册、正編六十二册共爲九函，已改舊制。

"玄""炫"等字缺筆。

《四庫全書總目》入集部總集類。《中國古籍善本書目》著録北京大學圖書館、遼寧省圖書館、浙江圖書館等三十七家收藏。知中國臺北故宫博物院、臺灣大學圖書館，美國哈佛大學哈佛燕京圖書館、柏克萊加州大學圖書館、普林斯頓大學圖書館、哥倫比亞大學圖書館、康奈爾大學圖書館，英國大英圖書館、牛津大學圖書館，德國巴伐利亞邦立圖書館，日本東京大學東洋文化研究所、京都大學人文科學研究所等收藏。

192

## 賦鈔箋略十五卷

T5240　8161

《賦鈔箋略》十五卷，清雷琳、張杏濱撰。清乾隆三十一年（1766）刻本。八册。框高 15.2 厘米，寬 11.1 厘米。半葉九行十九字，小字雙行不等，左右雙邊，白口，單魚尾。版心中鎸書名、卷次、篇名。

卷端題"雲間雷琳曉峰、張杏濱香圃仝箋"。書首有乾隆丙戌（三十一年）沈大成《序》；次雷琳、張杏濱《凡例》；次《賦鈔箋略目録》。

雷琳（生卒年不詳）字曉峰，清華亭（今屬上海）人。乾隆四十五年（1780）舉人，由四庫館謄録選授河南扶溝縣知縣，學問淹博，性純孝，著《經餘必讀》《西行紀事》《魚磯漫鈔》《雷氏宗譜》。生平可參《［光緒］松江府續志》卷二十五。張杏濱（生卒年不詳）字作琴，乾隆間五十五年（1790）恩貢，曾任松江府學。生平可參《［嘉慶］松江府志》卷四十七。

是書收録周秦至清乾隆朝的古賦、騈賦、律賦三體賦文，雷琳、張杏濱在王冶堂選輯《賦抄》基礎上加以箋釋而成。書前沈大成《序》云："同里王子冶堂懷才績學，曾爲《賦鈔》一書，自周秦以及本朝，三體具備，甄別精當。而其弟子雷子曉峰、張子香圃復詳加箋釋，審定無爽。"是書區別"騷""賦"，不收屈原之作；歷代之中，又多録唐以後賦作，且以抒情言志之小賦爲主。其箋釋除訓詁音釋之外，又有著者小傳及解題。

是書原有乾隆三十一年王煜序，此本闕。王煜序述刻書事云："余又喜二子之志專而力勤，心下而善受也，爰命之卒業，并序而梓之。"序後鎸"王煜之印""冶堂"二印。與沈大成《序》合讀，知是書乃王煜輯録，門人雷、張箋釋，又由王煜於乾隆三十一年付梓。此本亦爲乾隆版，然字已漫漶，爲後印。

"玄"易爲"元"，"鉉""弦""眩"、"燁"等字缺筆；"弘"易爲"宏"，避康熙、乾隆兩朝帝諱。

《四庫全書總目》未收。《中國古籍善本書目》僅著録湖北圖書館一家收藏之名家校跋本。知中國國家圖書館、中國人民大學圖書館，日本國會圖書館、公文書館、東京大學綜合圖書館、愛知大學圖書館、東北大學圖書館等處收藏。

鈐"寒濤"朱文長方印。

## 193
### 文章正宗復刻三十卷續文章正宗復刻十二卷

T5236　5432

《文章正宗復刻》三十卷《續文章正宗復刻》十二卷，宋真德秀輯。清乾隆三十三年（1768）楊仲興刻乾隆三十九年（1774）陳惠印本。十六册。框高20.1厘米，寬14.9厘米。半葉十行二十一字，小字雙行同，無直欄，四周雙邊，白口，單魚尾。版心上鐫書名，中鐫卷次及小題。

卷端均未題著者。書名葉均分三欄，右題"西山真夫子原本"，左題"觀察使者　重輯梓行"；中欄分別題"文章正宗復刻"與"正宗續編復刻"；欄上均題"乾隆戊子年新鐫"，"戊子"爲乾隆三十三年。《文章正宗復刻》首有乾隆丁亥（三十二年，1767）王傑《文章正宗復刻序》、未署年錢琦《文章正宗復刻序》、楊仲興《文章正宗復刻序》；次楊仲興《凡例》；次《真西山文章正宗綱目》；次《真西山文章正宗復刻目録》。《續文章正宗復刻》首有未署年劉秉鈞《文章正宗復刻後跋》、乾隆甲午（三十九年）陳惠跋、咸淳丙寅（二年，1266）倪澄《文章正宗續集宋文原序》；次《真西山續文章正宗復刻目録》。

真德秀（1178—1235）本姓慎，因避宋孝宗諱改姓，字景元，又字希元，號西山，宋建寧府浦城（今屬福建）人。慶元五年（1199）進士，開禧元年（1205）復中博學宏詞科，理宗時歷知泉州、福州，官至户部尚書、參知政事，卒謚文忠。學宗朱熹，倡明理學，著《西山真文忠公集》《大學衍義》等。《宋史》卷四百三十七有傳。

是書分辭命、議論、叙事、詩歌四類，收録自《左傳》《國語》至唐末之文。《四庫全書總目提要》謂總集選録《左傳》《國語》自是編始，遂爲後來坊刻古文之例。又謂其書持論甚嚴，主於論理，而不論文，顧炎武因有"病其以理爲宗，不得詩人之趣"之説，四庫提要則爲之申論："蓋道學之儒，與文章之士各明一義，固不可得而强同也。"文淵閣《四庫全書》本《續文章正宗》爲二十卷，分叙事、議論二類，而此本《續》分論理、叙事、論事三類，計十二卷。

《文章正宗》及《續》原有宋本，後坊刻易其門類、隨文標目，號曰"讀本"。乾隆間，福建觀察使楊仲興以讀本體例淆亂，從真氏後人尋得宋本，依照舊目而加讀本之句讀重刻二書，如書前《凡例》所云"今後編并刻乃成全璧"，"今悉依讀本句讀，餘仍其舊"。楊仲興（生卒年不詳）字直庭，號韌庵，廣東嘉應州（今屬梅州）人，雍正八年（1730）進士，授福建清流縣知縣，歷官湖北按察使、刑部郎中，《清史列傳》卷七十二有傳。

《文章正宗復刻》諸序皆言及楊仲興重刻事。乾隆三十二年王傑《序》云："按紹定原刻別爲四類，篇尾接次，不加批點，用意所在，使人讀之自見。近時宋板已不易覯，然前明正德鋟本頗無訛舛，□□□□□（按：原書殘缺五字）所評則猶是廬山面目也。近因坊刻易其門類，列以世次，隨文標目，號曰讀本，而舊時之體例淆矣。觀察楊公慮是書之浸失真也，甫蒞劍津，亟索其遺書不可得。旋按郡歷真氏故里，謁文忠於祠，訪後裔得宋刻一冊。謹依原目重付剞劂，以惠來哲。"福建布政使司錢琦《序》云："丁亥（乾隆三十二年）移藩閩嶠，于役浦城……適同官觀察認庵楊公留心諮訪，得宋鋟于先生之子孫，按原目核訂如舊，重付剞劂，以廣厥傳。"福建分巡楊仲興《序》云："余乙歲下車，命浦令索真氏家藏未報。今夏于役南浦，謁先生祠得宋刻一冊。按原目依類歸之，稽式校謄如舊，共三十卷，擬曰《文章正宗復刻》。"

據《續文章正宗復刻》二跋，是書刊刻於乾隆三十三年，三十九年陳惠欲廣其流佈而再次印行。劉秉鈞《跋》云："觀察楊公以西山文章正宗選本授鈞……鈞謹受而笥之，亟與諸縉紳文學庀棗梨、鳩匠氏，始於戊子（乾隆三十三年）之仲夏，成於季冬。"乾隆三十九年陳惠《跋》云："觀察公嘉惠後學，獨還舊觀，豈曰小補之哉。惟是嶠外僅有之書，未得遠傳中土，抱憾如余者，正復不少，則廣爲印布，謂非余責歟？"

"弘""曆"代以"宏""歷"，避乾隆帝諱。

《四庫全書總目》入集部總集類。《中國古籍善本書目》未著錄是書。知中國國家圖書館、武漢大學圖書館，美國哈佛大學哈佛燕京圖書館，加拿大多倫多大學圖書館，日本東京大學綜合圖書館藏此乾隆三十三年刻三十九年印本。

此爲勞費爾購書。

194

**文章正論十五卷緒論五卷（存文章正論十五卷）**

T5238　7723

《文章正論》十五卷《緒論》五卷，明劉祜輯。明萬曆十九年（1591）徐圖刻本。存《文章正論》十五卷。十六冊。框高 21.1 厘米，寬 14.1 厘米。半葉十行二十字，小字雙行同，四周雙邊，白口，單魚尾，書眉鐫評語。版心上鐫書名，中鐫卷次，下鐫刻工、字數。

卷端題"巡撫大同都察院右僉都御史東萊劉祜選；巡按直隸監察御史東萊徐圖校"。書首有未署年徐圖《文章正論序》、未署年鍾化民序（闕前若干葉）、萬曆辛卯（十九年）劉祜《文章正論序》；次《文章正論目錄》。

劉祜（生卒年不詳）字淑修，明山東掖縣（今屬萊州）人。嘉靖三十二年（1553）進士，由推官擢兵科給事中，忼慨言事，無所曲撓，纍遷至大同巡撫，告養歸，卒年七十二。生平可參《［乾隆］掖縣志》卷四。

是書録先秦至元歷代古文，劉祜編成教授族人，後由徐圖刻梓流佈。書前劉祜《序》述編刊事云："余以古百家文課子，迺取材諸説，比二子（按：指朱熹、真德秀）而損益之，惟準諸理，不以異同自嫌，凡古人之懿行嘉言，有切於道德，裨於治亂，及褒刺足垂法誡者，自《左》《國》以迄唐宋，備録之。……會吾鄉徐侍御雅意崇古，今按治淮陽，將闡揚理道以鼓率羣吏，爰付剞劂氏，以爲風教一助云。"徐圖《序》亦云："見公採百家言，惟取其淵源經緯、羽翼聖真者彙爲一編，命之曰《文章正論》，以課其子，非是族也無取焉。……不佞每一諷誦，輒欣然會心，亟請而命梓。……今梓且就緒，是公以教子者公天下，不佞以師公者師公之是編，挽回元氣，調劑人羣，將是籍矣。"徐圖（生卒年不詳），與劉祜同爲掖縣人，萬曆八年（1580）進士，操守廉潔，官至御史。

此本舊時曾經修補，前若干冊上端原有殘損，每葉天頭均重新襯紙、粘貼補齊，頗費工力。眉批大都保留於原書舊紙，偶見最上一行文字磨滅不全。因經重裝，個別書葉裝訂有誤，如書前徐圖《文章正論序》後兩葉誤置於劉祜《序》後，卷一第二葉誤置於卷首。

刻工有易正文、付燮、吳廷、叚辛（叚孝）、李仁、蕭、付亮、張、郭述、劉松、董仁、劉仁、施選、劉元信（劉信）、郭文、付立、王應龙、何柏、劉欽、劉四、吳應、吳錦、黃渼、易茲、陳章、吳應陽、彭存、劉士（劉仕）、王三、伊科、張春、陶大順、陳於、劉三、王唐（王堂）、梁合、付汝矣、余海、吳文文、明峯、楊亮、蕭椿、大兆、戴聘、尚圣（尚勝）、戴辛、戴式、戴序、晏福（晏夫）、劉文、李元、劉其、大式、盛、肖權、大辛（大𡐕）、劉尚、劉元中（劉完中、劉完宗）、劉國彥、陶仲良（陶良）、陳迁、張隆、盛先（盛子先）、李文、李大、方文夆（方夆）、李坤、劉亮中、陳炳（陳丙）、劉三、楊祥、郭洪、王梓（王子）、易王、王朋、馬華、邢昱、王科、劉人、陳志、韓彥（韓邦彥）、正青（鄭青）、余奉、潘文孝（潘孝）、張武、王郭、陶竟、孟龙（林孟龙）、傅子和、謝應春、桂天成、劉應登、富孝、蔣守义、吳孝、胡卿、肖三、彭權、雷孝。

《四庫全書總目》總集類存目。《四庫全書存目叢書》影印明萬曆十九年徐圖刻本。《中國古籍善本書目》著錄上海圖書館、山東省圖書館、南京圖書館、浙江圖書館等十九家收藏。知中國臺北"國家圖書館"，美國國會圖書館，日本公文書館、尊經閣文庫、宮内廳書陵部等處收藏。

此爲勞費爾購書。

195

**文浦玄珠六卷（存卷一至四）**

T5238　7314

《文浦玄珠》六卷，明沈榜、穆文熙輯。明萬曆十四年（1586）刻本。存四卷（卷一至四）。四册。框高 23.9 厘米，寬 13.6 厘米。半葉九行二十字，小字雙行同，四周單邊，白口，單魚尾，眉欄鐫評語。版心上鐫書名、卷次。

卷端題"東明縣知縣岳陽沈榜，前吏部員外魏博、穆文熙全批纂"。書首有萬曆十四年穆文熙《刻文浦玄珠序》。各卷前有分卷目録。

沈榜（生卒年不詳）字子登，一字二山，明湖廣臨湘（今湖南岳陽）人。隆慶元年（1567）舉人，歷任内鄉、東明、上元知縣，萬曆擢順天府宛平縣知縣，陞户部主事。宛平任内，曾編纂《宛署雜記》。生平參《［康熙］臨湘縣志》卷二、《［康熙］宛平縣志》首之《宛平沈令尹傳》。穆文熙（1528—1591）字敬甫，號少春，明東明（今屬山東菏澤）人。嘉靖四十一年（1562）進士，任工部郎，官至廣東按察司副使。善詩文，著《逍遥園集》等。生平參《［乾隆］東明縣志》卷六。

是書爲穆文熙删輯原沈榜所輯先秦至唐宋文章，卷前穆文熙《序》云："于是即兹數十卷中汰去十七，而獨采秦漢以來諸大家昭然爲古今人所膾炙者百餘首，末附以唐宋諸公數十首，僅爲六卷，而每首復各爲評品，發明作者之意，盖兩越月而工成矣。于是沈君撫之而踴躍曰：'向也，吾愛兹集之富也。今也，吾愛兹集之精也。'"是書篇前有沈榜評語，眉欄上鐫穆文熙評語。

《中國古籍善本書目》著録是書爲萬曆十四年刻本。此本與哈佛大學哈佛燕京圖書館藏本同版，但哈佛本卷端著者有剜改，將穆文熙、沈榜順序互换并更改穆氏郡望："前吏部員外天雄穆文熙、東明縣知縣岳陽沈榜"。普林斯頓大學圖書館藏本爲萬曆十五年（1587）重刻本，卷端題"金陵三山街書坊吳繼宗梓行"，首有萬曆十五年穆文熙《重刻文浦玄珠序》，重刻本删去篇前沈榜評語前之"沈榜曰"。是書之剜改與重刻，均以穆文熙爲主、以沈榜爲次，此盖有意爲之。此爲未經剜改之萬曆十四年初刻本，惜僅存前四卷。

《四庫全書總目》未收。《中國古籍善本書目》著録浙江圖書館一家收藏明萬曆十四年刻本。知美國哈佛大學哈佛燕京圖書館藏萬曆十四年刻剜改本、普林斯頓大學圖書館藏萬曆十五年重刻本，日本市立米澤圖書館收藏萬曆十四年序刊本。

鈐"大澤氏秘笈"朱文方印。書衣題"樊山珍藏"。

196
## 名世文宗三十卷談藪一卷

T5238　7426

《名世文宗》三十卷《談藪》一卷，明胡時化輯、陳仁錫評。明崇禎元年（1628）刻本。十四册。框高 22.9 厘米，寬 13.9 厘米。半葉九行十八字，小字雙行同，四周單邊，白口，單白魚尾，眉欄鐫評注。版心上鐫書名，中鐫卷次、篇名，下鐫篇章原出書名。

卷端題"古姚胡時化選輯；長洲陳仁錫訂正"。書首有崇禎戊辰（元年）陳仁錫《名世文宗序》、未署年王錫爵《名世文宗序》、未署年胡時化《名世文宗叙》；次《名世文宗凡例》；次《刻名世文宗談藪》；次《名世文宗目録》，每卷又各有分卷目録。

胡時化（生卒年不詳）原名權，字龍匯，明餘姚（今屬浙江）人。隆慶五年（1571）舉人，知合肥。生平略見《［雍正］浙江通志》卷一百三十八、《［嘉慶］合肥縣志》卷二十。陳仁錫（1581—1636）字明卿，號芝臺、濟退居士，明長洲（今屬江蘇蘇州）人。天啓二年（1622）進士，授編修，因不肯爲魏忠賢撰鐵券文而削職，崇禎初復官，遷國子監祭酒，曾與修明神宗、光宗實録，卒謚文莊。性好學，喜著書，有《皇明世法録》《六經圖考》，曾評選《古文奇賞》等。《明史》卷二百八十八有傳。

是書選輯先秦至明歷代名篇，以資士子科舉。最初於萬曆四年（1576）由合肥縣令胡時化刊刻，現存他本有胡時化《刻名世文宗序》，末署"萬曆四年七月朔浙姚胡時化書於合肥公署"。此本胡時化《名世文宗叙》述輯刊事云："督學褚公新奉璽書，以興起斯文爲己任。……遂出《文章正宗鈔》，命衷集以廣其傳，時化唯唯。上自春秋戰國，迄于宋，數千載名賢著作蒐羅採集，繆爲音釋，會傳、記、書數體。……時化承乏肥邑越五載，未能優仕，然不敢以仕廢學，兹亦學之一端耳。"

是書在明代多次刊刻，并附名家點評。書中夾行鐫圈點符號若干種，皆有助舉業。陳仁錫《序》謂其增補評論并曾於萬曆四十五年（1617）作舊序事云：
"餘姚胡公按吳，出選註《名世文宗》刻郡齋，近經生家言，不入詩賦。王元美
先生稍汰爲輯粹，數典不忘其祖，益勝國至今日，鑒裁精覈。余復取屈大夫以
下奇文詮次。"又云："余前序此刻……此余丁巳（萬曆四十五年，1617）孟冬
問龍館叙詞也，距今戊辰（崇禎元年）又十二年矣。余被環召厠員宮，端坐一
小樓，蕭然贄易，明詔庶常，教習課業，俱用經濟實事，士生其間，急於救時，
恐分記非所屑。而是書重梓，更廣所未備，亦藥籠中一物云。"則陳仁錫評注本
乃於崇禎元年再次刊刻。

《四庫全書總目》未收。《中國古籍善本書目》著録山西省圖書館、南京圖
書館、安徽省圖書館、湖南省圖書館等二十三家收藏。知日本静嘉堂文庫、東
北大學圖書館收藏。

此爲勞費爾購書。


197

**憑山閣增輯留青新集三十卷**

T5772　7944

《憑山閣增輯留青新集》三十卷，清陳枚輯。清乾隆積秀堂刻本。三十二册。
框高 21.3 厘米，寬 14.7 厘米。半葉十一行二十四字，小字雙行同，四周單邊，
白口，單魚尾，行間鐫圈點。版心上鐫"留青新集"，中鐫卷次及文類。

卷端題"西泠陳枚簡侯選；男德裕子厚增輯；西泠張國泰履安訂；休邑朱從
儀慎威參閲"。各卷選訂者不同：選輯者大多爲"西泠陳枚簡侯"，僅卷六題"廣
陵吳綺蘭次選"、卷八題"湖上李漁笠翁分輯"、卷十六題"西泠陸圻景宣纂輯"；
各卷訂者分別題爲：卷一"西泠張國泰履安訂"、卷二"錢塘朱從運其旋訂"、
卷三"錢塘汪庸式南訂"、卷四"錢塘虞嗣集展園訂"、卷五"仁和鄭雲龍蜇池
訂"、卷六"西泠陳枚簡侯訂"、卷七"錢塘朱從運其旋訂"、卷八"西泠陳枚簡
侯訂"、卷九"錢塘楊朝鏞宮聲訂"、卷十"暨陽俞雲章卓人訂"、卷十一"武林
馬銓遵素訂"、卷十二"錢唐趙飛鵬扶九訂"、卷十三"仁和柴世堂陞升訂"、卷
十四"霞瀛朱元鴻彦賓訂"、卷十五"閩杭張啓昭漢倬訂"、卷十六"西泠陳枚
簡侯重訂"、卷十八"錢塘馬銓遵素訂"、卷十九"甬上萬經授一訂"、卷二十
"錢塘陳雲路咫顔訂"、卷二十一"仁和張紫荷峙南訂"、卷二十二"錢塘郭于垣
翼侯訂"、卷二十三"西泠張國泰履安訂"、卷二十四"仁和楊志凌履雲訂"、卷
二十五"仁和沈渭璜舉訂"、卷二十七"錢塘朱之標霞起訂"、卷二十八"錢塘
朱從運其旋訂"、卷三十"錢塘朱之標霞起訂"；另外卷十七、二十六與上卷内

容連署，未再標選訂者，卷二十九無訂者。書名葉分三欄，右題"西泠陳簡侯選"，中題"憑山閣增輯留青新集"，左題"積秀堂梓行"，欄上題"應酬全書"。鈐朱文長方形木記（已褪色）"內有錢謙益屈大均等文數則，遵旨確查奉繳江寧總局"。書首有康熙戊子（四十七年，1708）沈心友《留青新集序》；次康熙丁亥（四十六年，1707）陳枚《留青新集例言》；次《憑山閣增輯留青新集總目》，各卷又有分卷目錄。

陳枚（? —1707）字簡侯，清錢塘（今屬浙江杭州）人，輯《留青集》。周亮工《印人傳》所附印人姓氏著錄。

是書彙集應酬文字，分類編輯而成，錄前人慶賀哀挽之詩文、駢體、尺牘、奏疏、宦牘，以及前賢要錄、近人名言，卷前《例言》述其採錄原則甚詳。陳枚曾輯此類應酬文字成《留青初集》《二集》《廣集》《全集》《采珍集》五種，皆由沈心友主持刊刻。陳氏又以三年時間窮搜博輯，成此《新集》。陳氏歿後，其子陳德裕補訂增輯，以成是書。卷前沈心友《留青新集序》述諸集之刊刻云："憶其《初集》《二集》次第至金陵，如連城抱樸，初出荊山，彼都人士鮮有識者。予見之狂喜，立促同人釀金付梓。梓成風行宇內，紙貴洛陽。由是《廣集》梓於西泠，《全集》梓於白下，《采珍集》梓於黃山，白岳匡廬虎阜之同人。是集凡五刻，予五董其事。……今春夏之交，其長公子厚，以《留青》遺稿寄予。蓋謂是書自予始之，當自予終之也。予細爲之校閱，凡三千餘葉，名曰《留青新集》。非新其留青之名，新其數年以來，坐臥山樓，絕酬應之煩，竭著書之樂，窮蒐博輯，三易寒暑，無奇不采，無美不羅之實。"《四庫禁燬書叢刊》影印之底本又存康熙四十七年張國泰《敘》，提及陳德裕增輯事云："茲陳子長君子厚，毅然欲繼乃公業，紬繹補訂，幸成完書。"

《留青》諸集雖爲應酬文章，但因收錄錢謙益、屈大均等人文字，《軍機處奏准全燬書目》《應繳違礙書籍各種名目》均將之納入禁燬。此本書名葉鈐木記"內有錢謙益屈大均等文數則，遵旨確查奉繳江寧總局"，書中也確剷去若干篇章。此本共缺十四篇。其中有四篇目錄正文皆不存：卷一、卷二十九各一篇，卷十四二篇；如卷二十九葉十四撤去，而上篇末有三行文字重刻於葉十五另一篇之前，此三行文字字體不同，明顯爲補刻。另外十篇在正文僅保留篇名，而在篇題下鐫"此文係違礙之人刪去"，所去篇章爲卷三《花史跋》，卷七《壽制府吳大司馬》《壽百又三歲潘仁需》《爲梁淳儒百有五歲壽》《賀潘季子花燭》《送張編修督學河南》《送孫浣心之真定》六篇，卷十三《與柴延喜》，卷十四《與丁藥園》《與友》兩篇。此本卷一重輯者題爲"易德裕"，"易"有訛，此後各卷皆作"男"；卷二參閱者朱從儀之里籍題爲"邑"，文字有脫，其他各卷皆作"休邑”，此二處訛誤蓋亦因修版不慎所致。據《清代各省禁書彙考》，江蘇省乾隆四十三年、四十四年兩次奏繳書目中，皆於“節次奏進，今重複查出”部分列有《留青集》。此本書名葉木記，當爲當時禁燬時所鈐，頗具價值。此本之刊刻不晚於此，又據書中避諱，知其爲乾隆刻本。

是書有多種刻本，書名葉有題敬業堂、文光堂、聊墨堂等。《中國古籍善本書目》著録清華大學圖書館藏清康熙四十七年大觀堂刻本，爲十行二十一字。此本與之不同，行字較密、略有歪斜，當爲坊間所刻。積秀堂活躍於清代中期，知其曾於康熙末年刻《南華真經》、雍正七年（1729）刻《十科策略》、乾隆二十八年（1763）刻《事文類聚》、嘉慶十四年（1809）刻《寄嶽雲齋初稿》等。《四庫禁燬書叢刊》影印之底本著録爲清康熙刻本，但目録及正文皆已删去違礙篇章，并改易行款版式，當爲禁燬之後重刻。

“玄”“弘”字缺筆。

《四庫全書總目》未著録。《四庫禁燬書叢刊》影印清康熙刻本。《中國古籍善本書目》著録清華大學圖書館、煙台市圖書館二家收藏清康熙四十七年大觀堂刻本，知韓國高麗大學圖書館亦藏。又知中國人民大學、臺灣東海大學圖書館，日本東京大學東洋文化研究所、東京都立中央圖書館藏乾隆積秀堂刻本。

首册題簽鈐“聽奎堂擬選江浙蘇閩古今書籍發兑”朱文長方印；各册書衣鈐“樹德堂記”朱文方印。

198

### 重校正唐文粹一百卷

T5236.4　4183C

《重校正唐文粹》一百卷，宋姚鉉輯。明嘉靖三年（1524）姑蘇徐焴刻本。二十册。框高 20 厘米，寬 14.2 厘米。半葉十四行二十五字，小字雙行同，左右雙邊，白口，單魚尾。版心中鐫書名、卷次，下鐫刻工。

卷端題“吳興姚鉉纂”。姚鉉《序》末，及每五卷卷末鐫刊刻條記“嘉靖甲申歲太學生姑蘇徐焴文明刻于家塾”。書首有嘉靖甲申（三年，1524）汪偉《重雕唐文粹序》、未署年姚鉉《唐文粹序》；次《重校正唐文粹目録》；各卷有分卷目録，部分卷帙分上、下。末有寶元二年（1039）施昌言《唐文粹後序》。目録末及卷一百末鐫“姑蘇後學尤桂、朱整同校正”。

姚鉉（968—1020）字寶之，宋廬州合肥（今屬安徽）人，郡望吳興（今屬浙江湖州）。太平興國八年（983）進士，授大理評事，歷殿中丞、太常寺丞，官至兩浙轉運使。工書擅文，推崇韓、柳。《宋史》卷四百四十一有傳。

是書纂輯唐代詩文，不尚儷偶，故擇取古體而不錄近體詩及四六駢文。姚鉉自序云："鉉不揆昧懵，徧閱羣集，耽玩研究，掇菁擷華，十年于茲，始就厥志。得古賦、樂章歌詩、贊、頌、碑、銘、文論、箴、議、表、奏、傳、錄、書、序，凡爲一百卷，命之曰《文粹》。以類相從，各分首第門目。止以古雅爲命，不以雕纂爲工。"《四庫全書總目》謂之"論唐文者，終以是書爲總匯"。

此本爲明嘉靖三年姑蘇徐焴刻本。書首汪偉《序》述徐焴刻書事云："甲申（嘉靖三年）仲冬以禮部侍郎致政歸，過姑蘇，太守胡侯世甫出示新本，寫善鏤精，予驚喜得奇觀焉，回視所藏燕石耳。侯曰：'此太學生徐焴家刻也，先生賜之一言引諸端，茲集爲重。'徐生亦來謁，且堅請予茲集之成也，諾之。徐生嗜古博藏，其刻是集，躬自監視，一字一畫弗稱，必更之。"

刻工有李潮、李本、宅、章、坙（經）、智、百、張、六、直（李直）、日（章日）、柏（劉柏）、受（李受）、李清、彭鸞（吉安彭鸞、江西彭鸞）、劉松、唐瓊、李樸、昂、植（李植）、房山、賢、堂（李堂）、章景華、木、呂、李澤、章祥、吳憲、柏本（百本）、云、張敖、陸奎（六奎）、吳鎏、先、彭山、庠、雇、六潮（六朝）、卜、柏長、黎漢。

《四庫全書總目》入集部總集類。《中國古籍善本書目》著錄中國國家圖書館、上海圖書館、南京圖書館等六十多家收藏。知中國臺北"國家圖書館"、臺北故宮博物院，美國加州大學爾灣分校圖書館，日本公文書館等處收藏。

鈐"孫印永祚"白文方印，"李宗侗藏書"朱文長方印，曾爲明末孫永祚、近世李宗侗收藏。孫永祚（生卒年不詳）字子長，號雪屋，常熟人，崇禎八年（1635）貢生，授推官不赴，入清隱居，工詩文書法，著有《雪屋集》。


199
**唐詩品彙九十卷拾遺十卷**

T5237.4　7024

《唐詩品彙》九十卷《拾遺》十卷，明高棅輯。明嘉靖十八年（1539）牛斗刻本。十八冊。框高 18.8 厘米，寬 13.3 厘米。半葉十行二十字，小字雙行同，左右雙邊，白口，無魚尾。版心上鐫"唐詩"及卷次，版心下約每冊鐫一字，可連綴爲"格物致知，誠意正心，修身齊家，治國平天下"。

《唐詩品彙》卷端題"五言古詩卷之一""唐詩品彙一""明新寧高棅編集；山陽牛斗校刻"。首有洪武辛巳（以干支推算爲建文三年，1401）馬得華《唐詩品彙序》、未署年王偁《又序》、洪武乙亥（二十八年，1395）林慈《又序》、洪武癸酉（二十六年，1393）高棅《唐詩品彙總叙》；次《引用諸書》《歷代名公叙論》《凡例》《詩人爵里詳節》；次《唐詩品彙總目》，每種詩體前又先列《叙目》。
《拾遺》卷端題"唐詩拾遺"，"明新寧高棅編集；山陽牛斗校刻"。首有《唐詩
拾遺總目》，目録後有洪武戊寅（三十一年，1398）高棅題識；每卷各有分卷目
録。書末有成化十二年丁酉春正月陳煒跋，按丁酉爲成化十三年（1477），此處
署十二年或因明憲宗於天順八年正月（1464 年 2 月）即位，成化在位之第十二
年末已至丁酉年初之故；又有弘治癸丑（六年，1493）張璁《跋唐詩後》、嘉靖
己亥（十八年）牛斗《重刻唐詩品彙跋》。

　　高棅（1350—1423）字彦恢，更名廷禮，號漫士，明福建長樂（今屬福州）
人。永樂初以布衣徵爲翰林待詔，陞翰林院典籍。性善飲，工書畫，尤專於詩，
與林鴻等并稱"閩中十子"。著《嘯臺集》《木天清氣集》等，選輯《唐詩品彙》
《唐詩正聲》。《明史》卷二百八十六、《國朝獻徵録》卷二十二有傳。

　　是書按詩體分爲五古、七古、五絶、七絶、五律、五排律、七律，每類
詩體再分九品，即如《凡例》所言："大略以初唐爲正始，盛唐爲正宗、大
家、名家、羽翼，中唐爲接武，晚唐爲正變、餘響，方外異人等詩爲旁流。
間有一二成家，特立與時異者，則不以世次拘之"。是書將唐詩分爲初、盛、
中、晚四期，尊崇盛唐，開啓明代後七子"詩必盛唐"主張之先聲。《拾
遺》目録後有高棅題識述是書之編纂云："凡得唐諸家六百二十人，共詩
五千七百六十九首詩，分爲九十卷。自洪武甲子（十七年，1384），迨於癸酉
（洪武二十六年）方脱稿，其用心亦勤矣。竊慮見知之所不及，選擇之所忽怠，
猶有以沒古人之善者，於是再取諸書，深加擴括，或舊未聞而新得，或前見
置而後録，掇其漏、搜其逸，又自癸酉迄戊寅（洪武三十一年），是編始就。
復增作者姓氏六十有一，詩九百五十四首爲十卷，題曰《唐詩拾遺》，附于《品
彙》之後，足爲百卷以成集。"

　　《明史》謂是書"終明之世，館閣宗之"，故是書多次刊刻、流傳頗廣，《中
國古籍善本書目》即著録十一種明代刻本，最早者爲明弘治六年（1493）張璁
刻本。此明嘉靖十八年牛斗刻本，亦屬較早版本。每卷卷首及各體叙目皆題"明
新寧高棅編集；山陽牛斗校刻"。書末牛斗跋述重刻事云："朝夕把玩，不忍釋手。
顧乏善本，且多訛闕，每欲校刻而未暇。今叨禄食，殊愧素餐，不敢隱君之賜，
用廣作者之資，躬自校正，刻置邑齋。越多哲匠，價廉工省，不兩月而告成功。"
牛斗（生卒年不詳）明山陽人（今江蘇淮安），嘉靖十年（1531）鄉貢舉人，官
山陽縣學主事，嘉靖十五年由進士任會稽縣令，其仕履可參《［萬曆］淮安府志》
卷二、《［萬曆］會稽縣志》卷九。則是書爲時任會稽縣令的牛斗校勘後，由吳
越良工刻於縣學。本館藏本多處斷版，已爲後印。

　　《四庫全書總目》入集部總集類。《中國古籍善本書目》著録中國國家圖書館、山東省圖書館、南京圖書館等十一家收藏牛斗刻本。知中國臺北"中央研究院"傅斯年圖書館，美國哈佛大學哈佛燕京圖書館、柏克萊加州大學圖書館收藏。

　　此爲勞費爾購書。

200

## 御定全唐詩録一百卷

T5237.4　8292

　　《御定全唐詩録》一百卷，清徐倬輯。清康熙四十五年（1706）内府刻本。二十四册。框高 16.3 厘米，寬 11.7 厘米。半葉十一行二十一字，小字雙行，左右雙邊，黑口，雙魚尾。版心中鐫書名、卷次、詩人姓名。

　　卷端題"禮部侍郎臣徐倬翰林院侍讀學士臣徐元正奉旨校刊"。書首有康熙四十五年《御製全唐詩録序》；次徐元正校刊之《御定全唐詩人年表》《御定全唐詩録總目》。末有康熙四十五年張玉書《御定全唐詩録後序》、康熙四十五年陳廷敬《御定全唐詩録後序》、未署年張英《御定全唐詩録後序》。

　　徐倬（1623—1712）字方虎，號蘋村，清浙江德清（今屬湖州）人。少有才名，從倪元璐學，康熙十二年（1673）進士，改庶吉士，授編修，官至翰林院侍讀，康熙四十二年（1703）聖祖南巡時進所編《全唐詩録》，擢爲禮部侍郎。著《讀易偶抄》《古今文統》等。《清史列傳》卷七十、《［雍正］浙江通志》卷一百七十九有傳。

　　是書採擷有唐一代詩歌，以人繫詩，按時代先後編排，每人之下再按詩體編次。每人各列小傳，間附詩評。據《［雍正］浙江通志》卷一百七十九，康熙帝於四十四年（1705）第五次南巡時，駐蹕西湖，召試在籍諸臣，以徐倬爲第一，倬遂進所編《全唐詩録》，康熙帝賜帑刊刻，以示嘉獎。書前康熙《御製序》述其始末云："頃以視河南巡至於江浙，見比閭士庶有吹豳擊壤之風，獻詩頌者絡繹於途。……翰林侍讀徐倬以《全唐詩録》進，展卷而讀之，與朕平時品第者蓋有合焉。嘉其耄年好學，遷秩禮部侍郎，以爲天下學者之勸，乃取兹集親爲鑒定，賜以帑金，即命校刊。"張玉書《後序》亦述及《全唐詩》及陳倬獻書時間云："尤以詩必宗唐，宜旁採以成鉅觀，因命校刊《全唐詩集》。乙酉（康熙四十四年）春翰林侍讀臣倬迎駕於吳門，復進所編《全唐詩録》百卷。"《四庫全書總目提要》繫此事於丙戌（康熙四十五年），應誤。《總目》提要又云是書與約略同時刊刻之《全唐詩》九百卷體例不同，且將一詩分屬不同詩人者，謂此乃徐倬書先一年而成之故；然此二書實爲各自編纂，并無干涉。

是書校刊之功，當屬之徐倬、徐元正父子二人。每卷卷首均署"禮部侍郎臣徐倬、翰林院侍讀學士臣徐元正奉旨校刊"；又《全唐詩人年表》爲徐元正校刊，列詩人生卒及詩集編纂等大事詳備，用功實多。徐元正（？—1720）字子貞，一字靜園，康熙二十四年（1685）進士，授編修，擢侍講學士、吏部右侍郎，官至工部尚書，著《清嘯樓存草》等，生平可參《［同治］湖州府志》卷七十。

是書乃敕命編纂，故有將是書著録爲武英殿刻本或揚州詩局刻本者，如民國陶湘《清代殿版書目》即將是書列爲揚州詩局刻書。然是書實由徐氏自刻，書末陳廷敬《後序》云："會翰林侍讀徐倬進《全唐詩録》，皇上覽而嘉焉，遷倬禮部侍郎，以風勵天下，命以大府之金校刊於其家。"是書雖爲徐氏自刻，但因奉敕命并獲御賜帑金，故仍可稱内府刻本。此本小字清秀，寫刻俱精，且保留舊時裝幀，以月白絹包角。

"玄"易作"元"、"玄宗"易作"明皇"，"弦""絃"等字缺末筆。

《四庫全書總目》入集部總集類。《中國古籍善本書目》著録故宮博物院、遼寧省圖書館、浙江圖書館、福建省圖書館等三十六家收藏。知中國臺北故宮博物院、美國哈佛大學哈佛燕京圖書館、哥倫比亞大學圖書館、匹兹堡大學圖書館、耶魯大學圖書館、費城藝術博物館，加拿大英屬哥倫比亞大學圖書館，以及日本國會圖書館、東京大學東洋文化研究所、公文書館、静嘉堂文庫、東洋文庫等處收藏。

鈐"黟山程氏松韻藏書印"朱文方印。

## 201

## 宋百家詩存二十卷

T5237.5　8560

《宋百家詩存》二十卷，清曹庭棟輯。清乾隆六年（1741）曹庭棟二六書堂刻本。二十册。框高 17.4 厘米，寬 13.1 厘米。半葉十一行二十一字，左右雙邊，白口，單魚尾。版心中鐫各家詩集名。

卷端題"慶湖集"，"嘉善曹庭棟六圃選"。書名葉分二欄，右題"嘉善曹六圃選"，左題"宋百家詩存"，左欄内鐫"古和塘中和里二六書堂藏板"方記。書首有乾隆六年曹庭棟《宋百家詩存序》；次《例言》；次《宋百家詩存總目》，每卷各有分卷目録。末有乾隆六年曹庭樞《宋百家詩存後序》。

曹庭棟（1699—1785）字楷人，號六圃、慈山居士，清初嘉善魏塘（今屬嘉興）人。清諸生，未仕，築園"慈山"，賦詩、書畫其中，著《易準》《孝經通釋》《昏禮通考》《魏塘紀勝》《琴學》《老老恒言》《産鶴亭詩》等。《清史列傳》

卷七十二有傳。

是書乃曹庭棟搜採宋詩一百家，其弟庭樞協助校訂而成。卷前曹庭棟《序》云：“余高祖宗伯羲學先生，當明季值史官，諸書備具，曾纂宋人集欲彙選行世，不果，書遂散佚。秀水司農倦圃先生，余宗大父行也，亦嘗裒輯宋詩，遍采山經地志，得一二首即彙鈔，不下二千餘家，未及梓，今亦散佚畧盡。……歲庚申（乾隆五年，1740），余園居多暇，敢承先志，選刻兩宋詩人遺集以廣諸選本所未及。適同里友人陳希馮雅有書癖，藏本甚夥，倒篋畁余。余復馳書四方朋好，曲折羅致，一時薈萃。因加抉擇，次第分編。刻既竣，題曰《宋百家詩存》，蓋取存什一於千百之意，并以竟我先人未竟之事。”書末曹庭樞《後序》談及其兄囑其校讎事云：“憑郵筒往來，參定丹鉛。”

“玄”易作“元”，“弘”字缺筆、“曆”易作“歷”。

《四庫全書總目》入集部總集類。《中國古籍善本書目》著録北京大學圖書館、湖北省圖書館、中山圖書館等十七家收藏。知美國柏克萊加州大學圖書館、普林斯頓大學圖書館、哥倫比亞大學圖書館、康奈爾大學圖書館、勞倫斯伯克利國家實驗室、日本東洋文庫、愛知大學圖書館、京都大學人文科學研究所等處收藏。

### 202
### 校正重刊官板宋朝文鑑一百五十卷目録三卷

T5236.5　6630A

《校正重刊官板宋朝文鑑》一百五十卷《目録》三卷，宋呂祖謙輯。明萬曆金陵唐錦池文林閣刻本。二十三册。框高 21.6 厘米，寬 14.6 厘米。半葉十行二十字，小字雙行同，四周單邊，白口，單魚尾。版心上鎸書名，中鎸卷次。

卷端題“朝奉郎行秘書省著作郎兼國史院編修官鑒權禮部郎官臣呂祖謙奉聖旨詮次”。書首有未署年周必大《宋朝文鑑序》、弘治甲子（十七年，1504）胡拱辰《宋文鑑序》、天順八年（1464）商輅《新刊宋文鑑序》、弘治甲子胡韶《書宋文鑑後》；次《校正重刊官板宋朝文鑑目録》，分上、中、下三卷；次《宋朝文鑑劄子》。

呂祖謙（1137—1181）字伯恭，號東萊，南宋浙江金華人。隆興元年（1163）進士，復中博學鴻詞科，官至直秘閣著作郎、國史院編修、實録院檢討官。與朱熹、張栻共稱“東南三賢”，著有《左傳博議》《春秋集解》《呂氏家塾讀詩記》等。《宋史》卷四百三十四有傳。

是書乃呂祖謙奉敕編纂，選録有補治道之文章，如書前周必大序所云：“（皇帝陛下）思擇有補治道者，表而出之，乃詔著作郎呂祖謙發三館四庫之所藏，衰縉紳故家之所錄，斷自中興以前，彙次來上古。賦、詩、騷則欲主文而譎諫，典冊、詔誥則欲溫厚而有體。……於淳熙四年（1177）之仲冬奏御，於六年（1179）之正月賜名曰《皇朝文鑑》。"

　　是書宋、明時曾多次刊刻，明弘治十七年嚴州太守胡韶曾據天順八年刻本補刻。此本書前有弘治十七年胡拱辰、胡韶序，其版當祖於弘治本。是書本館藏相同版本兩部，皆爲金陵唐錦池文林閣所刻。

　　《四庫全書總目》入集部總集類。《中國古籍善本書目》著錄復旦大學圖書館等六家收藏明刻金陵唐錦池印本、北京大學圖書館等四家收藏明文林閣刻本。知西北師範大學圖書館，美國普林斯頓大學圖書館，日本尊經閣文庫、東京大學綜合圖書館、陽明文庫收藏。

　　鈐"范湖草堂印萬歲不敗"朱文長方印，"瞻汸山房"朱文長方印、"敏事慎言"朱文橢圓印，"趙氏鑑藏"朱文方印。范湖草堂之印當屬清末畫家周閑，周閑（1820—1875）字存伯，號范湖居士，室名范湖草堂、退娛堂，浙江秀水（今嘉興）人，善詩詞、畫、篆刻。

## 203
### 校正重刊官板宋朝文鑑一百五十卷目録三卷

T5236.5　6630B

　　《校正重刊官板宋朝文鑑》一百五十卷《目録》三卷，宋呂祖謙輯。明萬曆金陵唐錦池文林閣刻本。二十四冊。框高 21.6 厘米，寬 14.6 厘米。半葉十行二十字，小字雙行同，四周單邊，白口，單魚尾。版心上鐫書名，中鐫卷次。

　　卷端同上書。書名葉欄内題"呂東萊先生手訂""宋文鑑""文林閣梓行"。書首有周必大《宋朝文鑑序》、弘治甲子（十七年，1504）胡拱辰《宋文鑑序》、弘治甲子胡韶《書宋文鑑後》、天順八年（1464）商輅《新刊宋文鑑序》；次《校正重刊官板宋朝文鑑目録》上、中、下三卷；次《宋朝文鑑劄子》。

　　此本與上一部同版，然後印；二部又與普林斯頓大學藏本同版。此本書名葉題"文林閣梓行"，普林斯頓大學藏本書名葉則題"金陵唐錦池梓"。唐鯉耀（生卒年不詳）字錦池，在金陵設書坊"文林閣""集賢堂"，刊刻多種士子科舉用書，及戲曲版畫等通俗讀物。所刻書集中於萬曆至天啓初年，書名葉堂號有"唐鯉耀文林閣""唐鯉耀集賢堂""古吳文林閣唐錦池梓行"等多種。《中國古籍善本書目》著錄"明刻金陵唐錦池印本""明文林閣刻本"兩種，疑爲同版。

　　此爲勞費爾購書。

204

## 宋四六選二十四卷

T5239.5　5658

《宋四六選》二十四卷，清彭元瑞、曹振鏞輯。清乾隆四十一年（1776）曹振鏞刻本。八冊。框高19.3厘米，寬14.3厘米。半葉九行二十五字，無直欄，左右雙邊，白口，單魚尾。版心中鐫書名、卷次。

卷端題"芸楣定本曹振鏞編"。書名葉分三欄，中題"宋四六選"。書首有未署年彭元瑞序；次《宋四六選總目》，後鐫曹振鏞題識。

彭元瑞（1731—1803）字掌仍，一字輯五，號芸楣、身云居士，清南昌（今屬江西）人。乾隆二十二年（1757）進士，由編修入值南書房，歷官工部、戶部侍郎，官至工部尚書，加太子少保、協辦大學士，又加太子太保，卒謐文勤。以文學受知乾隆、嘉慶兩朝，曾任《四庫全書》副總裁，與修《高宗實錄》，著《恩餘堂經進稿》等。《清史稿》卷三百二十有傳。曹振鏞（1755—1835）字儷笙，一字懌嘉，清歙縣（今屬安徽黃山）人。乾隆四十六年（1781）進士，授編修，歷事乾隆、嘉慶、道光三朝，歷官學政、吏部尚書，官至軍機大臣、太子太傅，卒謐文正。又曾任《大清會典》、兩朝《實錄》、《全唐文》等總裁，任學政、典會試時嚴於避諱，至成一時風氣。著《話雲軒詠史詩》等。《清史稿》卷三百六十三有傳。

是書輯宋代駢文，分詔、制、表、啓、上梁文、樂語六體。目錄末曹振鏞題識言是書去取云："宋詔多古體；制則古今體參半；惟表、啓最繁，家有數卷；上梁文、樂語，作者每工。所輯六體凡七百六十六首。至於賦乃有韻之文，誥、檄、國書、露布、詞科，間有擬作，青詞、表、本、疏、牓，於義無取，記、傳、碑、序，傳蓋尠矣，均不錄。"

是書由彭元瑞搜輯、曹振鏞編次成書，并由曹氏付梓。曹氏題識云："芸楣先生掭纂有年，乾隆乙未（四十年，1775）以授門人振鏞，參仿《文苑英華》《播芳大全》《翰苑新書》之例編次成書。越明年，刻於翠微山麓。"此本即爲乾隆四十一年曹振鏞刻本。

"鉉"字缺筆，"曆"易爲"歷"。

《四庫全書總目》未收。《中國古籍善本書目》著錄山西省圖書館、湖北省圖書館等六家收藏。知中國香港大學圖書館、香港中文大學圖書館，加拿大多倫多大學圖書館收藏，日本國會圖書館、東京大學綜合圖書館等處收藏。

鈐"瞻汸山房"朱文長方印。

205

## 元詩選初集一百十四卷首一卷二集一百三卷三集一百三卷癸集十六卷

T5237.6　8386

《元詩選初集》一百十四卷《首》一卷《二集》一百三卷《三集》一百三卷，清顧嗣立輯；《癸集》十六卷，清顧嗣立輯、席世臣補。清康熙三十三至五十九年（1694—1720）顧嗣立秀野草堂刻嘉慶三年（1798）席氏掃葉山房續刻重修本。五十六冊。框高 19.2 厘米，寬 14.8 厘米。半葉十三行二十三字，小字雙行字不等，左右雙邊，白口，雙順魚尾。版心上間計字數，中鐫書名及小題，下鐫"秀野草堂"，間有刻工。

《元詩選初集》卷端題"長洲顧嗣立俠君集"。《二集》《三集》書名葉分三欄，右皆題"長洲顧俠君詮次"，中題"元詩選二集"或"元詩選三集"，左皆題"秀野草堂藏版"。《初集》首有康熙癸酉（三十二年，1693）宋犖序、康熙甲戌（三十三年，1694）顧嗣立《元詩選凡例》;《二集》首有康熙壬午（四十一年，1702）顧嗣立序;《三集》首有康熙五十九年（1720）顧嗣立序。《初集》《二集》《三集》各有總目録，按天干分部，《初集》之"甲集"至"壬集"或有分集目録，《初集》總目録之"癸集"下鐫"從諸家選本録入，續出"。

《癸集》框高 18.1 厘米，寬 13.7 厘米。半葉十三行二十三字，小字雙行字不等，綫黑口，單魚尾。版心上計字數，中鐫書名及小題，下鐫"秀野草堂"。《癸集》卷端未題著者。書名葉分三欄，右題"長洲顧俠君詮次"，中題"元詩選癸集""秀野草堂原本"，左題"掃葉山房藏板"。首有嘉慶三年席世臣序。《癸集》亦按天干分部，自戊至癸均分上、下，各分集前有目録。

顧嗣立（1665—1722），參見《昌黎先生詩集注》（020，T5308　3860）。席世臣（生卒年不詳）字鄰哉，席啓寓玄孫，主要活動於嘉慶年間。欽賜舉人，曾任四庫館分校官，家藏善本，設掃葉山房刻書，生平參《［光緒］松江府續志》卷二十五。

《元詩選》凡三集，每集以天干再分十集。其例以"甲集"至"辛集"分編有集之著者，以"壬集"録方外、閨秀之詩，以"癸集"總收零章斷什之作，但《初集》《二集》《三集》之"癸集"均有目無文。"甲集"至"壬集"按著者出仕年代編次，其中"丙集""丁集"收録至大至後至元出仕者，其中《二集》《三集》之"丁集"亦有目無文。每人下各存原集之名，前列小傳，兼作品評。《四庫全書總目》評價云："雖去取不必盡當，而網羅浩博，一一採自本書，具見崖略，非他家選本餖飣綴合者可比。有元一代之詩，要以此本为巨觀矣。"

顧嗣立於康熙三十年（1691）開始輯刻此書，三十二年《初集》編成，三十八年（1699）康熙帝南巡時，顧氏曾進呈御覽；後又繼續搜羅，得朱彝尊藏書之助，於四十一年刊刻《二集》；因應詔參纂宋、金、元、明四朝詩，而獲觀內府秘本，於五十九年刻梓《三集》。三集之“癸集”均未及刊刻，顧氏已歿。嘉慶三年（1798）席世臣搜輯續補，成《癸集》一編，刊刻行世。

顧嗣立在康熙三十三年所撰《元詩選凡例》述《初集》之編纂云：“兹集所傳，并從全稿録入，不敢止以選本爲憑也。……特倣《中州》之例，以十集分編，一代詞人，凡有全稿可據者選成八集，其方外、閨秀自爲一集，至諸家選本止存四五首者，與夫山經、地志、稗官、野史所傳，總編一集附後。……元詩姓名，見於各選本者四百餘人，其專集刊行於世百家而已。然有史傳所載鴻文鉅集而今已散佚不存，亦有隱士逸民、破瓢殘篋而幸爲人所珍惜者。余家藏元集，合之亦陶手鈔，及所借傳是樓藏本，得縱觀採擇，甚爲快事。以至屬在親朋好古博雅之士，凡有元詩，必皆借閱入選。”康熙四十一年之《二集》序云：“余自甲戌歲（康熙三十三年）輯元百家詩集鏤板行世，嗣後奔走南北，所至窮極搜羅，殘編斷簡無不抄撮，積久成帙，約得五十餘種。庚辰（康熙三十九年，1700）春仲，從京師抱病歸草堂，鍵戶編纂，用竟前業。適秀水朱檢討竹垞先生盡攜家藏元人遺集見示。藥爐茶竈之下，窮年詮次，并前所獲復彙爲百家。深惜日力之費於斯也，亟付剞劂，與海內好事者共賞之。”康熙五十九年《三集》序云：“余向刻元詩前後共二百家，行世已久。壬午（康熙四十一年）後復廣摻博採，心力俱瘁。吳下藏書家殘編賸藁，靡有遺憾。乙酉（康熙四十四年，1705）秋應詔入都編選四朝詩館，因得盡窺內府秘本，手自抄撮，存諸行篋。乙未（康熙五十四年，1715）秋給假旋里，南游湘漓，北登崧岱，訪求遺佚，袤益滋多，倦游歸臥草堂，輒合二十年來所得，重加詮次，凡成集者約一百六十餘家，其諸家選本及山經地志、野史稗官、書畫卷軸所傳詩，未滿數首者編入“癸集”，共計三千餘人，元詩綦大備矣。繕寫粗畢，欲悉付剞，人力有未逮，復先以百家質諸海內，他日續完全書，以成鉅觀，則元人一代精華不致磨滅弗彰，而余半生攎攎苦心亦庶幾可以無負矣。”

嘉慶三年席世臣《序》述補刻《癸集》事云：“惟《癸集》未竣而先生遽歿。……乃訪先生之曾孫果庭，得已刻之版并未刻之槀，亟取以歸，如獲拱璧。爰與果庭反復校紬，勘其脫落，重加修訂，版之壞者補之，槀之完者鋟之。蓋十易寒暑而始克蕆事。庶幾先生蒐輯之功自此勿隳，亦先大夫之志也。其十集所未備者，世臣博採群籍，別爲《補遺》一編，將續梓以問世焉。”

是書三集初分別刊刻，然顧氏曾增補修訂《初集》《二集》，再與《三集》同時付印。此本《初集》總目録下題“先編百家全集續出”，《二集》《三集》總目録下題"共計百家全集續出"，初集之"先編""續出"皆爲續刻《二集》之後剜改舊版；《二集》亦對丘處機等三十四家有所增補，則此本之《初集》《二集》乃經補版、修版之後又與《三集》同印。《元詩選癸集》傳世不多，常見者又多爲光緒十四年（1888）席世臣曾孫威之補版重印本，補版葉版心無字數、白口。而此本爲嘉慶三年席世臣原刻本。

有刻工。《初集》爲公化、卬貞、天渠、陈章、際生、卬芄、卬仁、卬玉、甘典、高元、君甫、卬啓、顧明、卬臣、子茂、啓生。《二集》爲曾惟聖、惟聖、鄧中、玉正、有恒、鄧爾仁、爾仁、耀先、甘明、劉良公、良公、公化、化、甘伯、卬文、冰占、際生、玉宣、晋占、聖先、玉山、譙公、子佩、六吉、君聖、善长、上珍、文中、允中、礼生。"卬"疑即"劉"。

"玄"字缺筆。

《四庫全書總目》集部總集類著録"《元詩選》一百一十一卷"，蓋僅爲《初集》。《元詩選初集》《二集》《三集》，《中國古籍善本書目》著録北京大學圖書館、上海圖書館、中山圖書館等三十九家藏清康熙三十三年至五十九年顧氏秀野草堂刻本。知中國香港中文大學圖書館、美國哈佛大學哈佛燕京圖書館、普林斯頓大學圖書館、哥倫比亞大學圖書館，日本東北大學圖書館收藏。《元詩選癸集》，《中國古籍善本書目》僅著録中國科學院文獻情報中心、北京師範大學圖書館等六家收藏清嘉慶三年席氏掃葉山房刻光緒十四年（1888）重修本。知中國臺北故宮博物院，美國哈佛大學哈佛燕京圖書館、哥倫比亞大學圖書館，日本公文書館，韓國奎章閣著録嘉慶三年刻本。

鈐"丹坼"朱文長方印、"星東"白文長方印、"名曰丹坼"白文方印、"字曰對揚"朱文方印、"西湖長"白文方印；"天尺樓"朱文長方印。曾爲清許千坼、劉世瑗收藏。許千坼（1745—1790）原名丹坼，字對揚，號星東，清嘉興海寧人，諸生，著《愛硯詩存》。劉世瑗（生卒年不詳），清末人，藏書樓名"天尺樓"，著《徵訪明季遺書目》。

206

## 元文類七十卷目録三卷

T5236.6 4912

《元文類》七十卷《目録》三卷，元蘇天爵輯。明末修德堂刻本。二十册。框高 20.2 厘米，寬 14.4 厘米。半葉九行二十字，小字雙行同，四周單邊，白口，單魚尾。版心上卷書名，中鐫卷次，下鐫"修德堂"或"脩德堂"。

卷端題"元趙郡蘇天爵伯修父編次；太原王守誠君實父較訂"。書首有元統二年（1334）王理《元文類序》、元統二年陳旅《元文類序》；次《元文類目録》。末有元統三年（1335）王守誠跋。

蘇天爵（1294—1352）字伯修，元真定（今河北正定）人。少從安熙、吴澄、虞集等學，延祐四年（1317）國子學生試第一，授蘇州判官，歷翰林修撰、禮部侍郎、吏部尚書，終江浙行省參政。其學博而知要，長於紀事，著《滋溪文稿》《國朝名臣事略》，編《元文類》等。《元史》卷一百八十三有傳。

是書乃蘇天爵搜集抄録元人詩文，積二十年之力編成。書前陳旅序云：“（蘇天爵）以爲秦漢魏晋之文則收於《文選》，唐宋之文則載於《文粹》《文鑑》，國家文章之盛，不采而彙之，將遂散軼沉泯，赫然休光，弗耀於將來，非當務之大缺者歟？乃蒐摭國初至今名人所作，若歌、詩、賦、頌、銘、贊、序、記、奏議、雜著、書、説、議論、銘、誌、碑傳，皆類而聚之。積二十年，凡得若干首，爲七十卷，名曰《國朝文類》。”書末王守誠跋云：“守誠在胄館時，見伯修手抄近世諸名公及當代聞人逸士述作，日無倦容，積以歲年。今始克就編，不以微而遠者遂泯其實，不以顯而崇者輒襮其善，用心之公，溥也如是。”《四庫全書總目》對其編輯之功評價甚高：“故是編去取精嚴，具有體要，自元興以逮中葉，英華採擷，略備於斯。論者謂與姚鉉《唐文粹》、吕祖謙《宋文鑑》鼎立而三。然鉉選唐文，因宋白《文苑英華》，祖謙選北宋文，因江鈿《文海》，稍稍以諸集附益之耳。天爵是編，無所憑藉，而蔚然媲美，其用力可云勤摯。”

此爲明末修德堂刻本。版心下鐫“修德堂”。“校”易爲“較”，或避或不避。

《四庫全書總目》入集部總集類。《中國古籍善本書目》著録中國國家圖書館、上海圖書館、南京圖書館等三十八家收藏。知中國臺北“國家圖書館”，美國柏克萊加州大學圖書館，加拿大英屬哥倫比亞大學圖書館，日本公文書館、靜嘉堂文庫、尊經閣文庫、東京大學東洋文化研究所等處收藏。

鈐“約菴”朱文長方印、“王協之印”朱文方印、“恭男氏”白文方印、“約菴西屋”白文長方印，曾爲清初王協所藏。王協（生卒年不詳），字恭男，號約庵居士，楚蘄（今湖北蘄春）人，康熙六年（1667）在華亭縣令任上時曾編《眼科全書》。

207
### 天下同文前甲集五十卷（存四十三卷）

T5236.6　7241

《天下同文前甲集》五十卷，元周南瑞輯。清抄本。存四十三卷（一至十六、十九至二十九、三十二至三十三、三十六至四十、四十二至五十）。二册。

框高 20.4 厘米，寬 15.3 厘米。藍格，半葉十四行二十四字，左右雙邊，白口，雙魚尾。版心中鎸書名。

卷端未題著者。書首有大德甲辰（八年，1304）劉將孫《天下同文集叙》；次《天下同文總目》，目録末寫"隨所傳録，陸續刊行""廬陵周南瑞敬輯"。

周南瑞（生卒年不詳）字敬修，元廬陵（今江西吉安）人。鄉貢進士，自稱周敦頤後人，《四庫全書總目》謂爲趨附假托。

是書爲元代詩文總集，卷一至四十一收表、記、碑、傳、書、贊等文，卷四十二至五十收詩詞。《四庫全書總目提要》評云："其所載頗有蘇天爵《文類》所未收，而足資當日典故者。"書前劉將孫《叙》謂："他日考一代文章者，當於此取焉。"目録後雖標明"隨所傳録，陸續刊行"，然僅見《甲集》傳世。

是書傳世希少，元大德刊本未見流傳，僅有明末汲古閣影抄大德本存世。現存多爲明、清抄本。《四庫全書》所據乃兩淮馬裕家藏本，有"今既無別本校補"之語，則是書在當時已屬難得。《四庫全書總目》著録存四十四卷，查文淵閣、文津閣四庫本，實存四十三卷。《中國古籍善本書目》著録清抄本四部，亦均存四十三卷。

此本存卷與傳世諸本相同。此本已印製藍色欄綫及版心書名；手寫葉碼，連續未間斷；每卷之間未另起一葉而僅間隔兩行。此本書寫工整，小字雋秀，紙張白韌。

《四庫全書總目》入集部總集類。《中國古籍善本書目》著録中國國家圖書館、上海圖書館、南京圖書館、南開大學圖書館四家藏清抄本。又知中國臺北"國家圖書館"藏明汲古閣影抄元大德刊本及舊抄本各一種，日本静嘉堂文庫藏清抄本一種。

鈐"集義精舍"朱文方印、"德順之印"白文方印。又鈐"汲古閣鑑藏書畫印"朱文長方印，偽。

208
**皇明詩選十三卷**

T5237.7　7910

《皇明詩選》十三卷，明陳子龍，清李雯、宋徵輿輯。明崇禎十六年（1643）刻本。易培基題識。十二冊。框高 19.4 厘米，寬 14.3 厘米。半葉九行十八字，小字雙行同，四周單邊，白口，單魚尾。版心上鎸書名，中鎸卷次。

卷端題"雲間李雯舒章氏、陳子龍卧子氏、宋徵輿轅文氏同撰"。書首有未署年陳子龍《序》、未署年李雯《序》、未署年宋徵輿《序》；次崇禎十六年李雯、陳子龍、宋徵輿《選詩凡例》；次《皇明詩選目録》。

陳子龍（1608—1647）初名介，字臥子，一字人中，號大樽、采山堂主人，明末松江（今屬上海）人。崇禎十年（1637）進士，授推官，南京陷落，事福王、魯王，欲起兵抗清，事洩被捕，乘隙投水死，擅詩詞，倡復古，爲雲間派領袖，著作編爲《陳忠裕公全集》，輯《皇明經世文編》等。《明史》卷二百七十七有傳。李雯（1608—1647）字舒章，明末青浦（今屬上海）人。明崇禎十五年（1642）舉人，清初薦爲弘文院撰文、中書舍人，與陳子龍、夏允彝等號爲“雲間六子”，著《蓼齋集》。宋徵輿（1618—1667）字轅文、直方，號林屋、佩月騷人，明末清初華亭（今屬上海）人，順治四年（1647）進士，選刑部主事，官至副都御史，明末與陳子龍、李雯等創幾社，著《林屋文稿》《廣平雜記》等，輯《全閩詩抄》。李雯、宋徵輿事跡可參《［乾隆］江南通志》卷一百六十六。

是書乃陳子龍、李雯、宋徵輿三人歷時四年編選，由夏完淳校對，於崇禎十六年完成。《凡例》云：“此書始於庚辰（崇禎十三年，1640），成於癸未（崇禎十六年），凡四載矣。”書前宋徵輿《序》述選校事云：“時與臥子陳氏、舒章李氏撰《皇明詩選》成，夏生受而較之”，又是書每卷卷末均鎸“同郡夏完淳存古氏較”。是書之編選徑改原詩文字，乃襲明人編書臆改之風，《凡例》云：“濟南《明詩選》於詩文原本或易一二字，或刪去數語，頗有功作者。雯等間做其例，亦百中之一，覽者不必致疑。至於所傳異辭，則從善本。”

書前有1934年易培基題識，詳載陳子龍、李雯之歿，并評論死節之事。易跋書於“風樹亭”箋紙，并鈐“易培基”小印。

“由”“校”易作“繇”“較”，避崇禎帝諱。

《四庫全書總目》未收，《四庫禁燬書叢刊補編》影印明崇禎十六年刻本。《中國古籍善本書目》著録上海圖書館、山東省圖書館、南京圖書館、中山圖書館等三十一家收藏。又知中國臺北“國家圖書館”、臺北“中央研究院”傅斯年圖書館，美國哈佛大學哈佛燕京圖書館，加拿大英屬哥倫比亞大學圖書館，日本東洋文庫、京都大學大學院文學研究科圖書館、東北大學圖書館，韓國精神文化研究院收藏。

209

## 壬子皇華集二卷辛巳皇華集二卷（各存一卷）

T5237.7　2142

《壬子皇華集》二卷，明艾璞、徐穆、（朝鮮）盧公弼等撰。《辛巳皇華集》二卷，明唐皋、史道、（朝鮮）李荇等撰。明萬曆朝鮮活字印本。存《壬子皇華集》

上卷、《辛巳皇華集》下卷。二册。框高25.7厘米，寬17.9厘米。半葉十行十七字，四周雙邊，白口，雙花魚尾。版心中鐫書名、卷次。

卷端未題著者。《壬子皇華集》首有弘治五年（1492）洪貴達《皇華集序》。

艾璞（1450—1512）字德潤，號東湖，明南昌縣（今屬南昌）人，成化十七年（1481）進士，授工部都水司主事，官至通政司通政，弘治五年因朝鮮册立皇太子以兵部郎中充朝鮮國正使，《本朝分省人物考》卷八十六有傳。徐穆（1468—1511）字舜和，號南峰，明江西吉水（今屬吉安）人，弘治六年（1493）進士，授編修，遷侍讀，曾與修《歷代通鑒纂要》，正德元年（1506）因改元頒即位詔出使朝鮮，《本朝分省人物考》卷六十七有傳。盧公弼（1445—1516）字希亮，號菊逸齋，朝鮮交河人，朝鮮世祖十一年（1466）謁聖文科及第，官弘文館典翰、副提學，官至領中樞府事，朝鮮安鐘和所編《國朝人物志》卷二有傳。

唐皋（1469—1526）字守之，號心庵，明安徽歙縣（今屬黃山）人，正德九年（1514）進士，授修撰，官至侍讀學士，曾與修《武宗實録》，正德十六年（1521）因朝鮮改元頒即位詔出使朝鮮，著《心庵集》《史鑒會編》《韻府增定》等，《本朝分省人物考》卷三十七有事跡梗概。史道（1485—1554）字克弘，號鹿野，明河北涿郡（今屬北京）人，正德十二年（1517）進士，授兵科給事中，官至兵部尚書加太子少保，正德十六年爲出使朝鮮之副使，《本朝分省人物考》卷二有傳。李荇（1478—1534）字擇之，號容齋、蒼澤漁使，年十八擢丙科及第，曾與修《成廟實録》《輿地勝覽》，長於詩詞書畫，朝鮮中宗十六年（正德十六年）以議政府右議政爲遠接使。

是書爲明朝赴朝鮮使臣與朝鮮文臣的唱和詩集。明制，每逢朝鮮新帝登基、册封太子或明政府賜封朝鮮時，明政府均派使臣赴朝詔敕，朝鮮則派遠接使在朝鮮境内陪同。從明景泰元年（朝鮮世宗三十二年，1450）到崇禎六年（朝鮮仁祖十一年，1633）的一百八十四年間，共有二十四次出使。朝鮮政府將雙方使臣的詩歌唱和結集刊印，取《詩經》“皇皇者華”之意名曰《皇華集》。每次出使之唱和詩結爲一集，因正德元年（朝鮮中宗元年，1506）唱和詩僅有數首，附於前次弘治五年（朝鮮成宗二十三年，1492）詩集之末，故《皇華集》共二十三集。明朝政府歷次出使朝鮮時間（括注朝鮮紀年）、明敕正使及朝鮮遠接使姓氏如下：

1.《庚午皇華集》：景泰元年（世宗三十二年，1450），明倪謙，朝鮮鄭麟趾。

2.《丁丑皇華集》：天順元年（世祖二年，1457），明陳鑑，朝鮮朴原亨。

3.《己卯皇華集》：天順三年（世祖四年，1459），明陳嘉猷，朝鮮朴原亨。

4.《庚辰皇華集》：天順四年（世祖五年，1460），明張寧，朝鮮朴原亨。

5.《甲申皇華集》: 天順八年（世祖九年，1464），明金湜，朝鮮朴原亨。

6.《丙申皇華集》: 成化十二年（世宗七年，1476），明祁順，朝鮮徐居正。

7.《戊申皇華集》: 弘治元年（成宗十九年，1488），明董越，朝鮮許琮。

8.《壬子皇華集》: 弘治五年（成宗二十三年，1492），明艾璞，朝鮮盧公弼。正德元年（中宗元年，1506），明徐穆，朝鮮不詳。

9.《辛巳皇華集》: 正德十六年（中宗十六年，1521），明唐皋，朝鮮李荇。

10.《丁酉皇華集》: 嘉靖十六年（中宗三十二年，1537），明龔用卿，朝鮮鄭士龍。

11.《己亥皇華集》: 嘉靖十八年（中宗三十四年，1539），明華察，朝鮮蘇世讓。

12.《乙巳皇華集》: 嘉靖二十四年（仁宗元年，1545），明張承憲，朝鮮申光漢。

13.《丙午皇華集》: 嘉靖二十五年（明宗元年，1546），明王鶴，朝鮮鄭士龍。

14.《丁卯皇華集》: 隆慶元年（明宗二十二年，1567），明許國，朝鮮朴忠元。

15.《戊辰皇華集》: 隆慶二年（宣祖元年，1568），明歐希稷，朝鮮朴淳。

16.《戊辰皇華集》: 隆慶二年（宣祖元年，1568），明成憲，朝鮮朴淳。

17.《癸酉皇華集》: 萬曆元年（宣祖六年，1573），明韓世能，朝鮮鄭惟吉。

18.《壬午皇華集》: 萬曆十年（宣祖十五年，1582），明黃洪憲，朝鮮李珥。

19.《壬寅皇華集》: 萬曆三十年（宣祖三十五年，1602），明顧天埈，朝鮮李好閔。

20.《丙午皇華集》: 萬曆三十四年（宣祖三十九年，1606），明朱之藩，朝鮮柳根。

21.《己酉皇華集》: 萬曆三十七年（光海君元年，1609），明熊化，朝鮮柳根。

22.《丙寅皇華集》: 天啓六年（仁祖四年，1626），明姜曰廣，朝鮮金鎏。

23.《癸酉皇華集》: 崇禎六年（仁祖十一年，1633），明程龍，朝鮮辛啓榮。

是書主要在朝鮮流傳，零星外傳某一時期零本。《韓國所藏中國漢籍總目》所著錄之《皇華集》有兩種最主要的版本：一爲萬曆三十六年（朝鮮宣祖四十一年，1608）訓練都監木活字本（十行十八字），收景泰元年至萬曆十年的前十八種《皇華集》；二爲乾隆三十八年（朝鮮英祖四十九年，1773）芸閣活字本（十行二十字），因刊印較晚，應已收齊二十三集。此外，《壬寅》至《癸酉》五集，曾於每次出使後分別刊印，有朝鮮宣祖三十九年（1606）木活字本《壬寅皇華集》及《丙午皇華集》、朝鮮光海君二年（1609）訓練都監木活字本《己酉皇華集》、朝鮮仁祖四年（1626）訓練都監木活字本《丙寅皇華集》、朝鮮仁祖十二年（1634）刻本《癸酉皇華集》。

《四庫全書存目叢書》影印北京大學藏明朝鮮銅活字本，含景泰元年至萬曆元年的前十七種，但中缺乙卯、庚辰、戊申、壬子、戊辰年之五種。其中景泰至嘉靖十六年的前十種（存六種）行款爲十行十七字，之後的七種（存六種）則爲十行十八字。北大藏本與萬曆三十六年訓練都監木活字本非同版，雖收書種數接近、行款相同，但分卷、版刻明顯不同。萬曆三十六年訓練都監木活字本之行款、字體前後一致，且每集均有書名葉題“萬曆三十六年九月　日”，這種統一性乃是經重新整理後集中刊印的體現。北大藏本保留兩種行款，或因前十種、後七種分別刊印。《四庫全書總目》著錄《皇華集》十三卷，提要云：“所錄爲天順元年、二年、三年、四年、八年，成化十二年，弘治元年、五年，正德十六年，嘉靖十六年之詩。考明代遣使往朝鮮者，不僅此十年，似有闕佚。然世所傳本并同，或使臣不盡能詩，其成集者止此耶？”《四庫全書總目》著錄乃內府藏本，當來自朝鮮政府；其中未言景泰元年而增天順二年，或有誤；而其所言之十種，與北大藏本中的九行十七字本時間相符，此十種很有可能曾集中刊印流傳。北大藏本中另外七種九行十八字本，雖與前十種行款不同，字體風格却完全一致，這極有可能由於它們是同一機構印製的活字本。其字爲圓潤楷體而帶有行書筆意，與韓國庚辰字系銅活字字形相近。庚辰字鑄成於朝鮮宣祖十三年（萬曆八年，1580），與前十七種中最末一集之結集時間（萬曆元年）接近。據以上諸端推測，此本當爲萬曆八年後、萬曆三十六年訓練都監木活字本擺印之前的朝鮮銅活字印本，或爲萬曆年間朝鮮庚辰銅活字擺印。

芝大藏本與北大藏本同版，但僅爲壬子、辛巳兩年之《皇華集》殘本。兩集各署上、下，《壬子皇華集》存艾璞詩以爲上卷，缺正德元年徐穆詩，蓋原作下卷（此集北大藏本闕）。《辛巳皇華集》北大藏本分上、下二卷，芝大藏本僅存相同版本之下卷；而韓國五臺山史庫藏萬曆三十六年木活字本存上、續二卷。另外，芝大藏本《辛巳皇華集》下卷第一葉文字與下葉無法銜接，此葉原屬同時刊刻的其他《皇華集》。

《四庫全書總目》總集類存目著錄兩種，一爲唐皋等撰《皇華集》二卷《續集》一卷，實爲《辛巳皇華集》（正德十六年）；又一種爲《皇華集》十三卷，據提要乃是包含嘉靖十六年在內的前十種《皇華集》。《中國古籍善本書目》著錄華察等撰《皇華集》五卷，實爲《己亥皇華集》（嘉靖十八年）。《四庫全書存目叢書》影印明朝鮮銅活字印本，存十三種；臺北珪庭出版社影印韓國五臺山史庫藏萬曆三十六年木活字本，收十八種。是書以韓國收藏最全，有萬曆三十六年訓練都監木活字本、乾隆三十八年芸閣活字本，藏韓國奎章閣、五臺山史庫等處。知中國臺北"國家圖書館"藏《庚午》《戊申》《己亥》《壬寅》《丙午》《丙寅》諸集，美國哈佛大學哈佛燕京圖書館藏《己亥》集，日本尊經閣文庫亦藏若干零本，但均誤將《己亥皇華集》著録爲錫山華氏銅活字本。又美國柏克萊加州大學圖書、日本公文書館藏芸閣活字本。

210
**列朝詩集乾集二卷甲集前編十一卷甲集二十二卷乙集八卷丙集十六卷丁集十六卷閏集六卷**

T5237.7　8850

《列朝詩集乾集》二卷《甲集前編》十一卷《甲集》二十二卷《乙集》八卷《丙集》十六卷《丁集》十六卷《閏集》六卷，清錢謙益輯。清順治九年（1652）毛氏汲古閣刻本。三十册。框高 20.5 厘米，寬 13.3 厘米。半葉十五行二十八字，小字單行同，四周雙邊，白口，雙魚尾。版心中鐫書名、卷次。

卷端未題著者。書首有《列朝詩集詮次》，每卷各有目録。部分卷次分上、中、下，或於卷後附列《補詩》或《補人》。

錢謙益（1582—1664），參見《杜工部集》（015，T5299　8508）。

是書輯録有明一代一千六百餘家詩作，總分甲、乙、丙、丁四集，又將帝王詩置於首爲《乾集》，元末明初之詩爲《甲集前編》，僧道、宗室、閨閣等爲《閏集》，共八十一卷。是書仿《中州集》，以詩繫人，每家各列小傳，記其爵里，并作品評。後其族孫錢陸燦將小傳輯出成《列朝詩集小傳》行世。

錢謙益於天啓初年擬編此書，主要部分完成於順治三年至六年（1646—1649），順治九年最終告成。書前原有順治九年（1652）錢謙益《列朝詩集序》，此本缺，序云："山居多暇，譔次國朝詩集幾三十家，未幾罷去，此天啓初年事也。越二十餘年而丁開寶之難，海宇版蕩，載籍放失，瀕死頌繫，復有事於斯集。託始於丙戌（順治三年），徹簡於己丑（順治六年），乃以其間論次昭代之文章，蒐討朝家之史乘。州次部居，發凡起例，頭白汗青，庶幾有日。庚寅（順治七年，1650）陽月，融風爲災，插架盈箱蕩爲煨燼，此集先付殺青，幸免於秦火漢灰之餘。"又云："集之告成在玄黓执徐之歲（壬辰，順治九年）。"乾隆年間，是書因語涉誹謗遭禁。

《四庫全書總目》未收，《四庫禁燬書叢刊》影印。《中國古籍善本書目》著録中國國家圖書館、上海圖書館、南京圖書館、中山圖書館等四十三家收藏。知中國臺北"國家圖書館"，美國哈佛大學哈佛燕京圖書館、柏克萊加州大學圖書館、普林斯頓大學圖書館、哥倫比亞大學圖書館、耶魯大學圖書館、華盛頓大學圖書館，澳大利亞圖書館聯盟，日本東洋文庫、京都大學圖書館、廣島大學圖書館等處，韓國奎章閣收藏。

211

**明詩綜一百卷**

T5237.7　8292

《明詩綜》一百卷，清朱彝尊輯。清康熙刻雍正六峰閣印本。四十册。框高18.9厘米，寬14.4厘米。半葉十一行二十一字，小字雙行，左右雙邊，白口，單魚尾。版心中鐫書名、卷次。

卷端題"小長蘆朱彝尊錄；休陽汪森緝評"，每卷緝評者不同。書名葉分三欄，右題"朱竹垞太史選本"，中題"明詩綜"，左題"六峰口藏版"（按：原書殘缺"閣"字）。書首有康熙四十四年（1705）朱彝尊序；次明詩綜《家數》，實即目錄。

朱彝尊（1629—1709）字錫鬯，號竹垞，晚號小長蘆釣魚師，清秀水（今屬浙江嘉興）人。康熙十八年（1679）舉博學鴻詞科，授檢討，與修《明史》，入值南書房。通經史，擅考據，能詩詞，詩與王士禛并稱"南朱北王"，又爲浙西詞派創始者，好聚書，藏書室名"曝書亭""潛采室"，著《經義考》《日下舊聞》《曝書亭集》等，輯《明詩綜》《詞綜》。《清史稿》卷四百八十四、《清史列傳》卷七十一有傳。

是書選輯明代洪武至崇禎之詩人共三千四百餘家，每家先列小傳，再錄其詩。書前朱彝尊自序云："或因詩而存其人，或因人而存其詩，間綴以詩話，述其本事，期不失作者之旨。"《四庫全書總目》盛贊是書，謂有明一代詩風三變，由三楊臺閣至七子倡復古再至公安倡性靈，"諸家選本，亦遂皆堅持畛域，各尊所聞"，甚至黨同伐異，逞其恩怨，而朱彝尊是書乃糾其謬，"其所評品，亦頗持平"。朱氏於每家小傳中附列自撰詩話，嘉慶間姚祖恩將之摘出，成《靜志居詩話》二十四卷。

朱彝尊晚年撰成此書并於蘇州白蓮涇刊刻，後其孫稻孫重印，書名葉題"六峰閣"。朱稻孫（生卒年不詳）字稼翁，號芋陂，又號娛邨，貢生，乾隆元年（1736）舉博學鴻詞科，著《六峰閣詩稿》。六峰閣印本又有將卷六十九金堡詩剜去者；此後又有清來堂印本，除金堡詩外又剷去卷八十二陳恭尹、屈大均詩以及詩評中錢謙益姓名。

此本爲未經剜改的六峰閣印本，文字完整，且存六峰閣書名葉。書中

"玄""鉉"、"燁","胤"缺筆，避康熙、雍正帝諱，而乾隆帝諱"弘"字未避，應爲雍正時印行。

《四庫全書總目》入集部總集類。《中國古籍善本書目》著錄北京大學圖書館、甘肅省圖書館、安徽省圖書館等十六家收藏清康熙刻本。此六峰閣印本，知中國國家圖書館、人民大學圖書館、廈門大學圖書館、暨南大學圖書館，美國柏克萊加州大學圖書館、哥倫比亞大學圖書館、康奈爾大學圖書館、匹茲堡大學、國立亞洲藝術博物館，新西蘭奧克蘭大學圖書館，日本京都大學人文科學研究所、愛媛大學圖書館、愛知大學圖書館、鹿兒島大學圖書館等處收藏。其中柏克萊加州大學圖書館藏本亦明確爲未經剜改之六峰閣印本。

鈐"瑞雲仙館藏書印"朱文長方印。

212

## 皇明文徵七十四卷

T5236.7　　2213

《皇明文徵》七十四卷，明何喬遠輯。明崇禎四年（1631）何喬遠自刻本。三十四冊。框高 19.6 厘米，寬 14.7 厘米。半葉九行十八字，小字雙行同，左右雙邊，白口，單白魚尾。版心上鐫書名，中鐫卷次。

卷端題"晉江何喬遠稺孝選"。書首有崇禎辛未（四年）鄣於中《皇明文徵序》、崇禎三年（1630）韓如璜《皇明文徵序》、崇禎四年何喬遠《自序》；次列校刻、參校人員；次爲《皇明文徵總目》。

何喬遠（1558—1632）字稺孝，號匪莪，明福建晉江（今屬泉州）人。萬曆十四年（1586）進士，授刑部主事，崇禎間纍官至南京工部右侍郎。著述輯爲《鏡山全集》，曾輯明嘉靖前十三朝遺事成《名山藏》，纂《閩書》。《明史》卷二百四十二有傳。

是書爲明代詩文總集，所收詩文起自洪武迄於崇禎初年，按文體分類編排。何喬遠《自序》述是書內容云："國家之施設建立，賢士大夫之經營論著，具悉其中，下及於方外、閨秀、外夷之作，無不兼採并錄，所以示明德之大，明文之盛，足以昭布於無窮。"韓如璜《序》贊何喬遠著述云："先生爲一家之言則有諸集，爲一鄉之言則有《閩書》，爲一朝之言則有《文徵》，又有明書曰《名山藏》，分紀傳、編年二體，皆久處鏡山時所學於洙泗者。今諸集、《閩書》咸壽諸梓矣。"

是書由何喬遠於崇禎四年出資刊刻。據錢茂偉《明史家何喬遠著述考》，《鏡山全集》附《先師何鏡山先生行略》述及是書刊刻："而先是所選《文徵》，師

313

自出俸薪一百五十余金，刻之以傳。文雅好事者競來助刻，盛行東南間。"則《文徵》一書乃爲何喬遠本人刊刻。而校刻之役，何氏之門人、子弟出力甚多，書首所列"校刻"人員有黃居中、韓如璜、梁稷三人，其中韓如璜在序中自署門人；"參校"則有一百一十八人，包括何氏子侄五人。普林斯頓大學所藏崇禎四年刻本有崇禎四年梁稷《後序》，此書闕。

避天啓、崇禎帝諱，"由""校""檢"或易作"繇""較""簡"。

《四庫全書總目》集部總集類存目，誤題爲七十三卷。《中國古籍善本書目》著錄中國國家圖書館、上海圖書館、吉林省圖書館等二十一家收藏。知美國普林斯頓大學收藏。另中國臺北"國家圖書館"、臺北"中央研究院"傅斯年圖書館，美國國會圖書館、哥倫比亞大學圖書館，韓國忠南大學圖書館藏本著錄崇禎刻本；日本公文書館、尊經閣文庫、京都大學中國語學文學哲學研究室藏本著錄明崇禎韓如璜刻本，均應爲相同版本。

鈐"孫碧榆氏收藏書畫印"朱文方印。

213

## 明文致二十卷

T5236.7　4444

《明文致》二十卷，明蔣如奇輯。明崇禎二年（1629）詠蘭堂刻本。六冊。框高 19.9 厘米，寬 13.5 厘米。半葉九行二十字，無直欄，四周單邊，白口，單魚尾，書眉鐫小字評點。版心上鐫書名及篇名，中鐫卷次，下鐫"詠蘭堂"。

卷端題"陽羨蔣如奇一先選；門人李鼎和仲次"。書首有崇禎二年李鼎《明文致序》、未署年蔣如奇《叙》；次《新鐫詠蘭堂批選明文致目録》。

蔣如奇（生卒年不詳）字一先，號盤初，明南直隸宜興（今屬江蘇）人。萬曆四十四年（1616）進士，崇禎末以浙江糧道督漕入京，卒贈光禄卿。擅書法，嘗擇前人法帖摹刻上石，謂爲《净雲枝》。生平參《書史會要》《〔乾隆〕江南通志》卷一百六十六。

晚明倡性靈，小品文興盛。是書所選明人文章，即着眼寫人心聲之短文。卷前李鼎《序》釋書名之意云："文莫尊於六經，而詩獨稱致。興觀群怨，沁人肝脾，非以能寫人心胸哉？顧文章家致未易言，有嘔肝落眉不能得而對客疾揮反得之，即書淫學庫不能得而爛熳數行反得之，又每得於水流花開著沸燈爐，名山巨川借其怪，引杯擊劍佐其豪，其人或擲筆欲哭，或掀髯欲笑，有爲而作，無心乃傳，凡忠臣、孝子、高隱、奇俠與夫懷春之怨女、失意之才人，無不醄嬉顛放，靈性所噴，落腕皆鮮。是則予之所謂致也。"據版心及李鼎序，此本爲明崇禎二年詠蘭堂所刻。

《四庫全書總目》未收。《中國古籍善本書目》著録北京大學圖書館、復旦大學圖書館、南京圖書館等五家收藏。知日本宮內廳書陵部著録明崇禎刻本。

鈐"宛羽藏徑參差擁百戲"朱文長方印。此爲勞費爾購書。

214
### 篋衍集十二卷

T5237.8　8792

《篋衍集》十二卷，清陳維崧輯。清康熙三十六年（1697）蔣國祥刻雍正印本。二册。框高 16 厘米，寬 13.2 厘米。半葉十行十九字，左右雙邊，黑口，單魚尾。版心中鐫書名、卷次。

卷端未題著者，目録題"試博學宏詞科徵仕郎翰林院檢討纂修明史宜興陳維崧元本；後學蘿邨蔣國祥校訂"。書名葉分三欄，右題"宜興陳其年先生元本"，中題"今詩篋衍集"，左題"新城王阮亭、商丘宋牧仲兩先生鑒定"。書首有未署年宋犖序、未署年蔣景祁序、康熙壬申（三十一年，1692）王士禛序、未署年蔣國祥序；每卷有分卷目録。

陳維崧（1625—1682）字其年，號迦陵，清宜興（今屬江蘇）人。康熙十八年（1679）舉博學鴻詞科，授檢討，與修《明史》。工詩詞、駢文，詞與朱彝尊齊名，詞風雄健，著作輯爲《湖海樓全集》。《清史稿》卷四百八十四有傳。

是書乃陳維崧撿擇交游名公高雅恬淡之詩，用以自賞，故名"篋衍"。陳氏歿後，同里蔣京少得之，由蔣國祥刻梓。書前宋犖序述成書及刊刻事云："陳其年太史嘗鈔本朝名公碩人之詩，得三百餘紙，不以示人，名曰《篋衍集》。沒後數年，其同里蔣京少氏始得之於敝篋，因與其宗人蘿邨氏謀付剞劂而傳之。"蔣京少即蔣景祁，蘿邨即蔣國祥。

是書有康熙三十六年（1697）刻本及乾隆二十六年（1761）翻刻本。書前蔣景祁序述康熙三十六年蔣國祥付刻是書事云："丁丑（康熙三十六年，1697）初夏，過家蘿邨吳門寓舍，出示斯集，蘿邨氏謂足備本朝詩選之一，因不敢秘，以付剞人。惜尚有未經先生采入者，蘿邨謀嗣刻爲《篋衍續集》云。"乾隆年間是書列爲抽燬書，《清代禁燬書目》謂是書"內除錢謙益、屈大均等詩篇俱應抽燬外，其餘各家尚無干礙。應請毋庸全燬"。乾隆本錢謙益之詩，存留正文而剷去姓名；又避康熙、雍正、乾隆三朝帝諱，如"玄""胤"缺筆，"王士禛"改爲"王士正"，"弘""曆"缺筆。

　　此爲乾隆禁燬之前舊版：錢謙益、屈大均等人詩篇、姓名俱在；又“玄”“胤”字缺筆，而“弘”“曆”二字不避，然“胤”字避諱，應爲雍正時印本。是書著録爲康熙刻本者多，然中有“胤”字缺筆者，恐爲雍正時刷印。據《［同治］南康府志》卷十三、《［光緒］黃州府志》卷四，刻書人蔣國祥，主要活動於康熙、雍正年間，康熙四十三年（1704）任南康府同知，五十九年至雍正二年（1720—1724）在黃州知府任上，雍正乙卯（十三年，1735）年曾爲《三命通會》一書作序。

　　《四庫全書總目》未收。《四庫禁燬書叢刊》影印清乾隆二十六年華綺刻本。《中國古籍善本書目》著録天津圖書館、南京圖書館、福建省圖書館等二十九家收藏康熙三十六年蔣國祥刻本。知美國哈佛大學哈佛燕京圖書館，日本東洋文庫、愛知大學圖書館著録康熙三十六年刻本。

215

**感舊集十六卷**

T5237.8　　1143

　　《感舊集》十六卷，清王士禛輯，清盧見曾補傳。清乾隆十七年（1752）刻本。八册。框高 18.3 厘米，寬 14.1 厘米。半葉十一行二十一字，小字雙行，左右雙邊，白口，單魚尾。版心中鐫書名、卷次。

　　卷端題“漁洋山人選；德州盧見曾補傳”。書首有乾隆壬申（十七年）盧見曾《刻漁洋山人感舊集序》、康熙十三年（1674）王士禛《自序》（撰者題爲“王士正”）、未署年朱彝尊《原序》；次盧見曾《感舊集補傳凡例》；次《感舊集目録》。末乾隆十七年張元《刻感舊集後序》。

　　王士禛（1634—1711），參見《蠶尾集》（104，T5461　1372）。盧見曾（1690—1768）字抱孫，號澹園，又號雅雨，清山東德州人。康熙六十年（1721）進士，歷蒙城知縣、江寧知府、兩淮鹽運使。以詩名世，交游甚廣，著《雅雨堂詩文集》，輯《國朝山左詩抄》，校刊《雅雨堂叢書》《金石三例》等。《清史列傳》卷七十一有傳。

　　是書乃王士禛輯師友之作，并附己撰《神韻集》。王士禛《自序》述編纂之事云：“因念二十年中，所得師友之益爲多。日月既逝，人事屢遷，過此以往，未審視今日如何？而僕年事長大，蒲柳之質，漸以向衰，歲月如斯，詎堪把玩。感子桓來者難誣之言，輒取篋衍所藏平生師友之作，爲之論次，都爲一集。自虞山而下，凡若干人，詩若干首。又取向所撰録《神韻集》一編，芟其什七附焉，通爲八卷，存歿悉載。竊取《篋中》收季川、《中州》登敏之之例，以考功終焉，命曰《感舊集》。"

王氏歿後，盧見曾據抄本重新釐定，并補小傳，之後由馬曰璐刊行。其得書、刊書事見於盧見曾序："辛未（乾隆十六年，1751）冬，以公役至京師，謁崑圃黃夫子於家，出所抄漁陽先生《感舊集》見示，拜受而卒讀之。其搜剔也廣而不濫，其持擇也約而不遺。竊謂此書傳，我朝之詩與人与俱傳矣。……是集亦僅有其序，而未流傳其書。詎意歿後四十餘年，猶爲宗工之所購求，珍秘以轉授於予。馬君秋玉又不期而遇扵京邸，不忘久要，慨然任剞劂之事。"馬曰璐（1687—1755）字秋玉，號嶰谷，安徽祁門人，遷居揚州。經營鹽業，而好藏書校書，專設印坊以刊印書籍。

是書《凡例》述補輯、校勘之事云："先生自序編纂是集在康熙甲寅年（十三年，1674），是成書已久，特未嘗版行於世。聞先生歿後，其甥益都趙緩庵執端即其家，遍索原本不得，得散稿一束，開有目錄抄存。此本共爲四大卷，卷百餘頁，'考功'在第二卷末，與《自序》所云'通爲八卷'、'以考功終'及朱《序》'凡五百餘首'者不合，其爲先生晚年更定未成之書無疑也。今依抄本序次，共釐爲十六卷，補遺各詩彙載每大卷之末者，各附正選之後。"盧氏又因"是集所載皆先生同時師友，故原本但列名字。先生之歿距今纔四十年，已多湮沒不傳，□（按：原書殘缺一字）傳之後世，不知其人，何以逆其志？今爲各補小傳。"據書末張元《序》，張元用兩月餘補輯小傳，而盧見曾總其成。《凡例》亦叙校刊事云："採集諸書，淄川張孝廉元之力居多，搜羅幽隱，則同里宋編修弼，集成而復加較訂，則江寧秦孝廉大士也"；"是集輾轉抄寫，訛誤頗多。宋編修蒙泉嘗訂正之，復委榆邨之孫宷、余子謙以校讐之役。再三過，尚有闕疑。玲瓏山館藏書充棟，所與稽者屬樊謝鶚、陳授衣章，皆博雅君子，幸重檢閱而後授梓，毋致有魯魚亥豕之譌，是則余所深望也。"

是書曾遭禁，《軍機處奏准抽燬書目》云："中間除錢謙益、屈大均等詩句及所引《有學集》等各條均應抽燬外，其餘查無干礙，應請毋庸全燬。"

避康熙、雍正、乾隆帝諱，"玄""鉉"缺筆，王士禎名寫作"王士正"，"弘""曆"易作"宏""歷"。

《四庫全書總目》未收，《四庫禁燬書叢刊》影印清乾隆十七年刻本。《中國古籍善本書目》著錄中國科學院文獻情報中心、遼寧省圖書館、福建省圖書館、湖南省圖書館等三十九家收藏。知中國臺北故宮博物院、東海大學圖書館、香港大學圖書館、香港中文大學圖書館，美國哈佛大學哈佛燕京圖書館、華盛頓大學圖書館收藏，日本國會圖書館、公文書館、東洋文庫、静嘉堂文庫、東京大學東洋文化研究所、京都大學人文科學研究所等處收藏。

鈐"風樹亭藏書記"朱文長方印、"生齋臺灣行篋記"朱文方印，曾爲李宗侗收藏。又鈐"東伯秘玩"朱文方印、"寶儉"白文長方印、"桐香館"朱文方印，"金"朱文圓印與"修古""藏"二白文方印三印聯珠。

216

## 同館試律彙鈔二十四卷

T5237.8　3348

《同館試律彙鈔》二十四卷，清法式善輯。清乾隆五十二年（1787）刻本。六册。框高 17.9 厘米，寬 13.9 厘米。半葉十二行二十二字，四周雙邊，白口，單魚尾。版心上鐫書名，中鐫卷次。

卷端題"蕪湖韋謙恒約軒、南匯吳省欽白華同輯"，各卷輯者不同。書首有乾隆丙午（五十一年，1786）德保序；次《同館試律彙鈔凡例十六則》；次《同館試律彙鈔總目錄》，題"梧門法式善編"，每卷各有分卷目錄，卷一、卷二目錄誤裝於總目錄前。末有乾隆五十二年法式善跋。

法式善（1753—1813）原名運昌，字開文，號時帆，又號梧門，蒙古烏爾濟氏，隸屬内務府正黄旗。乾隆四十五年（1780）進士，授檢討，歷官司業、侍讀學士，通掌故、善詩文、工書法，著《存素堂集》《清秘述聞》等。《清史稿》卷四百八十五、《清史列傳》卷七十二有傳。

乾隆二十二年（1757）科舉將"表判"易爲"五言八韻排律"，是書乃法式善等彙集應試排律，附益順治以來同體詩歌而成。書末法式善跋云："余從同館諸先生鈔同館試律，肇自順治三年丙戌（1646）至乾隆四十九年甲辰（1784），得二十四卷。作者近千人，詩三千首。……余不敏，幸侍諸先生側，平日所蒐羅而存録者既多且工，益以順治以來流傳各家，彙而鈔之爲一編，洋洋大觀，爲唐、宋、元、明館閣未有之盛事。"

"炫""泓"等字缺筆。

《四庫全書總目》未收。《中國古籍善本書目》未著録。知中國國家圖書館、北京大學圖書館、人民大學圖書館，美國哈佛大學哈佛燕京圖書館收藏。

此爲勞費爾購書。

217

## 本朝館閣詩二十卷附録一卷續附録一卷

T5237.8　7173

《本朝館閣詩》二十卷《附録》一卷，清阮學浩、阮學濬輯；《續附録》一卷，清阮芝生、阮葵生、曹文埴輯。清乾隆二十三（1758）困學書屋刻本。四冊。框高 15.8 厘米，寬 11.6 厘米。半葉十行二十一字，左右雙邊，黑口，雙魚尾。版心中鐫書名、卷次、詩體。

卷端題"山陽阮學浩裴園、學濬澂園編次"，卷末題"阮葵生、芝生校字"。《附錄》卷端題"山陽阮學浩裴園、學濬澂園編次；歙縣曹文埴近薇參閱"。《續附錄》卷端題"山陽阮芝生紫坪、阮葵生寶誠、歙縣曹文埴近薇編次"。書首有乾隆戊寅（二十三年，1758）沈德潛序、乾隆二十三年齊召南序、乾隆二十二年（1757）阮學浩序、乾隆二十三年阮學濬後序；次《本朝館閣詩凡例》；次《本朝館閣詩總目》，各卷有分卷目錄。

阮學浩（生卒年不詳）字裴園，號緩堂，清山陽（今屬淮安）人。雍正八年（1730）進士，授檢討，官至湖南學政，曾與修雍正硃批諭旨、四朝實錄。弟阮學濬（生卒年不詳）字澂園，號薑村，雍正十一年（1733）進士，授編修，工應奉文字。子葵生（生卒年不詳）字寶誠，號吾山、安甫學浩子，乾隆十七年（1752）舉人，內閣中書入直軍機處，官至刑部侍郎，爲人耿直，精熟律法，曾奉敕覆校文津閣《四庫全書》。次子芝生（生卒年不詳）字秀儲，號紫坪，乾隆二十二年（1757）進士，官德清、武清知縣。阮氏諸人生平可參《［同治］重修山陽縣志》卷十四。曹文埴（？—1798）字近薇，號虛竹，清安徽歙縣（今屬黃山）人。乾隆二十五年（1760）進士，授編修，官至戶部尚書，任四庫全書館總裁、三通館副總裁，卒諡文敏。工詩文、書法，著《直盧集》《石鼓硯齋文鈔》等。《清史稿》卷三百二十一有傳。

阮學浩曾供職皇清文穎館，是書乃阮學浩、學濬兄弟二人因《皇清文穎》卷帙浩繁，揀擇清初以來鼓吹升平之篇什及禮闈試帖，意在爲初學攻試帖者之程式。阮學浩序述編纂意旨云："學浩於詩學尠所窺尋，顧曩者承乏纂局，職在搜討。竊見本朝百餘年人文麟玢，擅美篇什，冊府所收，凡館課進呈廷試與夫恭紀、恭和、公餘、于役等詩，珠淵玉海，景合雲蒸，允堪程式，藝林爭先快覩。爰偕弟學濬撿手鈔舊帙，增以禮闈試帖，得十八卷，爲館閣詩，梓而行之。體裁風格，不名一家，要必本忠愛之心，抒和平之奏，溫柔敦厚，而不雜以粗戾猛起之音者，始等斯集。"阮學濬序亦云："家兄里居多暇，與濬商榷，特奉《皇清文穎》所選諸體詩爲宗，復有增益，薈萃成書，併就正於長洲、天台兩宗伯，爰付之梓，以公同志。"

"絃""泫""眩"缺筆，"弘"字缺筆、"曆"易作"歷"。

《四庫全書總目》未收。《中國古籍善本書目》著錄北京大學圖書館、華東師範大學圖書館、遼寧省圖書館等十家收藏。知中國香港大學圖書館、香港中文大學圖書館，美國哈佛大學哈佛燕京圖書館、柏克萊加州大學圖書館，日本公文書館、東京大學綜合圖書館、京都大學人文科學研究所等處收藏。

鈐"澹寧堂記"朱文方印。

## 218
### 今文大篇二十卷

《今文大篇》二十卷，清諸匡鼎輯。清康熙四十七年（1708）諸匡鼎説詩堂刻本。八册。框高 18.8 厘米，寬 13.6 厘米。半葉十一行二十三字，四周單邊，白口，無魚尾。版心鐫書名、卷次、文體。

卷端題"西河于萊公先生鑒定""錢唐諸匡鼎虎男選；遂安毛際可會侯參"。書名葉分三欄，右題"錢塘諸虎男選"，中題"今文大篇"，左題"説詩堂藏板"，欄上題"大中丞于萊公先生鑒定"，鈐"天下文章莫大乎是"，與方象瑛序中"故言不足以經世者，不以立訓，事不可以傳後者，不以垂型，所謂天下文章，蓋莫大乎是也"相應。書首有康熙戊子（四十七年）于準《今文大篇序》、康熙乙亥（三十四年，1695）方象瑛《今文大篇序》、康熙甲戌（三十三年，1694）毛際可《今文大篇序》；次諸匡鼎《今文大篇凡例》；次《今文大篇目録》。

諸匡鼎（生卒年不詳）字虎男，清錢塘（今浙江杭州）人，《四庫全書總目》收諸匡鼎《橘苑詩抄》，謂其生於清初。博覽群書，喜出遊，與兄諸九鼎并有文名，著有《橘苑詩文鈔》《説詩堂集》。生平可參《［康熙］錢塘縣志》卷三十二。

諸匡鼎曾刻《今文短篇》，後又選録友朋投贈及此前抄録佳文，按論、説、記、傳等文體編爲此書。諸氏晚年刊印是書，《凡例》自署"古稀橘叟"。《凡例》述搜文編纂事云："《今文短篇》梓行後，四方君子隨郵賜全集，投贈頗多，因得詳加校閲，謬攄鄙見，參伍論訂，隨選隨録，共集《今文大篇》二十卷，以付剞劂。"又云："拙選竝不徵文。因赴幕遠出，驅馳燕趙、韓魏、中州、三楚、兩江、閩粵之間，每值郵亭館舍，鐫碑題壁，偶讀佳文，必手自抄録。故篋中存者約有千篇，今擇其尤佳者，計二百篇，以公同好。"書前于準《序》述選文大旨云："文以載道，經則萬世載道之統宗也。沉酣于經以爲之源，饜飫于史以助其瀾，出入于諸子百家以廣其流。言與理相涵而無悖則登之，使學者讀其文，知其德。德宏深而正大，文自俊偉而光明，文以有源而大業。次則優柔于藝苑，採掇其菁英，不失經史遺意，文以有瀾而亦大業。表此一代之大文章，即以存一代之大人物。"是書採錄頗雜，但於保存清代前期文獻較有意義。

此本爲清康熙四十七年諸匡鼎説詩堂刻本，字畫清晰，爲是書較早印本。中國國家圖書館、天津圖書館兩家藏本著録爲清康熙三十三年諸氏説詩堂刻本，蓋僅見康熙三十三年毛際可序；天津館藏本今改著録爲清康熙四十七年説詩堂刻本。

"玄"字缺筆。

《四庫全書總目》未收。是書傳世不多，《中國古籍善本書目》僅著録中國國家圖書館、天津圖書館兩家收藏清康熙三十三年諸氏説詩堂刻本。

219

### 皇清文穎一百卷首二十四卷目録六卷

T5236.8　2130

《皇清文穎》一百卷《首》二十四卷《目録》六卷，清張廷玉等輯。清乾隆十二年（1747）内府刻本。五十四册。框高 18.6 厘米，寬 14.1 厘米。半葉八行二十字，四周雙邊，白口，單魚尾。版心上鐫書目，中鐫卷次及文類。

卷端未題著者。書首有乾隆丁卯（十二年，1747）乾隆皇帝御製《皇清文穎序》；次張廷玉等奉敕編輯《皇清文穎》告竣奏表；次《皇清文穎凡例》；次是書總裁官、提調校閲官、收掌官、謄録官、武英殿監造銜名；次《皇清文穎總目録》。

張廷玉（1672—1755）字衡臣，號硯齋，清安徽桐城人。康熙三十九年（1700）進士，授檢討，官至保和殿大學士、軍機大臣，授太保，卒後配享太廟，謚文和。曾與修康熙、雍正兩朝《實録》，任《明史》《清會要》總裁官，詩文輯爲《傳經堂集》《澄懷園集》。《清史稿》卷二百八十八有傳。

是書歷康熙、雍正、乾隆三朝編成。書前乾隆御製《序》云："曩我皇祖命大學士陳廷敬選輯《皇清文穎》，儲之延閣，未及刊布。皇考復允廷臣之請，開館編輯，隨時附益，久之未竣。朕因命自乾隆甲子（九年，1744）以前先爲編次，凡御製詩文廿四卷，臣工賦頌及諸體詩文一百卷。"是書收録標準如乾隆御製《序》所云："今是編惟取經進之作，朝廷館閣之篇，與諸書小異處"。《凡例》亦云："御製自《樂善堂全集》已刻外，按年裒録。遵旨甲子以後者，統俟續入"；又云："是集原奏惟取進呈應制之作，先據大内交出册頁及名人文集刻本。現爲内府所收，與康熙年間遵旨以平日著作進呈繕本進御者，方行甄録。"

康熙朝陳廷敬所輯《皇清文穎》六十卷，有清康熙五十一年内府抄本，存大連市圖書館。是書又有《續編》一百八卷《首》五十六卷《目録》十卷，清嘉慶十五年内府刻本，存故宫博物院、遼寧省圖書館。

"弘"字缺筆。

《四庫全書總目》入集部總集類。《中國古籍善本書目》著録故宫博物院、遼寧省圖書館二家收藏。知中國臺北故宫博物院，美國普林斯頓大學圖書館、哥倫比亞大學圖書館，加拿大英屬哥倫比亞大學圖書館，日本東洋文庫、静嘉堂文庫，韓國奎章閣收藏。

鈐"真州吴氏有福讀書堂藏書"白文長方印，曾爲清末吴引孫收藏。吴引孫（約1851—1921）字福茨，江蘇儀征（今屬揚州）人，舉人，官甘肅布政使、新疆巡撫，藏書處沿用其祖父吴朝睿之有福讀書堂之名，又名測海樓。

220

### 耆年録五卷

T5236.8　2464

《耆年録》五卷，清胡鳳丹輯。稿本。一册。框高17.9厘米，寬13.2厘米。半葉九行二十一至二十四字，朱欄，四周雙邊，白口，單魚尾。版心無字。

卷端題"歸田老人編輯"。書首有《耆年録目録》。

胡鳳丹（1823—1890）字楓江，又字齊飛，號月樵，别署雙溪樵隱、桃溪漁隱，清浙江永康（今屬金華）人。咸豐六年（1856）以貢生官兵部員外郎，同治五年（1866）出任湖北候補道，同治六年（1867）綜理湖北崇文書局，光緒元年（1875）署湖北督糧道，光緒三年（1877）致仕後在杭州設退補齋書局。胡氏主持崇文書局所刻諸書及所輯鄉邦文獻《金華叢書》，頗具影響，自著有《退補齋詩文存》等。生平參《［光緒］永康縣志》卷七。

是書輯胡鳳丹六十生辰之賀壽詩文。卷一爲序、贊，卷二至五爲詩，共收六十二人詩文。胡鳳丹交游廣泛，是書詩文作者多爲浙江錢塘、永康、金華鄉里，以及胡氏宦游所交識的湖北等地官員，其中知名者如秦緗業、林壽圖等。是書可爲研究胡鳳丹生平補充資料；書中每位作者名下均注明籍貫、仕履等，又可藉以了解當時浙江、湖北諸多士人之生平事略。

此本由胡鳳丹自輯、他人校改，當爲謄清前之校稿本。此本書寫、校改皆頗爲嚴整：遇"帝""旨""詔""德"等字，及官名、官員姓名、胡氏本人名氏，皆前置空格。此本經多人、多次校訂：凡需改正，於正文文字旁着一墨點，於書眉直接書寫或粘貼簽條以校正文字；偶有需改較多文字則寫於行間。因書眉校改文字有被浮簽粘蓋之處，可知浮簽所改在後。浮簽鈐有"臣哉氏""詠洲""綏伯"，爲不同校者之印記。如此反復而認真之校訂，可見編者對此書之重視。

胡鳳丹六十壽約爲光緒八年（1882），此時胡氏已致仕，故卷端之"歸田老人"當爲胡氏自稱，而不似門人或友朋所輯。此本校改之嚴謹細緻，非具有豐富經驗及有專業人員佐助者而不可得，胡氏有十多年綜理崇文書局、校刻諸書之經歷，致仕後仍經營退補齋書局，正有此能力與便利。是書之編輯、校訂當於胡鳳丹六十壽後不久，但此書未及刊行，僅存稿本。

《四庫全書總目》未收。《中國古籍善本書目》未著録。僅知此稿本存世。

鈐"生齋臺灣行篋記"朱文方印，曾爲李宗侗收藏。

221

## 吳都文粹十卷

T5241.28　8227

《吳都文粹》十卷，宋鄭虎臣集。清嘉慶活字印本。八册。框高 20.1 厘米，寬 12.8 厘米。半葉九行二十一字，小字雙行同，左右雙邊，白口，單魚尾。版心中鐫書名、卷次。

卷端題"蘇臺鄭虎臣集"。書名葉分三欄，右題"蘇臺鄭虎臣編輯"，中題"吳都文粹"。書首有康熙六十年（1721）施天騏《序》；次《吳都文粹目録》。

鄭虎臣（1219—1276）字廷翰，一字景兆，宋柏柱（今屬福建福安）人。德祐初，賈似道兵敗後謫高州團練副使，鄭虎臣時爲會稽尉，因其父曾被賈似道陷害，自請押解，途中將其誅殺。居蘇州時，編纂《吳都文粹》。生平可參《〔萬曆〕福寧州志》卷十一。

《四庫全書總目提要》謂是書於吳郡遺文綜緝頗富，中有關於兵農大計、輿地沿革之文，"蓋是書雖稱文粹，實與地誌相表裡。東南文獻，藉是有徵，與范成大《吳郡志》相輔而行"。

是書流傳甚少，明以前書志未見著録，明清有抄本流傳，刻本則僅見此清活字印本。書前施天騏《序》述此書輾轉流傳之事云："是書無坊刻，昔家舅氏吳西齋先生命天騏抄録欲呈御覽，云：'此係唐宋諸名家著述，鄭虎臣先生所彙集。虞山彭城藏書萬卷，崑邑東海購集充梁，均以不獲見此爲恨。一日，徐思盧世兄偶於無意遇得，出以連城，珍諸什襲，不輕示人。逮後宋中丞牧仲先生延集當代鉅公及一時選拔諸生開館修輯古今秘藏，東海乃出此書，以耀希有。予時挈兩小僮陰抄得之。今皇上即日南幸，欲煩吾甥繕寫進呈。'天騏承命唯唯，始于戊子歲（康熙四十七年，1708）孟陬上浣至仲春望後，將行告竣，而家舅氏病篤棄世，未竟其局。因之王司農麓臺先生托友求售，又復不果，究爲琴川蔣西谷先生重價取去。但其中亥豕良多，魚魯莫辨，一時匆急未及改正，嗣後閒暇，復將原本從唐宋人集中讐對校勘，舛錯者已釐定十之八九，遂欣然録出，以爲秘書，又屢爲有力者所奪。目今止存斯本，蓄貯廿年，留遺後人，倘遇同好，不惜傾貲付諸剞劂，風行海内，不惟家舅氏得遂初服，而鄭虎臣先生彙輯深心，亦庶可表章矣。"則是刻底本，乃吳西齋抄自徐思盧藏本，并交其甥施天騏繕寫、校勘，至康熙六十年施氏作序之時，仍未付梓。序中吳西齋應即吳偉業之子吳璟（1662—？ ）；徐思盧未詳何人；徐氏舊本後歸蔣西谷，即蔣廷錫（1669—1732）。

是書最終於嘉慶年間以活字刊印，且傳世僅此一種刻本。此本排字明顯有歪斜處，爲活字刷印。另，卷二白居易《西樓雪宴》詩，正文處空若干行，有目無文。

"丘""玄""鉉""眩""弘""曆""顒"缺筆，"寧"字不避，避孔子及康熙至嘉慶帝諱。

《四庫全書總目》入集部總集類。《中國古籍善本書目》著録中國國家圖書館、上海圖書館、南京圖書館等六家藏名家校跋本。知美國哥倫比亞大學圖書、日本静嘉堂文庫收藏。

鈐"淡泊明志"朱文橢圓印。

## 222
### 海虞詩苑十八卷

《海虞詩苑》十八卷，清王應奎輯。清乾隆二十四年（1759）王錫爵等刻道光重修本。八册。框高16.4厘米，寬13.4厘米。半葉十行十九字，小字雙行不等，左右雙邊，黑口，單魚尾。版心中鎸書名、卷次。

卷端題"同邑王應奎東漵編輯；顧士榮文寧校訂"，每卷校訂者不同。書名葉分三欄，右題"同邑王東漵輯"，中題"海虞詩苑"，左題"古處堂藏板"。書首有未署年陳祖范《序》；次《海虞詩苑凡例》十二則；次目録，題"海虞詩苑"。末有乾隆己卯（二十四年）王錫爵、王師韓、王紹祖跋。

王應奎（1684—1757）字東漵，號柳南，清常熟（今屬江蘇）人。諸生，應鄉試八次未中，退隱讀書，嗜學汲古，古文博綜，著《柳南文抄》《柳南隨筆》，與修《奉賢縣志》等。生平可參《［同治］蘇州府志》卷一百一。

是書選清初至乾隆吳地詩歌，共一百八十三人一千六百八十八首，尤重流佈不廣之詩，詩人繫以小傳。書首《凡例》述編纂旨意及體例云："是集之選，始自本朝，以前明諸詩家已見《列朝集》也""是集所載之人，有爲邑志所遺者，余特核其行事，表而出之，用以補一邑之文獻，俾他年修志者有考焉""邑中詩人既有專集行世者，佳篇雖夥，采掇從略。所重搜殘編於放逸之餘，俾布衣窮老之士一生吟詠苦心不至於歸泯沒耳""宗伯與施偉長書云，小傳之作，務在採取佳事佳話，以爲點綴。正不必多引列傳、家譜板實語，沒却前人風華也。此集撰次，蓋亦略祖此意云"。

是書王應奎生前刊刻十六卷，王氏歿後，其子續刊爲十八卷。書末其子王錫畬等跋述編纂刊刻事云："苦心搜討，歷二十載。原擬二十四卷，先梓成十六卷，後以應奉賢修志之聘，未經續編。前年秋間，編輯十七、十八兩卷，甫經脫稿，小傳尚缺，遽遭大故。不肖等撫手澤之如新，痛先志之未竟，勉力續刊，悉仍原稿，不敢妄增一人，濫收一詩，以誣先人，以欺當世。梓成因記大略於簡末。"此本爲王錫畬等於乾隆二十四年刊刻；道光年間曾經修補，"寧"剜改缺筆，卷十七有補刻葉。

"泓"字變體、"曆"易作"歷"，"寧"字剜改缺筆，避乾隆、道光帝諱。

《四庫全書總目》未收。《中國古籍善本書目》著録上海圖書館藏清乾隆二十三年刻名家校跋本。此外，上海圖書館、中國臺北"國家圖書館"、美國哥倫比亞大學圖書館又藏乾隆二十四年刻道光年間補修本，其中上海圖書館明確著録爲道光十九年（1839）補修。

鈐"燕趙慷慨悲歌之士"朱文方印。

223
## 國朝山左詩鈔六十卷

T5241.15　2168

《國朝山左詩鈔》六十卷，清盧見曾輯。清乾隆二十三年（1758）盧氏雅雨堂刻二十四年（1759）重修本。二十冊。框高 18.1 厘米，寬 14.3 厘米。半葉十行二十一字，小字雙行同，四周單邊，白口，單魚尾。版心上鐫書名，中鐫卷次，下鐫"雅雨堂"。

卷端題"雅雨山人盧見曾篡"。書名葉分三欄，右題"乾隆戊寅鐫"，中題"國朝山左詩鈔"，左題"雅雨堂藏板"，右欄鈐"己卯重校定本"，己卯爲乾隆二十四年。書首有乾隆戊寅（乾隆二十三年）盧見曾《序》；次《國朝山左詩鈔凡例》；次《國朝山左詩鈔目録》。

盧見曾（1690—1768），參見《感舊集》（212，T5237.8　1143）。

是書乃盧見曾彙集入清以來山東詩人篇章，歷五年編成。編次以宋琬、趙進美、高珩三人爲首，餘以登第先後爲序。《凡例》云：“是編起於癸酉（乾隆十八年，1753）仲春，成於戊寅（乾隆二十三年）仲秋，得人六百二十餘家，得詩五千九百有奇，又附見詩一百十九首。”卷前盧見曾《序》述編纂事云：“竊不自揆，屬同里宋蒙泉弼、平原董曲江元度及諸同人遍搜昭代之詩，上自名公鉅卿，下及隱逸方外，莫不畢載，釐爲六十卷。每人各附小傳，具列鄉里出處，間綴名流評隲，以備一代之詩史，以昭我聖朝風雅之盛。”《凡例》亦述參纂人員云：“是集徵求草創，同里編脩宋蒙泉弼之力爲多。與共參訂考核，於京師者，庶吉士平原董曲江元度、明經曲阜顔介子懋价、編脩獻縣紀曉嵐昀也；其在揚州，則長洲惠定宇棟、華亭沈學子大成。曲江繼至，下榻年餘，與兒子謙遍檢原本，搜剔遺落，漏下三鼓猶就余商榷。余行則舟中，止或館舍，必攜集以從，凡歷五年之久而後成書。若夫訂譌攷異、參較舊聞，則侍講武進劉圃三星煒、比部秀水王穀原又曾、中翰王蘭泉昶，及受業生江寧嚴東有長明。而購訪遺集，當事諸公，則中丞郭子肩一裕、方伯李菉涯渭、觀察朱曉園若東、熊東山繹祖。借觀藏書，在京則黃崑圃夫子，在揚則馬秋玉員外曰琯及其弟半槎曰璐也。”

此本書名葉題“乾隆戊寅鐫”，又鈐“己卯重校定本”，則曾於編刻之次年再次校刻。是書又有後印本，將涉及錢謙益、龔鼎孳之詩文剜去，如卷一宋琬小傳、卷二“贈龔芝麓太常”。此本無剜改，爲較早印本。

“玄”易爲“元”、“弦”字缺筆，“曆”易作“歷”，避康熙、乾隆帝諱。

《四庫全書總目》未收，《中國古籍善本書目》未著録。是書存世較多，知中國臺北“國家圖書館”、臺北故宮博物院、臺灣大學圖書館，美國國會圖書館、普林斯頓大學圖書館，加拿大英屬哥倫比亞大學圖書館，日本國會圖書館、公文書館、静嘉堂文庫、東洋文庫、東京大學東洋文化研究所、京都大學人文科學研究所等處收藏。又知美國哥倫比亞大學圖書館藏乾隆二十四年校刻本；臺灣東海大學圖書館、美國哈佛大學哈佛燕京圖書館、加州大學洛杉磯分校圖書館所藏爲此書剜改後印本。

鈐“三韓于氏”白文方印、“于霖逢印”朱文方印，曾爲清末于霖逢收藏。于霖逢（1837—1918）字澤春，山東文登人，光緒十四年（1888）舉人，授陽谷縣教諭，曾主講維揚書院，好詩文、工書法，編有《文登縣志》。

224

## 中州名賢文表三十卷

T5241.16　7266

《中州名賢文表》三十卷，明劉昌輯。清康熙四十五年（1706）汪立名刻本。卷二十八殘。四册。框高 18.1 厘米，寬 14.1 厘米。半葉十二行二十二字，小字雙行，左右雙邊，黑口，單魚尾。版心中鐫書名、卷次。

卷端題 "中州名賢文表卷第一内集"，"姑蘇劉昌欽謨"。書首有清康熙丙戌（四十五年）汪立名題識、清康熙四十五年宋犖序、明成化七年（1471）劉昌序；次《中州名賢本傳》；次《中州名賢文表目録》。

劉昌（1424—1480）字欽謨，號椶園，明吳縣（今屬蘇州）人。明正統十年（1445）進士，歷官南京工部主事、河南提學副使，官至廣東參政。博覽善文，過目不忘，著《五臺集》《懸笥瑣探》、纂《河南志》《姑蘇志》等。生平可參《［正德］姑蘇志》卷五十四。

是書乃劉昌視學河南時裒輯元代中州名賢許衡、姚燧、馬祖常、許有壬、王惲、孛术魯翀六人之文集，并於明成化年間刊行。書前劉昌序述編纂之事云："懷慶守呂恕，以許文正公遺書授昌，昌遂附之以姚文公燧、馬文貞公祖常、許文忠公有壬、王文定公惲、孛术魯文靖公翀諸集之僅存者，而表章顯著之。蓋皆中州之名賢也，故題之曰《中州名賢文表》。" 是書正文前附《元史》六人本傳，每集之末又附以劉昌跋語。王士禎《香祖筆記》卷七言及附刻劉昌跋事："予勸宋牧仲開府重刻《文表》及《梁園風雅》二書，且云：'欽謨諸跋當悉刻之，以存其舊。'"

至清，宋犖得劉昌刻本，授汪立名重梓，而其時已不見《外集》《正集》《雜集》流傳。汪立名題識述此書價值及校刊事甚明："蘇州劉昌欽謨視學河南，蒐許文正公以下六公之作，題曰《中州文表》，凡三十卷。書撰於成化之初，去元未遠，而《姚文公集》五十卷、《孛术魯文靖公集》六十餘卷已不復見，藉是編所録以傳，其表章之力匪細矣。按欽謨序以是爲《内集》，復有《外集》《正集》《雜集》，惜其並亡，訪之儲藏家不可得。吾師商丘宋公手授藏本，命讐校而鋟之。凡匝歲而後卒業云。" 汪立名，參《白香山詩長慶集》（025，T5314　3102）。

此本即康熙四十五年汪立名刻本，端楷寫刻、字體雋秀，其字形清晰、墨色均匀，爲此書較早印本。

"玄" 字缺筆。

《四庫全書總目》入集部總集類。《中國古籍善本書目》著録二家藏有明成化刻本，此康熙四十五年刻本有中國國家圖書館、上海圖書館、中山圖書館等十四家收藏。知美國哈佛大學哈佛燕京圖書館、哥倫比亞大學圖書館，日本東洋文庫、静嘉堂文庫等處收藏。

225

## 金華詩錄六十卷外集六卷別集四卷書後一卷

T5241.29　2913

《金華詩錄》六十卷《外集》六卷《別集》四卷《書後》一卷，清朱琰輯。清乾隆三十八年（1773）金華府學刻本。十六册。框高 17.1 厘米，寬 13.3 厘米。半葉十行二十一字，小字雙行，左右雙邊，白口，單魚尾。版心上鐫朝代或類別，中鐫書名、卷次。

卷端未題著者。書名葉分三欄，右題“乾隆癸巳年鐫”，中題“金華詩錄”，左題“金華府學藏板”；癸巳爲乾隆三十八年。書首有未署年黄彬序；次乾隆三十八年朱琰《金華詩錄序例》；次《校刊姓氏》；次《金華詩錄姓氏家數》，後附夏蘇題識。書末有未署年周鎬跋。

朱琰（生卒年不詳）字桐川，號笠亭，清海鹽（今屬浙江）人。乾隆三十一年（1766）進士，主金華、吳江、麗正諸書院，後授直隸阜平知縣。工詩文，善書畫，著《唐詩津逮》《笠亭詩集》《金粟逸人逸事》《陶説》等。生平可參《印人傳》卷五。

是書乃朱琰在明代《金華詩粹》一書基礎上增續而成，由時任金華知府的黄彬督成其事。據書末周鎬跋，周鎬得《金華詩粹》一書，并呈知府黄彬，乞加增輯，備一郡之文。編纂歷時二年，即《序例》所云“起辛卯（乾隆三十六年，1771）秋，訖癸巳（乾隆三十八年）冬”。卷前黄彬《序》云：“余奉簡命來守是邦，與士大夫相接，喜其樸質庶幾近道。正課之餘，亦間及韻語。爰取《金華詩粹》一書，與麗正書院掌教朱笠亭先生商榷訂正，擴而充之，續而新之，積二年書成，計七十卷，刊板流布，以廣其傳。”朱琰《序例》亦云：“明有《金華詩粹》一書，訖萬曆而止，體例亦多未允。郡伯黄映峯先生欲補其缺漏而彌縫其失，以之委余。”

是書收唐至清乾隆間金華所轄金華、蘭溪、東陽、義烏、永康、浦江、湯溪、武義八縣詩作。按時代分編，每人之下再按詩體編次，詩人前繫以小傳。《正集》收本籍人士，《外集》收仕宦、僑居金華人士，《別集》載聯句、詩社之詩，即如《姓氏家數》末所附金華府學教授夏蘇題識所云：“《金華詩錄》六十卷，計七百二十有二人詩三千三百六十首。又有《外集》六卷，名宦六十二人詩一百五十二首，流寓六十有一人詩一百七十有一首。《別集》四卷，其所載月

328

泉吟社詩、石洞詩又五十七人詩七十有七首，可謂備矣。"此本斷版明顯，爲後印。

"玄"易作"元"，"曆"易作"歷"。

《四庫全書總目》未收。《中國古籍善本書目》著録清華大學圖書館、浙江圖書館二家收藏。知中國臺北"國家圖書館"、臺灣大學圖書館，美國普林斯頓大學圖書館，日本國會圖書館、公文書館、東洋文庫收藏。

鈐"武唐"朱文方印、"雪筠"白文方印、"臣遴"朱白間文方印。

## 226
### 沅湘耆舊詩集續編一百六十三卷沅湘耆舊集補二十一卷沅湘耆舊集前編補三卷目録二卷（缺十四卷）

《沅湘耆舊詩集續編》一百六十三卷《沅湘耆舊集補》二十一卷《沅湘耆舊集前編補》三卷《目録》二卷，清郭嵩燾、羅汝懷、吳敏樹、張自牧、郭慶藩、王闓運、周銑詒輯。稿本。存一百七十五卷（《沅湘耆舊詩集續編》一百四十九卷：卷一至三十、三十三至五十、五十七、五十九至八十四、八十六至一百二十六、一百二十八至一百五十一、一百五十五至一百六十三；《沅湘耆舊集補》二十一卷；《沅湘耆舊集前編補》三卷；《目録》二卷）。六十五册。框高 18.3 厘米，寬 13.4 厘米。紫格紙半葉十行二十二字或八行二十二字，四周單邊，單魚尾，無欄格；白紙行字不等。

卷端未署著者。書首有《沅湘耆舊集續編目録》；每册書衣題書名、卷次及本卷所收詩人、詩篇數量。《沅湘耆舊集補》及《前編補》無目録。原有周銑詒序，已佚。

郭嵩燾（1818—1891）字伯琛，號筠仙，晚號玉池老人，湖南湘陰（今屬岳陽）人。道光二十七年（1847）進士，授編修，歷官兩淮鹽運使、廣東巡撫、兵部侍郎，熟悉洋務，曾出使英法，晚年講學湖南，咸豐十一年（1861）秋至同治元年（1862）八月期間曾主持湖南褒忠局，著《禮記質疑》《毛詩約義》《養知書屋遺集》等。《清史稿》卷四百四十六有傳。羅汝懷（1804—1880）字念生、研生，清湖南湘潭人。道光十七年（1837）拔貢生，候選内閣中書，博學多識，曾協助鄧顯鶴編纂《沅湘耆舊集》，并輯《湖南文徵》，另著《綠漪草堂詩文集》《研筆館詞》等。供職湖南褒忠局時，編纂《湖南褒忠録》、纂修《沅湘耆舊詩集續編》，生平可參《碑傳集補》卷五十。吳敏樹（1805—1873）字本深，號南屏，晚號柈湖老人，清湖南巴陵（今屬岳陽）人。道光十二年（1832）舉人，

官瀏陽訓導，曾入聘郭嵩燾主持的湖南褒忠局、湖南通志局，善詩詞古文，著
《桦湖文録》《桦湖詩録》等。於同治十年（1871）或十一年至卒前的一二年間
參與纂修《沅湘耆舊詩集續編》。《清史稿》卷四百八十六有傳。張自牧（1831—
1884）字力臣，一作笠臣，清湖南湘陰人，與郭嵩燾爲姻親。見聞廣博，知洋務，
曾協助郭嵩燾編纂《湘陰縣圖誌》，又著《瀛海論》《蠡測卮言》。於光緒六年
（1880）開始參與纂修《沅湘耆舊詩集續編》多年。郭慶藩（1844—1896）字孟純，
號子瀞，清湖南湘陰人，郭嵩燾侄。清末舉人，官通判，曾任浙江知府，善詩，
通小學，著《説文經字考辯證》《莊子集釋》《十二梅花書屋詩草》等，曾參與
纂修《沅湘耆舊詩集續編》。王闓運（1832—1916）初名開運，字紉秋，一作壬秋，
號湘綺、郎齋，清湖南湘潭人。咸豐七年（1857）舉人，曾爲曾國藩幕僚，後
主成都尊經書院、長沙思賢講舍、衡州船山書院，主辦南昌高等學堂，宣統間
授翰林院侍講，1913 年任國史館館長。通經學、擅詩文，著《尚書箋》《春秋
公羊傳箋》《湘綺樓文集》等。於光緒十四年（1888）主講郭嵩燾創辦的思賢講
舍，并參與纂修《沅湘耆舊詩集續編》，《清史稿》卷四百八十二有傳。周銑詒（生
卒年未詳）字仲澤，號笠樵，一作荔樵，次女許配郭嵩燾長孫，清湖南永明（今
屬永州）人。同治十二年（1873）拔貢生，官至中書，曾任思賢講舍監院，嗜
金石，好吟詠，工書法、篆刻，與弟變詒輯《共墨齋藏古璽印譜》《永明周氏嶽
色堂印董》等。於光緒十五年（1889）至二十一年（1895）纂修《沅湘耆舊詩
集續編》，并最終完稿。

　　清鄧顯鶴所輯《沅湘耆舊集》及其子鄧琮所輯《沅湘耆舊集前編》廣收已
故湖南人士之詩作，前者收明初至清道光年間詩作一萬五千六百餘首，後者收
晉至元詩作二千二百餘首。是書爲鄧氏書之續作，收詩起於鄧顯鶴訖於郭嵩燾，
共收一千八百零二人一萬八千零三十二首詩，其中《續編》收道光中期至光緒
中期辭世湘人詩作，共一千二百五十五人一萬六千二百八十八首（不含仙鬼雜
詩）;《沅湘耆舊集補》《前編補》則爲鄧氏之書增補五百多人之詩一千七百餘首。

　　是書乃郭嵩燾全程綜理，經多人先後從事。自咸豐十一年或之後一年，郭
嵩燾囑羅汝懷編纂，至周銑詒於光緒二十一年完稿，共歷時三十餘年。是書乃
在郭嵩燾幾次退居湖南時斷續編纂，而郭氏除負督導之責外，也參與選詩等具
體事務。完稿時，郭氏已歿，是書收其詩三卷。

　　此稿卷前目録完整清晰，無删改，爲已編輯選定之稿。因編輯歷時多年，
文稿字體風格、完成程度有所差異：大部分文字已謄録清晰，部分正文有補抄、
或剪裁他書文字粘貼，天頭有校改文字。此本用紙規制不一，紫格或無欄格，
乃因陸續編纂之故；格紙版心或鐫"金殿傳臚""鴛鴦文章""狀元及第""無知

知齋”“彩雲藏板”“錦雲精製”“錦成齋製”“青蓮室製”等，其中“無知知齋”爲張自牧室名。

此本缺十四卷：卷三十一曾國藩詩八十四首、卷三十二孫鼎臣詩一百首、卷五十一至五十三郭昆燾詩共三百八十七首、卷五十四至五十六吳敏樹詩共一百七十首、卷五十八劉蓉詩一百四首、卷八十五鄧尉等十人詩九十四首、卷一百二十七鄧士謙等十九人詩九十三首、卷一百五十二至一百五十四郭嵩燾詩共二百四十五首。

倫明《辛亥以來藏書紀事詩》曾在周銑詒條目下記是書之編纂，并謂“笠樵歿於辛亥後數年，稿藏未刊，爲易寅村所得。易寓上海，壬申（1932）之役，其居毀於火，未知殃及否。”寅村乃易培基（1880—1937）字，此本正爲其女易漱平及女婿李宗侗舊藏，於二十世紀六七十年代入藏芝加哥大學東亞圖書館。此稿本之編纂始末詳見周原《郭嵩燾與芝加哥大學所藏稿本〈沅湘耆舊詩集續編〉》一文。

《四庫全書總目》《中國古籍善本書目》未著錄。此稿本倖免於戰火，僅存於芝加哥大學圖書館。

鈐“生齋臺灣行篋記”朱文方印、“易印漱平”白文方印，曾爲李宗侗夫婦收藏。另有“帶有餘”朱文長方印、“鹿泉寓目”朱文方印。

## 227
## 范文正公忠宣公全集七十三卷

《范文正公忠宣公全集》七十三卷

　　《范文正公集》四十八卷　宋范仲淹撰

　　《范忠宣公集》二十五卷　宋范純仁撰

清康熙四十四年至四十六年（1705—1707）范氏歲寒堂刻本。十六冊。框高 18.5 厘米，寬 14.3 厘米。半葉十一行二十一字，小字雙行，左右雙邊，白口，單魚尾。版心中鎸書名、卷次，下鎸“歲寒堂”。

卷端未題著者。《范文正公集》書名葉分二欄，右題“范文正公忠宣公全集”，左題“歲寒堂藏版”；《范忠宣公集》書名葉分三欄，中題“范忠宣公全集”；皆鈐“賜山書院”朱文橢圓印。《范文正公集》首有元祐四年（1089）蘇軾《范文正公文集序》；次《范文正公集目卷首》《總目》，除《義莊規矩》《年譜》《年譜補遺》《言行拾遺事録》外，其餘各集皆有目録。《奏議》首有未署年韓琦《范文正公奏議序》；《鄱陽遺事録》首有紹聖乙亥（二年，1095）陳貽範《范文正公鄱陽遺事録序》。《范忠宣公集》首有未署年樓鑰《范忠宣公文集序》、嘉定辛未（四年，1211）范之柔序、嘉定壬申（五年，1212）沈坏序、嘉定壬申廖視序、陳宗衛跋；次《范忠宣公集目卷首》，除《補編》外各集均有目録。書末有康熙丁亥（四十六年）范能濬《文正忠宣公全集後序》（據版心）、康熙丁亥范時崇《重刻范文正公忠宣公全集後序》。

范仲淹（989—1052）字希文，祖籍邠州（今屬陝西咸陽），後徙居吳縣（今江蘇蘇州）。大中祥符八年（1015）進士，歷官資政殿學士、户部侍郎，官至參知政事，卒贈兵部尚書，謚文正，明經術、能詩文，而慨然以濟世爲任。范純仁（1027—1101）字堯夫，范仲淹子。皇祐元年（1049）進士，父卒後出仕，知襄城縣，纍官侍御史、成都路轉運使、知樞密院，元祐時拜相，卒謚忠宣。二人生平俱見《宋史》卷三百十四。

是書包括《范文正公集》二十卷，《别集》四卷，《政府奏議》二卷，《尺牘》三卷，《年譜》一卷，《年譜補遺》一卷，《言行拾遺事録》四卷，《鄱陽遺事録》一卷，《遺蹟》一卷，《建立義莊規矩》一卷，《褒賢集》五卷，《補編》五卷；《范忠宣公集》二十卷，《奏議》二卷，《遺文》一卷，《附録》一卷，《補編》一卷。其中《范文正公集補編》《范忠宣公集補編》均爲清范能濬輯。

《范文正公集》今存北宋刻本，藏中國國家圖書館；南宋曾有乾道刻淳熙、嘉定重修本；《范忠宣公集》初有南宋嘉定沈坏刻本，今皆不存。元天曆、至正間范氏褒賢世家家塾歲寒堂合刻二范文集，明嘉靖間范仲淹十六世孫范惟元重刻元本，萬曆三十六年（1608）松江府毛一鷺删補再刻二范集，萬曆年間康丕揚又曾刻范文正公集十卷本、二十四卷本，清康熙間范氏裔孫又於歲寒堂刊成《范文正忠宣公全集》，道光、宣統歲寒堂又兩次重刻是書。其中范氏歲寒堂於元天曆、明嘉靖、清康熙三次合刊之二范文集，以其迻經補輯，且刊刻精審、少有脱訛爲世所重。

康熙四十六年所刻二范文集乃范仲淹裔孫范能濬據舊本重加校正，并搜輯遺文撰爲補編，由裔孫范時崇捐貲，歷時二年刻成。書末范能濬後序述《范文正公集》《范忠宣公集》之宋元明版本甚詳，并叙重刻事云："濬主祠事，數年以來，有志剞劂，而力未逮，弗克舉業。辛巳（康熙四十年，1701）之冬，瀋陽忠貞公子時崇方膺廉察之寄，出按八閩，未幾晋藩山左，旋擢開府粵東，往來吳中，再謁祠下，詢知先集藏板殘缺，遂捐貲重梓，屬濬董其役。深幸素志克酬，乃合家藏諸本，細加校勘，正其謬訛。《文集》悉遵舊本摹刻，而《忠宣奏議》，則考趙忠定奏議標目而次第其年月，分爲二卷。其前此續刻附録中有前後簡編斷續錯亂者，稍爲序次而條分諸目，以便稽考。復搜輯國史家乘、手澤所載，又得文正、忠宣、恭獻、侍郎諸公遺文若干首，并制詞、傳記、名人題跋手蹟及忠宣公墓誌、祭文之未刻者，分《補編》六卷，以附於後。"書末范時崇《後序》亦言刊刻事云："惟是文正公、忠宣公文集刻本漫漶殘缺，不可傳久，實爲闕如。詢之主奉能濬云：'歲寒堂舊本，歲久板俱不存。今惟有明熹宗時雲間所刻板，不特刓缺且字句多脱落，寔非善本。思欲遵舊本重鋟，而物力有待，因循未果。'時崇仰承先志，敢不以尊祖敬宗爲務，因命工鏤板於先憂閣下，而校讎之役即以屬之主奉。……工始於乙酉（康熙四十四年）仲秋，至丁亥（康熙四十六年）暮春告竣。其間采輯遺漏，增補完善，以乘不朽之業，寔主奉有力焉。"

"玄""弦"、"曄"缺筆。

《四庫全書總目》於集部別集類、史部詔令奏議類、史部傳記類分別著録范仲淹各集，集部別集類著録《忠宣文集》。《中國古籍善本書目》著録山西省圖書館、中山圖書館等十三家收藏康熙四十六年刻本。知中國香港大學圖書館、臺北"國家圖書館"，美國國會圖書館、哈佛大學哈佛燕京圖書館、柏克萊加州大學圖書館、普林斯頓大學圖書館，加拿大英屬哥倫比亞大學圖書館，日本公文書館，韓國奎章閣收藏。

## 228
### 寧都三魏全集九十七卷

T5451　2121

《寧都三魏全集》九十七卷

　《魏伯子文集》十卷《首》一卷《二集文》十一卷　清魏際瑞撰

　《魏叔子文集外篇》二十二卷《詩集》八卷《日録》三卷　清魏禧撰

　《魏季子文集》十六卷　清魏禮撰

　附《魏興士文集》六卷　清魏世傑撰

　　《魏昭士文集》十一卷　清魏世傚撰

　　《魏敬士文集》九卷　清魏世儼撰

清康熙易堂刻雍正增刻本。《魏叔子文集》卷十、十一補抄。三十六册。框高 20.4 厘米，寬 14 厘米。半葉九行二十字，小字雙行同，左右雙邊，白口，單黑或單白魚尾，有行間圈點、評注。版心上鐫子集名，中鐫卷次、篇名。《魏叔子文集》書眉鐫評語。

各子集書名葉分三欄，左欄均題"易堂藏板"。《魏叔子文集》《詩集》《日録》中欄題書名，前二書右欄題"諸名家評點"，《日録》右欄題"吳門唐邢若定"。

《魏興士文集》書名葉中欄題"梓室文稿";《魏昭士文集》中欄題"耕廡文稿";《魏敬士文集》中欄題"爲谷文稿"。書首有林時益《魏氏三子文集序》;次《寧都三魏文集總目》;次《魏氏三子集首》,包括楊文彩《魏徵君傳》、丘維屏輯《魏徵君雜録》。

　　《魏伯子文集》卷端題"寧都魏際瑞原名祥善伯著;叔弟禧冰叔訂";首有陳玉璂《序》、辛亥(康熙十年,1671)魏禧《序》;次《魏伯子文集總目》,各卷有分卷目録。《魏伯子二集文》卷端題"寧都魏際瑞善伯著"。

　　《魏叔子文集》卷端題"寧都魏禧冰叔著;諸子世傑興士編次",卷七編者題爲"門人泰和蕭從泓子潛編"。首有丘維屏《魏冰叔集序》;次《寧都三魏文集總目》《魏叔子文集外篇總目》,各卷前有魏禧《引》及分卷目録(《論引》誤裝於總目之前);甲辰(康熙三年,1664)曾燦《序》、魏禧《自叙》、丁巳(康熙十六年,1677)楊敏芳《續論跋》。《詩集》卷端題"寧都魏禧冰叔著;世侃直士編次;門人歐陽士杰遜萬較"。首有歐陽士杰《叙》、彭士望《叙》、魏禧《自叙》;次《魏叔子詩集目録》。《日録》卷端題"寧都魏禧冰叔著;吳門唐景宋邢若較"。卷前唐景宋《日録序》;次《魏叔子日録》目録;次《日録引》、謝文洊《日録序》。

　　《魏季子文集》卷端題"寧都魏禮和公著;叔兄禧冰叔訂"。首有趙巘《魏季子三家文集序》、辛亥(康熙十年)魏禧《序》、彭士望《南海西秦詩序》;次《魏季子文集總目》,各卷有分卷目録。

　　《魏興士文集》卷端題"南昌彭躬菴先生點定;寧都魏世傑興士著",卷五、六校定者題爲"曾止山先生定";首有彭士望《魏興士文序》、戊午(康熙十七年,1678)魏禧《梓室遺稿序》。《魏昭士文集》卷端題"勻庭伯父評點;寧都魏世傚昭士著"。首有勻庭老人《引》,次《魏昭士文集總目》,各卷有分卷目録;末魏樟識語。《魏敬士文集》卷端題"寧都魏世儆敬士著"。首有康熙庚午(二十九年,1690)黎士弘《序》、吳正名《序》,次《魏敬士文集總目》,各卷有分卷目録。

　　魏際瑞(1620—1677)原名祥,字善伯,清寧都(今屬江西贛州)人。明末諸生,順治十七年(1660)貢生,以所得脩脯周濟其弟。家貧,游食四方,多在浙、閩、粵軍幕中,重信義,爲鄉里捍患,庇護翠微峰諸隱者幾三十年,後因爲總兵哲爾肯説降吳三桂部將韓大任而遇難。負時譽,與魏禧、魏禮號爲"寧都三魏"。魏禧(1624—1680)字冰叔,號裕齋、勻庭,魏際瑞弟。明諸生,入清隱居翠微峰,後出遊江浙,以文會友,結納賢豪,康熙十八年(1679)舉博學鴻詞,以疾辭,學古文於邱維屏,其文與侯方域、汪琬并稱國初三家。魏禮(1630—1695)字和公,魏際瑞、魏禧弟。明諸生,入清隱居翠微峰,順治十六年（1659）始游吳、粵、燕、秦等地二十年，後歸鄉教授易堂九子之後輩。魏世傑（1645—1677）字興士，魏際瑞之子。幼慧，从叔父禧學古文，父亡迎喪歸，欲自到被阻，遂捶胸，血下腹痛而死。魏世俲（1655—1725）字昭士，魏禮之子，從學於魏禧，以多病不應科舉，遍游燕、楚、吳、越、嶺南，性猖急，勇於事，文如其人。魏世儼（1662—1717）字敬士，魏禮次子，多病而好學，不廢翰墨。世傑、世俲、世儼世称"小三魏"。《清史稿》卷四百八十四、《清史列傳》卷七十皆有傳。

是編收魏氏三子及其子侄共六人之詩文集。書名葉多鐫"易堂藏板"，乃由易堂刊刻。其校定、作序者也多出自易堂九子，魏禧校訂評點是編中魏際瑞、魏禮、魏世傑、魏世俲四人文集。魏禧父魏兆鳳，明亡後削髮隱居寧都城西翠微峰，名其室曰"易堂"，魏際瑞、魏禧、魏禮兄弟三人以及彭士望、林時益、李騰蛟、邱維屏、彭任、曾燦講學於此，提倡古文實學，世稱"易堂九子"。寧都三魏入清不仕，其文多有抗清守節之語，清廷以言語悖逆將其集列入"軍機處奏准全燬書目"。

諸集或曾先行刊刻，魏禧、魏禮文集曾刻於維揚（今江蘇揚州），魏際瑞文集又刻於毘陵（今屬江蘇常州），後由易堂彙集刊爲全集。《魏伯子文集》首陳玉璂《序》云："先是冰叔、和公二集刻之維揚，獨善伯來自浙，于毘陵始付梓人"，林時益《魏氏三子文集序》云："今簡其所作，欲出而與天下相正，爰付梓人，以代鈔録"。《魏季子文集》首趙巖《魏季子三家文集序》："巖與善伯交淺，冰叔交且云深。兩人之文皆在未鋟板之先，善伯于章貢出示其橐，匆匆未甚讀，冰叔于南昌出示其橐，得揭其要者湊讀之。其後己未（康熙十八年，1679）七月晤冰叔于泰和蕭氏園館，三魏集犁然梓成，而後乃得讀和公文。"則魏氏三子集在康熙十八年已刻成。此本所收《魏伯子二集文》十一卷，《清代禁燬書知見録》著録。

子侄三人中，魏世傑、魏世俲二人之集由魏禧校訂、評點，書成於康熙十九年（1680）魏禧卒前，而魏世儼文集或成於黎士弘作序之康熙三十年（1691）。然此本尚有後人增刻：《魏昭士文集》原爲十卷增爲十一卷，其目録仍爲十卷，實以詩爲第十一卷；《魏敬士文集》原爲八卷增爲九卷，目録中"卷九詩"一行爲補刻。《魏昭士文集》卷末魏樟識語云："先大父詩體質清健，宛然易堂家法。惜原稿散失，今所存僅此……謹刊於文集後。"魏樟生平仕履不詳，以其祖父魏世俲生年、識語稱"先大父"，以及增刻文字未見避諱字推之，增刻當在雍正三年（1725）魏世俲卒後不久。此二集之增刻未見他書著録。

是書先有康熙易堂刻本，後又有道光二十五年（1845）寧都謝庭綬綏園書塾刻本。後者翻刻康熙本；"寧"字缺筆，避道光帝諱。經與《續修四庫全書》影印康熙刻本《寧都三魏全集》之魏禧諸集、《清代詩文集彙編》影印之道光刻本《魏伯子文集》《魏季子文集》《魏昭士文集》比對，此本爲康熙刻雍正增刻本。

"玄"字或缺筆。

《四庫全書總目》未收。《四庫禁燬書叢刊》影印清道光二十五年寧都謝庭綬綏園書塾重刻本；《續修四庫全書》《清代詩文集彙編》影印清康熙易堂刻《寧都三魏全集》之魏禧諸集。《中國古籍善本書目》著録中國國家圖書館、復旦大學圖書館等十七家收藏康熙刻八十三卷本。又知日本東洋文庫收藏康熙刻本；美國耶魯大學圖書館收藏康熙刻本殘帙。

鈐"州來氏藏書記"朱文長方印、"寒山一片石"朱文方印，"簡日泉"白文方印、"簡日全"白文方印、"日泉藏書"朱文長方印，"簡汗青"白文方印、"汗青"朱文方印二種、"簡潔彝"朱文方印、"潔彝"朱文方印、"瀟灑書垒"白文方印，"南海讀經堂藏書"朱文長方印。

229

## 合諸名家評註三蘇文定十八卷

T5238.5　4293

《合諸名家評註三蘇文定》十八卷，明楊慎輯，明李維楨評注。明崇禎五年（1632）刻本。十二册。框高 22.8 厘米，寬 13.6 厘米。半葉九行二十字，小字雙行同，四周單邊，白口，單魚尾，眉欄鐫評注。版心上鐫"三蘇文"，中鐫卷次。

卷端題"成都楊慎用修原選""京山李維楨本寧評註；公安袁宏道中郎參閱"。書首有未署年李維楨《序三蘇文定》、崇禎壬申（五年，1632）楊士驤《序三蘇文定》、壬申（崇禎五年）劉經《題三蘇文定》；次《三蘇考實》（存第一葉）；次凡例（存末葉）；次《蘇氏譚藪》；次《刻古今大方家批詳三蘇姓氏》；次《合諸名家評註三蘇文定目録》。

楊慎（1488—1559），參見《太史升菴文集》（072，T5417　4294）。李維楨（1547—1626）字本寧，號翼軒、大泌山人，明京山（今屬湖北荆門）人。隆慶二年（1568）進士，授編修，歷任參議、按察使等職，官至南京禮部尚書，與修《穆宗實録》，博聞强記，與史館許國齊名，著《大泌山房集》《史通評釋》等。《明史》卷二百八十八有傳。

楊慎輯"三蘇"文章，明袁宏道曾加評釋爲《喜樂齋三蘇文範》，李維楨再就楊慎選文加以評注成此書。卷前李維楨《序》述獨取三蘇文章之意云："讀蘇氏之書，則繁者省，嗇者舒，晦者以明，滯者以敏達。"李維楨歿後，楊士驤於崇禎五年梓成是書，楊士驤《序》云："余初獲李本寧太史家珍四大家全帙，行盡授梓。因今蘇刻竣役，不可無弁言以述其大意，是爲序。"是書夾行有多種圈點符號，標示篇中關鍵、承接等，書首凡例皆作説明。

中國人民大學圖書館藏是書崇禎刻翼聖齋印本，已有漫漶、斷版。此本字形、斷版情況與之相近，亦爲後印。

"由"易爲"繇"。

《四庫全書總目》未收。《中國古籍善本書目》著録中國人民大學圖書館、南京師範大學圖書館、河南省圖書館等七家收藏崇禎刻本。知香港大學圖書館、香港中文大學圖書館收藏。

此爲勞費爾購書。

# 詩文評類

230

## 歷代詩話五十七卷考索一卷

T5213　2209

《歷代詩話》五十七卷《考索》一卷，清何文焕編。清乾隆三十五年（1770）刻嘉慶增修本。十六冊。框高 14.4 厘米，寬 10.1 厘米。半葉九行十八字，左右雙邊，黑口，單魚尾。版心中鐫子集名及卷次。

卷端題"詩品　歷代詩話第一冊""梁鍾嶸著；後學何文焕訂"。書名葉分三欄，中題"歷代詩話"，右欄鈐"發價三兩二錢紋銀"。書首有乾隆庚寅（三十五年）何文焕序，後鐫朱文鼎形印"消搖主人"；次何文焕識《歷代詩話凡例》，後鐫朱文圓印"何文焕"、白文長方印"少眉""消搖主人"；次書中敬避字；次《歷代詩話目錄》。《歷代詩話考索》首有乾隆庚寅何文焕序，末鈐"文焕"白文長方印。末有嘉慶十三年（1808）何爾塾《逍遙主人識》，後鈐"闌所號所閑字爾塾名何姓"。

何文焕（1732—1808）字少眉，號也夫，祖父遷居嘉善（今屬浙江嘉興）。貢生，精小楷、通篆隸，著《唐詩消夏錄》《歷代詩話》《無補集》等。生平參何爾塾《逍遙主人識》、《［光緒］重修嘉善縣志》卷十六。

是書輯六朝至明詩話二十七種，末附何文焕《歷代詩話考索》一卷。其中，六朝一種：鍾嶸《詩品》三卷；唐二種：釋皎然《詩式》一卷、司空圖《二十四詩品》一卷；宋十六種：尤袤《全唐詩話》六卷、歐陽修《六一詩話》一卷、司馬光《溫公續詩話》一卷、劉攽《中山詩話》一卷、陳師道《後山詩話》一卷、魏泰《臨漢隱居詩話》一卷、周紫芝《竹陂詩話》一卷、呂本中《紫微詩話》一卷、許顗《彥周詩話》一卷、葉夢得《石林詩話》三卷、强幼安《唐子西文錄》一卷、張表臣《珊瑚鈎詩話》三卷、葛立方《韻語陽秋》二十卷、周必大《二老堂詩話》一卷、姜夔《白石道人詩說》一卷、嚴羽《滄浪詩話》一卷；元四種：蔣正子《山房隨筆》一卷、楊載《詩法家數》一卷、范梈《木天禁語》一卷、范梈《詩學禁臠》一卷；明四種：徐禎卿《談藝錄》一卷、王世懋《藝圃擷餘》一卷、朱承爵《存餘堂詩話》一卷、顧元慶《夷白齋詩話》一卷。

是書之編輯以"前賢小品，每易散遺，故彙爲一編，若《魚隱叢話》《詩人玉屑》等書卷帙既富，可自專行，無煩贅入"。《凡例》言其擇書去取云："雕板如前明胡氏之百家名書，即書估所稱《格致叢書》，最爲舛訛，大半屬贋本，唯元人一二種差強人意，姑存以備元代詩話"，"前明楊升菴《丹鉛總錄》內有詩話四卷，《外集》所編有《詩品》十二卷，率多訛字，謝茂秦《四溟詩話》四卷真偽參半，此二種俟覓善本訂正續刊。"是書又經考校："舊刻諸書譌脱甚多，賴我友潘夢廬相助校閱，其無可考正者姑仍其舊，不敢臆改。"是書末附《歷代詩話考索》一百零一條，乃何文煥"考故實，索謬訛"之心得，亦用詩話體寫成。

此本末載何文煥之子何爾塾所作《逍遥主人識》，實爲墓誌，成文於嘉慶十三年十二月何文煥入葬前。其文曰"次兒男爾塾紀其世，述其志，叙其書，誌其塋"，"次兒男爾塾纂，逍遥主人自叙銘辭，謹立石識墓"。此篇字體與之前不同，爲嘉慶年間補刻無疑。美國康奈爾大學收藏是書，著錄爲乾隆三十五年刻本，此本與之字形畢肖、相差無幾。然二者之差別，首先在於此本有嘉慶十三年何爾塾《逍遥主人識》；其次，此本"書中敬避字"爲單獨一葉，而康奈爾大學藏本編入《凡例》，爲末數第二條；再次，此本卷前序及《凡例》末均鈐何文煥印章。此本字形與康奈爾大學藏本的些微差異，當爲修版所致。然此本所附《歷代詩話考索》何文煥序末鈐"文煥"，殊不可解。《逍遥主人識》與全書其餘部分紙張、墨色一致，并非後來補綴於其父生前已刊刻并鈐蓋之舊本之上；經反復對比，此"文煥"印與《逍遥主人識》後何爾塾的印章，印色相同，有何爾塾用其父之印鈐蓋的可能；此本通書紙張略新，綜合諸端，當爲嘉慶增補修版印本。

是書於卷前列出"書中敬避字"："玄"易作"元"、"燁"易作"爗"；"胤"易作"允"、"禎"易作"正"；"弘"易作"宏"、"曆"易作"歷"。

《四庫全書總目》未著錄。《中國古籍善本書目》著錄中國國家圖書館、清華大學圖書館、遼寧省圖書館、中山圖書館等十二家收藏清乾隆三十五年刻本。知美國康奈爾大學圖書館，日本國會圖書館、內閣文庫、京都大學人文科學研究所等處著錄乾隆三十五年刻本。又知美國普林斯頓大學圖書館、日本愛知大學圖書館藏嘉慶十三年跋本。

231

**本事詩一卷**

T5736.4　1136

《本事詩》一卷，唐孟棨撰。明崇禎毛氏汲古閣刻津逮秘書本。一冊。框高18.8厘米，寬13.6厘米。半葉八行十九字，左右雙邊，白口，無魚尾。版心上鐫書名，下鐫"汲古閣"。

卷端題"唐孟棨傳；明毛晋訂"。書首有光啓二年（886）孟棨《本事詩序》。末有未署年毛晋跋。

孟棨一作孟啓，字初中，主要活動於唐文宗至唐僖宗時期，開成（836—840）間曾在梧州任職。出入場屋三十餘年，乾符二年（875）始登進士第，晚年撰《本事詩》。

是書採詩人緣情之作，叙其本事，分七門四十一則，除樂昌公主、宋武帝二條爲六朝事，餘皆爲唐人佚事。卷前孟棨《本事詩序》云："觸事興懷，尤所鍾情，不有發揮，孰明厥義？因采爲《本事詩》，凡七題，猶四始也。情感、事感、高逸、怨憤、徵異、徵咎、嘲戲，各以其類聚之。"是書記事宛然，類於傳奇筆記，足資賞鑒。

是書收入《説郛》《古今逸史》《顧氏文房小説》等多種叢書。此爲《津逮秘書》零本。

《四庫全書總目》入集部詩文評類。《中國古籍善本書目》叢部著録中國國家圖書館等五十七家收藏明崇禎毛氏汲古閣刻《津逮秘書》。知中國香港大學圖書館、美國國會圖書館、哈佛大學哈佛燕京圖書館、柏克萊加州大學圖書館、哥倫比亞大學圖書館，日本國會圖書館、内閣文庫、東洋文庫、尊經閣文庫等處，以及韓國奎章閣收藏明崇禎刻《津逮秘書》。

232

### 精選古今名賢叢話詩林廣記十卷後集十卷（缺後集十卷）

T5213.5　4911

《精選古今名賢叢話詩林廣記》十卷《後集》十卷，宋蔡正孫輯。元刻本。存《精選古今名賢叢話詩林廣記》十卷。八册。框高 18.1 厘米，寬 11.8 厘米。半葉八行十六字，左右雙邊，綫黑口，雙魚尾。版心中鐫卷次。

卷端題"蒙齋野逸人蔡正孫粹然"。書首有屠維赤奮若（己丑，至元二十六年，1289）蔡正孫序；次《新刊名賢叢話詩林廣記總目》。

蔡正孫（生卒年不詳）字粹然，號蒙齋野逸，宋末元初人。師事謝枋得，宋亡棄舉子業，鄉居課子，著《詩林廣記》。生平參《詩林廣記》自序。

是書以人爲綱、以詩爲目，彙集詩話、選列詩篇。《詩林廣記》收晋、唐詩人三十家，《後集》收北宋詩人二十九家。各詩家名下先列評語，次列所選詩篇，再附以他人和詩或擬作，詩篇之後皆附諸家品評文字。即如卷前蔡正孫序所言："採晋宋以來數大名家及其餘膾炙人口者凡幾百篇，抄之以課兒侄，並集前賢評話及有所援據摹擬者，冥搜旁引，而麗于各篇之次，凡出於諸老之所品題者，必在此選。"因是書以評爲主，故所選之詩或有刪節。全書選詩、附詩六百七十餘首，引據詩話等書一百七十餘種，可資輯佚考證。

《四庫全書總目提要》推斷蔡正孫序之時間云："前有自序，題歲在維赤奮若，蓋己丑年作。考'黃庭堅寄蘇轍詩'條引熊禾語，則當爲元太祖至元二十六年，時宋亡十年矣。"提要所謂"黃庭堅寄蘇轍詩"乃指《後集》卷五《秋思寄子由》一詩熊禾評語。熊禾（1247—1312）字位辛，一字去非，號勿軒、退齋，元初理學名家，以其生年可斷蔡序"己丑"爲至元二十六年。此外，是書《詩林廣記》卷七《贈別崔純亮》，《後集》卷二《兼併》《君難托》，《後集》卷九《附王荆公和晏元獻題中書壁》四詩亦有熊禾評語。

此本與中國國家圖書館所藏元刻本同版。此本之版式、字體，以及評論者刻爲墨圍白文等皆爲元刻特徵。此本已多處漫漶，然是書元刻存世寥寥，頗可珍貴。

《四庫全書總目》入集部詩文評類。《中國古籍善本書目》著録中國國家圖書館一家收藏元刻本（《精選古今名賢叢話詩林廣記》缺卷四至六）。知臺北"國家圖書館"藏元刻本《後集》十卷。又臺北"中央研究院"傅斯年圖書館著録宋刻本。

鈐"季寓庸珍藏書畫印"朱文長方印、"季寓庸家藏"朱文方印，"季振宜藏書"朱文長方印、"滄葦"朱文方印，曾爲季寓庸、季振宜父子收藏。又鈐"棲雲樓"朱文橢圓印。此爲勞費爾購書。

233
### 帶經堂詩話三十卷首一卷

T5214.8　1143

《帶經堂詩話》三十卷《首》一卷，清王士禛撰，清張宗柟輯。清乾隆二十七年（1762）南曲舊業刻乾隆五十四年（1789）增修本，清徐熊飛批并跋。八冊。框高 18.6 厘米，寬 13.9 厘米。半葉十二行二十三字，小字雙行三十三字，左右雙邊，綫黑口，單魚尾。版心中鐫"詩話"及卷次、小題。

卷端題"漁洋山人"。書名葉欄内題"帶經堂詩話"，鈐"爲善讀書"朱文橢圓印、"大白居圖書記"白文方印。書首有張宗松《寒坪兄手書一通》、乾隆二十五年（1760）張宗柟《自識》（據書口）、未署年張宗橚《後序》（據書口）；次張宗柟《帶經堂詩話纂例》；次《帶經堂詩話目録》，後有乾隆庚辰（二十五年）戴華跋、乾隆壬午（二十七年）楊源跋；次《帶經堂詩話彙纂書目》。卷三十末鐫"嘉興戴延章、金陵王安政全録;紹興李宏德摹鐫"。書末附乾隆五十四年陸以謙《含广先生墓誌銘》。

王士禛（1634—1711），參見《蠶尾集》（104,T5461 1372）。張宗柟（? —1765）字汝棟，號含广（庵），晚號花津圃人，清浙江海鹽（今屬嘉興）人。一意讀書，凡經史子集舉業外，博覽綜稽，省試十五回屢薦不售，後絶意仕進，纂集《帶經堂詩話》，著《度香詞》《吟廬小稿》《詞林記事》等。生平參書末陸以謙《含广先生墓誌銘》。

是書取王士禛書中語關論詩者，編纂成集，名曰《帶經堂詩話》以別於王士禛自撰之《漁洋詩話》。張宗柟取王士禛著述十八種彙纂，分爲綜論、懸解、總集、衆妙、考證、記載、叢譚、外紀等八門，又下分六十四類，以御製、應制二類列爲首卷。卷前張宗柟《纂例》云:"平生緒言衹手纂《漁洋詩話》一册，其他散見諸書，無慮二千餘條。愚分類彙鈔，都爲一集。"又云:"彙纂十有八種，類以經之，年以緯之。顧年月後先，互有參錯，茲從自撰年譜及諸書自序約略編次。"張宗橚《後序》云:"余兄含广纂《漁洋山人詩話》凡爲門八，爲類六十有四，總卅一卷，分別部次，條理秩如，猶復口誦心維，若有不甚愜者。蓋三易槁而後卒業。"書末陸以謙《含广先生墓誌銘》亦謂是書乃張宗柟與友許昂霄、兄張宗松、弟張宗橚互相剖析，三易稿而成。

此書乃張氏自刻，開雕於乾隆二十七年冬。卷前是年楊源跋云:"舅氏含广翁鱗次諸書，薈萃爲一。觀詩話者得此不啻如珍珠船也。翁於夏五謬屬以鳩工餙材，嗣復分臂勘之勞，逮易箋以鑪始克告竣。爰綴數語以志開雕之歲月。"

此本與《續修四庫全書》影印底本同版，然增刻書末乾隆五十四年陸以謙所撰《含广先生墓誌銘》。另外，此本有多處墨釘，如張宗橚《後序》中"虞山蒙叟撰列朝詩小傳"中之"虞山蒙叟""列"爲墨釘，《纂例》第三條"錢尚書牧齋"前四字爲墨釘，卷二第九葉有四處墨釘、第十葉有八處墨釘，皆爲與錢謙益相關之"虞山""牧翁""牧齋"等字。清廷大規模禁燬書籍始於乾隆三十九年，則此本乃於後印時將違禁文字替以墨釘。書名葉鈐印所謂"大白居"乃爲海鹽張氏先世所名讀書處，明此本仍爲張氏家刻。

此本有清嘉慶時徐熊飛批語及題識多則。徐熊飛（1762—1835）字子宣，又字渭揚，號雪廬、白鵠山人，浙江武康（今屬湖州）人。嘉慶九年（1804）舉人，特賞翰林院典籍銜，長於詩、駢文，師從阮元，與楊芳燦等游，晚家居著述。著《白鵠山房詩鈔》《六花詞》《駢體文鈔》等。《清史列傳》卷七十三有傳。

書首《寒坪兄手書一通》葉粘貼箋條云:"愚姪徐熊飛頓啓，昨晚署中接有汪制府查知小峴"。除書眉有多處評點外，此本卷三、五、九、十、十一、

十五、二十一、二十三、二十五、三十末有墨筆、朱筆題識，時間自壬戌（嘉慶七年，1802）至丁丑（嘉慶二十二年，1817），又有同一卷末有不同時間讀書之題識。如卷二十三末題識應爲其始讀此書所記："壬戌（嘉慶七年，1802）立夏破曉，由褚涇抵平湖。南風方盛，舟人掛帆，默然泛行綠蔭青渚間。篷窗無事，偶展斯卷……四月初五日白鵠山人徐熊飛識於陶家漾舟次。"

"玄""泫"等字缺筆；"弘"易爲"宏"、"曆"易爲"歷"。

《四庫全書總目》未著録。《續修四庫全書》影印清乾隆二十七年刻本。《中國古籍善本書目》著録首都圖書館、黑龍江省圖書館、湖北省圖書館、中山圖書館等七家收藏清乾隆二十七年南曲舊業刻本。知中國臺北"國家圖書館"、臺灣大學圖書館，美國國會圖書館著録清乾隆刻本。

鈐"易印漱平"白文方印，"生齋臺灣行篋記"朱文方印，曾爲李宗侗夫婦收藏。又鈐"修竹廬珍藏"朱文方印。

234
## 漢詩評十卷

T5214.2　4468

《漢詩評》十卷，清李因篤撰。清康熙萬卷樓刻本。四册。框高 18 厘米，寬 13.9 厘米。半葉九行二十字，小字雙行同，左右雙邊，白口，單魚尾。版心上鐫"漢詩評"，中鐫卷次。

卷端題"漢詩"，"中南山人李因篤音評"。書名據版心及書名葉。書名葉分三欄，右題"李子德先生手評"，中題"漢詩評"，左題"萬卷樓藏板"。書首有歲屠維大荒落（己巳，康熙二十八年，1689）李因篤《康孟謀手録漢詩評序》、康乃心《李先生手評漢詩跋》。

李因篤（1631—1692）字子德，更字孔德，號天生，明末清初陝西富平（今屬渭南）人。明諸生，明清易代時欲訪求奇傑之士報國，與顧炎武游。康熙十八年（1679），以母命應博學鴻儒試，列一等，授翰林檢討，未逾月以母老乞歸。講學朝陽學院，重經史、禮教，與李顒、李柏合稱"關中三李"。著《詩説》《春秋説》《漢詩音注》《漢詩評》等，詩文輯爲《受祺堂詩文集》。《清史稿》卷四百八十、《清史列傳》卷六十六有傳。

李因篤因漢詩難解，而爲之音注評點，由其友人康乃心校訂謄録爲十卷。卷前李因篤《序》云："予自垂髫受漢詩，其中不解者半，往往屏人獨處，苦思至忘寢食，間解得一二語，則喜不自持，舞蹈狂呼，如是積三十餘年而盡通焉。友兄顧亭林先生謬相推許，謂盡發古人之覆，勸作音注，尚未竣工，而朝夕於斯。

丹鉛之餘，多綴評論，上下兩旁殆遍，家所藏本敝而復易者數矣。同學康子孟謀見之，有會於心，手自較錄，更出示予，因題數語簡端。”康乃心《跋》云：“顧原本隨意疾書，縱橫記注，莫知其斷續所在。僕於暇日細爲較訂，分句晰章，各以類從，列爲十卷。”

　　《四庫全書總目提要》著錄《漢詩音注》五卷《漢詩評》五卷，謂“一卷至五卷題曰‘漢詩音注’，六卷至十卷題曰‘漢詩評’，一書而中分二名。又前五卷之評夾注句下，後五卷之評大書詩後，體例亦迥不同，不知其何所取也。”然此本與《四庫全書存目叢書》影印之清康熙三十五年刻本《漢書音注》均與提要所言不同，二本也互不相同：此本通書卷首題“漢詩”、版心題“漢詩評”，《存目》本則通書卷端及版心題“漢詩音注”；二本通書皆有夾注，此本音訓爲夾注、評語在詩後，《存目》本則音注、評論均爲夾注。細審之，二本體例雖不一，但文字内容實同。《存目》底本有康熙三十六年（1697）胡在恪《序》、康熙三十七年（1698）丁灝《序》、康熙三十五年（1696）王梓《刻漢詩音注序》，王梓《序》云：“（李因篤）先生謂余曰：‘僕四十年專心併力評註是書，丹黄載筆，凡數易稿，自覺獨有會心。今脱稿初成，索觀者衆，卒未之與，詎敢矜慎自秘，顧思得其人耳。子天下士也，舉以歸子。’誰諉鄭重而别，余敬受而藏之。……因編輯成帙，付諸剖劂，以嘉惠後學。”揣其語意，是書脱稿後李因篤托之王梓，此前尚未刊刻；而李因篤《康孟謀手録漢詩評序》、康乃心《李先生手評漢詩跋》亦僅言康乃心校録而未云刊刻，故是書初應由王梓刊於康熙三十五年。而此萬卷樓印本，體例較《存目》底本更規整，或爲重新編次刊刻。

　　“玄”字缺筆。

　　《四庫全書總目》集部總集類存目。《四庫全書存目叢書》影印清康熙三十五年王梓刻本《漢書音注》。《中國古籍善本書目》著錄首都圖書館、中國科學院文獻情報中心、南開大學圖書館三家收藏清康熙萬卷樓刻本。知美國哈佛大學哈佛燕京圖書館收藏。

　　此爲勞費爾購書。

235

### 説詩樂趣類編二十卷偶咏草續集一卷

T5213　2134

　　《説詩樂趣類編》二十卷《偶咏草續集》一卷，清伍涵芬輯。清康熙四十年（1701）華日堂刻本。有缺葉。八册。框高17.4厘米，寬12.5厘米。半葉九行二十二字，小字雙行同，無直欄，行間鐫圈點，四周單邊，白口，單魚尾。版心上鐫“説詩樂趣”，中鐫卷次、分類。

《説詩樂趣類編》卷端題“紫水伍涵芬芝軒定”“男炳宸薇占、炳日旦華校”“真州汪正鈞鳴韶參訂”。首有未署年毛際可《序》、未署年伍涵芬《序》、汪正鈞《叙》（缺末行署名）；次《説詩樂趣類編採用書目》《説詩樂趣類編編目》。末附《偶咏草續集》一卷，卷端未題著者，首有未署年伍涵芬題識。

伍涵芬（生卒年不詳）字芝軒，浙江於潛（今屬杭州）人。康熙二十六年（1687）舉人，以中書舍人終。通經術善古文辭，與方望溪等莫逆，著《讀書樂趣》《説詩樂趣》等。生平參《［光緒］於潛縣志》卷十三。

是書廣採古今詩話并及史傳雜纂，擇其雅馴者分爲四十一門，以寄情詩歌爲旨趣，故名“樂趣”。伍涵芬曾輯《讀書樂趣》，中有《品詩》一卷，因未盡其蘊，故取歷代詩話薈萃而類編爲是書。卷前毛際可《序》云：“芝軒所選制舉業風行海内。以爲昔之論文者曰靈氣恍惚而來，不思而至，然靈氣不生於苦而生於樂，故由徽國文公《四時讀書樂》推廣之，繁引博徵，彙爲《讀書樂趣》一書，而以《品詩》居卷末焉，蓋專爲制舉業地也。辛巳（康熙四十年）夏，謁余于白門，復出《説詩樂趣》相示，并屬爲序。則集古今詩話，彙爲四十一種，不獨習制舉業者讀之而樂，且欲使天下人讀之無不有以自樂其樂也。”伍涵芬《序》云：“予因廣採古今名人詩話，擇其雅馴者分類編之，與真州汪子商定去取以付梓。名之曰《説詩樂趣》，非專以爲詩也，蓋亦謂人果能寄其情于詩之中，而心之所樂必有油然。”汪正鈞《叙》亦云：“復以卷帙繁多，恐其博而不精，囑余汰其冗者、録其尤者，約之爲二十卷以問世。”

《偶咏草續集》乃伍涵芬五年來所作詩，因前曾附《偶咏草》於《讀書樂趣》，故此編名曰《續集》。正文前伍涵芬題識云：“予向有《偶咏草》一集，附刊《讀書樂趣》八卷之末，因友人朱林修許可然也。茲《説詩樂趣》既成，乃復録近作數十首，始自丁丑（康熙三十六年，1697），迄于辛巳（康熙四十年）。質之林修及姻黨裘紹衣、族兄松山爲予點評，仍附卷末。續貂之嫌，前既不免，後復蹈焉。”

此本與《四庫全書存目叢書》影印之康熙四十年華日堂刻本同版，然缺未署年朱庭柏《序》。

“玄”字缺筆。

《四庫全書總目》集部詩文評類存目。《四庫全書存目叢書》影印康熙四十年華日堂刻本。《中國古籍善本書目》著録北京大學圖書館、清華大學圖書館、中國人民大學圖書館、山西省圖書館四家收藏。又知美國哈佛大學哈佛燕京圖書館收藏。

鈐“錦恭之印”白文方印、“歙縣”白文長方印。

236

## 全閩詩話十二卷

《全閩詩話》十二卷，清鄭方坤輯。清乾隆十九年（1754）詩話軒刻重修本。十冊。框高 18.3 厘米，寬 13.5 厘米。半葉十一行二十一字，小字雙行同，左右雙邊，白口，單魚尾。版心上鐫書名，中鐫卷次，下鐫“詩話軒”。

卷端題“晋安鄭方坤編輯”。書首有乾隆甲戌（十九年）劉星煒序、未署年朱仕琇序；次鄭方坤《全閩詩話例言》；次《引用書目》；次《全閩詩話目錄》。

鄭方坤（生卒年不詳）字則厚，號荔鄉，清福建建安（今建甌）人。雍正元年（1723）進士，授直隸邯鄲知縣，乾隆十六年（1751）任兖州知府，擢登州、武定知府，有政聲。博學强記，詩與兄鄭方城齊名。著《經稗》《五代史話》《全閩詩話》《國朝詩人小傳》等，詩文輯爲《蔗尾詩集》。《清史稿》卷四百八十四、《清史列傳》卷七十一有傳，生平參《〔民國〕閩侯縣志》卷八十四。

是書彙集六朝以來閩人詩話及與閩相關之詩，凡六朝、唐、五代一卷，宋、元四卷，明三卷，清一卷，附無名氏、宮閨、羽士、緇流、神仙、鬼怪、雜綴共三卷。是書廣搜博採，所引之書兼有方志、史乘、詩話、筆記、雜纂各類，《引用書目》末云“抄撮群書共四百三十八種”。卷前朱仕琇序稱：“其書援據該博，自游寓、釋老、神仙、鬼物，以及方言、土産足資聞見之益者，咸列于編，而又下逮并世諸人，巖廊草澤皆搜抉無隱，以見其志。”《四庫全書總目提要》評價云：“採摭繁富，未免細大不捐。而上下千餘年間，一方文獻，犁然有徵。舊事遺文，多資考證，固亦談藝之淵藪矣。”

是書雖抄撮群書，但體例嚴謹，每條末均標引出處，其間又稍作考辨。書中略按朝代先後，以人繫事，即如劉星煒序所謂：“先生以閩人徵閩事，以閩事繫閩詩，州分部次，燦若列眉。”《例言》又謂其書辨詩篇著者云：“是篇抄撮羣書，羣書所無，即不能記錄也。惟《詩鈔小傳》爲鄙人自著，問世已久，因援漁洋《古懽錄》引用《居易錄》各書之例，節抄數則以補闕遺。”《四庫全書總目提要》亦贊云：“郭璞《地讖》尚以其全作七言律體，辨其出於依托，頗爲嚴謹。”

鄭方坤於《例言》述是書編輯刊刻始末云：“是書甫發凡，吾友林蒼巖正青在小海聞之，以所輯《榕海詩話》寄示，提綱挈領，文彩斐然，惜其僅及福州、福寧，又時代至明而止。不佞乃合全閩十郡，自晋迄今之美談勝事、瑣議微文彙次而整齊之，遲久成書，又遲久付梓。……是編與蒼巖訂之，初書成欲開雕，卒卒未暇，閱今七八載，意亦少衰矣。會魚臺饒使君夢燕見其書，好之，爲鳩工南陽，越五月告竣。……至校字監工，半出族孫九有之力。"

此本有若干剜改。如《例言》第二葉左半葉首行"牧齋錢氏獨昌言擊排"、第四行"當牧齋之時"二句，"錢氏""牧齋"二處皆剜版缺字；第六行"漁洋承廓清之後學"之"清"亦剜版。《引用書目》中有十種有剜改：第一葉左半葉第四行《弘治通志》剜去"弘"字；第二葉右半葉第七行剜去錢謙益所作《列朝詩集》；第四葉左半葉第九行《雙槐歲抄》剜去"雙槐"二字；第六葉右半葉第十一行剜去《錢牧齋初學集》，左半葉第二行《寒支初集》僅留"集"字；第八葉左半葉第十行剜去《留青日札》；第九葉右半葉第八行剜去《蒼霞草》《南雷文案》二書；第十葉左半葉第一行剜去《五雜俎》，第三行剜去《觚賸》。此本目錄中亦有剜字，如第六葉左半葉第五行之"黃玄""周玄"皆剜去"玄"字；第九葉左半葉第一行剜去"李世熊"。除"玄""弘"應爲避諱之外，其餘大多是清朝禁燬之書及其著者。

此本與美國密歇根大學藏本同版，然較之後印，除斷版外，若干葉及某些書葉部分文字爲重刻。密歇根大學藏本無剜改，但目錄缺"第八卷　明"一行，此本已補刻。

"玄""炫"等字缺筆，"弘"字異寫。

《四庫全書總目》入集部詩文評類。《中國古籍善本書目》著録清華大學圖書館、廈門市圖書館、福建師範大學圖書館、湖北省圖書館、暨南大學圖書館五家收藏。知美國哈佛大學哈佛燕京圖書館、密歇根大學圖書館，日本東京大學東洋文化研究所收藏。

鈐"萬全王氏抱志堂一鶴藏書記"朱文長方印。

237

## 宋詩紀事一百卷

T5214.5　7262

《宋詩紀事》一百卷，清厲鶚輯。清乾隆十一年（1746）樊榭山房刻本。二十四册。框高 19.7 厘米，寬 14.5 厘米。半葉十一行二十二字，小字雙行二十八字，左右雙邊，綫黑口，單魚尾。版心中鐫書名、卷次。

卷端題"錢唐厲鶚緝；祁門馬曰琯同緝"。各卷首均題"錢唐厲鶚緝"，但同輯者不同：卷一至十題"祁門馬曰琯同緝"，卷十一至二十題"祁門馬曰璐同緝"；此後各卷均題勘定者一二人，共計有七十餘人，其中"吳毛德基勘定""歙吳震生勘定"各出現九次。書首有乾隆十一年厲鶚序；次《宋詩紀事總目》，末

鎸 "猶子志黼校字"。卷一百末鎸 "武林□氏翠舍開雕"，據柏克萊加州大學圖書館藏本，此處缺字應爲 "田"。

厲鶚（1692—1752）字太鴻，號樊榭、南湖花隱、西湖漁者，清錢塘（今浙江杭州）人。康熙五十九年（1720）舉人，詩名頗盛，乾隆元年（1736）薦舉博學鴻詞，廷試被放。曾館於馬曰琯、馬曰璐小玲瓏山館，又與沈德潛、杭世駿、金農等交游，名重一時。博學能文，精熟宋遼史實，著《遼史拾遺》《宋詩紀事》，又著《南宋院畫錄》《東城雜記》《湖船錄》《樊榭山房文集》等。《清史稿》卷四百八十五、《清史列傳》卷七十一有傳。

厲鶚有感於明代詩壇崇唐抑宋太甚，恐宋詩湮没散逸，故據揚州馬曰琯、馬曰璐小玲瓏山館之藏書，并廣搜史料，歷時二十年，輯成是書，又集資自刻。是書收兩宋詩人三千八百多家，其體例仿計敏夫《唐詩紀事》以人立目，先列小傳，復舉其詩，末綴評論，略具出處。卷前厲鶚自序云："前明諸公剽擬唐人太甚，凡遇宋人集槩置不問。迄今流傳者僅數百家，即名公鉅手亦多散逸無存，江湖林藪之士，誰復發其幽光者，良可歎也。予自乙巳（雍正三年，1725）後薄游邗溝，嘗與汪君被江欲效計有功搜括而甄錄之，會被江以事罷去，遂中綴。幸馬君嶰谷、半槎兄弟相與商榷，以爲宋人考，本朝尚有未當……非博稽深訂，烏能集事。因訪求積卷，兼之閱市借人，歷二十年之久。披覽既多，頗加汰擇，計所抄撮凡三千八百一十二家，署具出處大槩，綴以評論，本事咸著於編。其於有宋知人論世之學，不爲無小補矣。部帙既繁，恐歸覆瓿，念與二君用力之勤，不忍棄去，暇日釐爲百卷，目曰《宋詩紀事》，鏤板而傳之。"《四庫全書總目提要》以爲："此書裒輯詩話，亦以紀事爲名，而多收無事之詩，全如總集，旁涉無詩之事，竟類説家，未免失於斷限。又採摭既繁，牴牾不免"，"然全書網羅賅備，自序稱閲書三千八百一十二家。今江南、浙江所採遺書中，經其簽題自某處鈔至某處，以及經其點勘題識者，往往而是，則其用力亦云勤矣。考有宋一代之詩話者，終以是書爲淵海，非胡仔諸家所能比較長短也。"是書出後，清末陸心源撰《宋詩紀事補遺》《宋詩紀事小傳補正》，對《宋詩紀事》闕收、失考之處有所補充和校正。

此本與美國哈佛大學哈佛燕京圖書館藏本同版，哈佛本最末一葉爲補抄，未見刊刻條記。柏克萊加州大學圖書館藏本目錄後亦鎸 "猶子志黼校字"、書末鎸 "武林田氏翠舍開雕"，亦應同版。是書版片後曾轉易或經翻刻，書名葉有 "玉鑑堂藏板""琴趣軒藏板""知不足齋藏板" 等多種。

"玄" 易爲 "元"，"弘" 字缺筆、"曆" 易爲 "歷"。

《四庫全書總目》入集部詩文評類。《中國古籍善本書目》著録吉林市圖書館一家收藏清乾隆十一年樊榭山房刻名家題跋本。知中國臺北"國家圖書館"、臺北故宮博物院、香港大學馮平山圖書館，美國國會圖書館、哈佛大學哈佛燕京圖書館、柏克萊加州大學圖書館，加拿大英屬哥倫比亞大學圖書館，英國劍橋大學圖書館，日本國會圖書館、內閣文庫、静嘉堂文庫等處，韓國澗松文庫收藏。又知美國普林斯頓大學圖書館藏本書名葉題"玉鑑堂"；中國臺灣大學圖書館、美國哥倫比亞大學圖書館藏本書名葉題"琴趣軒"；美國匹茲堡大學圖書館藏本書名葉題"知不足齋"。

　　鈐"宜秋館藏書"白文長方印，曾爲民國李之鼎收藏。李之鼎（？—1928）字振堂，江西南城（今屬撫州）人，好藏書，藏書處名"宜秋館""舒嘯軒"，有《宜秋館書目》，曾編刊宋人文集，撰《建炎以來繫年要録所引書目》《宋人集目》《增訂叢書舉要》等。

# 詞　類

## 詞苑英華四十三卷

T5580　0444

《詞苑英華》四十三卷

　　《花間集》十卷　後蜀趙崇祚輯　明湯顯祖評

　　《草堂詩餘》四卷　題武陵逸史輯

　　《花菴絕妙詞選》十卷　宋黃昇輯

　　《中興以來花菴絕妙詞選》十卷　宋黃昇輯

　　《尊前集》二卷

　　《詞林萬選》四卷　明楊慎輯

　　《詩餘圖譜》三卷　明張綖撰

　　明毛晉編。明末毛氏汲古閣刻清乾隆十七年（1752）重修本。十册。《花間集》框高 17.5 厘米，寬 12.2 厘米；《草堂詩餘》框高 17.8 厘米，寬 12.3 厘米；《尊前集》框高 17.6 厘米，寬 12.3 厘米；《花菴絕妙詞選》框高 17.3 厘米，寬 12.1 厘米；《中興以來花菴絕妙詞選》框高 17.6 厘米，寬 12.2 厘米；《詞林萬選》框高 17.6 厘米，寬 12.2 厘米；《詩餘圖譜》框高 18.5 厘米，寬 14.4 厘米。半葉九行二十字，小字雙行同，左右雙邊，白口，雙魚尾；《詩餘圖譜》半葉九行十九字，單綫魚尾。《花菴絕妙詞選》版心上鐫子集名，中鐫卷次并“唐詞”或“宋詞”；《中興以來花菴絕妙詞選》版心上鐫“花菴詞選”，中鐫“中興”及卷次；《詩餘圖譜》版心上鐫子集名，中鐫卷次；其餘各集版心中鐫子集名、卷次。各集每卷首末葉鐫“琴川毛晉定本”長方印，多數首末葉版心中鐫“汲古閣”，及“毛氏正本”方印。

　　《花間集》卷端未題著者。首有大蜀廣政三年（940）《花間集序》；次《花間集目録》。末有未署年陸游識語、開禧元年（1205）陸游識語、未署年毛晉識語二則。毛晉以家藏宋刻爲底本刊刻，卷末毛晉識語云：“近來坊刻徃徃繆其姓氏、續其卷帙，大非趙弘基氏本來面目。余家藏宋刻茸有歐陽炯序、後有陸放翁二跋，真完璧也。”

　　《草堂詩餘》卷端題“武陵逸史編；隱湖小隱訂”。首有嘉靖庚戌（二十九年，

1550）何良俊序；次《草堂詩餘目録》。末有毛晉識語。

《尊前集》卷端未題著者。首有萬曆壬午（十年，1582）顧梧芳《尊前集引》；次《尊前集目録》。末有毛晉識語。據識語，是書底本乃毛晉於癸酉（崇禎六年，1633）得之閩中郭聖僕。

《花菴絕妙詞選》卷端未題著者。書名葉分三欄，右題"毛氏原本"，中題"詞苑英華"，左題"因樹樓藏板"，鈐"紫霞山人洪曲谿校勘"白文方印、"因樹樓洪氏藏板"朱文橢圓印。首有乾隆壬申（十七年，1752）洪振珂《詞苑英華序》（據書口）、淳祐己酉（九年，1249）胡德方《詞選序》、淳祐己酉玉林《絕妙詞選序》；次《唐宋諸賢絕妙詞選綱目》，題"花菴詞客編集"。

《中興以來花菴絕妙詞選》卷端未題著者。首有《中興以來花菴絕妙詞選綱目》，題"花菴詞客編集"。末有未署年顧起綸識語、毛晉識語二則。毛晉識語云："先輩云《草堂》刻本多誤字及失名者，賴此可證。"

《詞林萬選》卷端未題著者。首有嘉靖癸卯（二十二年，1543）任良榦《詞林萬選序》；次《詞林萬選目録》。末有毛晉識語。

《詩餘圖譜》卷端題"高郵南湖張綖編輯；濟南霽宇王象乾發刊；康宇王象晉重梓；姑蘇子九毛鳳苞訂正"。首有崇禎乙亥（八年，1635）王象晉《重刻詩餘圖譜序》；次《詩餘圖譜目録》。王象晉《序》述是書刊刻事云："南湖張子創爲《詩餘圖譜》三卷，圖列於前，詞綴於後，韻腳句法犁然井然，一披閱而調可守、韻可循，字推句敲，無事望洋，誠修詞家南車已。萬曆甲午、乙未間（二十二至二十三年，1594—1595），予兄霽宇刻之上谷署中，見者爭相玩賞，竟攜之而去。今書籠所存，日見寥寥，遲以歲月計，當無剩本已。海虞毛子晉博雅好古，見予讐較此編，遂請歸而付之剞人，使四十年前几案間物，頓還舊觀，亦一段快心事也。"

毛晉（1599—1659）原名鳳苞，字子久，改字子晉，號潛在，晚號隱湖，江南常熟（今屬蘇州）人。明諸生，好古博覽，構汲古閣藏書，藏、抄、校、刻并舉。著《毛詩陸疏廣要》《隱湖小志》等，輯刻《十三經》《十七史》《津逮秘書》《宋名家詞》《六十種曲》等。《清史列傳》卷七十一有傳。

明末毛晉輯刻唐宋詞總集九種爲《詞苑英華》。乾隆年間，洪振珂以明末汲古閣舊版，略加校正印行，但僅取七種，未印《少游詩餘》《南湖詩餘》。洪振珂《詞苑英華序》云："去年冬購得毛氏汲古閣《詞苑英華》原版，喜其字畫尚無漫漶，略有譌謬，悉取他本校正之。而又有《詩餘圖譜》一卷，盡協音律。"此本不避清代諱字，爲襲用舊版之故。

"校"或易爲"較"。

《四庫全書總目》未著録。《四庫全書存目叢書》影印《詞林萬選》《詩餘圖譜》。《中國古籍善本書目》著録中國國家圖書館、上海圖書館、天津圖書館、吉林省圖書館等十二家收藏明末毛氏汲古閣刻本。知中國臺北“國家圖書館”，日本内閣文庫、東洋文庫、京都大學人文科學研究所、立命館大學圖書館、廣島大學圖書館、東北大學圖書館等收藏明末毛氏汲古閣刻本。又知中國臺北“國家圖書館”，美國哈佛大學哈佛燕京圖書館、柏克萊加州大學圖書館、哥倫比亞大學圖書館，日本静嘉堂文庫、東洋文庫、京都大學人文科學研究所收藏清乾隆十七年修版印本。

鈐“紀氏藏書之印”朱文長方印，“菊陰書屋”朱文長方印、“修敬堂書畫圖書”白文方印。

239

## 吳文正公詩餘一卷

T5624　2331

《吳文正公詩餘》一卷，元吳澄撰。清繆荃孫藝風堂影毛氏汲古閣抄本。清繆荃孫題識并録毛扆校跋。一册。框高 19 厘米，寬 14.6 厘米。半葉八行十八字，左右雙邊，白口，無魚尾。版心上書“吳文正公詞”，下書“汲古閣”。

卷端題“臨川吳澄幼清”。末有繆荃孫過録辛酉（康熙二十年，1681）毛扆題識、癸丑（1913）繆荃孫題識。

吳澄（1249—1333）字幼清，晚稱伯清，元崇仁（今屬江西撫州）人。南宋末鄉貢，元大德初起爲奉翰林文字，歷官江西儒學副提舉、翰林學士、經筵講官，與修英宗《實録》，卒謚文正。治理學，折衷朱熹、陸九淵之説，精於三禮，著《五經纂言》《草廬精語》，詩文輯爲《吳文正公集》。《元史》卷一百七十一有傳。

吳澄詞原無單行本，是書乃從《吳文正公集》一百卷本中抄出，計爲《臨江仙》一首、《謁金門》一首、《渡江雲》一首、《木蘭花慢》四首、《水調歌頭》八首。《吳文正公集》有明宣德十年（1435）刻一百卷本、明成化二十年（1484）刻四十九卷本、明萬曆四十年（1612）刻四十九卷本，然詞僅見於百卷本。百卷本傳世頗罕，清初毛扆抄出其中詞作，事見書末題識。繆荃孫過録毛扆題識末題“省菴”，識云：“庚申（康熙十九年，1680）小除夕借陸翼皇集本録出詩餘一類　弟九十九卷。辛酉新正四日燈下校于金臺旅館。”繆荃孫題識末署“小珊”，識云：“此毛斧季校本，從《文正公集》百卷本鈔出。若通行四十九卷本無此詞也。百卷本明初刻，頗罕見。癸丑五月。”毛扆（1640—？）字斧季，號省庵，明末清初虞山（今江苏常熟）人，毛晋子，陸貽典婿，通小學，精校勘。

繆荃孫（1844—1919）字炎之，號筱珊、藝風，清末民初江蘇江陰（今屬無錫）人。光緒二年（1876）進士，改庶吉士，授編修，充國史館纂修，曾主講南菁、濼源、鍾山等書院，與修《清史稿》，精通金石、版本，工書法，曾助張之洞編《書目答問》，著《金石目》《續碑傳集》《藝風堂文集》等。生平參繆荃孫自編《藝風老人年譜》。

吳澄詞僅見抄本流傳，今知清初抄本《宋元四家詞》、清乾隆道光時何元錫抄《十家詞鈔》收入。約在清光緒三十四年（1908），繆荃孫藝風堂曾抄《宋金元明人詞》十七種，即含《吳文正公詞》，但繆氏據錢塘何元錫本抄寫，其中《水調歌頭》爲一首。此本繆氏題識作於民國二年，已在繆氏抄《宋金元明人詞》之後。此爲繆荃孫藝風堂影毛氏汲古閣抄本，版心下書“汲古閣”，版式疏朗、字體清俊，仿佛宋本；書末二跋筆跡一致，皆爲繆荃孫所書；書中朱筆句讀及校改，亦應爲繆氏過錄毛扆校。《藝風藏書再續記》第六“影寫本”著錄是書，謂“從汲古閣鈔本影寫”，并錄此書末繆荃孫及其過錄毛跋。

《四庫全書總目》未著錄。《中國古籍善本書目》著錄中國國家圖書館藏明宣德十年吳炬刻《臨川吳文正公集》一百卷殘本，另有南京圖書館所藏清何元錫家抄本《十家詞鈔》、清初抄本《宋元四家詞》均收《吳文正公詞》一卷。知中國臺北故宮博物院、日本宮内廳書陵部亦藏明刻百卷本。

240

### 自怡軒詞譜六卷

X5582　0438

《自怡軒詞譜》六卷，清許寶善輯。清末蕉雲山館抄本。二册。框高 16.2 厘米，寬 12.8 厘米。半葉九行十六字，四周雙邊，白口，單魚尾。版心下鐫“蕉雲山館”。

卷端題“雲間許寶善穆堂輯；弟鐘樸啓校”。各卷前有分卷目錄。

許寶善（1731—1803）字穆堂，清江蘇青浦（今屬上海）人。乾隆二十五年（1760）進士，授戶部主事，歷員外郎中，擢浙江福建道監察御史。工詞曲、詩文，著《南北宋塡詞譜》《穆堂詞曲》《自怡軒樂府》等。生平參《［嘉慶］松江府志》卷六十。

許寶善《自怡軒詞譜》曾刊刻於乾隆三十六年（1771）。是書據刻本重抄於藍格紙上，每行字數相同，但未抄夾行曲譜。

此本版心下鐫“蕉雲山館”，疑爲清末陳士傑抄本。陳士傑（1825—1893）

字雋丞，清湖南桂陽州（今屬郴州）人，道光二十九年（1849）拔貢，咸豐初投曾國藩營幕，後任江蘇、山東按察使，福建布政使，浙江、山東巡撫，工書法，善蘇體，著《蕉雲山館詩文集》，生平參《［民國］山東通志》卷七十四。此本抄寫精工雋秀，紙白墨潤，書以黃絹包角，爲舊時抄本。

《中國古籍善本書目》著録北京大學圖書館、湖北省圖書館等六家收藏清乾隆三十六年刻朱墨套印本。

鈐“蓮士女史”白文長方印。又鈐“易印漱平”白文方印，曾爲易漱平收藏。

241

## 榕園詞韻一卷發凡一卷

T5576　2332

《榕園詞韻》一卷《發凡》一卷，清吳寧撰。清乾隆四十九年（1784）冬青山館刻本。二冊。框高 15.4 厘米，寬 12.1 厘米；《發凡》框高 15.5 厘米，寬 12 厘米。半葉八行十八字，小字雙行同，左右雙邊，黑口，單魚尾。版心中鐫書名。

卷端未題著者。書名葉分三欄，右題“乾隆甲辰秋鐫”，中題“榕園詞韻”，左題“冬青山館藏板”。書首有乾隆甲辰（四十九年）周春序；次《發凡》，題“海鹽吳寧子安編”；次《榕園詞韻目次》。

吳寧（生卒年不詳）又名應和，字子安，清嘉興府海鹽（今屬嘉興）人，主要活動於乾隆年間。善詩古文詞并精音韻之學。著《榕園詞韻》《榕園吟稿》及《文鈔》，評定《浙西六家詩鈔》。生平參《［光緒］海鹽縣志》卷十七。

是書取《廣韻》之字，按平、上去、入三韻分列，編爲三十五部，平聲、上去聲各十四部、入聲七部，各部列出同韻文字。其韻部分合以清初沈謙《詞韻》爲主，而參以《壬子新刊禮部韻略》《中原音韻》《洪武正韻》等書，對沈氏《詞韻》多有訂正。卷前周春序云：“子安於讀書餘暇撰《詞韻》一編，取《廣韻》之字，依紐編入，正沈、毛兩家之誤，此特一斑耳。”是書首冠《發凡》，略述古來音韻之變，指出以往韻書不當之處。

此本爲乾隆四十九年冬青山館刊刻。“眩”“衒”，“泓”等字缺筆。

《四庫全書總目》未著録。《續修四庫全書》影印清乾隆刻本。《中國古籍善本書目》著録清華大學圖書館、北京師範大學圖書館、福建省圖書館等五家收藏，中國國家圖書館、中國科學院文獻情報中心亦藏。又知中國臺北故宮博物院，日本京都大學大學院文學研究科圖書館、大阪大學綜合圖書館、東北大學圖書館收藏。

鈐“峨眉□半”白文方印、“襄古情深”白文長方印。

# 曲　類

242

## 增補箋注繪像第六才子西廂釋解八卷

T5668　1602B

《增補箋注繪像第六才子西廂釋解》八卷，元王德信撰，清金聖嘆批評，清
鄧汝寧音義。清康熙致和堂刻本。六册。框高 19.9 厘米，寬 13.5 厘米。卷一至
二半葉十行二十六字；卷三半葉十行二十二字，眉欄鐫評語；卷四至八上下二
欄，下欄十行二十字，上欄二十行十二字，無直欄，左右雙邊，白口，單魚尾。
版心上鐫“第六才子書釋解”，中鐫卷次、小題，下鐫“致和堂”。書衣題簽“箋
釋第六才子書”，上題“致和堂”。

卷一、三首題“合訂西廂記文機活趣全解”，卷二、四首題“增補箋注繪像
第六才子西廂釋解”，卷五首題“增補箋注第六才子西廂釋解”，卷六至八首題
“箋注繪像第六才子西廂釋解”；其中以卷二之“增補箋注繪像第六才子西廂釋
解”最爲完整，以之爲題名。各卷未題著者。書名葉分三欄，右題“吳吳山三
婦合評西廂記”，中題“箋注第六才子書釋解”“續增圍棋闖局選句骰譜”，左題
“鄧汝寧音義”“致和堂藏板”，欄上題“聖嘆先生批點”。書首有康熙己酉（八年，
1669）汪溥勛《題聖嘆批第六才子西廂原序》；次《凡例》；次《吳山三婦評箋注
釋聖嘆第六才子書目録》。

王德信（生卒年不詳）字實甫，以字行，元大都（今北京）人，今人王季
思等考證其雜劇創作活動在成宗元貞大德年間（1295—1307），約與關漢卿同
時而稍後。有以王實甫爲元代顯宦王結之父，至元二年（1336）猶在世，待考。
著有雜劇十四種，其中《西廂記》《麗春堂》《破窑記》存全本。生平參《録鬼簿》。
金人瑞（1608—1661）字聖嘆，本名采，字若采，又名喟，江南吳縣（今屬江蘇）
人。明諸生，入清不仕，少有才名，好衡文評書，強調人物個性、情感，嘗謂《離
騷》《莊子》《史記》、杜甫詩集、《水滸傳》《西廂記》爲天下六才子書，後兩種
書之批點最爲稱名。順治十八年（1661）清世祖哀詔至吳，適人瑞與諸生告吳
縣知縣貪贓暴虐，群哭於文廟，以倡亂罪處斬。生平可參廖燕《金聖嘆先生傳》。

是書以《貫華堂西廂記》爲基礎，加以金聖嘆、毛奇齡評點，又彙集《西
廂記》的相關制藝文章、名家論述，以及《會真記》等相關內容。凡八卷，卷

一爲序二篇及《目録》所謂"才子佳文"并"倣元繪像",卷二爲《毛西河讀西廂記法》《金聖嘆讀西廂記法》,卷三爲《會真記》,卷四至八爲《西廂記》,卷八末有較《貫華堂西廂記》新增之《圍棋鬧局》《園林午夢》《摘句骰譜》。《凡例》述是書較雜劇單本增加內容云:"《續西廂記》後,他本尚有《王生圍棋》一折,《錢塘夢》《園林午夢》二篇,批評蒲東詩數十首,雜出不倫,蓋必是後人所添,非元人作者本色也,所謂魚目恐其混珠,本不欲列之以眩閱者心目,間有博雅好事者,不妨録之以備覽可也。至外附佳文二十首,足見才人狡獪伎倆,無所不可,讀是集者,尤不可不讀是文。"《凡例》述是書之評釋云:"合參諸本,上層註以參釋,下層悉依金批。支分節解,每折標明。"又云:"《西廂記》中參釋,大約得力於有明諸名公者居多,而毛西河解者,領中肯綮,聖嘆解者,則稱全構。"

是書編輯於清初,《凡例》云:"辛丑歲(順治十八年,1661)周遊江右諸郡通都大邑,得廣接夫賢人君子,親其緒論,復好買未見新書,恣所覽擇,遂彙成是編。"是書未題著者,書名葉所謂"吳吳山三婦合評西廂記"乃出於僞托。吳山三婦指吳舒鳧(1647—?)的未婚妻及二位妻子,三人曾先後評點《牡丹亭》,但未見史料云三人合評他書。康熙四年(1665)吳舒鳧未婚妻陳同逝,康熙十四年(1675)妻談則逝,康熙三十三年(1694)其妻錢宜抄録《三婦合評牡丹亭》副本,次年刻竣。然是書評釋以金聖嘆、毛奇齡二人爲主,而《毛西河論定西廂記》刊刻於康熙十五年(1676),此時陳同、談則均已過世,無從評論,則"三婦合評"爲假托無疑。但既托名"三婦合評",是書之刊刻應在《三婦合評牡丹亭》盛行之時,當與康熙三十四年(1695)距之不遠。

是書卷一所謂的"才子佳文"二十首,乃是以《西廂記》爲題之八股制藝。今知清康熙四十二年(1703)刊刻之錢書《雅趣藏書》爲帶有評點之制藝二十篇,是書所收之二十篇制藝與《雅趣藏書》完全相同,祇是未加評點而已。雖是書制藝與《雅趣藏書》之先後仍待考證,但當是此坊刻本採用已流傳之篇章而非首創。此本避康熙諱,未見乾隆諱字,又以是書版刻風格,當爲康熙年間刊刻。

是書曾爲多家書坊改換書名葉、版心重印甚或翻版,版心有"文苑堂""大美堂""郁郁堂""維經堂"等書坊。所見東京大學東洋文化研究所藏清致和堂刻本,書名葉及書首《原序》均爲重刻,并將書名葉之"致和堂藏板"改爲"致和堂梓行"。

"玄"字缺筆或易爲"元","曆"字未避。

《中國古籍善本書目》未著録。知中國臺北"國家圖書館"、日本東京大學東洋文化研究所藏清致和堂刻本。中國國家圖書館、臺北故宮博物院、臺灣大學圖書館、臺北"中央研究院"傅斯年圖書館，美國哈佛大學哈佛燕京圖書館、紐約公共圖書館，加拿大英屬哥倫比亞大學圖書館，日本京都大學人文科學研究所、大阪大學圖書館、新潟縣圖書館、一橋大學圖書館收藏是書。

鈐朱文方印一方，模糊難辨。此爲勞費爾購書。

## 243
### 桂林霜二卷

T5704　4141

《桂林霜》二卷，清蔣士銓撰。清刻本。一册。框高 18.1 厘米，寬 13 厘米。半葉九行二十二字，小字單行同，四周單邊，白口，單魚尾，書眉鑴評語。版心上鑴書名，中鑴卷次。

卷端題"大興張三禮椿山評文；鉛山蔣士銓清容填詞；鳳翔楊迎鶴松軒正譜"。書首有乾隆辛卯（三十六年，1771）蔣士銓《桂林霜傳奇自序》、乾隆辛卯張三禮《序》；次《馬文毅公傳》；次王亶望、平聖臺、邊連寶、薛寧廷、紀復亨、秦黌、顧元揆、吳賢、江昱、張棟、江春、吳瑛、種錫圭、高文照《題詞》；次《桂林霜目録》，下注"一名賜衣記"。末有辛卯（乾隆三十六年）清容居士《書後》。

蔣士銓（1725—1785）字心餘，一字苕生，號清容，又號藏園，晚號定甫，別署離垢居士，江西鉛山（今屬上饒）人。乾隆十九年（1754）以舉人官內閣中書，二十二年（1757）成進士，選庶吉士，授編修，三十五年（1770）乞假養母，主講蕺山、崇文、安定書院，後充國史院纂修，以病歸。詩文詞曲兼善，詩與袁枚、趙翼號爲"江右三大家"，著《忠雅堂集》《銅絃詞》《藏園九種曲》等。《清史稿》卷四百八十五、《清史列傳》卷七十二有傳。

是書爲傳奇劇本，分上、下二卷，共二十四齣，據康熙初年馬熊鎮殉難事演繹。時馬熊鎮任廣西巡撫，部下孫延齡應吳三桂謀反，圍攻官衙，馬熊鎮寧死不降，遭囚四年後殉難，其家眷婢僕等三十餘人皆遭難。蔣士銓撰此於乾隆三十六年，蔣士銓《自序》云："長夏病瘧，百事俱廢。瘧止，輒採其事填詞一篇，積兩旬成《桂林霜》院本。"張三禮《序》云："苕生太史氣和而性烈，每與談史事，目光射人，唏噓壯激，聲錚錚不可遏。齷蹉之士輒避去，予弗敢厭也。今夏太史病瘧，兩旬既愈，出新詞一帙，笑謂曰：'此痁語也，盍覽之？'予讀于乙夜，乃知爲馬文毅合家殉廣西之難而作，揆勢揣聲，如見其人，如聞其語，以至性寫奇人，故宜如是。予咏歎之餘，嗚咽不能卒讀，而家人童婢咸倚壁拭涕，不勝悲哽，其所感又何摯歟？然特觀之紙上，頌之燈前耳。假使優孟寫生聲容，曲肖其感，發懲創之，有裨于風教也，又可知矣。因勸亟付剞劂。"

蔣士銓作有多種劇曲，乾隆年間陸續由蔣氏紅雪樓刊刻，輯爲《紅雪樓九種曲》，除此劇外又有《冬青樹》一卷、《雪中人》一卷、《四弦秋》一卷、《一片石》一卷、《第二碑》一卷、《香祖樓》二卷、《空谷香》二卷、《臨川夢》二卷。合集或經重印，或經翻刻，更名爲《藏園九種曲》《蔣氏九種曲》《紅雪樓九種填詞》等；後又增《採樵圖》《采石磯》《廬山會》三種，名爲《清容外集》或《紅雪樓十二種填詞》。與上海朝記書局影印之乾隆紅雪樓本相較，此本字畫明顯歪曲變形。

《四庫全書總目》未著録。民國十二年（1923）上海朝記書局影印清乾隆紅雪樓刻本。《中國古籍善本書目》著録清華大學圖書館、山西省圖書館、遼寧省圖書館等十一家收藏清乾隆蔣氏紅雪樓刻《紅雪樓九種曲》。知中國臺北"中央研究院"文哲所、香港大學圖書館、美國哈佛大學哈佛燕京圖書館、柏克萊加州大學圖書館、日本國會圖書館、静嘉堂文庫、東京大學綜合圖書館、東北大學圖書館等處藏《紅雪樓九種曲》。

鈐"千葉藏書之印"朱文方印。

244

### 廿一史彈詞註十卷明紀彈詞註一卷

T5727　4298

《廿一史彈詞註》十卷，明楊慎撰，清張三異增定，清張仲璜注；《明紀彈詞註》一卷，清張三異撰，清張仲璜注。清雍正五年（1727）張坦麟刻本。八册。框高 17.7 厘米，寬 13.9 厘米。半葉十一行二十一字，小字雙行同，四周單邊，綫黑口，單魚尾。版心中鐫"彈詞註"及卷次。

《廿一史彈詞註》卷端題"成都楊慎用修編著；漢陽張三異禹木增定""男仲璜別麓注；伯琮鶴湄訂；叔斑鵠巖參""孫坦含坤章、坦麟畫臣、坦驄青御、坦熊男祥仝校"；此後各卷校注者爲男、孫各一人。《明紀彈詞註》卷端題"漢陽張三異禹木著""男仲璜別麓注""孫坦含、坦麟、坦驄、坦熊校"。書名葉分三欄，中題"彈詞注"，左題"樹玉堂藏板"。

書首有天啓癸亥（三年，1623）宋鳳翔《廿一史彈詞舊序》、康熙甲寅（十三年，1674）張三異《廿一史彈詞註序》、張三異《明紀彈詞序》、康熙四十九年（1710）張仲璜《彈詞註序》；次張仲璜《彈詞註凡例》；次雍正五年張坦麟《彈詞跋後》（據書口）。《廿一史彈詞註》卷第三、八至十以及《明紀彈詞註》均卷分上、下。

楊慎（1488—1559），參見《太史升菴文集》（072，T5417　4294）。張三異

（1609—1691）字魯如，號禹木，清漢陽（今屬陝西漢中）人，順治六年（1649）進士，歷官紹興知府，著《來青園集》，生平參《晚晴簃詩匯》卷二十五。張仲璜（生卒年不詳）字半玉，漢陽人，貢生，康熙二十七年（1688）授梧州府同知，以父憂歸，生平參《［雍正］廣西通志》卷六十九。

　　楊慎以上古至元史事爲題材，以淺近文言撰成《廿一史彈詞》，又名《歷代史略十段錦詞話》，按朝代分爲十段，每段首尾均有詞、詩，中以“三三四”十字句述唱故事。清康熙時，張三異及其子仲璜增以評注，闡發其文意，并爲《明史》續作彈詞。卷前張三異《廿一史彈詞註序》述評注事云：“第恐初學涉獵未週，達此失彼，將先生爲勸爲懲、扶正人心之意把卷茫然欲卧者矣。爰命璜兒一一詳爲注釋，務使事實可稽，義蘊昭晰。歷寒暑，數易稿而書始成。雖全史蘊藉未易表著，而屬詞比事，先生之苦心庶幾若睹矣。”張三異《明紀彈詞序》再述續作事云：“余與璜兒既爲先生註其已著之詞，而弗續其未備之詞，不同一憾事乎？因不揣固陋，追繹先生之心，廣蒐明紀諸書，合二祖十四宗之蹟，撮要敷陳、比音叶節。”《凡例》末條謂《明紀彈詞》撰著事云：“彈詞止於元末，其《明紀彈詞》一書，係先子乙卯（康熙十四年，1675）於武林續著，因時近事繁，不比往古，概可簡略，故詞務精詳。璜謹注釋成卷，綴於十段詞後，亦爲一段分爲上下兩卷。奈《明史》尚無成書，祇據《明紀編年》《崇信録》《鴻猷録》《史竊》《通紀》《廣彙》《紀事本末》《昭代紀略》《歷代小史》諸書，採用成詞”。

　　是書注釋於史事、地名、文義皆加注解與闡發，頗爲細緻，《凡例》云：“今遵廿一史逐詞細注，其正史所無，亦必於引用諸書考核根據，確有載籍出處者方敢入註。”是書之《明紀彈詞》被列入清代禁燬書。

　　康熙四十九年，張仲璜始將是書付刻，雍正時其子張坦麟重刻。張仲璜《彈詞註序》云：“《彈詞註》一書，余於甲寅（康熙十三年）秋侍先大夫於武林受命所註，今付諸剞劂。……由是籌燈起稿，繙閱群書，根究事蹟，悉其原爲，歷寒暑而註幾成，可以梓矣而未遽梓者，不敢謂已得古人之旨也。故曰不欲梓者，余之心也。嗣是歸里，暇日猶數易稿，請正先大人。大人命匠計工，亟圖授梓，緣辛酉（康熙二十年，1681）以前余事制舉蓺，未得全力搜討。及于役梧江，匔繫雞肋，校讎無人，授梓之意終不果。……乃今閱三十七年而始謀授梓，方以曠日滋戾而猶敢逡巡乎哉。”張坦麟《彈詞跋後》述重刻事云：“書成，藏弆家塾者三十年，先君子解組歸里，檢閱刊行。江漢人士真賞同心，購求者如布帛菽粟焉。坦麟奉使兩淮，重授之梓。”是書乾隆五十一年（1786）曾由楊任佐視履堂再次重刻。

　　“絃”“弦”等字缺筆；“真”字缺筆。

《四庫全書總目》未著録。《中國古籍善本書目》著録北京大學圖書館、南開大學圖書館、山東省博物院、河南省圖書館、中山圖書館等九家收藏。知美國哈佛大學哈佛燕京圖書館，加拿大多倫多大學圖書館，日本内閣文庫收藏。

245

## 靈應泰山娘娘寶卷二卷

T5727　1052

《靈應泰山娘娘寶卷》二卷，明悟空撰。清刻本。二册。經折裝。每紙五折，每折四行十五字，無直欄，上下雙邊，框高 27.6 厘米，每折寬 12.9 厘米。

卷端未題著者。卷首有泰山諸娘娘像扉畫，依次爲眼光娘娘、泰山娘娘、子孫娘娘、□□（按，原殘缺，應爲"送生"）娘娘、王母娘娘、催生娘娘、注生娘娘、瘫疹娘娘。次爲三尊龍牌，文字分別爲"皇圖永固，帝道遐昌，佛日增輝，法輪常轉"；"皇帝萬歲萬萬歲"；末一龍牌碑首題"御製"，文字爲"六合清寧，七政順序。雨暘时若，萬物異豐。億兆康和，九幽融朗。均躋壽域，溥種福田。上善攸臻，障碍消釋。家崇忠孝，人樂慈良。官清政平，訟簡刑措。化行俗美，泰道咸亨。凡序有生，俱成佛果。"開卷有《舉香讚》《開經偈》；文末有迴向偈，用明正德羅清《五部六册》中的《十報歌》。卷末有空白牌記、護法王靈官像。

悟空，生平仕履不詳，曾於萬曆四十五年（1617）編刊《護國佑民伏魔寶卷》。

此寶卷反復宣説泰山娘娘的靈應故事，又名《娘娘經》《泰山真經》。寶卷分上、下二卷，共二十四品：初展泰山寶卷品、勅封天仙聖母品、普天下立歇馬堂品、聖母娘娘問送生品、善惡分明果實無差品、眼光娘娘神通廣大品、國泰民安萬民樂業品、因正果正菩提正品、聖母娘娘捨子孫品、轉凡成聖不來牷品、娘娘發心留經品、施財刊板功德無量品、娘娘增福延壽品、娘娘護國救民品、夫人告娘娘查看虛實品、聖娘娘化人聽天由命品、天仙聖母遊行三界品、有福修福高遷一步品、娘娘出巡回泰山品、聖母娘娘靈光發現品、捨財刊板求子品、善惡不差因果不昧品、施財造經功德無邊品、收圓結果寶卷完成品。

據學界研究，此卷蓋爲明萬曆年間民間教派西大乘教借用民間信仰的泰山娘娘所編。著者應爲此寶卷第十一品"缺少行覺寶卷，徑送悟空入宅，施法留經"中所提到的悟空，從卷中語言粗疏、地理不明等情況來看，悟空應爲一般佈道人員，他還編印了《泰山東嶽十王寶卷》《護國佑民伏魔寶卷》。此寶卷成稿晚於另外二種寶卷，但應相差不久。文中多處提到此卷是京都張員外與其妻董夫人因無子發願施財刊造。如第十五品云：“我與老母開寶卷，隻手空拳上帝京。上帝京，無財不得成。多虧娘娘顯神通，捨財便是老長者，施財功果廣無窮。老長者來施財，多虧董氏女裙釵。二人發心造寶卷，喜捨資財把板開”，又有“天仙聖母有神童，夫婦二人成大功。老長者，董夫人，共同發心”等句。

　　此寶卷明、清均有刊刻。此本與《中華珍本寶卷》所影印明刊本扉畫、字體相近，明刊本已有斷版，此本不明顯，二者或有翻刻關係；但二者與《寶卷初集》影印底本文字、字形有差別。此本二册封面均爲纏枝蓮花圖案織錦，上册爲瓷青地彩色花紋，下册爲駝色地竹青花紋，二册封底均爲駝色地金色花紋；題簽爲瓷青地金字。綜合扉畫、字形、紙張、裝幀判斷，此本應爲清刻本。

　　《中華珍本寶卷》影印明刻本。《中國寶卷總目》著録天津圖書館藏明萬曆刻本，中國藝術研究院、俄羅斯科學院東方學研究所列寧格勒分所、日本早稻田大學圖書館收藏明刻本；中國國家圖書館、北京大學圖書館藏清初刻本。

246
**泰山東嶽十王寶卷二卷**

T5727　5252

　　《泰山東嶽十王寶卷》二卷，明悟空撰。清刻本。二册。經折裝。每紙五折，每折四行十五字，無直欄，上下雙邊，框高27.8厘米，每折寬13厘米。

　　卷端未題著者。兩册卷首均有扉畫，中爲地藏王，兩側有六曹判官、冥府王官、焦面鬼王、目連尊者。次爲三尊龍牌，文字分別爲“皇圖永固，帝道遐昌，佛日增輝，法輪常轉”；“皇帝萬歲萬萬歲”；末一龍牌碑首題“御製”，文字爲“六合清寧，七政順序。雨暘时若，萬物異豐。億兆康和，九幽融朗。均躋壽域，溥種福田。上善攸臻，障碍消釋。家崇忠孝，人樂慈良。官清政平，訟簡刑措。化行俗美，泰道咸亨。凡序有生，俱成佛果。”開卷有《舉香讚》《開經偈》；文末説寶卷緣由，以《十報歌》爲迴向偈。兩册卷末有空白牌記、護法王靈官像。

　　悟空，參見《靈應泰山娘娘寶卷》（245，T5727　1052）。

　　此寶卷又名《十王寶卷》《地府寶卷》，光緒年間刻本名《彌勒佛説地藏十王寶卷》。此卷叙述“衲子”下地獄所睹各種苦刑，勸人修善積福。寶卷通篇述“衲子”見聞，第十五品有“悟空開言從頭問”之句，明衲子爲悟空。寶卷分上、下二卷，共二十四分：寶卷初展分、衲子前到金橋分、功德堂言罷分、勸惡行善分、呂祖立地基分、看罷善會道場分、看罷餓鬼獄分、超出三界分、因果隨時分、蓮花勸衆分、無子求子品、修果位無差分、講説因果分、破獄一十八層分、返惡從善分、超凡入聖分、歸家認祖分、超出三界分、掃静紅塵分、破開地獄分、

361

苔查對號分、遊獄查看分、查看善惡分、收圓結果分。其中第十一稱"品"，第八、十八俱爲"超出三界分"。卷末述明景泰六年（1455）山東臨清縣儒生李清亡故，因生年誦念釋迦牟尼佛號而得閻王放還，并發願寫出地獄十王誕辰、名號以供人誦念之事。

此寶卷明、清均有刊刻。此本與《中華珍本寶卷》所影印清康熙刻本文字相似，但扉畫、字形、行間句讀不同。此本字體端正圓潤流暢，影印本則字畫較爲生硬，且間有文字訛誤。如第二十四分開篇，此本爲"夫地獄寶卷者，指外説裡，無不化人，爲善大悟，一十八遍獄返天堂，因見善惡兩端故，留十王寶卷。"影印本爲："夫地獄寶卷者，指外説裡，無不化人爲善，大悟一十八遍，獄迈天堂，因見善惡兩端，故留十王寶卷。"以句讀言，此本點斷有誤；但以文字言，影印本之"裡""迈"字，應爲翻刻字形之變。《寶卷初集》影印之《十王寶卷》已編改爲一卷，文字完全不同。此本二冊封面均爲瓷青地金色牡丹圖案織錦，封底爲竹青色絹；題簽爲瓷青地金字。綜合扉畫、字形、紙張、裝幀判斷，此本應爲清刻本。

《中華珍本寶卷》影印清康熙刻本。《中國寶卷總目》著録天津圖書館藏明刻本，中國社會科學院文學研究所資料室藏明崇禎九年（1636）紅字牌黨三家經籍鋪重刻本，中國藝術研究院藏清初刻本。海外僅知本館收藏。

247

### 救苦忠孝藥王寶卷二卷

T5727  4454

《救苦忠孝藥王寶卷》二卷。清刻本。二冊。經折裝。每紙五折，每折四行十五字，無直欄，上下雙邊，框高 24.6 厘米，每折寬 11.4 厘米。

卷端未題著者。卷首有藥王扉畫。次爲三尊龍牌，文字分別爲"皇圖永固，帝道遐昌，佛日增輝，法輪常轉"；"皇帝萬歲萬萬歲"；末一龍牌碑首題"御製"，文字爲"六合清寧，七政順序。雨暘時若，萬物咸豐。億兆康和，九幽融朗。均躋壽域，溥種福田。上善攸臻，障礙消釋。家崇忠孝，人樂慈良。官清政平，訟簡刑措。化行俗美，泰道咸亨。凡厥有生，俱成佛果。"開卷有《諷經咒　舉香讚》《開經偈》；文末以《十報歌》爲迴向偈。卷末有空白牌記、護法王靈官像。

此寶卷簡稱《藥王寶卷》，叙述孫思邈救助龍王太子所變幻之小白蛇，得龍王之助修道成爲藥王。寶卷分上、下二卷，共二十四分：初展寶卷分、員外無子分、施藥得子分、思邈改換身心分、思貌救白蛇分、孫思貌進龍宮分、思貌廻家見母分、老母身死分、陰中迈陽分、長安救主分、真人救主分、秦王一命身死分、孫真人廻家探母辭朝分、母問真人分、廬墓三年分、藥王爺救青龍分、玄空山隱姓埋名分、藥王菩薩分、藥王救永樂爺分、藥王辭朝朝廷不放分、永樂爺思藥王分、藥王涅槃分、證果朝元分、寶卷圓滿分。第二十四品説寶卷刊刻緣起云：“宗劉徐李劉尹氏，六人同共結良緣。托引大衆同行善，造卷功果廣無邊”，知此寶卷由六人施財刊板。

《藥王寶卷》自明末開始流行，明、清均有刊刻。此本與《中華珍本寶卷》所影印明刻本行字、字體、扉畫相近但明顯不同。明刻本每折四行十五字，但僅每段首行十五字，其後諸行皆上空一字；明刻本在唱誦部分的天頭添加祥雲、葫蘆等多種紋飾。此本二册封面均爲駝色地金色纏枝蓮花圖案織錦，封底爲靛藍絹；題簽金地黑字。綜合字形、紙張、裝幀判斷，此本應爲清刻本。

《中華珍本寶卷》影印明刻本。《中國寶卷總目》著録天津圖書館藏明刻本；中國國家圖書館藏清初刻本；美國普林斯頓大學圖書館藏清康熙刻本；中國社會科學院文學研究所藏清刻本。

248
**一笠菴北詞廣正譜十八卷**

T5658　4411

《一笠菴北詞廣正譜》十八卷，明徐慶卿撰，清李玉更定。清文靖書院刻本。六册。框高 20.2 厘米，寬 14.5 厘米。半葉六行二十五字，小字雙行同，行間注明點板，左右雙邊，白口，單魚尾。版心上鐫“北詞廣正譜”，中鐫音律宮調名，下鐫“青蓮書屋”。

卷端題“華亭徐于室原稿；茂苑鈕少雅樂句；吳門李玄玉更定；長洲朱素臣同閲”。書首有未署年吳偉業《序》；次《音律宮調》。各卷未標卷次，卷前目録版心標明卷帙。

徐慶卿約爲明末時人，生平事跡無考。李玉（約 1611—？）字玄玉，號蘇門嘯侶、一笠庵主人，明末清初江南吳縣（今屬江蘇蘇州）人。崇禎舉人，明亡不仕，肆力戲曲創作，著《一捧雪》《人獸關》《永團圓》《占花魁》《牛頭山》《太平錢》《兩鬚眉》《清忠譜》《萬里圓》《麒麟閣》等，又曾與朱佐朝合寫《一品爵》《埋輪亭》等傳奇。兼精曲律之學，編《北詞廣正譜》。生平參焦循《劇説》卷四、《［民國］吳縣志》卷七十五。

李玉根據明徐慶卿所編《北詞譜》更訂，删去《臆論》和“南北合套成目”。是書以曲調分爲十七卷：黄鐘宮、正宮、仙侣宮、南呂宮、中呂宮、道宮、大石調、小石調、般涉調、商角調、高平調、揭指調、宮調、商調、角調、越調、雙調及雙調後，其中揭指調、宮調、角調三卷有目無曲文。《中國古籍善本書目》著錄爲《一笠菴北詞廣正譜》十八卷附《南戲北詞正謬》一卷，或以"雙調後"爲第十八卷；然是書所附《南戲北詞正謬》目錄版心鐫"十八帙正謬"，則實應以《正謬》爲第十八卷。是書選錄北曲曲牌四百四十多支，所錄各曲分正襯字，注明版式，出鈕少雅手，後人多稱其點板精確。因《北詞譜》流傳不廣，本書較有影響。

此本與《續修四庫全書》影印之清青蓮書屋刻本同版，但板裂輕微，刷印較早。此本卷十六目錄第一葉版心中鐫"商調"，實應爲"越調"，《續修》底本已更正。《續修》底本原存二欄書名葉，右題"吳門李元玉手定"，左題"一笠菴北詞廣正九宮譜""青蓮書屋定本"，欄上題"文靖書院藏板"，則是書應爲青蓮書屋校訂、文靖書院刷印，故《中國古籍善本書目》著錄爲文靖書院刻本。此本書衣題簽鈐"文盛堂"朱文圓印，應爲書坊所鈐。

"玄"字缺筆。

《四庫全書總目》未收。《續修四庫全書》影印。《中國古籍善本書目》著錄中國國家圖書館、清華大學圖書館、上海圖書館、南京圖書館、浙江圖書館等十一家收藏清文靖書院刻本。

此爲勞費爾購書。

# 附録一 書名拼音索引

## A

**an**

an xu tang wen chao san shi juan
安序堂文鈔三十卷　108

an ya tang wen ji er juan chong ke an ya tang wen ji er juan
安雅堂文集二卷重刻安雅堂文集二卷　096

an yang ji wu shi juan bie lu san juan yi shi yi juan jia zhuan shi juan
安陽集五十卷別錄三卷遺事一卷家傳十卷　028

an yang ji wu shi juan bie lu san juan yi shi yi juan jia zhuan shi juan
安陽集五十卷別錄三卷遺事一卷家傳十卷　029

## B

**bai**

bai shi chang qing ji qi shi yi juan mu lu er juan fu lu yi juan
白氏長慶集七十一卷目録二卷附録一卷　024

bai tian cao tang cun gao er shi si juan xing zhuang yi juan
白田草堂存稿二十四卷行狀一卷　138

bai xiang shan shi chang qing ji er shi juan hou ji shi qi juan bie ji yi juan bu yi er juan
　　nian pu yi juan nian pu jiu ben yi juan
白香山詩長慶集二十卷後集十七卷別集一卷補遺二卷年譜一卷年譜
　　舊本一卷　025

**ben**

ben chao guan ge shi er shi juan fu lu yi juan xu fu lu yi juan
本朝館閣詩二十卷附録一卷續附録一卷　217

ben shi shi yi juan
本事詩一卷　231

## C

**cai**

cai zhong lang ji ba juan
蔡中郎集八卷　007

365

## R

**ren**

ren zi huang hua ji er juan xin si huang hua ji er juan
壬子皇華集二卷辛巳皇華集二卷　209

**rong**

rong yuan ci yun yi juan fa fan yi juan
榕園詞韻一卷發凡一卷　241

**ruan**

ruan si zong ji er juan
阮嗣宗集二卷　012

## S

**san**

san qu xian sheng ji shi wu juan
三渠先生集十五卷　076

san yu tang wen ji shi er juan wai ji liu juan fu lu yi juan
三魚堂文集十二卷外集六卷附錄一卷　117

**shan**

shan hou shi liu juan fen hou shu si juan shang shu wai zhuan er juan
删後詩六卷焚後書四卷尚書外傳二卷　129

shan mu ju shi wai ji si juan
山木居士外集四卷　164

**shao**

shao zi xiang quan ji san shi juan shao shi jia lu er juan
邵子湘全集三十卷邵氏家錄二卷　116

**shen**

shen gui yu shi wen quan ji qi shi wu juan
沈歸愚詩文全集七十五卷　158

shen gui yu shi wen quan ji qi shi yi juan
沈歸愚詩文全集七十一卷　157

**shi**

shi bi shan fang chu gao shi juan er ji shi juan
石壁山房初稿十卷二集十卷　161

shi li tang gu wen wu juan

## zi

# 附録二　著者拼音索引

# 附録三 版本索引

# 附録四　館藏索書號索引

# 參考文獻

## 專著

（清）永瑢等撰，《四庫全書總目》，北京：中華書局，1997 年

孫殿起録，《販書偶記》，北京：中華書局，1959 年

孫殿起録，《販書偶記續編》，上海：上海古籍出版社，1980 年

中國古籍善本書目編輯委員會編，《中國古籍善本書目》，上海：上海古籍出版社，1989—1998 年

天津圖書館編，《稿本中國古籍善本書目書名索引》，濟南：齊魯書社，2003 年

上海圖書館編，《中國叢書綜録》，北京：中華書局，1959 年

北京圖書館編，《北京圖書館古籍善本書目》，北京：書目文獻出版社，1987 年

萬蔓著，《唐集叙録》，北京：中華書局，1980 年

祝尚書著，《宋人總集叙録》，北京：中華書局，2004 年

祝尚書著，《宋人別集叙録》，北京：中華書局，1999 年

崔建英輯訂，《明別集版本志》，北京：中華書局，2006 年

（清）姚覲元編、孫殿起輯，《清代禁燬書目》附《補遺》《清代禁書知見録》，上海：商務印書館，1957 年

故宮博物院圖書館、遼寧省圖書館編著，《清代內府刻書目録解題》，北京：紫禁城出版社，1995 年

張舜徽著，《清人文集別録》，北京：中華書局，1963 年

袁行雲著，《清人詩集叙録》，北京：文化藝術出版社，1994 年

李靈年、楊忠主編，《清人別集總目》，合肥：安徽教育出版社，2000 年

柯愈春著，《清人詩文集總目提要》，北京：北京古籍出版社，2002 年

李世瑜編，《寶卷綜録》，北京：中華書局，1961 年

車錫倫編著，《中國寶卷總目》，北京：北京燕山出版社，2000 年

王重民撰，《中國善本書提要》，上海：上海古籍出版社，1983 年

王重民撰，《中國善本書提要補編》，北京：書目文獻出版社，1991 年

中國科學院圖書館整理，《續修四庫全書總目提要》，北京：中華書局，1993 年

"中央圖書館"編印，《"國立中央圖書館"善本書目》，臺北："中央圖書館"，1967 年

臺北故宮博物院編印，《"國立故宮博物院"善本舊籍總目》，臺北：故宮博物院，1983 年

"中央圖書館"編印，《臺灣公藏善本書目書名索引》，臺北："中央圖書館"，1971 年

"中央圖書館"編印，《臺灣公藏善本書目人名索引》，臺北："中央圖書館"，1971 年

香港中文大學圖書館系統編，《香港中文大學圖書館古籍善本書錄》，香港：香港中文大學出版社，2001 年修訂版

王重民、袁同禮著，《美國國會圖書館藏中國善本書錄》，Library of Congress（美國國會圖書館），1957 年

屈萬里撰，《普林斯頓大學葛思德東方圖書館中文善本書志》，臺北：藝文印書館，1975 年

葛思德東方圖書館編，《普林斯頓大學葛思德東方圖書館中文舊籍書目》，臺北：臺灣商務印書館，1980 年

沈津主編，《美國哈佛大學哈佛燕京圖書館中文善本書志》，上海：上海辭書出版社，1999 年

美國哈佛大學哈佛燕京圖書館編，《美國哈佛大學哈佛燕京圖書館藏中文善本彙刊》，桂林：廣西師範大學出版社，2003 年

沈津主編，《美國哈佛大學哈佛燕京圖書館中文善本書志》，桂林：廣西師範大學出版社，2011 年

李國慶編著，《美國俄亥俄州立大學圖書館中文古籍書錄》，桂林：廣西師範大學出版社，2003 年

柏克萊加州大學東亞圖書館編，《柏克萊加州大學東亞圖書館中文古籍善本書志》，上海：上海古籍出版社，2005 年

多倫多大學鄭裕彤東亞圖書館編，《加拿大多倫多大學東亞圖書館藏中文古籍善本提要》，桂林：廣西師範大學出版社，2009 年

范邦瑾編著，《美國國會圖書館藏中文善本書錄續》，上海：上海古籍出版

社，2011 年

馬月華編著，《美國斯坦福大學圖書館藏中文古籍善本書志》，桂林：廣西師範大學出版社，2013 年

曹亦冰、盧偉主編，《美國圖書館藏宋元版漢籍圖録》，北京：中華書局，2015 年

全寅初主編，《韓國所藏中國漢籍總目》，首爾：學古房，2005 年

嚴紹璗編著，《日藏漢籍善本書録》，北京：中華書局，2007 年


點校本《二十四史》《清史稿》，北京：中華書局，1959—1977 年

王鍾翰點校，《清史列傳》，北京：中華書局，1987 年

鄭偉章編，《文獻家通考》，北京：中華書局，1999 年

林申清編著，《明清著名藏書家・藏書印》，北京：北京圖書館出版社，2000 年


《文淵閣四庫全書》，臺北：臺灣商務印書館，1983—1986 年

四庫全書存目叢書編纂委員會，《四庫全書存目叢書》，濟南：齊魯書社，1994—1997 年

四庫全書存目叢書補編編纂委員會，《四庫全書存目叢書補編》，濟南：齊魯書社，2002 年

四庫禁燬書叢刊編纂委員會，《四庫禁燬書叢刊》，北京：北京出版社，1997 年

四庫禁燬書叢刊編纂委員會，《四庫禁燬書叢刊補編》，北京：北京出版社，2005 年

四庫未收書輯刊編纂委員會，《四庫未收書輯刊》，北京：北京出版社，2000 年

續修四庫全書編纂委員會，《續修四庫全書》，上海：上海古籍出版社，1993—2002

清代詩文集彙編編纂委員會，《清代詩文集彙編》，上海：上海古籍出版社，2009—2011 年

## 數據庫

（中國臺北"國家圖書館"）中文古籍聯合目録，http://rbook2.ncl.edu.tw/

Search/Index/2

（中國臺北"國家圖書館"）古籍影像檢索，http://rbook2.ncl.edu.tw/Search/Index/1

日本所藏中文古籍數據庫，http://kanji.zinbun.kyoto-u.ac.jp/kanseki

中華古籍資源庫，http://mylib.nlc.cn/web/guest/shanbenjiaojuan

OCLC（Online Computer Library Center）聯合編目數據庫

# 後 記

　　2014—2015 年間，我有幸赴美國芝加哥大學東亞圖書館，從事中文古籍善本書志的撰寫工作。得與此事，實受益於中華古籍保護工作的开展。2007 年，"中華古籍保護計劃" 啓動，在全國範圍內進行古籍普查、名録申報等工作。2011 年，文化部下發進一步加强古籍保護的通知，其中提到 "加快海外古籍調查，加强國際交流與合作"。隨後兩年，海外中華古籍調查不斷有新的進展，比如得知美國芝加哥菲爾德博物館（Field Museum）藏有六千多件中國石刻拓本、日本藏有包括宋刻《崇寧藏》在内的大量珍貴善本等等。

　　調查文獻存藏的同時，進一步的研究工作也越來越多地開展起來。北美所藏中文古籍的整理研究工作始於二十世紀，王重民、袁同禮二先生《美國國會圖書館藏中國善本書録》及屈萬里先生《普林斯頓大學葛思德東方圖書館中文善本書志》謂爲先驅。近三十年來，一方面中文善本國際聯合目録以北美收藏機構爲主進行中文古籍目録的整合；一方面美國國會圖書館、哈佛大學、柏克萊加州大學、俄亥俄州立大學、斯坦福大學，以及加拿大多倫多大學等收藏機構陸續進行書志、書録的撰寫。經過幾十年的積纍，海外中文古籍的信息愈加詳盡準確，這些珍本也逐漸進入研究者的視野。

　　芝加哥大學東亞圖書館始建於二十世紀三十年代，主持館務者皆爲漢學或文獻學領域的專家，採擇圖書時着眼於實際研究，館藏頗具規模。根據卡片目録初步統計，該館中文古籍善本共約千部，數量可觀且不乏精善，其中有李宗侗舊藏善本，以及從紐伯瑞圖書館（Newberry Library）轉來的勞費爾（Laufer）購藏善本。

　　幾年前，中國臺灣的張寶三教授即專門從事芝大館藏經部善本的研究，開始爲芝大所藏善本撰寫書志。我所撰寫的集部、叢部兩個部類，歷經十四個月，剛好在返程前一天完成當時善本庫房内藏書的調查。以最初的期望而言，本書志重在反映原書面貌及特徵、説明版本依據及修訂增補始末。書志涉及近三百部古籍，盡力提供細緻全面的信息、確鑿可信的依據，然陳述之繁簡、推斷之深淺，或因書而異或有力不能及之處，還懇請方家指正。如大體能接近最初的目標，很大程度上仰賴於此前已有的各項成果。除古籍整理常用的書目之外，又有影印古籍可供版本比對，還有多種書目或影像數據庫的便利。僅就北美研究成果而言，芝大館保留至今的善本卡片目録，多經錢存訓先生手訂；中文善本國際聯合目録提供豐富的書目信息；而以哈佛大學、柏克萊加州大學爲代表的多種書志，爲版本的鑒別提供了非常重要的信息和綫索。

　　此次書志撰寫，對我而言是專心從事專項工作的難得經歷，實打實地提高了專業素養。在此，首先要感謝國家圖書館張志清副館長規劃古籍保護事業、牽綫搭橋促成合作事宜，及古籍館陳紅彦副館長的推薦。而芝加哥大學東亞圖書館的周原館長，不僅商請夏含夷教授資助，并且每日親自提歸善本書籍、詢問每書版本特點，乃至相與討論體例、辨析疑點，極其負責地統籌了整個項目。芝大的錢孝文老師，除拍攝本書志插圖書影之外，又不厭其煩地對增補書籍進行必要信息的拍攝及核對。中國臺灣的張寶三教授，嚴謹治學的態度令人折服，在書志體例的反復討論中對我的簡單思維寬容有加。國家圖書館的洪琰、樊長遠兩位同仁，於 2017、2018 年先後赴芝加哥大學從事古籍普查和史部書志撰寫工作，普查過程中陸續從普通古籍中選出若干善本。經過幾次根據書影補寫書志的嘗試，我還是覺得依據書籍本身能夠保證信息的完整和版本的準確，因此集部增補的 017、142、153 三種，委托樊長遠代爲撰寫，在此特別感謝他的無私幫助。還要感謝國家圖書館出版社的張愛芳主任和靳諾、陳瑩瑩幾位編輯爲文稿校正付出的心血，以及對因增補篇目而導致重新排版校稿的耐心。

　　希望此書能成爲古籍整理研究的有用墊腳石。期待芝加哥大學東亞圖書館善本各個部類的書志早日完成！并向踏實從事古籍工作、熱心推動古籍事業的前輩和同仁們致敬！

李文潔

2018 年 12 月